U0032366

牟宗三先生早期文集補編

牟宗三——著

李明輝——編

目次

編者序言

2003 年，在牟宗三先生辭世八年之後，聯經出版公司出版了《牟宗三先生全集》，共 33 冊。這是當代儒學研究的一大盛事。其中，收入第 25 及 26 冊的《牟宗三先生早期文集》是由筆者和黎漢基先生負責編輯的。當年的網路不像現在這麼發達，為了蒐集牟先生早期的著作，筆者曾親赴美國東西兩岸的大學圖書館、國會圖書館及北京的若干圖書館，並且得到不少大陸及香港學界朋友的協助。蒐求所得極為豐富，共得 68 篇，排版後超過一千頁。當時筆者雖然不敢保證無所遺漏，但估計遺漏的文章不會太多。

不意《全集》出版的次年，即 2004 年，當時任教於北京清華大學哲學系、目前任教於浙江大學哲學系的友人彭國翔教授偶然在美國哈佛大學燕京學社圖書館發現牟先生撰寫的兩萬多字的小冊子《共產國際與中共批判》（臺北：招商局訓練委員會，1952 年 3 月），並將全文影印給筆者。筆者在參與《牟宗三先生全集》的編輯工作時，根本不知道有這份材料存在，也從未聽到牟先生提過這本小冊子。這本小冊子可能是當年招商局訓練員工時所使用的政治教育教材。由於它不對外公開發行，故不為學界所知。彭教授特別為這份新發現的材料撰寫了〈牟宗三的共產主義批判——以《全集》未收之《共產國際與中共批判》為中心〉一文。筆者便安排將此文連同牟先生的《共產國際與中共批判》全文刊登於中央研究院中國文哲研究所的《中國文哲研究通訊》第 19 卷第 3 期（2009 年 9 月出刊）。

　　及至 2011 年，當時的山東大學中國哲學專業碩士生李強先生（目前任教於西安西北大學馬克思主義學院）又藉由網路發現牟先生早期一批未收入《全集》中的文章。李強先生除了提供筆者這批資料的原始照相版之外，還將部分文章轉成了 Word 檔。但是這批材料極為雜亂，尤其是署名「光君」的若干文章很難斷定是否出自牟先生之筆。「光君」是牟先生早期常用的筆名之一。筆者當時的研究工作極其繁重，加上罹患糖尿病與梅尼爾氏症，體重暴跌 20 公斤，經常耳鳴、暈眩，實無餘力處理這批材料。但筆者還是委託研究助理吳明峰先生校訂李強先生所提供的 Word 檔。

　　2017 年 8 月廣州中山大學中國哲學專業博士生董志威先生也藉由網路發現牟先生早年一批未收入《全集》中的文章，而將這批文章及其 Word 檔傳給筆者。在這批文章中有部分文章與李強先生所提供的文章重複。筆者便將李強先生所提供的材料傳給他。他將這兩批材料加以彙整，並將李強先生所提供的三篇文章由照相版轉為 Word 檔。更重要的是，他對這兩批材料加以考證，剔除了其中顯然非出自牟先生之筆的材料後，共得 35 篇，約 20 萬字。董先生的考證極有說服力，經筆者與他反覆討論後定稿，即〈《牟宗三先生全集·早期文集》佚文考〉一文，今收入本書中，作為導論。這批新材料之發現，主要得力於這十幾年來網路搜尋功能之快速發展。

　　除了以上的 35 篇文章外，本書亦收入彭國翔教授所發現《共產國際與中共批判》，並收入其〈牟宗三的共產主義批判——以《全集》未收之《共產國際與中共批判》為中心〉一文，作為本書之附錄。同時，筆者委請研究助理王又仕先生負責編輯、校勘及排版的工作。故本書之出版可說是兩岸

學者共同努力與合作的成果，對於關心牟先生思想與當代新儒學的研究者特別具有參考價值。

近年來，大陸儒學界流行「港臺新儒學是心性儒學，大陸新儒學是政治儒學」的二分法。彭國翔教授最近著有《智者的現世關懷：牟宗三的政治與社會思想》（臺北：聯經出版公司，2016 年）一書，其構思雖早於這種二分法提出之前，但在客觀上有力地反駁了這種偏見。持此論者恐怕都未全面研讀過牟先生在政治與社會方面的文字，尤其是早期的著作。因為在牟先生早期的著作中，討論政治與社會問題的文章佔有相當大的比例，這反映出他早年對現實問題的深切關懷；而正如彭教授該書所示，牟先生這一關懷也是貫徹終生的。筆者相信，本書之出版有助於澄清這種偏見，使研究者能更全面地把握牟先生的思想。

李明輝
中華民國 111 年 5 月於臺北

《牟宗三先生全集・早期文集》佚文考

董志威

　　我在研究早期牟宗三先生思想的時候，通過「全國報刊索引」網站及「民國期刊全文數據庫（1911-1949）」（又稱為「中文期刊全文數據庫（1911-1949）」）發現了一批未收入《牟宗三先生全集・早期文集》中，且亦未在《鵝湖月刊》上發表的文章。這些文章以不同的署名在 1930 及 1940 年代發表，其中屬於 1930 年代的有 21 篇，屬於 1940 年代的有 2 篇，共 23 篇。它們均未被學者注意並研究過。各篇篇幅長短不一，最長者達 2 萬 5 千字之多，最短者僅 3 百餘字，多數為數千字。另外，李強先生亦發現並整理了多篇佚文，其中有些與我的發現是重複的，有些則沒有重複。其中還沒有整理的三篇文章由李明輝先生委託我去整理。這些文章對於全面研究牟宗三先生早期思想和經歷的學術工作來說，是很寶貴的第一手文獻。我將它們整理出來，共 26 篇，並對它們的真實性作了簡單的考證與說明。另外，我在後面也對李強先生發現的佚文之整理情況作了說明，共有 7 篇新發現的佚文。

一、各篇文章之標題、署名及所發表期刊和時間

整理出來的 26 篇新文獻的大體情況如下：

1. 〈召集臨全代會之真義何在？〉，署名：光君
    發表於：《正論周刊》，第 9 期，1933 年 4 月 29 日。
2. 〈從詩詞方面研究中國的人生典型〉，署名：牟宗三
    發表於：《行健月刊》，第 5 卷第 2 期及第 3 期，1934
    年 8 月 15 日 / 9 月 15 日。
3. 〈從《水滸傳》到青紅幫〉，署名：牟宗三
    發表於：《行健月刊》，第 6 卷第 1 期，1935 年 1 月 15 日。
4. 〈論讀經〉，署名：牟中離
    發表於：《論語》半月刊，第 65 期，1935 年 5 月 16 日。
5. 〈青年與社會〉，署名：光君
    發表於：《禮拜六》，第 605 期，1935 年 8 月 31 日。
6. 〈關於中國農村的現狀〉，署名：牟宗三
    發表於：《自由評論》，第 4 期，1935 年 12 月 14 日。
7. 〈中國人與不容中律〉，署名：牟離中
    發表於：《宇宙旬刊》，第 5 卷第 1 期，1936 年 5 月 15 日。
8. 〈張君勱著《明日之中國文化》書評〉，署名：牟離中
    發表於：《宇宙旬刊》，第 5 卷第 5 期，1936 年 6 月 25 日。
9. 〈張東蓀著《認識論的多元論》書評〉，署名：牟離中
    發表於：《宇宙旬刊》，第 5 卷第 6 期，1936 年 7 月 5 日。
10. 〈從公有到私有〉，署名：光君
    發表於：《再生》半月刊，第 4 卷第 1 期，1937 年 3 月 1 日。
11. 〈編者後記：談本刊態度〉，署名：編者
    發表於：《再生》半月刊，第 4 卷第 1 期，1937 年 3 月 1 日。

12. 〈編者後記：談本刊目標〉，署名：編者
   發表於：《再生》半月刊，第 4 卷第 2 期，1937 年 4 月 1 日。

13. 〈編者後記：談戰爭〉，署名：編者
   發表於：《再生》半月刊，第 4 卷第 3 期，1937 年 4 月
   15 日。

14. 〈編者後記：談國家哲學與社會學〉，署名：編者
   發表於：《再生》半月刊，第 4 卷第 6 期，1937 年 6 月 1 日。

15. 〈編者後記：談輿論〉，署名：編者
   發表於：《再生》半月刊，第 4 卷第 7 期，1937 年 6 月
   15 日。

16. 〈說自己的話〉，署名：記者
   發表於：《再生》半月刊，第 4 卷第 1 期，1937 年 3 月 1 日。

17. 〈評現行大學教育〉，署名：記者
   發表於：《再生》半月刊，第 4 卷第 2 期，1937 年 4 月 1 日。

18. 〈一個開明階段是必須的〉，署名：記者
   發表於：《再生》半月刊，第 4 卷第 4 期，1937 年 5 月 1 日。

19. 〈輿論的造成與保障〉，署名：記者
   發表於：《再生》半月刊，第 4 卷第 6 期，1937 年 6 月 1 日。

20. 〈廬山禮賢之政治意義〉，署名：記者
   發表於：《再生》半月刊，第 4 卷第 8 期，1937 年 7 月 1 日。

21. 〈加拿普著《言語之邏輯句法》書評〉，署名：光君
   發表於：《再生》半月刊，第 4 卷第 4 期，1937 年 5 月 1 日。

22. 〈論因果〉（為李強先生所發現），署名：牟宗三
   發表於：《華文月刊》，第 2 卷第 1 期與第 2-3 合期，
   1943 年 1 月 15 日 / 7 月 15 日。

23. 〈邏輯之「必」與實事之「必」〉（為李強先生所發現），

署名：牟宗三

發表於：《華文月刊》，第 2 卷第 4-5 合期，1943 年。

24. 〈論構造〉，署名：牟宗三

    發表於：《中國文化（璧山）》，第 1 期，1945 年 9 月 15 日。

25. 〈解惑〉（為李強先生所發現），署名：編者

    發表於：《歷史與文化》，第 3 期，1947 年 8 月 1 日。

26. 〈知識階級之命運〉，署名：牟宗三

    發表於：《天文台》，第 2 卷第 1 期及第 2 期，1948 年 6 月 26 日／7 月 14 日。

其中，發表於《再生》雜誌上署名「編者」的五篇文章均只註明「編者後記」而沒有關於內容的標題，標題係筆者根據其內容所加。

此外，除了以上 26 篇發表於各期刊上的文章之外，還有一篇文章對於研究牟宗三先生早期的政治思想與自然哲學思想，以及他與張君勱先生之關係的問題非常重要。這篇文章就是牟先生在《五十自述》第五章〈客觀的悲情〉中所說的「在廣西，彼〔按：指張君勱先生〕寫《立國之道》，最後一章〈哲學根據〉，亦吾所寫。」[1] 這句話所指的文章。我查閱張君勱先生所著的 1938 年桂林版《立國之道》一書，從目錄上看，牟先生所說的「最後一章〈哲學根據〉」指的是該書的第五編最後一章〈酉、我人思想之哲學背景〉。該書〈自序〉末尾標記「中華民國二十七年八月，張君勱識于桂林，時在由

1　牟宗三：《五十自述》，收入《牟宗三先生全集》（臺北：聯經出版事業公司，2003 年），第 32 冊，頁 86。

漢赴蜀道上」，而該書出版於 1938 年 9 月。同時，在該書〈凡例〉第五條中說「此書寫於漢口，時在二十七年五月至七月」。而當時牟先生正在廣西梧州中學任教。所以，我推測張先生攜書稿在桂林時與牟先生相見，然後將牟先生所寫的「最後一章〈哲學根據〉」合併起來，在桂林出版。

　　這篇文章可能由於沒有單獨發表而是被編在張君勱先生的著作中出版而被視為張先生的著作，不被研究牟先生思想的人所注意與引用。但是，這篇文章對於研究早期牟先生的政治思想與自然哲學思想的轉變過程極為重要。因為在這篇文章中，牟先生還是以懷特海的思想為根本依據。但也正是在 1938 年和 1939 年這兩年困厄時期，根據《五十自述》第四章所述，牟先生由對邏輯和數學之「第一義」的鑽研而悟入「認識主體之門」，從而領會到「康德哲學之大體規模」，使自己「真正進入哲學之域」。因此，在完成了這篇文章的一年之後，牟先生又藉再次主編《再生》雜誌的機會，作〈時論〉七篇，系統地闡述他自己的新的政治思想和文化思想，這便使他與以前所認同的張君勱國家社會主義之主張有所不同。這種思想上的不同，而非僅僅人情上的衝突，使他最終與張君勱的國社黨事業分道揚鑣，而歸入熊十力的現代新儒家陣營中。因此，牟先生所撰的《立國之道》最後一章是一篇具有總結性的文章，總結了牟先生身為國社黨黨員時的基本思想。鑒於這篇文章的特殊意義，我也將它從張君勱先生《立國之道》一書中抽出來，作為研究早期牟宗三思想轉變過程的第一手文獻。

二、關於 26 篇新發現文獻的真實性考證

　　所謂「真實性考證」就是確定它們的確是牟宗三先生的作品。這 26 篇文章中，所有署名「牟宗三」的 7 篇文章無疑是他的作品。由於牟先生字「離中」，所以署名「牟離中」的 3 篇文章也可以確定為牟先生的作品。另外，第 4 篇署名「牟中離」的〈論讀經〉小文章（長約一千一百餘字）從署名上看，也很可能是牟先生作品。那麼，如何確定呢？我們發現了一篇署名「中離」的文章〈說觀念〉，發表於 1935 年 7 月 15 日出版的《再生》第 3 卷第 4/5 合期中。同時，這篇文章也收入《牟宗三先生全集・早期文集（上）》中，並在文末標註「原載《民國日報・哲學週刊》第 22 期，1936 年 1 月 29 日，署名『離中』」。也就是說，「中離」就是「離中」，只是《全集》版不知該文章最早是以「中離」之名發表於《再生》雜誌的。既然「中離」是「離中」，那也就是牟宗三，那麼「牟中離」就更是牟宗三了。況且細讀全文，也能感受到牟先生青年時期的文風與辭氣。這篇文章很有趣，它反映了牟先生青年時期對儒家經典及讀經的態度，很值得一讀。

　　除了以上 11 篇文章可以直接或明顯地確定為牟先生的作品之外，其餘 15 篇從署名上難以直接確定，需要根據其中的內容和思想來加以確定。

　　首先是 4 篇署名「光君」的文章。在《牟宗三先生全集・早期文集》中也收有 3 篇署名「光君」的文章，即 1935 年 3 月 15 日發表於《再生》第 3 卷第 1 期的〈中國土地分配與人口分配之原則〉、1935 年 4 月 15 日發表於《再生》第 3 卷第 2 期的〈任重而道遠〉，以及 1935 年 10 月 15 日發表於《再

生》第 3 卷第 8 期的〈國內兩大思潮之對比〉（按：該文章又於 1936 年 1 月 15 日發表於《宇宙旬刊》第 4 卷第 1 期，《全集》編輯只知其發表於《再生》）。可見「光君」也是牟先生早期常用的一個筆名。因此，這新發現的 4 篇署名「光君」的文章也很可能是牟先生作品。不巧的是，我在「全國報刊索引」網站數據庫中以「光君」為「作者名」而進行檢索時出現 36 條記錄，經分析，可以確定它們不是同一個人的作品，而是至少三個人的作品。這 36 條記錄中，有 2 條發表於 1926 年（從時間上可以排除與牟先生的關係），2 條發表於 1931 年（從內容上可以排除與牟先生的關係），1 條發表於 1947 年（從內容上可以排除與牟先生的關係），17 條發表於 1948 年，以及 7 條發表於 1949 年（這 24 條乃是同一人作品，從內容上可以排除，因為它們都是宣傳蘇俄和共產黨主張的）。剩下的 7 條便是上文所列出的 4 篇和《全集》中收錄的 3 篇，這 7 篇發表於 1933 年至 1937 年。

其中，署名「光君」的〈從公有到私有〉一文開頭一句就說：「我曾在《再生》二卷四期上發表了一篇〈從社會形態的發展方面改造現社會〉」，其所提到的這篇文章收入《全集》中，署名「牟宗三」，可見〈從公有到私有〉一文確是牟先生的文章，而且是其關於中國古代農村經濟制度的系列文章之一，內容很重要。

署名「光君」的〈加拿普著《言語之邏輯句法》書評〉一文從內容和發表期刊上也可以斷定是牟先生的作品，不必多說。因為這個時期的牟先生主要關注邏輯問題，並深受羅素、維特根斯坦及維也納學派的影響。

有問題的是，署名「光君」的〈召集臨全代會之真義何

在？〉（1933 年 4 月 29 日）和〈青年與社會〉（1935 年 8 月 31 日）兩篇文章是否為牟先生所作呢？首先這兩篇文章的內容都與共產黨無關，因此其作者不是上文提到的那個宣傳蘇俄和共產黨主張的「光君」。細讀之下，從文風與辭氣上很像牟先生同期的文章類型；但從內容上看卻沒有明顯的字面上的證據可以證明是牟先生的文章。因此，我們只能根據兩篇文章的思想和主張，並且與《牟宗三先生學思年譜》和《五十自述》中的相關內容加以比較，來進行推定。

〈召集臨全代會之真義何在？〉這篇文章是一篇時論性文章，是對當時準備要召開國民黨臨時全國代表大會這一政治事件的評論。在文中，作者稱國民黨為「本黨」，並自稱「我們革命的三民主義者」、「一個革命的國民黨員」。他反對當時以蔣介石為首的少數國民黨執政者，稱他們是「中國法西斯蒂」、「破壞本黨總理之遺教」的人，主張「抗日救國」。作者還批評「橫行歐洲的國家社會主義」，批評「意大利墨索里尼」、「德國之希特勒」等「法西斯蒂」。這種態度和張君勱先生的國社黨主張與傾向也不同。張君勱先生在 1938 年的《立國之道》一書中對希特勒等人是持讚賞和崇拜態度的。他在該書第五編末章「政治家」的第一段中說：

> 一九三三年希特勒撕毀凡爾賽條約，恢復其整軍經武之主權。凡此實例，彰彰明甚。他們都是世界上的人物。一個國家有了這樣的人物，自可由衰弱而強盛。[2]

這樣看來，這個作者「光君」可能會是牟宗三先生嗎？

2　張君勱：《立國之道》（臺北：臺灣商務印書館，1971 年），頁 321。

在《五十自述》第二章〈生命之離其自己的發展〉中，牟先生敘述了他在北京大學讀書時的「革命」經歷。《五十自述》中說：

> 十九歲我到了北京，政治文化的中心地。離家更遠了，正式投入了大都市。暑期考進北大預科。那年秋國民革命軍打到了北京，改名為北平。中華民國進入一個新時代。[3]

據《牟宗三先生學思年譜》記載：「民國 16 年（1927），丁卯，十九歲。是年，考入國立北京大學預科。」所以，牟先生是 1927 年到了北京，並在暑期考進北大預科。《五十自述》中又說：

> 那時是民國十七年，我春天到北平，混沌懵懂，一無所知，我只隱隱約約聽說王國維於初夏跳頤和園昆明池自殺了〔按：王國維逝世於 1927 年 6 月 2 日〕，梁任公隱身于天津，藏起來了。[4]

牟先生在北京大學讀書時剛好趕上北伐戰爭和第一次國內革命熱潮一片高漲之時，混沌懵懂的他也受到了這種熱烈氛圍的影響，並成為國民黨的預備黨員，積極參加並組織民權運動。他在《五十自述》中說：「他們〔按：指國民黨人〕把我列為預備黨員。我暑期回家，團聚農民，成立農民協會，每夜召集他們開會講習，訓練民權初步。」但是不久他便「感到不對勁」，不再積極參加「革命運動」。他在《五十自述》

3　牟宗三：《五十自述》，《全集》，第 32 冊，頁 21-22。
4　同前註，頁 22。

中說：「我從十七年國民黨所帶來的革命運動中的氾濫浪漫
轉向而為一般思想觀念的氾濫與浪漫。」這種「一般思想觀
念的氾濫與浪漫」就包括「革命思想」，即從「革命運動」
的實踐轉向「革命思想」的觀念。

　　那麼，作為國民黨預備黨員的青年牟宗三之「氾濫而浪
漫」的「革命思想」保持了多久呢？這個問題在《牟宗三先
生學思年譜》和《五十自述》中並沒有明確的說明，而且《五十
自述》中的敘述會給人一種印象，好像牟先生的「革命」熱
情只是「一陣風」似地很快就過去了。但是，「革命運動」
的熱情可以很快地過去，而「革命思想」這個觀念卻很難一
下子消除。牟先生關於社會和政治的思想是如何從孫中山先
生的國民黨三民主義的革命思想轉變為張君勱先生的國社黨
國家社會主義的民主建國思想的呢？這可能是一個非常漫長
的過程，因為「革命」這個觀念一旦進入了人的心裡，尤其
是青年的心裡，便很難擺脫。感性而衝動的人們，尤其是青
年，總會想當然地認為惟有「革命」才能夠解決社會和國家
的問題。從「革命」的觀念轉向「建設」的觀念是很難的。
在《牟宗三先生學思年譜》上記載有：「民國 22 年（1933），
癸酉，二十五歲。是年，北京大學哲學系畢業。」[5] 以及

> 民國 23 年（1934），甲戌，二十六歲。秋，赴天津，住
> 社會科學研究所。與張東蓀、羅隆基二氏常相過從。此時
> 或稍前，以張東蓀氏之介，列名國家社會黨。[6]

5　牟宗三：《牟宗三先生學思年譜》，收入《牟宗三先生全集》，第 32 冊，
　　頁 4-5。

6　同前註，頁 5。

由此，我們知道牟先生在整個大學期間（從 1927 年暑期到
1933 年暑期，包括兩年預科和四年本科共六年時間）可能都
是從「國民黨預備黨員」的政治立場對社會和政治方面的問
題進行思考的。因為他是在畢業近一年之後才加入國家社會
黨。從國民黨的三民主義的革命思想到國社黨的國家社會主
義的民主建國思想的轉變不是一個小事情，它意謂政治思想
和人生追求上的一個重大轉變。

　　經過以上討論，我們至少不能排除這個「光君」是牟宗
三先生的可能性；而且更進一步，我認為這個「光君」就是
大學時期作為國民黨預備黨員，並主張孫中山先生的三民主
義革命思想的牟宗三先生。孫中山先生的三民主義革命思想
是牟宗三先生的社會和政治意識萌發和起源之處，這一點是
無可爭議的。一旦我們確定了這一點，那麼對於了解大學時
期青年牟宗三的社會和政治思想狀況來說，〈召集臨全代會
之真義何在？〉這篇文章便具有特殊意義，因為它是我們所
見到的唯一一篇涉及牟先生當時政治思想和主張的第一手文
獻。

　　〈青年與社會〉一文發表於 1935 年 8 月 31 日。這時的
牟先生已經加入國家社會黨一年多了，而且積極參加國社黨
活動，為黨效力。例如，《牟宗三先生學思年譜》上記載：「民
國 24 年（1935），乙亥，二十七歲。秋，返棲霞小住，後赴
廣州，任教於私立學海書院。」[7] 私立學海書院是由國家社會
黨創辦的。當時張君勱先生在廣州中山大學任教，後來在國
民黨的壓迫下放棄大學教職，創辦私立學海書院。但後來，

7　同前註，頁 6。

學海書院也被國民黨封殺了。《牟宗三先生學思年譜》上記載：
「民國 25 年（1936），丙子，二十八歲。夏秋之間，學海書
院因故結束。先生北返〔……〕乃回棲霞故里小住，後赴北
平。」[8]第二年（即 1937 年）初，牟先生擔任國社黨機關刊
物《再生》雜誌主編一職，恢復此前已經停刊一年之久的《再
生》雜誌，並從月刊改為半月刊。該刊從 1937 年 3 月 1 日至
1937 年 7 月 15 日，共出了 9 期，由於七七事變引發全面抗
戰而再度停刊。這在《牟宗三先生學思年譜》和《五十自述》
上都有記載和敘述。這說明牟先生青年時期很熱衷於政治活
動，對於政治是很認真嚴肅而且積極的，並且其工作主要集
中在思想與輿論方面。在這個背景下來看〈青年與社會〉這
篇小文章的思想和主張，我認為這個作者「光君」也是牟宗
三先生。在這篇小文章中，作者說明了「青年」和「社會」
的關係，認為「社會是抽象的東西，可是因為有人類的生活
或是活動而具體化了。青年又是人類中最優秀的份子；與其
說社會不能沒有人的活動，不如說不能沒有青年的活動。」
這裡的「抽象」、「具體化」、「活動」等詞語都是那時牟
先生文章和思想中的關鍵詞。然後這篇文章回顧了「興師北
伐的前幾年的情形」，說「那確實可以稱得是革命的黃金時
代。凡是革命的青年，誰不都是緊貼著社會，而社會也在熱
烈地接納青年。」接著就講到由於革命熱潮的過去，時勢轉
變導致當下青年與社會的相互脫離和遺棄。最後呼籲青年重
新「關心社會」並「衝破」「眼前的黑幕」。這些思想與先
前的國民黨預備黨員和此時的國社黨員牟宗三的思想是吻合

8　同前註。

的。因此，我認為〈青年與社會〉確實是牟先生的作品。

以上 15 篇新發現的文章都可以通過署名為線索來判定是牟先生的作品，因為這些署名都在《牟宗三先生全集・早期文集》中出現過。但是另外 11 篇署名「編者」和「記者」的文章是否也是出於牟先生之手呢？這在《牟宗三先生全集・早期文集》中沒有線索可尋。不過，從以上所述的牟先生在1937 年上半年主編《再生》雜誌的事實，以及這 5 篇署名「編者」的文章內容與風格可以推測，它們都是牟先生主編《再生》雜誌時對當期關鍵內容的總結和評論。這是符合牟先生辦雜誌的思路和方法的。牟先生在主編《再生》雜誌之前一年，在廣州學海書院時期也曾接替張東蓀先生繼續主辦《民國日報・哲學週刊》，並發表過〈一年來之哲學並論本刊〉的文章，對其所主辦之《民國日報・哲學週刊》進行總結與說明。此文發表之後，該刊即停刊。半年之後，牟先生再次主編《再生》雜誌時應該會繼續堅持他已經積累起來的編輯經驗，並有自己的編輯方法和宗旨，這很符合牟先生的做事風格。所以我認為這五篇〈編者後記〉就是牟先生的作品。

同時，在牟先生主編的《再生》雜誌第一期的開篇便是署名「記者」的〈說自己的話〉之聲明：

> 國內目前的刊物真如汗牛充棟那樣多了。可惜除了營業關係的以外，幾乎是其中言論都有背景。他們被實際的勢力在暗中決定著、支配著。貌看上去，好像是言出由衷。而深按下去，便見其字裡行間透露出一種類似無線電的味兒來。無線電雖在那裡廣播，卻不是自己說話，乃另有個人在背後開口。我們以為必須先有內心的自由，方可再求發表的自由。言論的可貴即在其本身，不是替人家作機

> 器。所以我們現在也只想說我們的話。心中有話，如鯁在
> 喉，不能不吐。所以不能不吐乃是為理性所示、良心所責。
> 不必預計以後究與那一面有利或有害。因此我們不能儘在
> 一二個標語之下打迴旋。我們要的是自主的自由。現在願
> 以此來試探中國究竟容許有這樣的自由與否。
>
> 　　這一點意思且寫在第一頁，讀者若當作序言看，亦未為
> 不可。

這種風格豈不很牟宗三嗎？於是以後的多期都有這樣的「記
者」之「自己的話」，對大學教育、政治開明、輿論自由、
政治時事等進行獨立自主的評論。因此我認為這 5 篇「記者」
之文和「編者」之文一樣都出於牟先生之筆。

　　另外，第 25 篇標題為「解惑」署名「編者」的文章則是
牟先生在獨立創辦《歷史與文化》月刊時為回應讀者之批評
與疑問而作。此事在《牟宗三先生學思年譜》上有記載：「民
國 36 年（1947），丁亥，三十九歲。1 月，先生懷於國運之
屯艱，文運之否塞，乃獨立創辦《歷史與文化》月刊。」[9]

　　以上是我對新發現的 26 篇未收入《牟宗三先生全集・早
期文集》的牟先生早期佚文之情況和真實性的簡單考察和說
明。我相信它們對於研究牟宗三先生早期思想和經歷具有重
要的參考價值。

　　除了以上所說的 26 篇文章及《立國之道》末章〈我人思
想之哲學背景〉一文之外，李強先生也發現了 16 篇牟先生早
期佚文，其中有些與我發現的重複。它們分別是：

9　　同前註，頁 13。

1. 〈中西兩大社會思潮之評判〉，署名：牟宗三
   發表於：《益世報・社會思想》（天津），第 13 期，
   1933 年 2 月 6 日。

2. 〈合理與革命〉，署名：牟宗三
   發表於：《益世報・社會思想》（天津），第 14 期，
   1933 年 2 月 13 日。

3. 〈辯證法總檢討〉（分三期發表），署名：牟宗三
   發表於：《益世報・社會思想》（天津），第 32-34 期，
   1933 年 6 月 19 日／6 月 26 日／7 月 3 日。

4. 〈讀懷悌海著的《理想之前進》〉，署名：牟宗三
   發表於：《益世報・社會思想》（天津），第 36 期，
   1933 年 7 月 17 日。

5. 〈盡能與佉執〉，署名：牟宗三
   發表於：《益世報・社會思想》（天津），第 62 期，
   1934 年 1 月 15 日。

6. 〈國士〉，署名：牟宗三
   發表於：《益世報・社會思想》（天津），第 65 期，
   1934 年 2 月 5 日。

7. 〈風尚〉，署名：牟宗三
   發表於：《益世報・社會思想》（天津），第 66 期，
   1934 年 2 月 12 日。

8. 〈從詩詞方面研究中國的人生典型〉，署名：牟宗三
   發表於：《行健月刊》，第 5 卷第 2 期及第 3 期，1934
   年 8 月 15 日／9 月 15 日。

9. 〈從《水滸傳》到青紅幫〉，署名：牟宗三
   發表於：《行健月刊》，第 6 卷第 1 期，1935 年 1 月 15 日。

10. 〈從公有到私有〉，署名：光君

    發表於：《再生》半月刊，第4卷第1期，1937年3月1日。

11. 〈論構造〉，署名：牟宗三

    發表於：《中國文化（璧山）》，第1期，1945年9月
    15日。

12. 〈加拿普著《言語之邏輯句法》書評〉，署名：光君

    發表於：《再生》半月刊，第4卷第4期，1937年5月1日。

13. 〈論因果〉（分兩期發表），署名：牟宗三

    發表於：《華文月刊》，第2卷第1期及2、3期合刊，
    1943年1月15日／7月15日。

14. 〈邏輯之「必」與事實之「必」〉，署名：牟宗三

    發表於：《華文月刊》，第2卷第4、5期合刊，出版日
    期看不清。

15. 〈解惑〉，署名：編者

    發表於：《歷史與文化》，第3期，1947年8月1日。

16. 〈知識階級之命運〉，署名：牟宗三

    發表於：《天文台》，第2卷第1期及第2期，1948年
    6月26日／7月14日。

在這16篇佚文中，李強先生與我共同發現並重複整理的
有其中的第9篇、第10篇、第16篇這3篇。由李強先生發
現而我受委託整理的有其中的第13篇、第14篇、第15篇這
3篇。我亦發現並獨立整理的有其中的第8篇、第11篇、第
12篇這3篇。李強先生還整理了前7篇，7篇文章均署名「牟
宗三」，故可以確定是牟先生的作品。

其中，第1篇和第2篇從標題上看像是兩篇獨立的文章，
但是從它們的內容上看，可知兩篇文章實是一篇文章的上下

兩部分，第 1 篇為其中的 A、B、C 三節，第 2 篇為其中的 D、E 兩節；而且這兩篇文章發表在同一報刊《益世報‧社會思想》的相連兩期上。但是由於這兩篇文章各自冠以自己的標題，並沒有一個總標題，不像其他文章雖分部分而發表在連續的不同期次上，但皆以同一標題加以發表，故我仍尊重牟先生的本意，不將它們合為一篇，而仍分為兩篇。在此特加以說明。

第 3 篇文章〈辯證法總檢討〉在牟先生〈辯證唯物論的制限〉[10] 一文中曾提到：「B4.2〔……〕關於這種道理，我在〈辯證法之總檢討〉及〈社會根本原則之確立〉兩文中已詳細指正出它不能以矛盾來論，它不能以正反合來論。」故這篇文章對於研究牟先生早期關於辯證法的思想有重要的參考價值。

第 4 篇文章〈讀懷悌海著的《理想之前進》〉一文在文末標有「未完」二字。該文章發表於 1933 年 7 月 17 日天津《益世報‧社會思想》第 36 期。但是經過李明輝先生的助理王又仕先生查閱該期其他部分及以後的各期，均未發現該文的後續部分。所以，該文很可能像牟先生在 1932 年 7 月發表的〈公孫龍子的知識論〉一文一樣是一個殘篇，只是不知道究竟是沒有作完整，還是沒有發表完整。不過，幸運的是，這篇文章的大體內容俱在，欠缺的部分可能只有幾段而已，應該不會有一篇文章的長度。

此外，尚有一篇文章只在《牟宗三先生全集》第 32 冊中

10　此文原載於張東蓀：《唯物辯設法論戰》上卷（北平：民友書局，1934年 8 月），亦收入《牟宗三先生全集》，第 25 冊，《牟宗三先生早期文集》（上），頁 139-151。

《牟宗三先生著作編年目錄》中提到過，但是並沒有收入《全集》中，也未見於《生命的學問》一書中。這篇文章便是《牟宗三先生著作編年目錄》中編號 115 的〈關於理性的理想主義諸問題——謹答孫應復先生〉一文，發表于 1949 年 10 月 1 日《自由世紀》第 3 期。我在互聯網上偶然發現了已整理好的該篇文章。這篇文章雖非完全未知之佚文，但也應該收入《牟宗三先生全集》中。

因此，由李強先生整理的 7 篇文章加上以上由我整理的 27 篇文章，以及由他人整理的 1 篇文章，共有 35 篇佚文未出現在《牟宗三先生全集》中，其中有 33 篇連標題亦不見於《全集》中，完全不為學界所知。

參考文獻

牟宗三：《牟宗三先生全集》，第 25-26 冊《牟宗三先生早期文集》（上／下）。臺北：聯經出版事業公司，2003 年。

牟宗三：《牟宗三先生全集》，第 32 冊《五十自述》、《牟宗三先生學思年譜》。臺北：聯經出版事業公司，2003 年。

李貴忠：《張君勱年譜長編》。北京：中國社會科學出版社，2016 年。

張君勱：《立國之道》。桂林：商務印書館，1938 年 9 月初版；1947 年 12 月第 4 版，未註明出版社；臺北：臺灣商務印書館，1971 年。

1 中西兩大社會思潮之評判

A 事實、實踐與理論

A（一）這三個東西有分別清楚的必要。不然，科學即有點危險，而客觀知識也就不可能。所以在寫本文以前先提出這三個問題以討論之。

A（二）先說事實，事實即是外於人類意識而客觀存在的東西，或更具體點說是佔有一特殊「空、時」格的那件生起＋現象。每一生起現象是一事實。每一事實，一經發生，即有其客觀存在，即有「是其所是」的性德。我們不能隨便去取，我們要從它，它不能從我們。我們可以如實地認識之，了解之，解析之。固然，當認識或解析事實之時，主觀色彩不能說一點沒有，但我們卻有意識地總希望其沒有。科學家之對付事實即是如此，而科學也即是由這種態度研究事實所得的結果。

A（三）我們可以把事實大別為二：一是自然事實，一是社會事實。自然事實不成問題，社會事實則有說明之必要。社會事實易與實踐相混。其實社會事實由人類實踐而成，但不就是實踐。實踐是實際行動即是說他在那裡作。至於「他在那裡作」這個活動現象則是一件事實，這個活動現象終了的時候，即可以把它看成一件已成的事實。陳涉揭竿而起，當其作實際行動時是實踐，即由於某種刺激而發生某種思想以作某種行為，他這種活動現象是一件事實。其行動終了時

活動現象即成了歷史上揭竿而起的一件革命事實。社會事實即由這類性質而形成。社會事實與實踐分不開也就在此。雖然分不開，兩者卻非同一。

A（四）社會事實既與實踐分不開，所以即有說明實踐之必要。實踐即是人類一切物質生活、精神生活之實際行動。故一個人之實踐，必有其個人的思想、背景、動機與目的，換言之，總有其特殊的主觀性。因為其有主觀性，故有責任可負；有責任可負，故有是非善惡之評判。是者、善者，名之曰「合理的行為」。殺身成仁之文天祥，我們可以說他的實踐行為是合理的；賣國求榮的秦檜可以說他是非的、惡的行為。然而兩人之行為一旦成為科學所對付的歷史事實，則事實本身即成為客觀的，是其所是的。我們只解析其組織與性德，而不能批判它的是非善惡。判其是非善惡者，判其行為也，非判客觀事實也。

A（五）因為實踐帶有主觀性，即帶有情感的衝動性，所以就有合理與否的差別。此於群眾行為上尤然，並且因此，明知合理而不為，明知背理而為之的情形，也即發生出來。所以實踐總是實踐，而不能與事實混。

A（六）再說理論。理論有「實踐理論」與「科學理論」，或亦曰「事實理論」。事實理論即是按事實而說話。這樣的理論是事實的一幅圖像，是與事實相照應的。雖然有時不能完全相應，但終期其相應。科學即是這種理論的總集。故事實理論亦可稱「科學理論」。我稱這種理論曰「純理論」，稱其所對之實事曰「純事實」。言「純」者，不帶色彩而可以客觀地、如實地研究之之謂。這樣可以救住科學，科學理論是超階級、超時空的東西，近頗聞有人謂「資產階級的科

學」與「資產階級的哲學」，科學與哲學亦有了階級，實在是一偏之見，沒有明白純理論與純事實是甚麼。你說研究這些東西大半是資產階級的人則可，但不能因之而說「資產階級的科學」。2+2=4，在資產階級承認，在無產階級亦得承認；牛頓的物理律，資產階級承認，無產階級亦不得不承認。因為這全是純事實與純理論的緣故。

A（七）實踐理論即是行為理論或道德理論，即人當怎樣行，且按什麼道德標準而行的理論。這個問題是道德哲學上所研究的，而我們研究的路徑，又免不了風俗習慣與人類社會之窺探。所以，這種理論與科學理論不同，既無客觀事實與之相應，又不能以應於事實為能事。所以，這種理論全是根據人類本性而進入「理想」與「感應」。換言之，實踐理論即是評衡之理論，與價值之理論。

A（八）本文的目的，即從對演法的唯物論世界觀為基礎，而批評與之有關的兩大實踐理論，以期建設一種新道德哲學或新實踐理論。

B 誤會諧和之錯誤

B（一）本段批評中國的傳統倫理。道德哲學所研究的問題，大別可分為道德的基礎與道德的理想。這樣的研究要作玄學上的探討。但本文不從此處著眼，只在說明中國社會意識及傳統倫理之由來，並加以批評。[1]道德哲學研究人當有什麼樣的宇宙觀及人生觀並當如何實現之。本文不從自我的實

1　【編按】原文此處有一「再」字，疑為衍文，故刪之。

現這方面,去作普遍理想的研究,換言之,不從那種宇宙觀及人生觀應用於個人上以期其實現之研究,而從其應用於社會上以期社會之實現這方面去研究與批導。

B(二)凡一種倫理必找一種世界觀為其基礎,必以其行為與基礎相融洽為其理想,為其實現。所以世界觀不同,人生觀也就不同。但觀察世界時,又不能不受主觀之影響,與特種目的之利用。所以人生觀不同,世界觀常亦隨之而不同。本文但述由對演的世界觀而引出的兩大倫理。這兩種倫理是東西根本不同之所在。先述中國。

B(三)中國的古聖先哲之世界觀,也即是一種對演法的唯物論。所以名之曰「對演」者,因其為唯物也,因其為唯物,所以他們所講的辯證是事實的辯證,而不是概念的辯證。事實的辯證,吾名之曰「對演」;概念的辯證,吾名之曰「矛盾」。所以,吾以「對演法」名馬克司的辯證法,以「矛盾法」名黑格兒的辯證法。所以,馬克司的辯證法即是對演法的唯物論,而黑格兒的辯證法即是矛盾法的唯心論,理由在此不述,吾曾詳於他文。

B(四)中國人的世界觀即是這麼一種對演的物質或事實觀,此於《周易》一支思想中尤其顯然,陰陽、五行、八卦都是在那裡指出事實之對演。對演的公式,一般地說來即是(一)相反相成;(二)矛盾之諧和。須知此所謂「相反」不是邏輯上的正負,乃是事實上的對立。言事實上的對立,即言佔有特殊的時空。「相成」即是對立之絜和[2],這全是物

2　【編按】牟先生於〈中西兩大社會思潮之評判〉、〈合理與革命〉、〈辯證法總檢討〉等文中混用「絜和」、「絜合」。就上下文脈絡說,應即現行通用之「諧和」。今保留其原貌,不加以統一。

理化學上的事實，不能與黑格兒的講法相混。矛盾之諧和是
站在唯物論或實在論的觀點，用邏輯與概念來解析事實，因
為嚴格說來，矛盾只能在邏輯上講[3]，而事實不能有矛盾。以
矛盾來解事實，與事實有矛盾是不同的，以矛盾作事實，即
以概念作事實，乃是黑格兒的唯心。我們現在必要分別清楚，
故矛盾之諧和即可作相反相成之解析，故以矛盾可解事實上
之對立或相反，以諧和解事實上之相成或化合。

　　B（五）我們現在要看這個相反相成的事實上的對演，純
是物理事實，沒有正負可言，沒有高低上下貴賤之別，沒有
價值意味在。它們的相成，是對立物之相成，不是一正一負、
一高一下之相成；它們的化合，是物理因子之絜和，不是黑
格兒之正負以趨于絕對之合，更不是尊卑貴賤之絜合。他們
的對立是佔有時空之實物，不是黑格兒之概念，既不是「概
念自身」所反射之正負，復不是由概念之正負而至絕對。故
此與黑格兒全無關係，現在可以不管它。現在所要顧及的，
即是對立不是有價值性的對立；相成也不是有價值性的對立
之相成。現在即從這一點批評中國的舊倫理。

　　B（六）這個沒有價值的物理對演，即是《莊子》所謂齊
物之論，也即是等視一切有情之見。可是在中國最佔勢力的
儒家，竟沒有把握住這點齊物之見，而引出合理的社會。然
而他卻對於本來之物加以誤解，而造成封建社會、宗法社會
的畸形的絜和倫理。他們以君臣、庶人、男女、夫婦來比配
陰陽、八卦、天地、上下，以造成了尊卑貴賤而有階級性的
諧和，所以這種諧和是有價值意謂的對立物之諧和。他們說
這是有根據的，即天在上地在下，故天為尊、地為卑；尊而

3　【編按】「上講」二字原文誤作「講上」。

上者為君、為男、為夫，故卑而下者即為臣、為女、為婦；尊而上者為貴，故卑而下者即為賤。這種以為天然的必然的比配，使人無可逃脫，無可懷疑。雖然有階級有貴賤，但須要絜和。因為天地本來如此。這樣，既可以維持住宗法組織，又可以維持住社會治安，並可以實現其與天地合德的理想社會。

B（七）但是，這是不合理的絜合，畸形的絜合。這是對於事實的誤解，對於事實所下的錯誤判斷。這種誤解我叫它「誤會諧和」，這顯然是一種錯誤。可是中國數千年來的社會組織，全受這個誤會原則所支配。從此也可知社會現象，大多[4]是由這類誤會、衝動而造成。合理的可以造成社會現象，不合理的亦能造成社會現象。從此而觀，我們當怎樣小心提倡甚麼運動呢？中國數千年的不合理造成數千年的悲劇，現在我們是覺得了，現在我們要革命了。

C 誤會相反之錯誤

C（一）這段批評西洋的誤會。對演的物質或物質的對演，乃是玄學上的問題，即物理世界所顯現給我們的自然現象，也即是我們用以解析世界之關係或結構，以及發展或變遷的。世界的關係或結構，即在這個物質的對演上顯現；世界的變動與發展，也在這個物質的對演上顯現。這個互相聯繫[5]而變動發展的世界，即是由于許多物質的相反而交互的作用表示出來。至于這個交互而相反的作用從何而來、由何而生，那

4　【編按】原文此處缺一「多」字，依文意補。

5　【編按】此字原文作「系」，今依現行習慣校改。

是不須追問的,因為追問的最後結果恐仍不得其答,無意義的上帝、神、心等等無聊的名詞即因此而起。唯心論正是作這步工作的,我們不必管它。

C(二)至于這個相反而交互的作用,是否具有「鬥爭」之意,卻有討論的必要。我們既反對世界是在上帝或神的心裡,所以我們也即不承認自然背後還有個主宰,也不承認自然本身還有所謂「心」、所謂「意識」、所謂「自覺」這等事實。我們只承認,自然是其所是,時其所時,而處其所處。我們只可了解其「如何」,而不必問及其「為何」。陰陽電子為什麼相吸相引,它為什麼有對演?我們只能說它即是如此,決不必以人之所有來意謂它,決不必看它是有意義的、有價值的,總之,決不必採取「擬人說」(anthropomorphism)的眼光來看它。擬人說,是初民或詩人的歌詠與讚歎。我們當取科學的見地,不當取初民或文學家的見地。這個分別實屬重要,若把它混了,即是事實與實踐的混擾、理論與實踐的混擾,一切唯心論者即落在這個圈套裡面,這也即是唯心論的最大特色。

C(三)這樣「戰爭是一切之王,一切之父」這句名言也是犯了擬人說的錯誤。我們可說這句話不是一個邏輯命題,而是一句詩人的歌詠或讚歎。若是把詩人的歌詠或讚歎當作科學的事實,那就不免上當了,這種上當是猶之乎以詩人所想像的鬼神為實有一樣的可憐。可是,西洋的傳統唯心論統統犯了這個毛病;對於物理世界的物質對演,也即炫染上了這種上當的成分。西洋人的人生哲學恐怕受了「希拉克里圖斯」(Heraclitus[6])那句名言的支配。

6　【編按】原文為 Hilaclitus,依當前通行用法改為 Heraclitus。

　　C（四）如是，相對必有爭，對演即是鬥爭，變化或進化也是鬥爭。這樣的擬人說，這樣的以人類之感情的衝動來炫染自然現象的辦法，確非科學的見地。須知對演的物質並表示不出鬥爭，而物質的發展也並不是由於鬥爭。「鬥爭」意義在自然界找不出來，自然變化、自然生成發展，全是物理化學上的事實，不是人類社會的事實。沒有鬥爭，並不因之沒有對演的物理世界。我們可說鬥爭由於偶性，但不能說這個偶性的物理世界必含鬥爭。

　　C（五）鬥爭是人類社會的事，不是物理世界的事。若不分開這點，玄學上的唯心論及知識論上的唯心論便不可避免。你若分開了，唯心論不攻自破，其詳細理由在此不述。人類社會之所以有鬥爭，因為人類有意識，有自覺，有欲望，有才能智力等不同，與善惡道德等不同。現在的經濟不平均，無產階級與資產階級的分野，即是那種成分的必然結果，鬥爭即伏在這裡。你可說這種社會鬥爭是對演式的鬥爭，但不能說對演的唯物論是由社會的鬥爭而證出，更不能說由社會鬥爭而證出，而擴張到自然界亦是如此。對演的唯物論是玄學上的法則，是物理世界的結構變化所呈現的姿勢，它與社會鬥爭沒有必然的關係。

　　C（六）你若把社會上鬥爭的意義賦予物理世界上，那你即是錯誤的擬人說，擬人說不是科學的見地。你若說對演法的唯物論是無產階級的哲學，那你即是混擾了事實、實踐、理論間的區別，這種混擾也不是科學的見地。我們為救住科學見地，不能不如此區分。你若是把「戰爭是一切之父」這句名言看成物理事實或科學命題，則你便有擬人式的誤會；唯心論的結果恐亦不能免。這種「誤會」我叫他是「相反之

誤會」。西洋的傳統唯心論，即在這種以誤會為實有中討生活。當然，他們的「誤會」不必全指此言，其他的誤會與倒置很多，在此不述。我們揭破這種誤會，為的是承認離主觀而獨立的客觀世界，也即為的是救住科學。我們區分事實、實踐與理論的不同，也為的是揭穿擬人說，揭破那種誤會，以顯出唯心論之所由成及其錯誤之所由來，而其結果仍是在救住科學，在救住客觀世界。現在關於這方面可以不必多說。

C（七）轉到現在社會的悲劇。據我看，現代階級的懸殊與不合理，恐怕是由上述那種誤會而來的必然結果。中國由諧和之誤會，而養成消極的苟延殘喘的民族性；西洋人由相反之誤會，而養成積極的競爭的興會淋漓的民族性。這種積極的競爭的人生觀固很可取，然其得到現在的悲劇，恐亦未必由此。那種競爭的民族，也未必不由相反之誤會而養成。現在的二十世紀悲劇是無容疑的排演著，階級的懸殊是無容諱的存在著。一般自命革命之流仍彈舊調，殊非致本之論。吾惟有悲其反科學限於唯心而已。

C（八）現在感覺到階級的對立，是現社會的流行的見解、矛盾或衝突，要解決這個矛盾或衝突就得革命。於是就提倡辯證法，提倡唯物論，提倡辯證法的唯物論，以為這是革命的哲學。這是無產階級的理論基礎，於是把它擴大，把它誤會以為社會的對立是鬥爭，一切自然物理現象的對立也是鬥爭。於是鬥爭與對演法發生了必然的關係，而社會革命也有了玄學的基礎，所以提倡辯證法的唯物論即是革命，就是先驅，而其實盡可不明白辯證法的唯物論究竟是什麼，只是這個新名目不可不嚷。思想界的混擾，莫過如是。須知革命純是革命，不提倡辯證法的唯物論，也可以參加實踐工作作革

命;不革命,即滿口辯證法的唯物論,也是腐化封建或反動。所以辯證法唯物論與社會革命間,並沒有因果地、邏輯地必然關係。以社會上的鬥爭之意義,賦予對演的物理事實之上,以作社會革命的基礎,也是犯了「誤會」之病。

C(九)須知以這種誤會講對演法的唯物論以作革命之根據,只可說是解決某一特殊問題之辯護,並不是作真正合理的理論,也並不是求思想上的根本改造。所以現在所提倡鬥爭的辯證法,仍是犯了前人之誤會,仍是擬人說及事實與實踐彼此混擾的唯心論之變相。今日中國有反科學之趨勢,原故即在此。須知今日不合理的社會之出現,即由於歷史上的誤會而得來,今如仍其誤會而圖解決當前之困難,便是貪小利而忘大害,使將來仍是不合理,永蹈循環之弊。我們處在這個偉大的時代、轉變的時代,需要[7]一個正確的、科學的、先驅的合理理論。須知我們這個時代是以往數千年的不合理思想之總結時期,是由不合理轉到合理的時期,我們的思想當有一個根本的改造。我們當先建設起一個正確而合理的先驅思想,再以這個思想為基礎而解決當前的問題,打破當前的難關,不當隨便亂嚷幾句就算完事。所以誤會相反的辯證法是錯誤的,不能作為真正革命思想的指導。我們必須了解中外以往數千年不合理思想之所在。

發表於《益世報·社會思想》(天津),第 13 期,1933 年 2 月 6 日,署名:牟宗三。

7　【編按】原文此處多一「在」字,依文義刪除。

2 合理與革命

D 先驅思想與合理

D（一）前文指出中國社會之不合理，是由誤會相反之諧和而成；西洋之不合理，是由誤會對演之相反而成，由這兩種誤會而養成東西社會的不合理，以至於形成現在的種種悲劇。這是多麼值得注意的一件事！所以中國的舊路固不可走，西洋的舊路也不可走。現在所流行的革命思想，是未曾把握住以往之毛病，並亦未認清現代的悲劇之所由成。所以我們必須反乎以往之誤會，建設一種合理的先驅思想，作革命行為之指南。

D（二）我們在前文 B（七）條中指出，合理的思想可以造成社會事實，不合理的亦能如此。所以我們在此可說，社會現象之發生與自然現象之生起完全不一樣。我們也可說：中國之有階級性的畸形絜和，與西洋之有階級性的對立鬥爭，都是可以改造的。以往如此，將來不必如此。以往是畸形的絜合，我們可造成合理的絜合。以往是階級的對立，我們可造成無階級的對立。以往的歷史是鬥爭史，將來不必如是。我們不能由以往之已是，推知將來之必是。此於社會現象尤然。

D（三）沒有了階級鬥爭，並不能說就沒有了對演法的唯物論，而社會也並不因此就停止其變化與發展。對演法的唯物論，是解析世界的組織與變化的原則，變化方式多端，社

會鬥爭不過其一而已。故社會鬥爭雖亦可以對演法解之，但對演法不只解此。社會鬥爭雖可說是由於事實之對立，但對立不必盡是鬥爭。社會進化雖可說是由於對立之鬥爭，但進化不只由此。故階級鬥爭與對演法實無必然關係，不過偶合而已。故欲以對演法，尤其是誤會的對演法，為革命理論之基礎，實是錯誤。歷史的悲劇正是由此演出故。

D（四）我們現在要本著真正的對演法的唯物論，免去以往的一切誤會，造成新社會倫理，即合理的倫理與先驅的倫理。我們要知一切事物都是同等的，在物理世界裡說，即是沒有價值、沒有貴賤等意謂在。這是莊子所證的齊物世界，我們必須把握住這一點始可言和。所以在實踐上，必須認清這一點，養成這種脾氣，排除一切利用附會與誤會所造成的畸形絜合，與建設合理的實踐理論。於是，中國的誤會可以消滅，而不合理的悲劇不至於再演。

D（五）我們要知社會現象大半是由人類造成。我們當找一個真正的標準為法模而規定我們的思想，改變我們的行為。第（一）當知鬥爭是人類社會的事，不是物理世界所可有。第（二）當知「戰爭為一切之父」這句話是詩人式的歌詠，不是科學命題，不可為法。第（三）當知以鬥爭之意賦予物理事實之對立，是擬人說之表現，是唯心論之起源，是事實與實踐之混擾，是反科學的看法。把這三點明白了，再若明白了社會現象是由人類造成的，是可以然、可以不然的，則西洋的誤會所養成的數千年的悲劇可以除消，而階級鬥爭可以不發生，對演法的唯物論仍可依然故我，成為不可磨滅之真理。這才是真正的革命思想；作到這步才是真正革命之成功。革命不是造階級，不是造循環的階級對立，乃是消滅階

級，而至於合理的前進。

　　D（六）由D（四）、D（五）兩條，我們本著真正對演唯物論的世界觀而得著真正的合理的社會倫理，免去一切擬人說的誤會，得出真正合理的對立與絜合。可是，這有兩個問題呈現著：

（1）　這種按照自然而建設社會倫理，不能形成莊子的物化神秘境地，而至於不可言詮嗎？

（2）　這種純求合乎自然世界的看法，不能形成儒家最高理想，專與自然合一而至於順世主義、消極主義嗎？

　　D（七）我簡單回答不能。請先說第一個，莊子這種無聊的思想也好懂，也難懂，所以也就易于不得正解。莊子的觀點是「道觀」、「以道觀之，物無貴賤」。道觀的世界即是是其所是、現其所現的世界，也即是無貴無賤、無尊無卑、無善無惡、無醜無美的赤裸的物理世界。總之，是無價值、無主觀意謂、無擬人說的主觀色彩炫染于其上的世界。這個世界即是他所描寫的齊物。齊物即是等視一切有情之謂。得這樣的世界，非用道觀或純客觀不可。莊子得出這個世界之後，又進而至於以齊「物論」。把關於那個世界所加的言詮解析之說一概取消。是非、彼此、一切差別名理，皆屬無有。這樣便走入極端而進入神秘境地了。可是這步神秘境地乃是第二步，即其人生態度。他一方面證得世界是如此，一方面又見當時眾說紛紜，莫衷一是。所以就隨著那種世界觀，而採取了否認一切的人生觀。須知這是兩步，一是世界觀，一是人生觀，一是齊物，一是齊「物論」。否認的是一切物論，所不否認的是自然界、物理世界。這兩步之間並沒有必然的

因果關係。莊子喜歡它們的連結，他即連結；我們不喜歡，我們即不連結。所以採取他的世界觀，不必採取他的人生觀，而採取他的人生觀，卻必採取他的世界觀。歷來解莊子者不曾曉得他這個區分，所以未得通解；章太炎以唯識解之，尤屬背理。莊子否認物論，即是否認社會生活，否認科學知識。他所以否認科學知識，即是因為知識不準確、不完全、不絕對。此非無理，近人所謂「近似」，所謂「概然」等亦即此意。但不能因為「近似」、「概然」，即完全否認知識。所以否認與不否認全是人生態度問題，我們現在既肯定人生，當然第一問不成問題。我們按照自然界之法則來建設社會倫理以改造社會，不是順從自然，否認一切，或與之物化。

　　D（八）中國人的思想，無論儒家、道家，都是順從自然，投在自然懷裡的情形，所以全帶詩人味道。中國地理環境也有使之如此者在。在藝術家或個人的理想上未為不可，但建設一般的社會倫理便不能如此。我們在上條指出世界與人生是兩步，不能混同。明白了這個，儒家所形成的順世主義、消極主義，當然也不是必有的結論。莊子是積極地與自然融合，故神秘性大；儒者比較消極一點，但其同為投在自然懷裡則一。可是，即因為儒者消極一點，所以對於人生即有不同的結論與解析，所以「與天地合其德，與日月合其明」、「天行健，君子以自強不息」等等都又是很積極的神氣；至于明、清諸大儒表現得更清楚。但是，雖為積極，可都是從個人修身作出發點；從團體，從大眾，從社會，從互相關係上看的，只有焦循一人而已。我們現在建設社會倫理，當從焦氏之觀點，當從社會團體之互相關係上建設積極的倫理，不當只從個人的修養上著眼。所以，我們若不從個人上起，又明白了

世界觀與人生觀是兩步，則第二問題當然也不發生。

D（九）第二問所以不發生，即在我們把事實與實踐，即「是」與「應」分開。這等把「是」與「應」分開，有以下的好處：

（1）可以救住科學。
（2）取消了擬人說的主觀炫染，而西洋的傳統唯心論可以取消。此非主題，故未多說。
（3）可以取消莊子的神秘及一部分儒者的消極與順世。
（4）建設基于自然世界的積極合理的社會倫理。
（5）基于自然世界救住人間倫理，糾正超世態度。
（6）基于自然可以證明價值界之不能離開自然界，即實踐之不能離開事實。
（7）價值界不能離開自然界，即靈不能離開肉，如是倫理有基礎。
（8）既有「是」為其基礎，復有「應」為其理想，人間的積極倫理即出現。

D（十）這種人間的積極倫理有以下的特性：
（1）從社會團體間的互相關係上建設真正的對立之諧和。
（2）西洋的主觀炫染之誤會不能存在，而中國的儒家投入自然懷裡的諧和之誤會也可以取消。
（3）不從個人觀點上起，而以團體之關係上起。
（4）這種關係間的大諧和，即是社會欲望之大諧和。
（5）用焦循的話說即是「情通」、「旁通情也」。情通不是惟情論者，乃是團體分子間的欲望通達。
（6）所以「情通」即在分子明瞭是在團體中，是在關係中。

（7）我們是從新觀點、新邏輯下的世界觀，以鳥瞰知識論，而
　　至於建設我們的社會倫理。至於這種新觀點、新邏輯是什
　　麼，以及如何以世界觀鳥瞰知識論，則非此處所能詳。

E 現實難關之打破

　　E（一）以上指出東西數千年的錯誤思想，造成數千年以
至現在的不合理的社會悲劇，所以現在就當作一步根本改造。
把以前那些錯誤都去掉，趁著這個大轉變的時代，建設一個[1]
合理的先驅社會倫理，為革命及將來前進之指南。這是從一
般的普遍的根本改造上立論。可是，現在的難關怎樣打開呢？

　　E（二）就整個世界而言，各方面都形成了不合理。封建
社會之意識仍充滿人類的腦海，帝國主義壓迫弱小民族，資
本家宰割無產階級，也仍毒肆其極。這各方面的衝突都有意
識地在對立著，這是一個難關，而我們中國又是集這三種難
關的焦點。對自己要革封建社會的命；對帝國主義之政治侵
略，又需要民族革命；對其經濟侵略，又需要大眾革命。所
以中國是居於偉大時代，處於偉大位置，並且負有偉大的責
任。為其自身計，為全世界計，都有為革命的大本營的必要
與必然。所以現在各方面的革命在中國都是需要的，因為是
受著各方面的壓迫。故民族革命與大眾革命，都實有大聯合
的必要與可能。這個大聯合，就是現實難關的打開。

　　E（三）可是，這種聯合革命論，不是與你的反對對立鬥
爭相矛盾嗎？不是，因為：

1　【編按】此字原文難於辨識，依文意判斷，似是「個」字。

（1）　反對對立之誤會，乃是從真相方面建設合理的倫理，
　　　　以期造成合理的社會。

（2）　我們不能本著造成現在的悲劇的那錯誤思想，而打現
　　　　在的難關。

（3）　本著對立之真正絜合原則而革命，比本著對立之鬥爭
　　　　原則而革命，合理得多了。此猶如本著悲天憫人的愛
　　　　人心而革命，比張獻忠之亂殺，合理得多了一樣。

（4）　所以我們不能宣傳那種誤會的對立鬥爭原則而革命。

（5）　偉大的時代、偉大的革命，當需要偉大的思想、根本
　　　　改造的思想為前提，不能順水推舟只拘于現存的某一
　　　　特殊難關而立論。

（6）　本著不鬥爭的思想，即本著消滅鬥爭的思想而鬥爭，
　　　　是真正的鬥爭、有意義的鬥爭、向前的鬥爭，是之謂
　　　　真革命。

發表於《益世報‧社會思想》（天津），第 14 期，1933 年 2 月
13 日，署名：牟宗三。

3 召集臨全代會之真義何在？

　　幾年以來，中國的變動真使我們疾首痛心！陽以中山先生的三民主義為號召，實際上執政者[1]所加以人民的疾苦，較諸軍閥時代更深一層。軍閥的專橫，禍害的頻仍，政局之分崩離析，對外的妥協屈辱，沒有一處不予日本帝國主義以侵略的良好機會，於是悲慘的「九一八」事變，終於不可避免的到來。

　　暴日之企圖吞食中國，處心積慮，已非一夕，以先的事情姑且不說，單自國民政府成立以來，濟南慘案就是一個非常明顯的教訓。但現在的所謂國民政府，只知逆來順受，不敢反抗；華北易幟而後，又因張學良的承其先人衣鉢，奉行對日妥協之一貫政策，就更加堅定了暴日侵華的野心。同時，世界的經濟恐慌促進了帝國主義重新瓜分殖民地的雄圖。早已視滿洲為己物的日本，畢竟在前年「九一八」揭去了中日親善的假面具，以武力佔領東三省。然而政府對於日本這種暴行，始則不加抵抗，繼則乞憐國聯，終而至於版圖變色，偌大的土地，恭恭敬敬地讓與了仇人。但是，我們的仇人──專以實行海盜式的掠奪為生的日本帝國主義者，並不以奪得滿洲為足。他的以武力[2]佔領東三省，原是一種侵略中國的嘗試，嘗試既得意想不到的成功，自然更擴張了他併吞的野心，得寸進尺，乃是勢所必然的結果。於是而進攻淞滬，炮擊南

1　【編按】原文此處重複一「者」字，今刪除。
2　【編按】原文此處缺一「力」字。

京,軍艦橫行長江,奪取榆關,囊括熱河,以及佔領整個華北的慘劇,一幕幕啟演出來。眼看著牠們——暴日的大陸政策,快要完成了,而中國之覆亡,就在眼前。

然而另一方面,試回顧中國的內政,到底³成了一種什麼樣子?民眾⁴的創痛固難盡述,在政府一方面,便充分地表現出牠無力與無恥的真實原因。牠們對於政權是據⁵為私產,對於民眾是盡情壓迫,對於暴日是一再退讓,對於國際聯盟永遠做著與虎謀皮的美夢。痛快地說一句,現在的南京政府糟得同二十餘年前的滿清政府和七、八年前的北洋軍閥一樣,是在澈底的實行著「甯贈友邦,毋予家奴」的亡國政策。中國在這樣腐敗的政府,這樣喪心病狂的軍閥統治之下,其不滅亡也尚待何日?

(二)中國目⁶前需要的是什麼?

可是,我們是否大家都死心塌地的等待著亡國滅種之到來,而不意有所挽救呢?我以為除了現在的執政諸公以外,誰也不會作如是想。因此我們大家都明白:中國目前需要的,只是「抗日救國」一條路。

「抗日救國」誠然是時下誰也曉得喊的一句漂亮口號。兩年以來,南京政府的高喊「抗日救國」恐怕比我們民眾要

3　【編按】此字原文誤作「低」。
4　【編按】此字原文誤作「家」。
5　【編按】此字原文誤作「踞」。
6　【編按】此字原文誤作「日」。

響到千百倍。但是我們曉得，南京政府嘴巴[7]裡的「抗日救國」，實際上是「降日賣國」，他們借了「抗日救國」的金字招牌，在進行他「降日賣國[8]」的偉大工作，這是人盡皆知，無可諱言的事實。所[9]以我們所需要的，決不是「南京式」的「抗日救國」。

在出演賣國活劇中的南京頭目——蔣介石，他對於「抗日救國」這一新名詞解釋得更加圓滑，運用得更加巧妙。他總是口口聲聲向人家說：「抗日救國，先要擁護中央」，「攘外必先安內」。所以，他就在這兩句口號之下，努力進行其肅清不擁護中央的異己，澈底完成其家天下的統治；同時又藉剿共之名，以圖躲避[10]不抵抗日本帝國主義之罪名。他不管日本帝國主義已打進長城，不管平津是危若累卵，他還是不圖抵抗日本[11]帝國主義。假使日本[12]帝國主義不打倒，失地不收復，非但不能統一中國，剿滅共匪，而且根本不會使人民擁護中央的。專制[13]賣國的中央有誰去擁護呢？除非他是南京政府裡的寄生蟲，沒有心肝的軍閥官僚。所以我們十分明白：要統一中國，復興中國，只有先打破日本帝國主義的步步進攻，此外別無生路。因此，我們又可以明白到：中國目前所需要的「抗日救國」，不是空洞的招牌，不是紙上的口號，而是實際上的行動。只有中國人的鐵與血，才能抵抗得住暴

7　【編按】此字原文誤作「吧」。

8　【編按】此處原文作「抗日賣國」，文意不通，今改為「降日賣國」。

9　【編按】此字原文誤作「可」。

10　【編按】此字原文誤作「蔽」。

11　【編按】原文此處缺一「本」字。

12　【編按】原文此處缺一「本」字。

13　【編按】「專制」二字原文誤作「制專」。

日之侵略進攻；所以「抗日救國」就是全國民眾流血拚命的行動，不是官僚軍閥權酒言歡的「斯文」應酬。官辦的「抗日」，官辦的「救國」，不但不會發生任何效力，而且可以阻礙真正「抗日救國」之進行，永遠屈服於帝國主義之下。背叛三民主義的南京政府，牠是不會救中國的！

（三）所謂臨時全國代表大會

吾黨自執政以來，由於軍事獨裁之專橫，予以人民之疾苦，不勝枚舉。而此次暴日之進攻，在主觀上也是招誘得來，這是鐵一般的事實，無可否認。所以在這時候，真正[14]革命之國民黨員，只有勇敢的對人民謝罪，並積極收復失地，然後將國土政權，還諸人民，才是應該的道理。所以在失地未收復，人民痛苦尚未解除之前，所謂「把政權還諸人民」，完全是少數人篡竊黨國之陰謀，實無絲毫之價值。漂亮的口號，激烈的詞句，到底不能掩飾其妥協賣國之罪惡的！所以這一次召集所謂臨時全國代表大會，在我們看來不[15]但多餘，而且藏有不可告人的罪惡，自不值革命的國民與黨員之一笑！

自從暴日壓境到現在，所謂中央所召集的會議，多過[16]於雨後之春筍。一再之中央全會也，有名無實的國難會議也，以及專家會議也……等等等等，五花八門，使人目眩神迷；議決案多如山積，舉凡救國之道，安民之議，莫不樣樣齊備。中央果然救國安邦之誠心，早該完成其各種決議，履行其各

14　【編按】「真正」二字原文誤作「正真」。

15　【編按】原文此處欠一「不」字，依文意補。

16　【編按】「多過」二字原文誤作「過多」。

項諾言，又何必會議會議，一再而三？會議不能救國，事屬顯然，可知所謂臨時全國代表大會，在目前沒有召集之必要。

或曰：這一次召集臨時全國代表大會，是預備實行將政權還諸人民，決定召開國民大會，頒佈憲法，確定政制，與過去的各種會議，性質完全不同。此說果確，那麼又使我們不能不有疑問：處於現在這種風雨飄搖的局勢之下，國家人民所需要的，唯一的是在於對日宣戰。所謂將政權還諸人民，召集國民大會，頒佈憲法，確定政制等果然重要，但依目前中央的態度觀之，這許多好聽的名詞，充其量只是一種煙幕。南京果願將政權還諸人民，何不先允許人民以抗日言論集會結社之自由？南京果欲召集國民大會，何不將憲法、政制，留交國民大會討論，在大會未召集以前，集中全力、收復失地，庶將來政權歸民之日，國土亦完整無缺的還諸四萬萬人？

總觀近來南京之所作所為，無非欲借此所謂臨時全國代表大會，作產生總統，完成法西斯蒂統治之工具，除此則無所謂建樹，是我們可以預言的。

（四）中國法西斯蒂的真面目

目前之中國，需要憲法固甚急迫，但需要總統，似成問題。根據以往事實，總統政權之竊敗，實難形容，故吾人不願見中國之再有總統，只要中國能夠真正的實行三民主義，完成國民革命，對外解除帝國主義之束縛，對內拯救人民之倒懸，努力完成總理之民族、民權、民生主義，於願足矣！而目前表面上之所謂放棄黨治，產生總統，實際上是蔣介石法西斯蒂之抬頭。而什麼是法西斯蒂？什麼是中國法西斯蒂

之真面目？都值得我們加以研究。

所謂法西斯蒂，就是目前意大利墨索里尼所挾以橫行歐洲的國家社會主義。後繼者即為德國之希特勒。就學理言之，這種名稱和主義，是非驢非馬的一種怪物，事實上又是一種新陳代謝中的畸形的制度。牠是從資本主義發展至最高峯產生出來，對內鎮壓工農平民之革命，對外侵略弱小民族之權利。所以牠是時下最反動的一種主義，舉凡日本、英國，各帝國主義者，欲使資本主義得以苟延殘喘，莫不先後走向於法西斯蒂之一途。

然而法西斯蒂在意大利反動統治之成績，是否足以避免資本主義的破產呢？事實上，法西斯蒂的意大利，還是有生產過剩、失業、恐慌等資本主義之矛盾。所以法西斯蒂生命之短促，已是明顯的事實，而法西斯蒂之反動性，更是彰明於世。法西斯蒂之趨於覆亡，自在意料之中。

中國是次殖民地，這是誰也曉得的。中國目前所需要的不是侵略他人，而是反抗他人的侵略，這也是鐵一般的事實。所以中國不需要法西斯蒂[17]，自然是不必懷疑。但是，中國的法西斯蒂究竟是什麼東西呢？說起來更可痛心！

三年以來，中國法西斯蒂在蔣介石及其爪牙秘密活動之下，我們所看到的與西歐各國的法西斯蒂政策完全相反。在西歐，法西斯蒂是國家主義、侵略主義，對內壓迫革命，對外與帝國主義相競爭，侵略[18]弱小民族。但是中國的希特勒——蔣介石，他不但不會實行國家主義，而且忍受帝國之侵略壓迫，出賣民族利益，相幫列強屠殺中國人民。所同的

17　【編按】原文此處缺一「蒂」字。

18　【編按】此字原文誤作「留」。

便在於壓迫革命。所以中國的法西斯蒂，與世界各國的法西斯蒂迥然不同。牠[19]是背叛國家、破壞愛國的一種主義，牠的政策含有雙重的反動性。所謂藍衣社（中國法西斯蒂之組織名稱）的過去行為，可以充分地證實牠那本來面目的猙獰的卑賤。倘然這種禍國殃民的法西斯蒂于臨時全國代表大會後執政抬頭，不單為本黨之不[20]幸，亦即為中華民國之不幸！

（五）我們對於臨全[21]大會之認識

總而言之：我們以為中國在日本帝國主義瘋狂的侵略屠殺之下，最迫切的要求是以武力抵抗日本之進攻，收復失地。而要達到這種真正「抗日救國」的目的，一方面果然要靠全國民眾一致起來努力，一方面還要澈底改造中國之政治，消滅軍事獨裁，實行強硬外交，掃除一切抗日大道上的荊棘障礙，才能達到統一中國，復興中國之目的。一切的花言巧語，一切的胡言讕調，無非是替出賣中國者作辯護。至於本黨之全國代表大會，這時候用不著召集什麼臨時會，因為在這狂風暴雨的局勢之下，無論[22]黨人國民，都需要上前線去殺敵，不需要坐[23]在屋子裡會議，更不應該借了臨時全國代表大會的機會，去完成少數人的政治陰謀，破壞本黨總理之遺教，禍國媚外。然而現在真實的內容，所謂臨時全國代表大會，便

19　【編按】此字原文作「他」，與下文不一致。

20　【編按】原文此處缺一「不」字。

21　【編按】「臨全」二字原文誤作「全臨」。

22　【編按】此字原文誤作「證」。

23　【編按】此字原文誤作「生」。

是南京一二叛徒的陰謀所在。吾人對此，是如何的痛心，如
何地為中國前途抖顫戰慄啊！所以在這時候，我們革命的三
民主義者，不得不公告於國人之前：現在的南京政府，是幾
個三民主義的叛徒、軍閥官僚之賣國機關，決非黨治下的人
民政府，也不是國民黨政府。一個革命的國民黨員，決不參
與他們這種無恥的賣國陰謀，而且要反對他們，打倒他們，
以完成中國之革命。同時這次所謂臨時全國代表大會，更不
是國民黨的全國會議，祇是少數叛徒的行動，革命的黨員決
不參與，還要宣佈他的罪狀！

發表於《正論週刊》第 9 期，1933 年 4 月 29 日，署名：光君。

4 辯證法總檢討

1. 矛盾法

1.1　　吾名黑格爾的辯證法曰「矛盾法」，因他所講的是邏輯的或概念的。

1.11　　矛盾是自身同時起衝突。

1.12　　「有」自身同時即反映著「非有」；「生」自身同時即反映著「死」。餘類推。

1.13　　「有」自身即是黑格爾所謂「在自身」（in itself）；反映著「非有」，即是他所謂「對自身」（for itself）。

1.14　　故「對自身」之「對」不是佔有空間之位置而與自己相對之「對」。換言之，即不是「相對」。

1.15　　「在自身」即是普通所謂「同一律」；「對自身」即是「矛盾律」。普通認為不能同時成立，然黑格爾則認為可能。因應用於元學上，故可能。

1.16　　既可以同時存在，故每一概念即是一個「在而對之自身」，全而觀之，即是一個「絕對」，故每一概念即是一個「絕對」。

1.2　　由此「絕對」或「全」或「合」中，解剖出「正」、「反」或「負」，乃是說明、解析的過程。

1.21　　這個「過程」或「發展」不取有「時間」，乃是邏輯的。

1.22　　這個「發展」或「轉變」，不取有「空間」，亦是邏

輯的。

1.23　既然如此，故可說是「矛盾」。一切概念或範疇即由此而繁衍出，世界即按此法則而前進，這即是理（reason）或神（God）之轉化。

1.3　物界及心界即由此而轉變出，這即是他所以為「客觀唯心論」處。

1.31　唯心是觀點問題，不是辯證法的問題，矛盾法是邏輯上的東西。

1.32　矛盾法與唯心、唯物沒有關係。「唯心」即是把「矛盾」應用於元學上，而以之為宇宙之根本存在，而且以之為「神心」或「理性」，並認一切變化即是此「理性」之變化。可是活潑潑的具體世界怎末會能有上述那種矛盾呢？一種不佔時間及空間的矛盾過程，怎末會變出千變萬化的物理世界呢？這是黑格爾沒有答覆好的問題。

1.321　故唯心這個觀點是不能採用的，一用於解析具體事實時，就馬上顯露出困難。

1.322　因為一到解析事實時，就會顯出「事實」與「概念」的分別，此分別一顯，唯心的觀點就動搖了。

1.33　唯物即是分別概念與事實。

1.331　概念上的矛盾雖可講，但事實上的辯證卻不即是概念上的矛盾。

1.332　所以唯物的辯證即是具體事實的辯證；而辯證的唯物即是動的而非死的或靜的具體事實觀。

1.333　這樣，唯物的辯證法即與黑格爾的講法不一樣了，而其意義也不同。

1.334 由唯物的辯證法，可以仍保存概念之矛盾，但不採取唯心之觀點，不使其為宇宙之根本存在。

1.335 故在唯物辯證法之引出，有三個結論：

（ⅰ）唯心觀點之死；

（ⅱ）矛盾法仍可存在；

（ⅲ）另有意義及說法的唯物辯證法。

2. 對演法

2.1 另有意義的辯證法即是吾所叫做的「對演法」或「對戲法」。「戲」字有語病，故不取。

2.2 對演之「對」（relativity）與「對自身」之「對」不同。

2.21 因具體事實，無論如何，總是佔「時間」並佔「空間」。既佔有時空，則「在而對自身」的矛盾[1]即不能有。

2.22 不要認時間上之流轉或剎那生滅為矛盾。

2.23 不要認空間上之對立物為矛盾。

2.3 具體事實之「對演」，不能言正負。

2.31 具體事實是等值的。

2.32 具體事實是「是如其所是，現如其所現」。

2.33 只有正，沒有「負」。負之反映出，是為解說「正」。

2.34 在數學上用「-」（負），在邏輯上用「～」（非）。這個「～」表象具體世界中的什麼東西呢？

2.35 「負」不能代表或表象「東西」。（參見下文 5.18）

---

1 【編按】原文此處缺一「盾」字。

2.4　具體事實之對演不能言矛盾。

2.41　因佔空間，故此物之存在不必依靠他物之存在而存在，二物可以同時存在也不必消融於「合」中而始得其全。

2.42　因佔時間，故由[2]分而合，由部分而全體，乃具體事實化合之過程，乃時間流轉上之差異，非同時之矛盾。

2.43　矛盾必須同時；

矛盾必須自身；

矛盾必須消融；

矛盾不取時間，不佔空間，必須是概念上的。

2.5　空間上的對立，不是矛盾，似易懂；時間上的差異不是矛盾，似須解。

2.51　「資本家一方面榨取，同時又自掘墳墓」這不是自己矛盾嗎？曰：否。

2.511　因為

（ i ）這是事實問題，假若資本主義還沒死，則此命題帶有「預測」之意。預測不敢言「必」。

（ ii ）「榨取」伏著「入墓」，這是「潛蓄」與「實現」的差別。以為「實現」伏著「潛蓄」是矛盾，這是錯的。事實沒有「潛蓄」，只有「實現」。

（ iii ）「潛蓄」與「實現」之差，是解析上的方便，猶之乎正與負。

（ iv ）既然事實上只有實現，沒有潛蓄，則資本家

2　【編按】「故由」二字原文作「由故」，今依依文意校改。

之由「榨取」而至「入墓」³，這乃是事實變
化的過程，猶之乎盛極而衰，猶之乎生老病
死。

（ⅴ）以為「榨取」伏著「入墓」是矛盾者，乃是
解析、預測的假說，乃是你全知了生老病死
之過程以後，所以你即以為有了生必伏著死，
所以你即以為這是自己矛盾。其實是錯的。
至於盛衰亦然。

（ⅵ）所以 2.51 之命題仍是概念上的解析，而非事
實上的真如。由榨取而至入墓仍是時間上的
差異而非矛盾。

2.52 「一個人既是政治家同時又是文學家」，這不是自己矛
盾嗎？曰：否。

2.521　因為：

（ⅰ）即便承認有一個同一的自我，而文學家與政
治家也不過是那個同一自我之各方面或「面
相」而已，亦不是矛盾。

（ⅱ）假若那個「同一的自我」不過是個空名，
不過是許多面相的邏輯的構造（logical
construction），則文學家、政治家也不過是
其行為之不同的表示而已，亦不足言矛盾。

（ⅲ）所以 2.52 之矛盾乃是由於誤解「類之分子」
為矛盾之故。

2.53　「我是我父親的兒子，我又是我兒子的父親」，這不

3　【編按】此句原文作「由『榨取至而』『入墓』」，今依文義修改標點。

是自己矛盾嗎？曰：否。

2.531　因為：

（ⅰ）這是一個關係者與兩個不同的關係者發生兩種不同的關係。

（ⅱ）設以 R 代關係，x 代父親，y 代我，z 代兒子，則 2.53 命題有以下兩種情形：

（a）xRy＝「我是我父親的兒子」

（b）yRz＝「我是我兒子的父親」

（ⅲ）你以為「xRyRz」為 y 自身之□□⁴者，乃是誤解一個分子與多分子之關係。

（ⅳ）x, z 離 y 而獨立存在，是已有兩個東西與 y 相對了，此不得謂矛盾。

（ⅴ）y 對 x 是如此，y 對 z 又如彼，這原是普通所謂「從不同的觀點看」而已，云何為矛盾？

（ⅵ）父親、兒子等名詞與桌子、筆等不同。前者代表「關係」，後者代表「物體」。

（ⅶ）「關係」是「不全記號」（incomplete symbol），其孤獨無意義，其意義在應用上。

（ⅷ）「關係」不是東西，乃是東西間的一種瓜連。

（ⅸ）以兩個東西間的關係作為某一個關係者的矛盾，顯然是錯誤的，因不符 2.42 條中之條件。

（ⅹ）若照「我既是兒子又是父親」說，則又是一個人的許多性質，不足言矛盾，謂之為矛盾，犯了 2.52 之錯誤。

4　【編按】原文此處缺漏二字，疑為「關係」二字。

2.54 「由一個細胞分裂成兩個細胞」，這不是那一個細胞自身起矛盾嗎？曰：否。

  2.541 因為：

    （i）這正是斯賓塞所謂由分而合，由散而聚，而合而分等發展過程。生物現象，類皆此，並非矛盾。此不滿足 2.43 之條件。

    （ii）物理化學上的化合皆不能言矛盾，因係具體事實。此皆易明，不多述。

2.55 如上所述，所謂矛盾者，類皆誤解。

  （i）2.51 條之矛盾乃是時間上的錯誤。

  （ii）2.52 條之矛盾乃是類與其分子上的錯誤。

  （iii）2.53 條之矛盾乃是多種關係及同一人具有異性上的錯誤。

  （iv）2.54 條之矛盾乃是時間空間上的錯誤。

  2.551 只要明白矛盾、概念、事實等的意義，則那種誤解馬上取消。

2.56 故物理世界或事實世界沒有矛盾，只有關係。

  2.561 這個關係世界[5]是唯物的對演世界。

  2.562 黑格爾的矛盾法全是邏輯[6]或思維上的概念或範疇之繁衍。

  2.563 2.55 中所綜括之四條乃全是對於關係世界所加的解析上的方便，不即是事實。

  2.564 這種矛盾之應用猶如數學之應用。

  2.565 這種應用乃是跳出世界圈外觀世界之全體及其中之

5　【編按】原文此處有一「那」字，疑為衍文，故刪之。

6　【編按】此字原文誤作「匯」。

各部分間的關係時，所加的另一種解析或另一種看法。

2.566　這種應用只是元學上的一種方法，故辯證法只能是元學法。此點後邊再說。

2.567　世界之真相「唯物的對演」或「對演的唯物」足以象之。

2.568　矛盾法足以解之，不足以象之。

　2.5681　矛盾法乃是思維並解析世界的另一種元學上的方法。

3. 唯物對演的世界觀

3.1　　這種世界觀是多元的。

　3.11　多元指量而言，多量始能言關係。

　3.12　多元表示世界無始，無起點。

　　3.121　始、起點，是假說之設立，事實上沒有。

　　3.122　所謂由太極而陰陽，而八卦，而六十四卦，而萬物，這個發展的次序，其實即是解說的邏輯次序。這個無邊而有限的宇宙，如何能如此安排？

　3.13　多元表示世界的根本材料是「特體」，是「原子實體」。

　　3.131　特體的世界即是對演的唯物世界。

　　3.132　這樣的世界不是那固執的物質一元的多樣性之世界觀。

　　3.133　假設是物質一元的多樣性，則物質即變成了本體，而此本體其實也即是「托子」（substratum）。

3.134 而多樣性即是變形（modes），所知的只是這些多樣性的變形，則那個「托子」定是不可知的。

3.135 巴克萊所反對的「物質」即是這個托子觀的物質，不是這個特體世界中的物理特體。

3.136 反對這個托子似的物質與唯心論無關，即不承認這個托子似的物質，然而那些物理特體卻亦不必依心而存。

3.14 其實這個不可見的托子似的「物質」乃實是由這個物理特體的世界而抽成，即把這些物理特體統歸之於「物質」一名之下；於是，又把「物質」置之於特體之後，而以之為本體，轉過來，又以這些特體為那本體之物質底多樣性。

3.141 這叫做「誤置具體之錯誤」，巴克萊所反對的物質即是這個抽象的物質。

3.142 多元世界的主張即是要把世界之真相恢復過來，即要認識具體。

3.2 這種世界觀是一元的。

3.21 一元指質而言，量之數是多的，然而其質則是同的。

3.22 一元是指中立一元而言，其實即是一個中立特體的世界。

3.23 這個中立特體是取消那個抽象的物質，剔去那個統一的「心」，而把「心」看成是在特體交互影響下能服從「感舊律」（mnemic[7] law）的一部分現象，

7　【編按】mnemic 原文誤作 mnemie。

即心理現象，即人類對自然之刺激而發生的一群一群的反應。

3.24　中立特體的一元不是包有心物二元。

3.25　中立特體的一元不是一體之兩面觀。

3.26　中立特體的一元不是經驗批判論的經驗一元論。

3.27　中立特體的一元不是唯用論的澈底經驗論。

3.28　有那樣的多元始有這樣的一元，反之亦然。

3.29　心物二元是「誤置具體」下的產物。

3.3　這種世界觀是二元的。

3.31　二元指「對演」而言。

3.32　對演表示「用」（function）。

3.33　此對演之用，即交互而相反的作用。

3.34　從此動的用上昭示二元，而非「體」之二元。

3.35　這個相反而交互的作用即是牛頓的第三運動律：有一動，必有一反動，力相等而方向相反。這個律則在相對論的物理學下，當然是有問題的；但「動」與「反動」的情形卻是物理事實。

3.36　你若在元學上，應用矛盾法來解析世界，則你也可以隨時隨處能得出個二元：同中有異，異中有同；全中有分，分中有全；一粒沙中見世界；一切攝一，一攝一切等都是。

3.361　但這是矛盾法的應用，而不即是黑格爾的矛盾法。

3.362　由這種矛盾法來觀世界、來解世界所得的世界觀（即同異分化二元的世界觀）不是矛盾。即是說，這個世界不是矛盾的世界，黑格爾的世界觀才是矛盾的。因其概念與事實不分。

3.37　故對演二元是指實際的交互而相反的作用；應用矛盾法于元學上的二元，是指全觀世界之整個中的關係而起。然無論如何是「dialectical function」上的，而非靜體之二元。

　3.371　這是二元的真解。所謂心物二元，所謂理氣二元。決非實有的事。
　　　　懂得這一點始足以了解中國《周易》一支的元學及羅素與懷悌黑的元學。

3.4　這種世界觀是無元的。

3.41　無元是指「沒有元」而言，非以「無」為元。

3.42　這個「無元」即從量的多、質的一、用的二，這三種情形的絜和而產生。

3.43　徵于古：《周易》：「乾元用九，群龍無首。」「無首」即是「無元」；而所以「無首」，即在乎「用九」。「用九」即指「陽之用」而言。

　3.431　故世界若是對演的動之二元，則即不會有元。

3.44　驗於今：維特根什坦《名理論》：「4.128 邏輯形式是外乎數目的。因此，在邏輯中，沒有特出的數目，因此沒有哲學上的一元論或二元論等。」

　3.441　「無元」即指沒有特出的數目而言。而所以無特出之數目，即在摹狀世界之「邏輯命題」是等值。

　3.442　命題是等值，故也沒有較高較等。故也不能有價值論上的命題。

　3.443　命題所摹狀的世界即是「是其所是，現其所現」。

　3.444　他從邏輯上證明沒有元，而他的邏輯是「關係邏輯」（logic of relation），與黑格爾的邏輯不同。

3.445　唯有從關係邏輯上始足以證明無元。

3.45　故無元之引出，從：

（ⅰ）對演之用上；

（ⅱ）關係之體上。

3.451　對演之用與關係之體是不可分離的。關此，下段再論。

3.5　這種世界觀也可以以「通關機械論」表之。

3.51　「通關機械論」（organic mechanism），是懷悌黑的用語，一方面表示世界是萬有相關，一方面表示世界是有條理、有規律的。

3.511　萬有相關即表示反對那以往的孤獨的物質觀，所以對演的唯物觀與此亦不背。

對演的唯物論也是反對所謂古舊的機械唯物論。

3.512　通關而言機械，即表示世界有條理。條理是世界的，不是人的，亦不是神的。

3.52　反對神秘主義，世界是可理解的。科學可能。

3.53　反對目的論，世界是其所是，現其所現。

3.54　反對定命論。沒有一個神（God）在背後規定一切。

3.541　目的、定命皆是人格化[8]了的世界觀。

3.55　這個世界是「實然的」。

3.551　「偶然」是指那個實然的世界不服吾人之意志而言。世界本身無所謂「偶然」。

3.552　「必然」是邏輯上的，世界本身無所謂「必然」。

3.553　羅素所反對的因果律，即是反對那個「必」字、

8　【編按】「人格化」三字原文誤作「人化格」。

「力」字及「致」字。

這即表示「自然」與「實然」。

3.554　戴東原以實體事實為自然。自然而成其自然，是謂「自然之極致」，「自然之極致」即是「必然」。「必然」適完其「自然」。

3.555　這是中國人的自然必然觀。照此，自然必然之合即是「實然」。蓋其所謂「必然」即是自然實體發展之完成。以「成」為必然，即是以「實現」為必然。

3.556　所以戴氏的「必然」即是由生而成之「成」，非西方之所謂。此意很好，可供參考。

3.56　據此，則甚囂塵上的唯物史觀中的機械的因果還是函數的因果這個問題就算解決了。大家要徹底了解，當詳讀羅素的書。

3.57　通關機械論即是這個沒有「必」字的實然的函數因果論。

3.58　此與對演的唯物論亦不背。

4. 關係邏輯

4.1　關係邏輯是世界之圖象。

4.11　關係等於兩件物項發生瓜連後而有某種特性，其圖式是：關係 {, R=Φ!}

4.12　關係是世界之結構，也是世界之型式。

4.13　關係邏輯即摹狀或表象這些結構。

4.14　說關係即表示世界是具體的、動的、參伍錯綜的。

4.141　故關係是要「發生」（occur）的。

「發生」表示物項之交互作用。

4.15　注意這個「發生」之用的是對演法的唯物論。

4.16　注意這個發生後而有的「結構」或「型式」者是關係邏輯。

4.17　結構、型式可以式表，可以狀摹；而發生之用不可以式表。

4.171　但可以說之、昭示之，不可以象之、狀之。

4.172　故關係邏輯與對演法之所謂，是一個世界，可以互通。

4.173　關係邏輯是科學的，對演法是元學的。

4.2　關係邏輯與矛盾法

4.21　矛盾法應用於元學，不分事實與概念，而以為這即是世界，成功了黑格爾的唯心的矛盾世界觀。

4.22　若把事實與概念分開，矛盾法只是一種概念上的辯證法，仍可以單獨講。

4.221　若順事實與概念分開的路走，則矛盾法之應用於元學，即與黑格爾不同。

4.222　此是用之來解析具體世界，這是看世界的另一種方法，此方法可說是「反復」或「互相照顧」來觀世界。

4.223　此種看法是元學上的一種方法。

4.23　此種看法是以「連係」來觀世界，不是以「矛盾」觀世界。

4.231　這個連係正足以符應著世界一方面是關係的，一方面是對演的。

4.232　馬克司、列寧、伊里奇、笛差根等人的世界觀其實

　　　　　即是如此，即：

　　　　　（ⅰ）關係的世界；

　　　　　（ⅱ）對演的世界；

　　　　　（ⅲ）事實與概念的分開；

　　　　　（ⅳ）應用矛盾法于元學來反復互相照顧的看世界。

4.233　然而他們沒有把這些概念弄清楚。只是一味地那末講。後人也隨著那末講。

4.24　他們只是恭維黑格爾，他們以為只是把他的唯心觀點去了，或顛倒過來就算完事，對於矛盾法卻一味地無異疑。後人也隨著無異疑。

4.241　須知唯心與矛盾法沒有必然的關係，唯心只是一個觀點。

4.242　把唯心去了，換上唯物，而矛盾法仍依然如故應用於元學上，則所顛之者，無形中已倒之矣。

4.25　故須知馬克司與黑格爾完全不同。要徹底了解其不同，當注意 4.232 中之四條。

4.251　矛盾法是概念上的辯證，可以獨立自成一種方法。「我說謊」，「假若我真說謊，我即不說謊」，這是真正的矛盾，自相矛盾。矛盾法即是此。

4.252　黑格爾把它應用於元學上，當作世界之真相。所以他的世界觀是矛盾的，所以他是唯心的，最後所以他就是神秘的。他的「絕對」，即是他的「神秘」的表示。

4.26　可是，即便這個矛盾法也未始不可以解決，解決之道即「層次說」（theory of type）或類型說。

4.261　依此，「我說謊」那個矛盾，就可以不矛盾，依此

矛盾法就可以用不著，依此物理學中的相對之「絕對」就可以不是神秘。

4.262　但是這個「層次說」的解決，還未盡善，其內容仍有概念與事實相混。

4.263　若把事實與概念分開，「我說謊」根本就沒有矛盾，因為：

（ⅰ）「我說謊」是一件事實：例如我今天吃一頓飯，我偏說吃兩頓，這即是說謊；

（ⅱ）但一至「真說謊即不說謊」的矛盾上，即入概念的圈子，而非一件事實了。

4.264　故矛盾始終是概念上的。

層次說是把事實與概念未分清楚，而同歸之于一類的層次之不同上。此非善解。

4.27　故矛盾法實在是飽暖生閒事，在那裡頑概念上的花圈，猶如以九巧來悶人一樣，不是不可解的秘密[9]。

4.271　尋其竅，可以解九巧。在此，用層次說可以解概念上之矛盾。因其竅為人所弄成，而非自然界的物理事實。

4.272　依此，黑格爾的哲學，全部是錯的。

4.273　依此，矛盾法應用于元學上來解具體世界，其實即是用了一種反復互相照顧的方法來看。所以如此看，並非因為世界是矛盾，乃實在因為：

（ⅰ）世界不是單一（single），而是多，而是參伍錯綜；

9　【編按】原文缺此「密」字，今依文意補。

（ⅱ）欲全觀世界之整體。

4.28　依此，若把花圈式的、九巧的概念上的矛盾解決了，則矛盾法自然也可以無用。真正用矛盾法的唯有黑格爾。

4.281　現在，馬克司等人所用的辯證法既非黑格爾的矛盾法，而矛盾法又可以解決，則矛盾法簡直是煙消雲散了。

4.282　矛盾法之消散，黑格爾的唯心始能去掉，而黑格爾的神秘（與維特什斯坦所說的神秘，及柏格森的神秘不同）亦可剷除。

4.283　矛盾法雖然消散，然而：

（ⅰ）對演的世界仍可以說；

（ⅱ）「反復」、「互相照顧」的看法仍可用；

（ⅲ）「絕對」仍可講（如相對論中之所謂）。

4.29　這樣對演法的唯物論與關係邏輯之所摹狀是世界之真如相，而反復之互相照顧的元學法則是反復解說世界的一種方法。反復解說與摹狀不同。

4.291　這種方法可以叫做是「朕繁法」或「互關法」（method of correlation）

4.292　其實，大家所謳歌、讚歎的乃即是這種「互關法」，而不是「矛盾法」。

4.293　講矛盾法至於澈底而未有不陷於神秘者，西方之黑格爾、東方之佛、老，皆然。

4.2931　由矛盾法而至於神秘與世界有無神秘是兩會事。

5. 科學法與元學法

5.1　　形式邏輯

5.11　　形式是世界所呈顯的，不是人的思維所造的。

5.12　　形式邏輯，即對付這個世界之形式。

　5.121　故形式邏輯在世界上有其基礎。

5.13　　關係邏輯即是一種形式邏輯。

5.14　　科學，無論經過如何的手續或過程，然其最終之目的則在摹狀世界。

　5.141　摹狀世界即是摹狀其所呈顯之型式。

　5.142　故關係邏輯不能不是科學的。

　5.143　故形式邏輯亦不能不是科學的。

5.15　　傳統的形式邏輯（即亞氏）與關係邏輯，在某方面講，並不衝突，不過不完善、太幼稚已耳。

　5.151　「同一律」即是「是」的規定。

　　　　萬花鏡般的世界，然而實說來，只是「是」。

　5.152　「矛盾律」即是從反面來解說「是」，即是思想上所想出來的一種方法來反復解析並界說「是」。此即「～」這個屈曲不表象「東西」之意。

　5.153　「拒中律」是思想上所想出來的另一種方法來界說「是」、規定「是」。

　　　　此律的結果仍舊指明這個「是」。非「此」即「彼」，即是說不是「是此」，即是「是彼」，結果只有「是」。

　　　　「彼」、「此」代表東西，「非此」、「非彼」即不規定任何「是」，即是說，「非」（～）不指示「東

西」、不表象「東西」。

5.16　「是」即是摹狀，即「如此這般」。

5.17　「非」不是摹狀，乃是反復解說「是」。

5.18　「是」這個概念符應外物；「非」無與之相應者。

　5.181　矛盾法即以代表物之「是」與那不代表物之「非」
　　　　糾纏於一起而玩花圈。

　5.182　所以純是概念上的，而非事實上的。

　5.183　雖是概念上的，然不是概念本身之所固有，乃是由
　　　　概念生的、由人造成的。概念有成為矛盾法的可
　　　　能。

　5.184　故矛盾法即是九巧式的繞圈戲法。

　5.185　以此「莫須有」的繞圈戲法應用於元學上而以之為
　　　　本體論（ontology）上的根本存在，簡直是錯。
　　　　（所以說，黑格爾的哲學全部是錯的。）

5.19　一切批評形式邏輯者，皆不明白「事實」與「概念」
　　　的區別，故皆有成為唯心論的可能。

　5.191　以矛盾法來反對形式邏輯，乃簡直是以後起之戲
　　　　法，攻擊根本之實有，簡直是本末倒置，虛實妄混。

　5.192　既未明白矛盾法，又未明白形式邏輯，既誤解了矛
　　　　盾法，又誤解了形式邏輯，思想之混擾，無過如是。

　5.193　形式邏輯沒有法反對；即反對，亦得用形式邏輯反
　　　　對形式邏輯，這是矛盾。
　　　　矛盾全是自己糾纏，全是妄。
　　　　這即表示說：你不能反對形式邏輯；你反對，即是
　　　　反對你自己。

　5.194　講矛盾法的人不也是說的很成片段嗎？如果反對形

式邏輯，即是矛盾法反對了矛盾法。

5.195　主張矛盾法也得用形式邏輯，反對形式邏輯也得用形式邏輯。

5.196　這即是形式邏輯的根本處，不可駁處。知識的可能全依乎此。

5.197　陳啟修還說形式邏輯是初級的，矛盾法是高級的，不通。

5.2　　杜威的思維術中的實驗法

5.21　現在很有人專門攻擊實驗主義（即唯用論）。在某方面，我也不贊同唯用論。

但是杜威的五步實驗法卻是不可反駁的科學方法。但是有人也要胡鬧來反對它。

5.22　他這五步的過程乃是指發現問題，以至於解決問題，以至於經驗之成立的過程之方法。

5.23　與矛盾法風馬牛不相及，如何能以矛盾法駁之？

5.24　試問「矛盾法」這點知識，你一落母胎即懂得嗎？上帝裝在你的腦裡與生俱降嗎？笑話！

5.25　所以這個實驗法也是根本的、不可駁的，此本易曉。

5.26　形式邏輯與實驗法都是科學法。

矛盾法是戲法。一方面是妄，一方面可以解決，可以不管它，只有黑格爾用之作為元學法。

5.3　　聯係法或互關法

5.31　聯係法是元學法，不是科學法。

5.32　普通有討厭元學的成見，所以即便是元學法，也不承認是元學法。

5.33　須知元學的主要任務是：

（ⅰ）本體論：找宇宙構成之根本材料；

（ⅱ）宇宙論：解析根本材料之構成與發展。

5.331　所以實在只是「元學」，而不是「玄學」，更無所謂「鬼」。

5.34　對演法的唯物論也是一種元學上的主張。

5.35　聯係法或互關法也是站在元學觀點上來看世界的一種元學法。

5.351　由這種看法能得出「科學公式」來嗎？

5.352　所以對演法的唯物論不是科學的論文；「聯係法」或「互關法」也不是科學法。

5.36　謂其為科學者，因其：

（ⅰ）是客觀的；

（ⅱ）是世界之真相。

5.361　但具此兩條件不必即是科學。哲學也求世界之真相，科學也求世界之真相；科學是客觀的，哲學也是客觀的。但不能因此即說科學即是哲學，或哲學即是科學。

5.4　對演法的唯物論應用於社會

5.41　關此問題，吾已專文論及，即〈社會根本原則之確立〉[10]，是故在此不多說。

5.42　把對演唯物的世界觀應用於社會上，也即是元學的來解析社會，來看社會。

10　【編按】〈社會根本原則之確立〉原載於《再生》半月刊，第 1 卷第 11 期（1933 年 3 月 20 日），亦收入《牟宗三先生全集》（臺北市：聯經出版事業公司，2003 年），第 26 冊，《牟宗三先生早期文集》（下），頁 631-679。

5.43　　對演法的唯物論之應用於社會，即是解釋社會團體及
　　　　一切現象之出生、構成及其發展。
　　　　這也是元學的摹狀社會，不是科學。

5.44　　「聯係法」或「互關法」之應用於社會，即是反復或
　　　　互相照顧的來看社會之整個的關係，這也是一種元學
　　　　的看法。

5.45　　由 5.43、5.44 這兩種元學的看法，我引出社會的 "根
　　　　本原則是「刺激反應的趨生史觀」，此或亦叫「對演
　　　　的唯物史觀」。

　5.451　　此原則之引出也可以說是懷悌黑的事素、時空，及
　　　　　物質觀的應用，在此不多述。

　5.452　　由此原則之引出，則馬克司的唯物史觀不是根本
　　　　　的，不足以解析社會團體及一切現象之出生、構成
　　　　　及其發展的問題。

5.46　　他的唯物史觀只是偏面的環境影響個人觀，于解析文
　　　　學、思想、風俗習慣這些特殊現象時可以採用，但不
　　　　能聯係地、互關地來看社會之整體。

5.47　　故他的唯物史觀——經濟史觀——與我的唯物史觀不
　　　　妨並存。

5.5　　　對演法是唯物論與社會革命

　5.51　　此問題我也已專文論之。一篇登在《北晨學園》[12]，

11　　【編按】原文此處缺一「的」字，今依文意補。

12　　【編按】此指〈辯證法是真理嗎？〉一文，分兩期刊載於《北平晨報·
　　　北晨學園》第 162 / 163 期，1931 年 9 月 7 / 8 日，亦收入《牟宗三先
　　　生全集》，第 25 冊，《牟宗三先生早期文集》（上），頁 3-11。

一篇登在本刊十三、十四兩期[13]，故在此不詳述。

5.52　對演法是元學法，與鬥爭無關係。現在幾乎把鬥爭看成是對演法的固有意義了，其實是錯的。

5.521　鬥爭是人類社會的事，是實踐上的。其加於對演法上，是文學家的「炫染」，是「擬人說」的看法。

5.53　中國由對演法而引出的畸形的「諧和」也是這種炫染，並別有用意。此種錯誤吾名之曰「誤解諧和之錯誤」。

5.54　現在的鬥爭觀，吾名之曰：「誤解相反之錯誤」。

5.55　對演法與鬥爭無關，但並不反對鬥爭。
　　　詳細理由在此不述。

5.56　吾的見解由此而說明：「懂得吾的人，當其既已經之，上之，越之，而爬出，最後便認之為無意義。」批評吾的人，也必須經之，上之，越之，而客觀地懂之。

　5.561　慨思想之混沌，聊宣之於斯文。

發表於《益世報‧社會思想》（天津），第 32-34 期，1933 年 6 月 19 日／6 月 26 日／7 月 3 日，署名：牟宗三。

13　【編按】此指〈中西兩大社會思潮之評判〉，原刊於《益世報‧社會思想》（天津），第 13 期，1933 年 2 月 6 日；〈合理與革命〉，原刊於《益世報‧社會思想》（天津），第 14 期，1933 年 2 月 13 日。二文均收入本書。

5 讀懷悌海著的《理想之前進》

原名為 Adventures of Ideas

　　本書為今年剛出之書。懷氏由研究數學及數理邏輯起，進而至於科學底哲學、形而上學，最後至於最高文化的展望，本書就是他的發展之最後形態。他應用他的元學系統來批評文化，再造文化。我們讀了這個偉大的系統，不但啟示我們很多作學問的路徑，並使我們發生無窮的感想：（一）本書雖題名為「理想之前進」，其實也就是在講文化之發展，而他所講的卻又但只限於歐西，對於東方一字不提。此固由於作者能力之有限，但我們也實覺得我們之不行，此為感想一。（二）我們雖不行，但我們有數千年的固有文化，我們也總得效法懷氏作一步探討與展望的工作，以顯示出我們的文化之發展，以決定將來之趨向，但中國人有顧及到這個問題的嗎？此為感想二。（三）我們要傚法懷氏作相同的工作，也必須有相當偉大的哲學系統來批評與再造，可是現在中國有這樣的學者嗎？此為感想三。

　　我介紹這本書，並不是想作懷氏的哲學系統之述說，也並不是說這本書所批評的、所建設的就是絕對的成功，但我願這條路是值得走的，尤其在現在的中國，一切都在動搖破產、盲目浮淺之時，值得注意這步工作。所以我的希望是現在的知識階級都當注意這個問題，有相當哲學系統的學者又當加倍努力，以負批導與再造之責任，從政治方面、經濟方

面、道德方面，以至於最後的原則之哲學方面，來作這步工作。懷氏這本書就是本著這種路線走的，所以我覺得只有像懷氏那樣的系統才配作這樣的工作。

本書分四部分：（一）從社會形態方面講；（二）從宇宙論方面講；（三）自己的哲學系統之綜括；（四）文化之再造。

第一部分所論者大半是柏拉圖及耶穌教的靈魂論之影響於歐洲社會之發展，並簡述了古代、中世及文藝復興後的社會組織之各方面的不同，而此各時代之不同，皆可歸[1]約之於各時代的最普遍的一般的理想形態之不同。此普遍的一般的理想形態，即是指主宰該時代各個分子的人生觀與宇宙觀而已。懷氏以為論社會組織可以從各方面看：從經濟方面可，從政治方面亦可。現在懷氏是從普遍的理想方面看，即普通[2]說從哲學方面看。從哲學的普遍理想之定型來觀察社會之政治經濟意識以及風俗習慣等形態，每一時之轉變，其間是有好多動力[3]的，「這些動力之估計一切都依據於批評之觀點，換言之，我們的理想或觀念之歷史是從我們的歷史之觀念中派生出的，那即是說，完全依於我們的智慧之立足點。」（第八頁）。

第二部分是繼續著從科學概念之影響於歐洲文化而立論，也即是說，從更普遍的宇宙論上的觀念來立論。這種宇宙論之觀念即是自然條理之觀念，所以他的論題直是古代與近代之宇宙論。他把歐洲古今的宇宙論即自然條理觀分成四種主張：

1　【編按】原文此字漫漶不清，依文意當為「歸」字。

2　【編按】原文無此「遍」字，依文意增補。

3　【編按】此字原文誤作「方」。

（一）內在的自然律之主張；（the doctrine of law as immanent），

（二）外鍊的或賦置的自然律之主張；（the doctrine of law as imposed），

（三）摹狀的自然律之主張；（law as mere description），

（四）近代晚出的約成解析的自然律之主張；（law as conventional interpretation）。

　　這四種自然條理觀不純粹是宇宙論上的，前兩種可以說是；後兩種則含有方法論與認識論。內在的自然律之主張是宇宙各分子是相互關聯的；而此相互關聯即是自然之條理，此主張反對「絕對凡有」，它只承認一切事物是相依據的。總之，這種主張是一種內在關係說，而徹頭徹尾還是一種理性論者。此說無疑的是懷氏自己所主張的。第二種主張是承認宇宙最根本的各個分子是獨立存在的，其關係是外在關係。它們的存在完全不與其他存在[4]相連結，它們是自足的，它們之發生關係完全是一種外在的力量把它們安置在一起。由這種外在[5]的安置而組成它們的行動之模型，這種模型即是自然律，或自然條理。你不能藉著它們的關係律而發見它們的性質，即是說，關係者之性質不依于關係而存在；反之，你也不能藉著研究關係者之性質而發見自然律，即是說，自然律不依關係者而存在。此說需要一個上帝為安置者，笛[6]卡兒、牛頓，或者柏拉圖，都屬于這一種主張。第三種主張沒有元學上的興趣與困難，它只是一種方法論或知識論。此主張以

4　【編按】原文缺此「在」字，今依文意增補。

5　【編按】同前註。

6　【編按】此字原文誤作「留」。

為自然只是被觀察的自然事物之相續中的那被觀察的模型之持久。如是，自然律只是由經驗的摹狀而得。此說無疑是實證主義者與科學家們所主張的。第四種主張是最近發生的。此主張仍是方法論或知識論上的。此說以為我們可以自由用好多邏輯系統來解析自然。此說在現在很盛行，證之于近代物理、近代幾何、近代邏輯，皆足以為此說張目[7]。本來此說就是近代的產物，如法之邦嘉雷（Poincaré）唯用論，及美之新進邏輯哲學家路易士（Lewis）等尤其顯然。此說在某種程度，已成為公認稍習哲學者皆習知之。只是懷氏提出一點令我們注意：我們決不要認自然律也是你主觀的約成自由的選擇，只是說你于解析自然事實時，你可以有你的方便，有你的系統，有你的自由。至于自然律，或直接的經驗事實，是有其客觀的存在的。此點路易士也很注意及之。張東蓀先生也以為，若完全不承認外界有條理，是有許多困難的。所以此點，在某種程度，也幾成為公論。這也即是保存實在論的態度。

　　第三部分是懷氏自己的哲學系統之綜括。他的系統是非常之偉大的，我們在此只能簡約他在本分中所綜括的。他的本分的第一章題目是：〈客體與主體〉（Objects and Subjects）。本文曾經登在紐約的《哲學評論雜誌》上（*The Philosophical Review*, Vol. XLI, 1932），乃是一篇很有系統的簡述，讀者可以翻閱。他之所以名為「客體與主體」，即在解析經驗之結構，每一經驗也是一件「緣起」（occasion），他名此緣起曰「經驗緣起」。每一經驗緣起是一種活動。它

7　【編按】此字原文誤作「自」。

可以分析成好多機能型，這些機能型連起來即組織成它[8]的「成為過程」。每一機能型可以分為能動的主體之整個的經驗，以及那特殊的活動所關論的事物或對相。一件緣起若是關論對相的特殊活動便即是「主體」；而任何東西若在某一主體之內能引起某種特殊活動的便即是「客體」，這樣的一種活動，便叫做「攝受」（prehension）。每一「攝受」如是即包有三個因子：（一）特殊的活動；（二）被攝受的對相；（三）主觀形式，經驗如何組成它自己，是完全依據於它的主觀形式之複合的。這三個因子即組成經驗之結構。

本分第二章題目曰〈過去、現在、未來〉。這一章的主要論據完全根據於《自然之概念》一書第三章論時間，及相對論原則第一部分中所畫的那個經驗圖象而來。每一當前的經驗事實有過去為其根據，有將來為其預測。將來的緣起是只當作關及到現在而被知。它不是未曾被分化過的，然而它必須與現在相關聯[9]，過去內在於現在中，將來也內在於現在中，這種內在懷氏名之曰緣起之互為內在（mutual immanence）。每一組現實的緣起即為這種互為內在所統一起來，這樣統一起來的一個統一體懷氏名之曰「結聚」（nexus）

由此「結聚」進而界說「類型」。「社團」（society）以及「條理」，他名此曰「緣起之類聚」（grouping of occasions[10]）。條理亦名曰「社團條理」（social order[11]）。

8　【編按】原文此字漫漶不清，經核對 A. N. Whitehead, *Adventures of Ideas*，應為「它」字無誤。

9　【編按】原文此字漫漶不清，依文意當為「聯」字。

10　【編按】原文此處漫漶不清，依 A. N. Whitehead, *Adventures of Ideas* 補正。

11　【編按】原文此處漫漶不清，依 A. N. Whitehead, *Adventures of Ideas* 補正。

一個結聚若要成為社團條理，必須有以下三條件：

（一）有一公共的形式元素被描述於這個結聚所包含的每一
　　　實體之有定性中；
（二）這個公共的形式元素藉著這個結聚之攝受其他結聚中
　　　的某[12]些分子而安置其[13]上的某[14]些條件或制約之故，而
　　　從這個結聚之每一分子中發生出；
（三）這些攝受藉著它們包括著含有那種公共形式的積極之
　　　「感」而安置了那種再造之條件。

　　這樣的結聚即叫做是有條理的社團，而那公共形式即是
那個社團的「有定性質」（defining characteristic[15]）。這樣
的一個社團，不只是一個類名所能應用的一組實體，即是說，
它不只是包含著數學上的層次概念，這種社團是有生長條件
的。一組互為同時的緣起並不能形成一個完全的社團，因為
這種生長的條件是不能為同時組所滿足的。當然一個同時組
是可以附屬於一個社團中的；但是一個社團卻必須包含先行
與後續。換言之，一個社團必須顯示出一種特殊的持久性質。
凡能持久的一切真實東西都是社團，社團不是緣起。懷氏由
此社團條理說進而界說「個人」、「人格」等概念，都是很

12　【編按】原文此處缺一「某」字，依 A. N. Whitehead, *Adventures of Ideas*
　　增補。

13　【編按】原文此處缺一「其」字，依 A. N. Whitehead, *Adventures of Ideas*
　　增補。

14　【編按】原文此處缺一「某」字，依 A. N. Whitehead, *Adventures of Ideas*
　　增補。

15　【編按】原文此處漫漶不清，依 A. N. Whitehead, *Adventures of Ideas* 補正。

新奇可觀的。

由此社團條理，又進而界說現象與真實，於此亦有特見。懷氏以為現象與真實之分在經驗中並不是唯一的。我們可以有物極與心極之分，可以有被攝受的對象與攝受底主觀形式之分，現象與真實之分並不比這兩種分法為根本。復次，現象與真實之分，當注意兩點：（一）它不能涉及經驗之全體，它只能涉及客觀的內容，而主觀的形式等方面是被捨去的；（二）假設經驗底較高面相之作用不存在時，即是說「經驗相」不夠相當高度與複雜時，則這種分法的重要是可以忽略的。若一旦到了[16]較高的面相中，則現象與真實之分便即主宰了經驗中的那些因子。所以，真實與現象之分必須在主客的經驗結構中理解之，必須在物理與心理兩方面的相關作用中理解之。

由此兩點，我們可以從兩方面來看懷氏的真實與現象[17]之分：

（一）從懷氏的生長過程觀點看來，一切緣起，其初態，其作為創進之起點即為真實，由此初態或起點而創進而成一新的緣起，而實現其自己，而滿足、而完成、而具體[18]化其自己，則為現象。如是，現象與真實之分乃是一個生成過程中之生與成的對照。

（二）從經驗結構之生長過程看來，則所謂真實即是吸收□[19]最初面相之客觀內容，此種吸收上的最初面相之客觀內

16　【編按】原文此處缺一字，依文意當為「了」字。

17　【編按】此字原文誤作「實」。

18　【編按】原文此處缺一字，依文意當為「體」字。

19　【編按】原文此處缺一字，疑當作「其」字。

容即是一個真實的先在世界，而作為經驗緣起之「所與」。從此「所與」為起點，而經驗緣起開始其創進。這種經驗緣起創進到相當 [20] 的高度或複雜，現象即出生。如是，現象即是經驗緣起之最後的面相或完成的面相，而真實則是其最初的或原始的面相。在此，我們也可說現象 [21] 是心理活動之產物。

在此，我們須注意懷氏所謂攝受、所謂經驗結構，不只限於人類，當然人類也包在內，而是可以應用一切緣起的。若是普遍的說來，則現象真實之分即是第一個意思；若只限於人類而言，則是第二個意思。這第二個意思即包含一種知識論在裡面，這種知識論即是懷氏的物相說，所以當知他的真實與現象之分乃全是由於他的「物相」與「事素」之分而來的。感官物相與事素之分不很清楚，也即是經驗之最初面相與真實為一之意，由此也可以明白「在經驗不到相當高度時，真實與現象之分可以忽略」這句話的意思。

以上是本書第三分中的一個大概。由此大概的系統進而解析他自己的文化觀。這是第四分的論材。他講的文化其實即是一部價值哲學。他用他的元學系統，即是說，用他解析「事實界」的架格，來解析「意謂界」、「價值界」，或 [22] 曰「理想界」。即是說，真、美、善諸意謂概念皆可由事實之結構說出、昭示出。這是懷氏在西方很特出的一個新觀點。此觀點主張價值不即是事實，但卻也離不了事實，既不是事實與價值混一的擬人說，復不是康德的超越的外在說。這個觀點是中國思想之特性，我曾名之曰「內在的超越論」（theory

---

20　【編按】原文此處缺一字，依文意當為「當」字。

21　【編按】原文此處缺一字，依文意當為「象」字。

22　【編按】此字原文誤作「成」。

of immanent transcendental）。懷氏雖無此名，然其意頗與此巧合。歷來對於事實與價值很難得一融洽之系統，我想這個觀點是可取的。所以本分雖曰文化，其實也即是價值哲學。由此，我們可以看出事實與價值之關係及其不同。

懷氏以為文化之形成是由五個成分組成的：（一）真；（二）美；（三）創進；（四）藝術；（五）貞和（peace），且作簡單界說如下。

他以為「真」只能應用於現象上。真實是恰其自己，它無所謂真假。真是現象與真實之一致。此處所謂現象是上面所說的第二個意思。真既為現象與真實一致，所以「真」即是一種生長的性質，具有程度之變化，與型態之變化；而同時所謂「一致」也可以有多少之別，與直接、間[23]接之分，復次兩個現象或物相其間可以有一種真理關係（truth-relation[24]）。此真理關係須依據兩條件：（一）兩個現象中任一個都不能是另一個之成分；（二）這兩個現象的某[25]些組織性質包括一個公共的因子，雖然它們倆的本性可以不同，有此兩條件，兩個現象間即可有一種真理關係。這種真理關係自然是一種抽象作用的產物，即是說，從這兩件東西中抽出其所公同的一個模型，而這個模型即是表示那兩個東西間的真理關係，每一個東西都表示那個公共模型之幾分幾，而每一東西也都分享那個公共模型之幾分幾。「分享」這字是懷氏用柏拉圖的用語。由此，真理關係可以規定一個「命題」。一個真的命題即表示它所表象的結聚例證了那個公共模型。

23　【編按】此字原文誤作「簡」。

24　【編按】原文此處漫漶不清，依 A. N. Whitehead, *Adventures of Ideas* 補正。

25　【編按】原文此處缺一「某」字，今依文意補。

「美」是一個經驗緣起中若干分子之相互適應，如是，美即是一種性質在實緣中找其例證；或者反過來說，它是一種性質，而為這些實緣所分享。所謂適應即含著一種目的，如是，若適應之目的一旦被分解出，則「美」即可被規定。適應之目的即含著「完成」，「完成」即是若干緣起在攝受底主觀形式之下交互聯結于一公共模型中，如是美之完成即是諧和之完成，而諧和之完成也即是主觀形式在其最後的綜和中之完成。要明白這個美之界說，必須注意以下三種主張：（一）一個攝受之客觀內容與主觀形式間的相互關係；（二）在同一緣起中種種攝受之主觀形式間的相互關係；（三）攝受之主觀形式與包含在一個攝受緣起之主觀目的中的機動間的相互關係。這三種相互關係是互相連結的，各方面若得一大諧和，即是「美」，這樣「美」當也是關於現象的。

復次，當知「美」不能與「惡」離。「惡」乃是經驗之毀壞，即是說，相互關係間諧和的破裂。美與惡之相互糾結是從以下三個元學原則而來的：（一）一切實現的緣起都是有限的；（二）那種有限即包含著多樣可能之擯除；（三）心理的作用將主觀形式引出來，與其相當的可能相一致而使之成為現實。

由以上三原則，惡即可能。惡與美之糾結即是「創進」之可能。創進也有三個元學原則為根據：（一）真實的緣起之本蘊即是「過程」。每一現實緣起只能在其「成為」，或「流轉」上而理解之。（二）每一現實的緣起在其本性上是有限的。沒有一個整體能是一切完成之諧和。無論什麼，只要實現於任何經驗緣起中，它總會[26]除去那一切無界限的可能

26　【編按】原文此處缺一字，依文意當為「會」字。

之變化。（三）第三元學原則可以叫做是個體原則（principle of individuality）。個體即是一個諧和之結構。每一創進都是向著這個個體之完成或諧和而趨。

　　（未完）[27]

發表於《益世報‧社會思想》（天津），第 36 期，1933 年 7 月 17 日，署名：牟宗三。

27　【編按】在《益世報‧社會思想》以下各期均不見此文之續篇。

6 盡能與伕執

孔子曰：「如有用我者，吾其為東周乎？」又曰：「苟有用我者，期月而已可也[1]！」「為東周」是孔子的抱負，而「期月」乃孔子之治術也。無抱負則無嚮往；是抱負實同於近人所謂主義，所謂計劃或制度者也。無治術則無運用；是治術實即實現其抱負之能力或才具也。孔子之抱負姑不論，而其才具則大可注意。期月而治非誇也，非妄也，非不可能也。三月而魯大治亦非神秘不可測也。夫仁遠乎哉？欲求仁斯仁至矣；為政亦然。

今吾國有抱負者亦多矣，主義制度盈天下，而天下不見治，人民不見安，其故何歟？夫亦曰無治術而已。是今之患不在無主義，而在無實現主義之人；不在無制度，而在無運用制度之才具。明才具之為何，則英雄、庸人易識別矣。建才具於天下，則天下不足治也[2]。

吾所謂才具，甚易曉、甚易明也。盡其固有之能而止於至善，一也；成功不必在我，既濟而未濟，二也；此兩言足以衡天下士矣。治天下者必具此才具，始可與言治；不然，則害蒼生多矣。夫一治一亂豈為必然之真理哉？蓋未明治世之具也。以孔子為佐證，聖人可學而至也，治天下亦非挾泰山以超北海之類也。

何謂「盡固有之能」？夫亦孟子所謂「盡其才」而已矣。

1　【編按】「可也」二字原文誤引作「矣」。
2　【編按】此句於意不通，「不」字疑為衍文。

才異而性亦異，盡其才者盡其性也。窮理盡性以至於命，至於命即至善也。止於至善即為適可而止。負其責而至於適可，則無過與不及。過者妄也，盈而屬也。不及者怠也，虛而吝也。妄與怠、吝與屬，皆未盡其能而止於至善也。妄屬者，宋襄公之急霸也；怠吝者，齊桓公之伐楚也。襄公急霸，身辱名喪，為天下笑，是足為天下過妄者勸；桓公伐楚，草草了事，使楚夜郎自大，養癰遺患，是足為天下不及者戒。襄公之過妄、桓公之不及，皆未能盡性以至於命也。而所以如此，要不外一「我執」而已。

有我執則成功必其在我，虛名必其附我，此襄公之所以急霸也。有我執，則我功我成，必不令喪；令名勝蹟，必不使墜，此桓公之所以屈楚也。有我執則有私心，是宋襄、齊桓之心血，為自己，非為天下也；為自己之虛名，非為天下之政事也。然天下亦大矣，萬事亦繁矣，其發也為我為私，其果也必累我累私。我累私累，則天下累矣，人民苦矣，一治一亂者此也。嗚呼！而今而後，吾方知治亂相循之所由矣，吾亦知治亂相循之不必然也。

不必然，即為或然，由或然則天下之久安，可得而致也。其道維何？佉執而已。佉執則成功不必在我，我之所為公也，非私也；為事也，非為己也。公安而事治，則私己何有哉？而私己亦何累哉？然則私己之不累，惟有佉執而已矣。夫吾生至短也，天下至大也，吾之勝不過滄海之一粟耳，吾之成不過太倉之一粒耳，吾之小勝非盡天下之極勝也；吾之微成，非盡天下之大成也，吾之成不過大成中之一假象耳，有之何足貴？棄之何足惜？渺茫前途，有無限之成果，為我所拾取。吾之一生能盡取之乎？吾不以吾之小成為極致，則既濟而未

濟矣。既濟而未濟，則成功不必在我，而我亦有成矣。失敗
亦然。吾惟盡其能而止於至善，則無不成也，成固成，而敗
亦敗，敗則成功之母也；吾惟不盡其能而過與不及，則無不
敗也，敗固敗，而成亦敗，成者實敗之非也。桓公之小成，
非既濟而未濟也，實敗之徵兆耳，然則桓公之未盡其能不彰
彰明乎？

　　盡其能矣，佽其執矣，則天下之大亦期月而已矣。此非
愚妄，現代國家尤需乎此。今人亦號召[3]民主政治矣，欲民主
政治之實現，非盡能佽執不可。盡能佽執若能早行於千百年
前，則專制政體之瓦解不自今日始也；而今人仍未能脫離專
制政治之窠臼，蓋亦未能盡能佽執之故也。南轅北轍，倒行
逆施，國脈之危，空前無有，此吾之所以不能已於言也。

　　歷代帝王皆不盡能、不佽執之徒也，即創世英主亦不過
鋌[4]而走險之流氓耳。此等人，知識、才能、道德、氣節，皆
不足取，只盡其傀儡之角色而已。盡能佽執實摧毀專制政體
之唯一利器，今人行民治而日趨於過妄，安見其有成也？

　　苟天下之有需於君也，則自知不及而用賢，是亦盡能佽
執之君也。盡能佽執者不得以傀儡論也，亦從政之一員耳。
專制與否不在君不君也，今之政體不亦有總統有主席有元首
之名乎？專制政體唯在有不盡能、不佽執之傀儡耳。此而無
之，則堯、舜之世也，故最能行民治者厥為堯、舜之禪讓，
禪讓者盡能佽執之謂也。知為政之必須盡能，則無能者不得
倖進矣。有能而不欲勞其心者，亦必不尸位而遠遁矣。知為
政之必須佽執，則天下不可得而私也，則功成不可得而有也。

3　【編按】此字原文誤作「招」。

4　【編按】此字原文誤作「挺」。

不倖進而遠遁，此許由、巢父之所以敝屣爵位也；為而不有，功成不居，此孔聖、諸葛之所以悲天憫人也。是故盡能佉執之道行，則不以為政干祿之途，而旋轉乾坤者皆孔聖、諸葛之心也。然歷代從政者不如此，即今之從政者亦不如此，甚或更加甚焉。

中國數千年來之政治全寄託於無所事事之流氓者之手，以宦途為生涯，以穿官為職責，儼然一特殊階級也，視天下為己有，視百姓為臣僕。其惡者驕奢淫逸，無所不至，其善者亦替天行道，唯我獨尊；惡者無論矣，善者亦亂之本也。此風相傳，至今猶然，徒生於二十世紀而無現代之精神，悲夫！

國脈至今，亦云危矣，救亡之道，首在治術，盡能佉執一也；打破迷信、傀儡二也；消滅流氓階級三也。士農工商，各有正業，行有餘力，兼及政事，兵民為一，政民亦可為一，此風一行，若人病夫，其庶有□[5]乎？

發表於《益世報・社會思想》（天津），第 62 期，1934 年 1月 15 日，署名：牟宗三。

5　【編按】原文此字漫漶不清，疑當作「敕」字。

7　國士

今之問題不在主義理想，主義理想滿天下矣。今之問題，乃在實際人才，然而實際之人才誠微若晨星也。今之患，不在民眾，不在軍閥，而在一般無恥之官僚政客與知識階級，在朝者荒淫無度，在野者名士風流，元老者昏聵，後進者蠅營。言念及此，五衷欲焚，吾為大中華哭矣。憤懣無益，請申其說。

時論者常謂民眾無國家觀念，此言誠是。然徒責匹夫匹婦之群眾以國家觀念，而冀其喪身焚家，有何益乎？夫衝動為不久之情，愛國須有理智之法，請問被動之民眾，誰使之有辦法，誰與之以辦法？事急情迫，怨及大眾，抑何忍也！嘗思中國傳統之民情大半為不偏不倚無所為之勞農，其致力在乎身家，身家而外，不欲多事也；其情緒易於順適，順適而外，鮮見抗拒也。民情如此，地理使然。此情彰彰，不自今日始也，明末何不然？宋末何不然？徵諸歷史，率皆如此。然則事至今日而責民眾者妄也。

（一）文人與軍閥

夫今日之軍閥亦不過歷史上流氓帝王之縮影耳，今日尚有軍閥，今日亦尚有附庸軍閥之名流。吾請就此而論之。

居今之日，附劉邦之類者多矣，然試問二十年來，附劉邦者有張良、諸葛之抱負乎？有范文正、曾文正諸公之氣概乎？甚至比之最近，有康、梁之魄力乎？吾敢答曰：絕無一人。

元老名流居政界有年矣，然苟延殘喘，昏庸老朽，徒作玩把戲者之傀儡，絕無以國事為己任者，絕無以天下為己任者，徒任官僚政客互相傾軋，而自鳴清高於高枝，引嘯於法外，此誠依劉邦而為官耳，非依劉邦而為國也。

凡在社會有地位，眾望所歸者，其言行舉動決不可太隨便、太苟且、太小氣、太浪漫，誠以今之人情，仍為傾向有勢力者。有其勢，有其位，其舉動即足以左右人心。哲學家作一論文，冠冕堂皇，其氣派，其風格，其識度，其影響之大，固有不可言者；然不在其位，不居其勢，其受推崇與注意固遠不如有勢位者之重且多也，其影響人心亦遠不如有勢位者之普遍而有效也。夫一荒木而受國人若是之崇拜者，誠以其有勢有位，並有氣象磅礴之思想系統也。然返觀我國，固有若是者乎？政治家有此乎？軍事家有此乎？名流元老有此乎？蓋未之見也，此中國之所以無國士也。

近二十年來，中國實早已不成其為國矣，國家早已個人化矣。國家非國有，故軍隊、經濟、政治、官員人等亦非國有矣。如此而能為國為民，其誰之信？致此之因，固有多端，然元老名流、知識階級要負重大責任，蓋國之所以為國，常託命於此等人也。中國武器固不如人，然飛機則有矣，所捐之款亦富矣。然未見一架臨陣捍國者，何也？為人有，非國有也！黃帝子孫，不肖以至於此，尚何言哉？

范仲淹以天下為己任，誰有此志乎？諸葛亮、岳武穆而後，誰是繼起者？已矣乎！吾久不見此人矣！蓋此等人非鸚鵡學語所能勝任，實出於自家肺腑，不可稍事假借者也。所謂「有伊尹之志則可，無伊尹之志則篡」者是也。今之篡者亦多矣，無國士之故也。吾所謂國士非他，以國家為前提，

而以天下為己任者是已。中委吳稚暉嘗言：「今日非蔣之罪，其責乃在吾等，凡七十者皆當槍斃。」夫此種不關痛癢之話，說之有何益乎？明知不能槍斃，故敢言也。設一旦真有斃之者，吾意其必又謂「責不在我也」。其詼諧滑稽，固足以供人之笑，然其不莊重、不負責，實又表示中國之無國士也。

（二）空談與個人主義

今之人，動輒談實際問題，然吾所謂之實際，非普通所謂實際也。普通以為教育，實際問題也，即從而談教育；社會科學，實際問題也，即從而談社會科學；自然科學，實際問題也，即從而談自然科學。夫此等問題，其為實際固矣，然紙上談兵，則非實際矣。實際與否，固不在所談者之為實際否也。不然，試問今之談教育者，於中國何補？談社會科學者，於民族何益？談自然科學者，於民生何厚？吾知中國固未受此等談者之福。談玄不能，轉而談實；談實無用，其浮淺倖倖蓋有不可言者矣。無玄無用，實都市之冬烘耳。然而自欺欺人蔑視一切，竟有不可一世之概。嗚呼！此亦太不自量矣。是故今之談實際問題者，皆浮淺吵鬧之流耳。國士不在此也。實際問題亦不在此也。

中國自革新教育以來，分門別類，極繁雜之能事。然此有利，亦實有弊，其利在專一，其弊在自封也。動曰：「吾學文學者，其他非所問也」，「吾學政治者，其他非所能也」。此實最壞之現象，學未及專，而先已自封矣，專一云乎哉？夫知識乃一有機之整體，若是之偏狹，直是坐井觀天，不聞

不道者也。豈有國士而只談[1]法律，只談政治，只談教育，所能勝任者乎？是故今之大學教育實浮淺青年之資具耳。而大學生之常識實或不如一久經世故之鄉愚也。然則中國之知識階級不亦大可哀乎？文化之無形降低，民族之無形衰頹，莫此為甚。願國人猛發深思，速有以救之。

夫此可哀之青年，原因固多，而無國士倡之，實亦萬因之首。試觀今之辦教育者何所似乎？與軍閥、官僚、政客所差亦無間[2]耳。無論大中小學，皆為黨派團[3]體所嘯聚，自行其是，互相排拒，何有於政府？何有於國家？嗚呼！此誠中國不成為國家之充分表現，可慨也矣！

溯自五四以來，自由之風甚盛。個人主義之表現亦達極點，尖巧、纖小、立異、風流，幾沾染全知識階級之習性。夫此等人物皆為粉飾太平之士，不足以當大難、負大任也，於美國環境頗適宜，於中國環境固大不適宜也。以此等人居中國之領袖地位，其於中國之無補而有害，亦彰彰明矣。

（三）國士之養成

嗚呼！四千年之民族，將口[4]絕於今日矣。一切知識階級不可不深思！今之所需者在有國士。國士之志，以國家為前提，以天下為己任；國士之心，在大公，在熱誠；國士之氣在豪爽，在浩大。國士有深遠之道德訓練，國士有高遠之思

1　【編按】原文無「談」字，依文意增補。
2　【編按】原文此字漫漶不清，疑當作「間」字。
3　【編按】原文此字漫漶不清，按文意當為「團」字。
4　【編按】原文此字漫漶不清，疑當作「斷」字。

想系統。國士之度，鄭重不苟；國士之德，渾厚威毅。蓋整頓山河，非取巧詼諧之士所能為也。

吾草至此，適見東蓀先生在本刊有「征服」之論（三十四期），言簡意賅，讀之痛心，思之酸鼻。渠分征服為三：一為武力，一為思想，一為生活。前兩者不足懼，所可懼者第三種耳。然而中國，實於前兩種而外，又益之以生活征服者也。夫生活者，廣言之，即一民族之言語文字、風俗習慣，以及一切物質的、精神的社會生活者是也。此乃一民族之靈魂，其所以獨立者在此，其所以存在者亦在此，若此而被征服，則直同化於人矣；不但國亡，族亦亡矣。是故武力、政治、經濟之征服則為暫時，為表面，不足憂也。思想之征服則為真理之征服。科學真理、哲學思想，乃普遍而公共之物，吾不如人，則當學之。此種征服，亦不足憂。惟特殊之生活征服則大可畏也。生活者駕馭普遍之特性也，獨立存在之靈魂也。此而無之，何有於「我」？我既不存，斯亦可謂亡也矣。夫風俗習慣本無常規，惟失卻中心之我，專以他人馬首是瞻，好惡隨諸人，褒貶不由己，則幽靈鬼魅者矣！

欲建國魂，必須國士。欲求國士，必須認識自己，而使生活獨立。此責不在他人，而在知識階級。近年來，國是日非，國難日亟。邦人學子，欲盡匹夫之責，效忠國族者已數見不鮮。定縣之平教會其一也，鄒平之村治運動亦其一也。近復有王君介平之倫理中心教育運動。凡此已足見國人之稍自覺矣。惟此等事業，於個人則為積極，其精神可佩，自無可疑；一[5]惟在國家民族之整個觀之，則為消極，以其時間久而見效

5　【編按】此字疑為衍文。

微故也，以其自下而上常為依附故也。是故此等實際工作，吾人除去贊同而外，尚有「只此不夠」之感。此即東蓀先生所謂「就教育而論教育為不夠」者是也。吾人必須於政治、經濟、教育、思想諸方面製成一統一之大系統、大計劃而連環以赴之。此則《再生》記者已詳論之矣。在此大計劃下各個分子，互相連結，各部工作，互相照顧，不但自下而上，亦且自上而下。吾人生當此時，慨國家之將亡，弔民族之盡殆，深願知識階級，發宏願，痛反省，按照一大計劃作實際工作而建國魂。

二十二年，七月三日

發表於《益世報·社會思想》（天津），第 65 期，1934 年 2 月 5 日，署名：牟宗三。

8　風尚

　　民族所藉以生存者唯在其民族之魂，而魂之寄託則在于風尚，故民族之興亡，由風尚可決也。風尚之成在乎人之唱和，而其改變亦在乎人之唱和也。今之風尚之壞無以加矣，在在皆足為亡國之兆，此有心人之所以不能不大聲疾呼而注意及之也。

　　中國數千年之歷史，其間之興亡盛衰，固交替而至，然各時代之風尚無不以道德氣節維繫之。堯、舜之禪讓，風尚也；東漢之氣節、兩晉之清談，風尚也；至於宋明之理學影響所及，亦無不高風亮節，為臣死忠，為子死孝，此亦風尚也。風尚之成，其初無不視為畏途，及其成也，則趨之若鶩。譬如禪讓，人以為此難能也，然風尚一成，則亦固然矣。故吾人必須視禪讓為風尚，則禪讓始可不難行於世；吾人亦必須認禪讓可成為風尚，則禪讓始可不至為畏途。推之其他，莫不皆然，若氣節，若清談，若成仁，若取義，皆有一股硬氣而為庸人所難能。然一旦成為風尚，視若當然，雖不知亦能行也，是謂莫之為而為。風尚之勢有如此，故風尚之提倡不可不慎也。一言足以興邦，亦足以亡國；取法乎上難，受法乎下易。於輕重大小之間，不可不慎其取也，墨子之「大取」「小取」豈無故在？此歷代風尚之所以無不注意道德與氣節也。唯今之世，大異乎此；推測其源，由來亦漸，茲概略述之。

　　中國歷來閉關自守，自稱華夏，我即世界，世界即我，故其文化自成一系統，有其獨特之風格。其間與外族文化接觸之第一次為佛教之輸入，佛教之輸入亦足造成一特殊之風尚。鴉

片戰爭而後為與外族文化接觸之第二次，此次之影響遠勝於印度之佛教，此影響至五四運動而集大成。中國之有今日，五四運動時代造其因也。歷來故步自封，深居幽谷，今忽五色相炫，奔馬而來，此誠不能不眼花撩亂者矣。故五四運動之大改革，實乃歷史演進之必然，吾人無怨言；五四運動之必有惡果，亦為目眩之必有趨勢，吾人亦無可厚非。惟是相演成風而不知改，江河日下而不為非，則大可痛也。

（一）無所畏與大無畏

五四運動之總精神在乎處處反古，一言以名之曰「無所畏」。無所畏固有其長，亦有其弊。今吾民族本受其益而特受其害，故吾不能不特指而闢之，吾非不承認大無畏之精神也。五四運動受西洋之影響，但吾讀歐西鉅著，未有無所畏者也。宗教之風至今猶存，此其有所畏之十足表示。宗教固易被野心家所利用，但真正之宗教、開明之宗教，亦可藉其所信而揭破野心家之陰謀。吾人在此固不必以神秘論道德，淺顯言之，道德即團體生活之規範。吾人常見人曰西人多尚公德。夫公德即道德之表現也。在團體生活中能盡守厥職，能公私無損，是亦有道之士矣，是亦有所畏矣。道德固亦可被統治者所利用，但利用究為利用，利用尚能謂之為道德乎？據道德以反抗，吾人決不以反叛目之也。故道德之被利用，是個人私德之惡也，非道德之罪也。吾人固不能因此而罪彼也。歐西各國雖有現在之不景氣，但乃各方制度之自然趨勢，彼邦人士決未有以毀滅道體相號召[1]者。毀滅道德而無所畏，

1　【編按】此字原文作「招」。

是乃吾國之目炫，吾人只可視為假象，宜極力遏止而撲滅，不可使其燎原也。

溯夫中土以往，亦非無所畏也。孔子曰：「君子有三畏：畏天命，畏大人，畏聖人之言。」今之人何所畏乎？鍾令嘉（蔣士銓之母）於其夫決大獄，輒曰「幸以此兒為念」，此亦有所畏也。與其失之寬，勿失之嚴，此亦一畏之念也。故於政治生活畏因果報應，於處身立世畏蒼蒼者天，於知識學問畏自己之不足。必有所畏，斯有所不畏；必有所畏，斯有所立，亦斯有所成。藉以維繫此社會者，捨此一畏之念，尚何所依據乎？人性本趨惡易，就善難。萬善不出門，一惡天下知。即此一點，再打得粉碎，欲國之不亡，種之不滅，得乎？無奈五四運動時所提倡者為大無畏，而今已至無所畏矣，吾為斯懼，是以愚腐之言昭告天下也。

作官者先以滿私囊為前提，至于為事為國，附屬品耳。私囊不滿，則千方固其位；私囊已滿，雖罷官亦無憾。此種風氣，今之青年為尤甚，其貪污常遠勝於前代，此非無所畏一念以致之乎？作官如此，為學亦然。決不承認自己經驗知識之不足，動曰天下無絕對之真理，彼一見，吾亦一見也，焉見汝之必是，吾之必非乎？彼一派，吾亦一派也，焉見彼之必優于吾乎？為學如此，作人亦然。動曰[2]吾有吾之自由，吾有吾之個性。汝罵我破壞紀律，吾則以革命自許；汝罵我無道德，吾則謂道德為吃人之具；汝罵我無人格，吾則謂此乃社會使然。舉凡一切惡劣行動，無不有一套似是而非之理論為其根據，結果相習成風，人欲橫流，惡事可盡作，而責

2　　【編按】「動曰」二字原文誤作「曰動」。

不在我。嗚呼！作惡真可以革命自衛乎？道德真是吃人之具乎？社會真負個人無人格之責乎？是亦太不思矣。

（二）左，右，中

不特此也，左右中亦似是而非之論也。每曰汝為左傾，故惡化；汝為右傾，故腐化；汝為中道，故投機。似是而非，互相詰罵，左亦不好，右亦不好，裹足不前者有之，隨聲附和者有之，投時³好喊口號者又有之。黨派叢生，團體林立，而皆分左右中，非真以主義政策分也。夫左右中乃人類性格脾氣之差也，其標準至不確定，可分至無限。以此而互為黨派，互相仇視，無怪中國黨派之多也，無怪中國內戰之循環也。對人不對事，乃此等似是而非之理論之必然結果。嗚呼！黨派徧天下，而無以國家為前提者，而無以主義為依歸者，此誠可為浩歎者矣。夫人之性格脾氣，因人而殊，欲比而同之，此乃不可能之事。若不以合理與否為依歸，若不以是非善惡為標準，則勢不人各一義不止。國家將亡，必有妖孽。此等似是而非之理論即妖孽也。願國人皆有以深思。此風不去，國亡無日。欲挽危亡，當從此始。

夫此等似是而非之理論，皆由大無畏以至無所畏啟之也。吾人欲造風尚，必須反其道而行之，對症下藥，除此病源，在行為生活上要有所畏，一也；在行為標準上要合理據，二也。吾所謂有所畏，畏道德也；夫吾所謂理據，據于理也。理為客觀為公共，情為主觀為特私，吾人必須以理為依歸，決不

3　【編按】此言於意不通。「時」字似為「機」字之誤。

可以情而分派也。情異而理同，不礙殊塗同歸。納萬情於一理，吾固知其情不同於我也，然理則同矣，吾何仇焉？以一理罩萬情，吾固知其欲不同於我也，然理則同矣，彼何恨焉？忠恕絜矩之道，惟在以理據為條件，始可實現之，而且亦甚易也。至於所謂畏道德，亦即畏理據也，畏理據即是合理之畏。合理之畏即是畏團體，畏公共。團體之禍即吾之禍，可畏也；吾之惡，即團體之惡，亦可畏也。有背此者，吾可因畏而反抗之，統治者不得利用矣。有破此者，吾可因畏而撲滅之，世人不得目為反動矣。然則道德果真吃人乎？果真可罵乎？唯耳食之輩，徒逞一時之衝動，始作此論也。夫此等似是而非之論，最易動聽，以其可以引人作惡而不以為非也，以其可以使人作惡而不負責也。孟子曰：「若夫為不善，非才之罪也。」又曰：「仁義禮智，非由外鑠我也，我固有之也，弗思耳矣。故曰：求則得之，舍則失之。或相倍蓰而無算者，不能盡其才者也。」此論之意，即責在己而不在人。「社會使然」之論者其亦曉此理乎？吾固知「衣食足然後知禮義」為不可磨滅之真理，然改進其物質生活可也。謂其責不在彼而在社會，以曲為之說，則大不可也。今之天下，行將禽獸矣，皆似是而非之論之過矣。鳥獸不可與同群，吾又安得不言乎？

（三）治學與口號

　　試再論治學。吾將不云乎？今之人不承認其知識之不足，而每以派別自許，每以先驅自命，每罵人為落伍，每看己為新創。掇拾人之唾餘，玩弄字眼，亂嚷口號，儼若不可一世。若細叩之，則茫然也，黑格兒也，馬克司也，唯心也，唯物也，

顛倒也,矛盾也,否定之否定也,輾轉相抄,敝帚自重。有一能詳說之者乎?有一能確指其義者乎?不過亂嚷而已。中國人自古即有誇大之弊。程明道見世間萬物無獨有偶,午夜自思,不覺手之舞之,足之蹈之,以為天下萬理皆歸於吾掌中矣。如是,休矣,萬事休矣,只歌詠讚歎無獨有偶而已矣。如言科學,科學不外此理也。如言試驗,試驗亦不外此理也。何必費若許力乎?吾之慧眼一觀明矣。如是,凡一切困苦繁難之工作皆可不作,而無獨有偶卻不可不談。因萬理皆備於是,科學亦備於是也。嗚呼!其豈然哉?今之人亦如是也。

吾固知總原則不可不談,大系統不可不講;但只是無獨有偶,則不足以解析宇宙也,不足以代替一切學問也。胡適之罵宋明理學為空談、為右傾,而自己以科學、實驗、左傾,一點一滴等昭告天下。今之人復以一點一滴為右傾,而以玄談空理追求乾坤帶為左傾矣。同是一物,何相變之速也!

(四)今後所應注意之點

是故自由、浪漫、投機、取巧、浮淺、誇大,實為今日世風之總典型,五四運動實種其根,今可以收此殘局矣。吾常謂戊戌政變若成功,今日之中國亦明治維新後之日本也,富國強兵蓋為意中之事。不幸天未厭亂,康、梁落魄。至今思之,惋惜而已,然此亦未必非為今日超越列強之餘地也。蘇俄先進國家也。吾國不走資本主義一路,而躍入開明之社會主義國家,今其時矣。如是,以往之失敗不足悲,而今日實為大有為之秋。際此嚴重之時,處此大有為之國,吾人之責任實是泰山不足喻其重,渤海不足喻其大。「士不可以不

弘毅，任重而道遠」，此言雖古，今尚需此。如是吾人所提
倡者如下：

（一）在政治方面，以大智慧造有機之大計劃。
（二）在生活方面，以有所畏之大無畏，代替無所畏之大無
　　　畏。
（三）在行為標準方面，以公共理據為標準，代替特殊情感
　　　之標準。
（四）在治學方面，以充實之大系統，代替浮淺誇大之大系
　　　統，以切實深入之精神，代替皮毛似是而非之口頭禪。

發表於《益世報·社會思想》（天津）第66期，1934年2月12日，
署名：牟宗三。

9 從詩詞方面研究中國的人生典型

引 言

　　我既從社會形態的發展方面決定了改造現社會的態度（參看《再生雜誌》第二卷四、五兩期[1]），我現在再從詩詞方面研究中國的意識形態，即人生典型是。中國的詩，傳統的見解，最上乘的是樸實沖淡而最後歸之於「古雅」。古雅可以從兩方面表示：（1）詞藻的古雅；（2）意境的古雅。詞藻問題非本文所欲論。至於意境的古雅，可從兩方面來說：（一）以景生情或以情連景的古雅。此種意境不過是風景勝地加以主觀化，隨處渲染而已，其發生也大半屬於偶然，屬於無所謂的；其種類亦至歧異至複雜，殊不易得其通性。中國詩人的作品大半是屬於這一類的，從這一方面很不易抉發出中國人生典型之究極。（二）人生見地的意境。此種意境多半見之於悲歡離合、社會之描寫、世態之歌詠。從此方面很容易看出中國人對於人生的了解，對於人生的態度，我所謂人生典型即指這方面的人生見地而言。我要研究中國的人生典型，現在當然只以「人生見地的意境」為限。明白了這方面，則情景相生的意境之古雅亦可了解其特性了。普通研究中國文

1　【編按】參見牟宗三：〈從社會形態的發展方面改造現社會〉，《再生》半月刊，第 2 卷第 4 / 5 期（1934 年 1 月 1 日 / 2 月 1 日）；亦收入《牟宗三先生全集》，第 26 冊，《牟宗三先生早期文集》（下），頁 681-739。

學、治中國文學史的人，多半注目於詞藻的古雅、情景相生的意境之古雅這兩方面，對於人生洞徹的抉發、對於人生典型的認識批評，殊少注意之者。現在民族危亡之際，民族復興聲浪頂高之時，我們對於自己不可不有相當之認識、確鑿之指證，以期有所改進。

A 《詩經》中的人生典型

中國的哲學思想之系統的形成是定於秦、漢之大一統，而對於人生態度之決定則已形成於三百篇。三百篇中的人生態度有三種傾向：（一）古典主義；（二）克己主義；（三）感傷主義，這三[2]種傾向即規定了二千年來詩之內容與人生之見地。先說第一種。

I 古典主義

1

此所謂古典主義或亦曰人倫主義。封建社會的農業國家最易發生這種態度。這種人倫主義是與資本主義社會下的都市文學家的浪漫頹廢態度迥不相侔的。人倫主義是理性的、系統的、順循的、安分守己的；浪漫主義是感覺的、斷片的、理想的、反叛成規的，這是它們的大較。三百篇所歌詠的對象是極了人生之全面的，取材頗廣，無事不可入詩。在這全面人生之歌詠讚嘆中，無處不露出這種人倫主義態度。所謂

2　【編按】此字原文誤作「二」。

詩人敦厚之旨完全是這種古典主義、人倫主義的總提示。近人治詩，每以賢為學究、為冬烘、為笨伯、為禮教信徒，殊不知其中固有荒謬之見，但二千年來的民族性卻總是禮教式的，古賢人倫主義的態度不可厚非，不但不可厚非，且為認識中華民族性之先決條件。後之注詩者是這種人倫主義的態度，當初作詩者也是這種人倫主義的態度。詩之出生固由於情感，不可太理學氣；但中國人之情感卻大半是禮教化了的，所以大半是傾向這種人倫主義的態度的。近人一反此見，凡前人以倫理眼光觀之者，近人必須以非倫理眼光觀之。這種眼光固有很是者，但亦常出荒謬之見。古人謂之刺淫者，今人必謂之戀愛；非男女之愛者，今人必牽之於男女之愛，須是這種態度，姑無論其偶有巧合，其不認識作者之性、民族之性，實是一個大缺陷。這種態度實為理解古經典、研究民族性之大障礙，我們必須認清這點，始可解經。

2

我前邊說過三百篇是歌詠人生之全面的。今就四詩中指出其各方面的倫理主義之傾向。

> 言告師氏，言告言歸。薄汙我私，薄澣我衣。害澣害否，歸寧父母。（〈周南·葛覃〉末章）

姚際恒《詩經通論》解此詩甚佳：「此亦詩人指后妃治葛之事而詠之，以見后妃富貴不忘勤儉也。上二章言其勤，末章言其儉。首章述葛之始生，次章敘后妃治葛為服，末章因治服而及其服澣濯之衣焉。凡婦人出行，必潔其衣，故借歸寧

言之。」這詩[3]是歌詠女子歸寧的，其古典主義人倫主義是在家生活中看出，宜勤宜儉，樸而有禮，活畫一個封建時代的守本分的家庭之典型。

3[4]

　　南有樛木，葛藟纍之。樂只君子，福履綏之。
　　南有樛木，葛藟荒之。樂只君子，福履將之[5]。
　　南有樛木，葛藟縈[6]之。樂只君子，福履成[7]之。
　　（〈周南・樛木〉）

這是祝君子之福的，因其為君子，所以才有福。此外如

　　螽斯羽，詵詵兮，宜爾子孫，振振兮。
　　（〈周南・螽斯〉首章）

這是祝君子之多福、多 、多男子的。這兩首完全活畫一封建時代守本分的君子之典型。

4

　　于以采蘋？南澗之濱。于以采藻？于彼行潦。

3　【編按】此字原文誤作「時」。

4　【編按】原文此處闕漏段號3，依文意增補。

5　【編按】原文此處多一「之」字。

6　【編按】原文此字作「縈」。依《毛詩正義》，李學勤主編：《十三經注疏》（北京：北京大學出版社，1999 年）校改。以下《詩經》引文之校改皆同此。

7　【編按】此字原文引作「綏」。

> 于以盛之？維筐及筥[8]。于以湘之？維錡[9]及釜。
> 于以奠之？宗室牖下。誰其尸之？有齊季女。
> （〈召南·采蘋〉）

這是簡單家庭中以女子祭祖的。這是人倫主義見之於對於祖先關係的。

5

> 凱風[10]自南，吹彼棘心。棘心夭夭，母氏劬勞。
> 凱風自南，吹彼棘薪。母氏聖善，我無令人。
> 爰有寒泉，在浚之下。有子七人，母氏勞苦。
> 睍睆黃鳥，載好其音。有子七人。莫慰母心。
> （〈邶風·凱風〉）

這是歌詠孝子對於父母之懺悔的。其為人倫主義更顯而易見。

6

> 相鼠有皮，人而無儀。人而無儀，不死何為？
> 相鼠有齒，人而無止。人而無止，不死何俟？
> 相鼠有體，人而無禮。人而無禮，胡不遄死？
> （〈鄘風·相鼠〉）

這是詩人認定人生在行止舉動上必須要遵[11]守倫理的原則，這

8　【編按】此字原文引作「莒」。
9　【編按】此字原文引作「湘」。
10　【編按】原文「凱風」皆作「飆風」，今統一校改。
11　【編按】此字原文作「尊」。

完全是古典主義的態度。

7

> 常棣之華，鄂不韡韡。凡今之人，莫如兄弟。
> 死喪之威，兄弟孔懷。原隰裒矣，兄弟求矣。
> 〔……〕
> 妻子好合，如鼓瑟琴。兄弟既翕，和樂且湛。
> （〈小雅·常棣〉）

這是從兄弟關係上見出人倫主義之傾向的。此外〈大雅〉、三頌中時處表露著這種古典主義的氣味，君臣、父子、兄弟、朋友，上而王公大人，下而凡民庶子，以及一切社會生活，莫不以古典主義來維繫。

8

因這種古典主義的感化，把整個的民族陶冶成一種守己安分、順世淑世、中庸沖淡的味道。這種態度影響最大。「溫柔敦厚詩教也」，即以這種溫柔敦厚的古典主義移之於政治，使政教合一。一首詩、兩首詩決定不了民族的特性。政教合一，把這種古典主義藉政治的力量來施行，則影響特大，則足以決定民族的特性。

9

〈大雅〉、三頌在文學上說並沒有什麼價值；然而在民族性說，它卻有很大的力量。後來樂府中的迎神曲、送神曲，以及一切祭奠宴會、朝觀禮見等歌曲莫不一線相穿，一孔出氣；就是現在冰心女士的迎神曲、送神曲也是由此脫胎而出。

我們可說在現代文學家中，冰心女士就是繼承中華民族性的一位古典主義者。在這些樂府中，不但表現著十足的古典主義氣，並且還蘊藏著一種宇宙觀、藝術化的宗教觀，這都是由〈大雅〉、三頌中引申出來的。這方面的古典主義，我叫它是政治化的古典主義。

10

至於在父子、兄弟、親戚、朋友諸社會生活方面的古典主義之影響，除卻政治以外，還有一般儒者名流之宣傳與提倡，這方面我叫它是社會化的古典主義。政治化的古典主義每易成具文，而社會化的古典主義則影響甚深，勢力甚大，後來韓退之、歐陽修等人的文以載道，以及桐城派的重視義法，注目名教，攸關風化，皆是這種社會化的古典主義之正統的表示。固然外道、異端不是沒有的；然而外道也只是外道而已，其影響究不如這種正統的古典主義之大。

II 克己主義

1

古典主義而外，就是克己主義。克己主義亦名容忍主義。容忍亦是民族性之特點，而早形成於三百篇中者。

> 汎彼柏舟，亦汎其流。耿耿不寐，如有隱憂。微我無酒，以敖以遊。
>
> 〔……〕
>
> 憂心悄悄，慍于群小，覯閔既多，受侮不少，靜言思之，寤辟有摽。

> 日居月諸，胡迭而微？心之憂矣，如匪澣衣。靜言思之，
> 不能奮飛。（〈邶風・柏舟〉）

這首詩是描寫這個人不容於世，慍於群小的隱憂心理。中間雖然說到「我心匪石，不可轉也。我心匪席，不可卷也」的倔[12]強態度；然而結果亦只有「靜言思之，寤辟有摽」，「靜言思之，不能奮飛」而已。「匪石、匪席」即表示他的不屈不撓，「不能奮飛」即表示他的容忍克己。中國人只有容忍，沒有奮飛，蓋由來久矣，可勝嘆哉！

2

> 百爾君子，不知德行。不忮不求，何用不臧？
> （〈邶風・雄雉〉）

這是「不忮不求」的消極主義，也就是克己的容忍主義。

3

> 出自北門，憂心殷殷。終窶且貧，莫知我艱。已焉哉！
> 天實為之，謂之何哉？
> 王事適我，政事一埤益我。我入自外，室人交徧讁我。
> 已焉哉！天實為之，謂之何哉？
> 王事敦我，政事一埤遺我。我入自外，室人交徧摧我，
> 已焉哉！天實為之，謂之何哉？
> （〈邶風・北[13]門〉）

12　【編按】此字原文誤作「掘」。
13　【編按】原文此處多一「北」字，今刪去。

這首詩是描寫一個政務官任事既多，覯閔不少，而自己又不能奮飛，只有仰天長嘆而已。好漢打不通環境，無可奈何，只有嗟嘆，最終而歸於天命，憂心忡忡[14]，徒喚奈何，並無攻擊奮進之意。一部《離騷》全是此篇之開展，反之，亦可說此篇是《離騷》之縮影；再申言之，亦可說是中國詩人之同調、中國民情之象徵，因風騷而後，莫不以風騷為宗，莫不傾倒於風騷，其受風騷之支配，尚何待言？

4

出其東門，有女如雲。雖則如雲，匪我思存。縞衣綦巾，聊樂我員。

出其闉闍，有女如荼。雖則如荼，匪我思且。縞衣茹藘，聊可與娛。（〈鄭風‧出其東門〉）

衡門之下，可以棲遲。泌之洋洋，可以樂飢。

豈其食魚，必河之魴？豈其取妻，必齊之姜？

豈其食魚，必河之鯉？豈其取妻，必宋之子？

（〈陳風‧衡門〉）

這兩首詩就是魯迅所描寫的聊以自慰的阿Q主義，在好處就是克己主義，容忍主義。克己主義固然有其好處，我們固然也不必學高登似的去搶劫東門之女，固然也不必「必齊之姜」「必宋之子」；但是一般的擴展自己的生活，克服環境，制裁環境，這種精神卻是必須的。克己主義是道德問題，我們不能完全拋棄克己；但是〈衡門〉作者卻不必真是有道德的

14　【編按】此二字原文誤作「沖沖」。

人物。他這種不必齊之姜、不必宋之子的態度，乃實是一種
處世的精神問題，不是道 [15] 德的問題。但他這種處世的精神就
是聊以自慰的阿 Q 主義。所以這種克己主義、容忍主義實在
是要不得的東西，不能與道德上的克己復禮相提並論也。

5

這種聊以自慰的容忍精神實即是一種感傷而自得的典型。
這種感傷我叫它是空間上的感傷，即因環境的不舒適、欲望
的不滿足而起的感傷是也。空間的感傷將與時間的感傷結合
起來，而形成一種感傷的人生典型。此將於後文論之。

III 感傷主義

1

此處所謂感傷主義特指由時間方面而生的感傷而 [16] 言。
時間方面的感傷即是對於時間的流轉、萬法的無常而生起的
悲哀。這種悲哀是最後的悲哀。感傷主義即因此而起。至於
空間上的感傷其力量很小，不過是相對的而已。如果你有力
量的時候，你可以改變你的環境，創造你的環境，以求滿足
你的欲望。如果你覺得欲望是無窮的，絕對的滿足是不可能
的，則用顏回的方法 [17] 也可免掉你的悲哀。前者是積極的克服
環境，後者是消極的克服自己。這兩種方法都可使空間上的
感傷不成問題。最成問題的就是時間上的感傷，這是最容易

15　【編按】此字原文誤作「過」。

16　【編按】此字原文誤作「面」。

17　【編按】此字原文誤作「望」。

打動人們的心的。因為其中有個生死問題,有個盛 [18] 衰興亡問題。文學家最易發生這個問題,最易歌詠這種現象。哲學家也最容易想對付這個問題,解決這個問題。不但中國人如此,西洋人也如此,印度人更如此。這三個文化系統的不同就是由於對付這時間上的感傷之態度的不同。我們現在只限於中國,中國人感傷主義的味道也是早已形成於三百篇中。

2

> 蟋蟀在堂,歲聿其莫。今我不樂,日月其除。無已大康,
> 職思其居。好樂無荒,良士瞿瞿。
>
> (〈唐風·蟋蟀〉)

這即是一首感傷詩,姚際恆在此章首句注語云:「感時惜物,詩肇端於此」,這確 [19] 是知詩之言。這一個意境支配了一切後人的意境,並且規定了中國系統的人生典型。首四句勸我你及時行樂,後四句又勸我們不要過甚,就是這麼一種中庸態度。我們不是說人們當荒淫無度,但是積極的精神卻是要有的;可是這首詩卻最足以消滅人之志氣的。所以我們的一切指摘都是站在人生精神的觀點上立論,不是站在倫理的觀點上立論。前面批評容忍主義如此,現在批評感傷主義也是如此。

3

> 山有樞,隰有榆。子有衣裳,弗曳弗婁;子有車馬,弗

18　【編按】此字原文誤作「感」。

19　【編按】此字原文誤作「卻」。

馳弗驅。宛其死矣，他人是愉！

山有栲，隰有杻。子有廷內，弗洒弗掃；子有鐘鼓，弗鼓弗考。宛其死矣，他人是保！

山有漆，隰有栗。子有酒食，何不日鼓瑟？且以喜樂，且以永日。宛其死矣，他人入室！

（〈唐風‧山有樞〉）

這也是勸人及時行樂的詩。若有車馬酒食而不盡量享用，一旦人亡物在，他人是愉矣。這也是由於時間上的無常而起的悲哀。這種詩的意境也支配了中國人的詩之意境。

4

采薇采薇，薇亦作止。曰歸曰歸，歲亦莫止。靡室靡家，玁狁之故。不遑啟居，玁狁之故。

〔……〕

昔我往矣，楊柳依依；今我來思，雨雪霏霏。行道遲遲，載渴載饑。我心傷悲，莫知我哀。

（〈小雅‧采薇〉）

這首詩是描寫行軍之苦的。終年在外，不得一歸，今見歲暮，能不感喟？這首詩的悲哀固由於行軍勞苦，但在一往一來之間，而有「楊柳依依」與「雨雪霏霏」之對比，其悲哀之甚實即由此。這種意境對於後世影響很大。所以姚際恒在「昔我往矣」句下加注語云：「全逗後世詩意」。支配了後世詩意，實即支配了後世的悲哀。

在〈小雅‧出車篇〉中也有同樣的一章：

昔我往矣，黍稷方華；今我來思，雨雪載塗[20]。王事多難，
不遑啟居。豈不懷歸？畏此簡書。

在極度勞苦之下，看見物華之更變，最足以引起人生之悲哀，
也是最足消滅人生之勇氣。

5

在這種悲哀頹廢之下，要能夠恢復過來，振作起來，那
是要看我們的反應態度如何而定的。西洋人對此時間之流轉、
萬法之無常，其態度是正面的積極的。他們是順此無常大流
而前進、而擴張、而增大。他所以能如此積極，是因為他有
了一種安心立命的希望與理想。他這個理想的基礎即建築在
永恆或定常之磐石上，這種定常就是從無常之中找出來的。
他們老早就見到了「無常」，可是他們也老早就在找定常，
也老早就找得了定常。他們從希臘的初期起就開始從變中找
不變，從無常中找常，一[21]直找到現在，還是在那裡找；姑勿
論他所找的是否可靠，是否妥當，但是他那種信心卻是非常
重要的。因為他們找得了「常」，所以他們才有勇氣助長這
個變化的世界，改進這個變化的世界，這是西洋人的態度。
至於印度人的態度，則是負面的積極的。他們是逆著無常之
大流而消滅它的。他們見到了一切東西都在變，都是無常，
都非實有，決沒有一個定常不變的東西為我們去尋找，他們
決不費力氣去找不變。他們認定了不變的東西只有寂滅，寂
滅之時即是圓滿之時。所以他們的解脫法是逆流而行。中國

20　【編按】此字原文引作「途」。

21　【編按】此字原文誤作「以」。

人的態度是正面的消極的。他既不逆流而消滅，他亦不順流而助長。他是順水行舟式的，他是自然主義，其所以是自然主義就是因為他沒有找出定常不變。他聰明極了，他看得[22]十分透徹。他以為找「常」是自欺欺人的辦法，所以他乾脆不要找。但他也不逆流而寂滅。這是中國人自然主義的態度。

6

在這種自然主義的態度下什麼都看穿了，積極的理想行動是沒有的；但既經生而為人，又不想逆流而寂滅，所以人間的關係是不能不維持的。其維持法，人以外的力量是用不著的。「六合之外，聖人存而不論；六合之內，聖人論而不議。」只要[23]人間的倫[24]理就可以維持人間了。所以中國的儒士名流總是以維持風化為己任。這也就是中國人為什麼容易走上古典主義這條路的原因。

7

定常不變既然找不著，所以對於外界只有靜觀，只有品題，只有玩味；決沒有理解、制裁與改進。所以此時對外的態度完全是玄學家的態度，靜觀自得，妙盡己性而已。對外既是靜觀自得的態度，人間的關係又不可不維持，所以便不能不用力來對內；正心誠意、修身齊家、治國平天下，這一套工夫便自然會發生出來。所以中國的詩人大半是用力向內以維持風化，與用力向內以解脫時間的感傷。在這兩種情形

22　【編按】此字原文作「的」。

23　【編按】此字原文作「有」，今依文意校改。

24　【編按】此字原文誤作「論」。

之下，所以便鑄成以下的兩種人生典型：

（一）積極方面：移民化俗的古典主義，此又可分為二：
　　（ⅰ）政治化的古典主義；
　　（ⅱ）社會化的古典主義。
（二）消極方面：萬法無常的感傷主義，此又可分為三：
　　（ⅰ）感傷而自得的；
　　（ⅱ）感傷而放浪的；
　　（ⅲ）感傷而豪爽的。

以下便論述 [25] 這兩種人生典型。

B　人生典型的形成——古典主義的人生典型

I　政治化的古典主義

1

　　中國人有一種通性：學問越偉大的人越傾向於古典，涵養越深遠的人越傾向於古典，經驗越豐富的人越傾向於古典。這當然不能說是毫無例外；但大半說來，卻都向這個傾向方面趨。譬如以學詩為例：其初喜歡律詩之整齊，喜歡詞曲之艷麗；及至浸潤日久，乃覺這些東西不過耳目之炫，實經品題，如同嚼蠟，毫無滋味；於是進而窺漢、魏、六朝，復進而至於《離騷》、三百篇。在詩詞如此，在經、子亦是如此，所以有「書不讀秦、漢以下」的口號。我們再說到詩。究竟

25　【編按】此字原文誤作「這」。

三百篇、《離騷》，以及漢魏樂府有什麼樣的魔力呢？一言以蔽之曰「古典」。所以中國的古典的正統線索，三百篇而外，就是以樂府為承上啟下了。此處所謂古典，當然是指思想內容而言。

2

詩詞中的古典思想即是儒家的思想。所謂儒家的思想就是不偏不倚，注重實際的人倫關係社會生活的民眾思想或民族思想，並不是如某某宗教似的有一定之內容、一定之教條。這種民族思想發之於詩詞即為古典主義，發之於思想言論即為儒士名流，總之，即為中國的正統思想。其內容即為政教合一，或曰政治之禮教化。詩人所表現的古典主義也不外兩方面：（一）在政治或統治階級方面表現之于郊廟宴射，其內容可以兩字盡之：一曰孝，二曰禮。這從三頌、兩漢而後莫不如此。本節所說的政治化的古典主義即是指這方面而言。（二）在社會或一般民眾方面，表現之於風化之維持、社會之治亂、民生之疾苦。下節所說的社會化的古典主義即是指這一方面而言。我們先述說第一方面。

3

在這方面我們以漢之貴族樂府為研究之起點，此種貴族樂府即郊廟歌、燕射歌和舞曲等是。這些作品本是繼承《詩經》中之三頌的。在此我們且引兩段陸侃如《中國詩史》中論樂府的話以代表我的意思：

現在我們先研究漢樂府的第一組——郊廟歌、燕射歌和

舞曲。這[26]三種都是貴族特製的樂府，從〈周頌〉以來，並沒有斷絕。凡是一姓統一天下以後，第一件事便是追崇他們的祖先[27]；故祭祀的歌和祭祀的舞，沒有一代不認為十分重要。漢以前的如〈周頌〉中的〈清廟〉、〈思文〉等篇便是祭歌，如〈維清〉、〈武〉、〈酌〉等篇便是祭歌。漢以後的如晉之〈宗廟〉、〈明堂〉，南北朝之〈享廟〉、〈籍田〉，唐之〈五郊〉、〈儀坤〉等，便是祭歌；如晉之〈正德〉、〈宣武〉，南北朝之〈大壯〉、〈文武〉，唐之〈功成〉、〈中和〉等，便是舞歌。他們的目的完全在歌功頌德。燕饗的歌辭亦然。

　　這一類的樂章值得在詩史內佔篇幅嗎？我們毫不遲疑的說，不值得佔篇幅。然而對於周漢兩代的，我們卻不能不另眼看待，破格優容。為什麼？因為〈周頌〉是見存的貴族樂章中之最古者，我們在詩史內應該詳細敘述。漢代的樂章，則文學的技術最高，對於後代的影響也最大；作詩史的人若置之不顧，未免是一個缺憾。我們若拿後代來比較研究，便知漢代貴族樂府之不容忽視了。（《中國詩史》卷上篇四章二〈貴族的樂府〉）

他這兩段話，頭一段話沒有什麼問題，第二段話有追加的必要。他只知道周、漢兩代在文學史的價值，他卻不知他們在民族思想上人生典型上的重要。其本身之文學價值固不堪一顧，但其在影響民族的一般意識上卻有很大的力量。治文學史的人若忽略了文學中所表示的人生典型，便是忽略了治文

26　【編按】此字原文誤引作「種」。

27　【編按】此字原文誤引作「光」。

學史的第一義。不幸，近來諸作品中，不是注目于望風捕影式的玄談藝術之技巧（當然不是不准[28]談），即是囂喧于隔靴找癢式的妄論階級之意識社會之形態（當然不是不准[29]論），其能著眼於民族意識之了解、人生典型之獲得者，殊不多見。這不能不說是著述人的膚淺、盲然化。

4

我們現在為了解人生典型故，所以特注意于古典主義的貴族樂府。在這些樂府中，〈安世房中歌〉是最注意「孝」字的。

> 大孝備矣，休德昭清。高張四縣，樂充宮庭。芬樹羽林，雲景杳冥[30]。金支秀華，庶旄翠旌。七[31]始華始，肅倡和聲。神來晏娭，庶幾是聽。（第一章）

這一章極力描寫由孝而得的清樂和諧之境界的，而且詞藻也非常美妙雍雅，如[32]「芬[33]樹羽林，雲景杳冥」真大有春風太和之象。

> 王侯秉德，其鄰翼翼，顯明昭式。清明鬯矣，皇帝孝德。竟全大功，撫安四極。（第四章）

28　【編按】此字原文誤作「準」。

29　【編按】同前註。

30　【編按】此字原文引作「溟」，今依郭茂倩：《樂府詩集》（北京：人民文學出版社，2010年）校改。

31　【編按】此字原文引作「亡」，今依郭茂倩《樂府詩集》校改。

32　【編按】此字原文誤作「和」。

33　【編按】此字原文誤作「芥」。

> 大海蕩蕩水所歸，高賢愉愉民所懷。大山崔，百卉殖。
> 民何貴？貴有德。（第六章）

此兩章是述說以孝治天下，以德臨萬民。祝頌教訓，古典氣味十分充足。

5

除〈房中歌〉寫孝德以外，還有〈郊祀歌〉之迎神、送神、祭天地、祭四時之歌辭，茲分述于下。

（a）迎神曲——練時日

> 練時日，侯有望。炳膋蕭，延四方。九重開，靈之斿[34]；垂惠恩，鴻祜休。
>
> 靈之車，結玄雲；駕飛龍，羽旄紛。靈之下，若風馬；左蒼龍，右白虎。
>
> 靈之來，神哉沛；先以雨，般裔裔。靈之至，慶陰陰；相放怫，震澹心。
>
> 靈已坐，五音飭；虞至旦，承靈億；牲繭栗，粢盛香；尊桂酒，賓八鄉。
>
> 靈安留，吟青黃；徧觀此，眺瑤堂；眾嫭並，綽奇麗；顏如荼，兆逐靡。
>
> 被華文，廁[35]霧縠；曳阿錫，佩珠玉；俠嘉夜，芭蘭芳；澹容與，獻嘉觴。

34　【編按】此字原文引作「游」，今依郭茂倩《樂府詩集》校改。

35　【編按】此字原文引作「側」，今依郭茂倩《樂府詩集》校改。

這首迎神曲是把神之來臨的步驟與光景想象得十分盡致。其作風完全自《楚辭》得來。其步驟與光景分靈之游、靈之車、靈之下、靈之來、靈之至、靈已坐、靈安留七步來寫。是謂人格化的神，是謂藝術化的神；但非宗教家的神。此外如〈華燁燁〉，也有同樣的描寫。

（b）送神曲——赤蛟

　　赤蛟綏，黃華蓋。露夜零，畫晻薆。百君禮，六龍位。勺椒漿，靈已醉。

　　靈既享，錫吉祥。芒芒極，降嘉觴。靈殷殷，爛揚光。延壽命，永未央。

　　杳冥冥，塞六合。澤汪濊，輯萬國。靈禩禩，象輿轙，票然逝，旂逶蛇。

　　禮樂成，靈將歸。託玄德，長無衰。

這是送神，即描寫神之回。作風與前同。嗣後，每朝都有[36]送神歌及迎神歌，都由此脫胎而出。不過〈練[37]時日〉與〈赤蛟〉之迎神、送神，尚未定迎何神、送何神。及至晉傅玄又作〈天郊饗神歌〉、〈地郊饗神歌〉，以特[38]天地之性。再引於此，以作參考。

（c）晉〈天郊饗神歌〉

36　【編按】原文此處有「迎神歌」三字，因與後面的「及迎神歌」重複，故刪去。

37　【編按】「過練」二字原文誤作「練過」。

38　【編按】此字於意不通，疑有誤植。

　　整泰壇，祀皇神。精氣感，百靈賓。蘊朱火[39]，燎芳薪。
紫煙遊，冠青雲。

　　神之體，靡象形。曠無方，幽以清。神之來，光[40]景
昭[41]。聽無聞，視無兆。

　　神之至，舉歆歆。靈爽協，動余心。神之坐，同歡娛。
澤雲翔，化風舒。

　　嘉樂奏，文中聲；八音諧，神是聽。咸潔[42]齊，並芬芳；
烹牷牲，享玉觴。

　　神悅饗，歆禋祀；祐大晉，降繁祉。祚京邑，行四海；
保天年，窮地紀。

這完全是從《易經》中之描寫乾陽，用而賦之于天，而即以
此為天神之本性。這也是人格化的神、藝術化的神，而非宗
教化的神。

（d）〈地郊饗神歌〉

　　整泰折，竢皇祇。眾神感，群靈儀。陰祀設，吉禮施。
夜將極，時未移。

　　祇之體，無形象。潛泰幽，洞忽荒。祇之出，蔓若有。
靈無遠，天下母[43]。

　　祇之來，遺光景。昭若存，終冥冥。祇之至，舉欣欣。
舞象德，歌成文。

39　【編按】原文此處缺一「火」字。

40　【編按】此字原文誤作「兀」。

41　【編按】此字原文引作「照」，今依郭茂倩《樂府詩集》校改。

42　【編按】原文此處作「○」。

43　【編按】此字原文誤作「毋」。

　　祇之坐，同歡豫 44。澤雨施，化雲布。樂八變，聲教敷。
物咸 45 亨，祇是娛。

　　齊既潔，侍者肅。玉觴進，咸穆穆。〔……〕。

這是從《易經》之描寫坤陰，用而賦之于地，而即以此為地
祇之本性。其作法與前同，從神之降臨步驟上說明祇之體形、
祇之功能、祇之德化。從這兩種饗神歌，我們可以了解中國
詩人對於天地陰陽之觀念。這種觀念也可以說是繼承《易》
中宇宙論之陰陽系統的，也可說是與《易經》之陰陽系統殊
途同歸，即不同的方面表示同一民族宇宙觀之大流的。這種
民族宇宙觀，除天地郊而外，更具體表現之于四時五行之歌
詠，可舉漢〈郊祀歌〉以明之。

6

（e）青陽──春

　　青陽開動，根荄以遂。膏潤並愛，跂行畢逮。霆聲發榮，
　　壧處頃聽。枯槁復產，乃成厥命。眾庶熙熙，施及夭胎。
　　群生噯噯，惟春之祺。

這是說明春以生 46 為德的。

（f）朱明──夏

44　【編按】此字原文引作「愉」，今依郭茂倩《樂府詩集》校改。

45　【編按】此字原文引作「沿」，今依郭茂倩《樂府詩集》校改。

46　【編按】此字原文誤作「主」。

> 朱明盛長，尃與萬物。桐生茂豫，靡有所詘。敷華就實，
> 既阜既昌。登成甫田，百鬼迪嘗。〔……〕

這是說明夏以長大為德。

（g）西顥——秋

> 西顥沆碭，秋氣肅殺。含秀垂穎，續舊不廢，姦偽不萌，
> 妖孽伏息。隄辟越遠，四貉咸服。既畏茲威，惟慕純德。
> 附而不驕，正心翊翊。

這是說明秋以肅殺為德。

（h）玄冥——冬

> 玄冥陵陰，蟄虫蓋藏[47]。草[48]木零落，抵冬降霜。易亂除
> 邪，革正異俗。兆民反本，抱素懷樸。條理信義，望禮五
> 嶽。籍斂之時，掩收嘉穀。

這是說明冬以收藏為德。以後各代，又由此四時進而歌成四
方五行，名為〈青帝歌〉、〈赤帝歌〉、〈黃帝歌〉、〈白
帝歌〉、〈黑帝歌〉。四時四方五行皆配合于一生長收藏之
過程中。這種大配合實是本于《易經》而形成我民族宇宙觀
之典型。這種宇宙觀可以兩言盡之，即「氣化流行，生生條理」
是已。其他一切論謂由[49]此孳乳出。

47　【編按】此字原文引作「藏」，今依郭茂倩《樂府詩集》校改。

48　【編按】此字原文誤作「中」，今依郭茂倩《樂府詩集》校改。

49　【編按】原文此處多一「由」字。

7

以上從禮、從神、從天地三方面歌詠出對於人對於神、對於天地之看法。從這些歌詠中，便表示出偉大的、光明的古典主義之人生典型。這些歌詠因為逐漸成了定制，所以在文章方面漸失其靈性；但在思想方面卻表示出一種「古色奇響，幽氣靈光」的味道來。古典主義的特性即在亦莊亦雅，亦高亦大，近取諸身，遠取諸物，仰觀俯察之間，盡統系于一高。

II　社會化的古典主義

1

所謂社會化的古典主義，並非是如左那、莫泊桑等人所標榜的那種狹義的、妄立的、所謂科學的寫實主義，亦非是易卜生者流之特有建立的社會問題劇之社會思想，更也非現在所流行的上論式的、標語式的社會主義者之普羅文學。總之，它沒有一定的主義為其支撐，為其宣傳，為其攻擊，它只是一個民族的精神之大流。我在上節講政治化的古典主義時，我說它是民眾思想或民族思想，在此也是這個意思。所以所謂「社會的」可以從兩方面看：（一）關心風化，注重社會治亂，謳歌生民疾苦；（二）民族精神或民族思想。所謂古典主義就是指第二種意義而言，即是說，古典主義乃是傳統的民族精神或民族思想之大流而已，所謂社會化的古典主義即是關心風化、謳歌生民的傳統的民族精神之大流。所以這個古典主義也與西洋文學史上的古典主義稍異其趣；而在維持倫理與擁護宗教這一點上又與之稍復相同，不過中國沒有宗教而已。

2

　　社會化的古典主義因為是大眾社會中的中堅分子儒士名流之鼓吹，又因為是潛存于並且發自于大眾社會中的心理的底裡，所以其影響特別大，其感人特別深，其作品也特別生動。政治化的古典主義好比是一個格式，社會化的古典主義就是暗合於這個格式的那 ⁵⁰ 些具體演員，其精神毫無相背，並且始終為我民族之主潮。我們且從漢樂府起大略述下去。

3

　　這方面的古典主義是表現于漢樂府中之鼓吹曲、相和歌及清商曲中的。我們且從鼓吹曲引起。

（a）深惡戰爭者

> 戰城南，死郭北 ⁵¹，野死不葬烏可食。為我謂烏：且為客豪（同嚎），野死諒不葬，腐肉安能去子逃？水深激激，蒲葦冥冥。梟騎戰鬥死，駑馬徘徊鳴〔……〕禾黍不獲君何食？願為忠臣安可得？思子良臣，良臣誠可思！朝行出攻，暮不夜歸！（〈戰城南〉）

這一首古色奇響的樂府將戰場中之屍骨狼籍，血肉橫飛；水流蒲鳴，草木皆兵；戰馬踟躕，良臣死節的悽愴荒涼景況完全描繪出。李華的〈弔古戰場文〉應不過此。

50　【編按】原文缺此「那」字，依文意補。

51　【編按】「郭北」二字原文引作「北郭」，今依郭茂倩《樂府詩集》校改。

（b）情思熱烈者

> 有所思，乃在大海南。何用問遺君？雙珠玳瑁簪，用
> 玉紹繚之。聞君有他心，拉雜摧燒之！摧燒之，當風揚其
> 灰！從今以往，勿復相思，相思與君絕！〔……〕（〈有
> 所思〉）

> 上邪！我欲與君相知，長命無絕衰。山無陵，江水為竭，
> 冬雷震震，夏雨雪，天地合，乃敢與君絕！（〈上邪〉）

此兩首都是賭咒發誓，斬釘截鐵之作。前首是痛恨欲絕，勿
復相思；後首是海石枯爛，此情不渝！古典詩人每以溫柔敦
厚、怨而不怒為教，然此兩首則大不然，但並不礙其為古典
之作。這是偉大的漢朝質直的北方詩人之十足表示。我近來
總覺得漢人無論在那一方面，是硬的、大的、深刻的、質直的，
這或許是政治大一統的影響吧。其根底充實，故煥發雄厚，
〈戰城南〉、〈有所思〉、〈上邪〉，即是古典的積極精神
之露骨的表示。蓋正統的民族精神之大流不僅 [52] 雍容大雅，富
有陰柔之美，亦且雄直怪麗，富有陽剛之美，此為吾人所必
須注意者。至於纏綿悱惻、兒女之腔，乃全是紈絝子弟末流
之頹風，不足當主潮也。

4

我們再從清商曲中看社會化的古典主義：

> 〔……〕顧視世間人，為樂甚獨殊。好婦出迎客，顏色正
> 敷愉。伸腰再拜跪，問客平安不。請客北堂上，坐客氈氍

觚。清白各異樽，酒上正華疏。酌酒持與客，客言主人持。卻略再拜跪，然後持一杯。談笑未及竟，左[53]顧敕中廚。促令辦粗飯，慎莫使稽留。廢禮送客出，盈盈府中趨。送客亦不遠，足不過門樞。娶婦得如此，齊姜亦不如。健婦持門戶，一勝一丈夫。（〈隴西行〉）

這一首瑟調曲（清商曲中之一調）是描寫一個理想的主婦，始言有容色，能應門承賓，次言善於主饋，終言送迎有禮。得婦如此，不但個人之幸，亦且民族之幸。此即所謂古典主義之賢妻良母者是也。今之女子，有如是乎？

出東門，不顧歸。來入門，悵欲悲。盎中無斗米儲，還視架上無懸衣。拔劍東門去，舍中兒母牽衣啼：他家但願富貴，賤妾與君共餔糜。〔……〕（〈東門行〉）

這首瑟調曲是描寫貧困家庭之慘狀，夫欲出外謀生或從軍，而妻子牽衣號啼，寧願餔糜。此所謂窮益甚，情益深，而悲益悽矣！

婦病連年累歲，傳呼丈人前一言。當言未及得言，不知淚下一何翩翩。屬累君兩三孤子，莫我兒飢且寒。有過慎莫笪（音撻）笞，行當折搖，思復念之（此處不可解，疑有誤）。
亂曰：抱時無衣，襦復無裏。閉門塞牖舍。孤兒到市，道逢親交（交疑作父），泣坐不能起，從乞求與孤買餌，對交[54]啼泣，淚不可止，我欲不傷悲不能已！探懷中錢持授

> 交[55]。入門見孤兒啼，索其母抱。徘徊空舍中，行復爾耳，
> 棄置勿復道。（〈婦病行〉）

此幅貧困圖更其悽慘，連年病榻的妻子、冷淡無策的丈夫、枵腹啼泣的孤兒，淋漓滿紙，真是「我欲不傷悲不能已」。還有更悲慘，則為人所樂道的〈孤兒行〉。此篇大意是父母去世，孤兒落於兄嫂之手，百般虐待，自言難與久居。今節錄于下：

> 孤兒生，孤子遇生，命獨當苦。父母在時，乘堅車，駕駟馬。父母已去，兄嫂令我行賈。〔……〕
> 使我朝行汲，暮得水來歸。手為錯，足下無菲。愴愴履霜，中多蒺藜。拔斷蒺藜，腸肉中，愴欲悲，淚下渫渫，清涕纍纍。冬無復襦，夏無單衣。居生不樂，不如早去，下從地下黃泉。〔……〕
> 亂曰：里中一何譊譊！願欲寄尺書，將與地下父母：兄嫂難與久居！

這也是清商曲中之瑟調曲，刻畫家庭之殘忍達于極點。這種作品就是謳歌生民、警人警世的古典主義。此外如[56]雜曲中的〈孔雀東南飛〉也是家庭中慘變的悲劇，其故事人所共曉，用不著再事多述。現在只把末段夫婦自殺的悲劇錄在下面以作參證：

55　同前註。

56　【編按】此字原文誤作「知」。

　　新婦入青廬，菴菴[57]黃昏後，寂寂人定初。我命絕今日，魂去尸長留。攬裙脫絲履，舉身赴清池。

　　府吏聞此事，心知長別離。徘徊庭樹下，自掛東南枝。

　　兩家求合葬，合葬華山傍。東西植松柏，左右種梧桐。枝枝相覆蓋，葉葉相交通。中有雙飛鳥，自名為鴛鴦。仰頭相向鳴，夜夜達五更。行人駐足聽，寡婦起仿偟。多謝後世人，戒之慎勿忘！

現在際此新舊交替之時，這樣的悲劇日在表演，謳歌生民病的詩人當怎樣用起生花之筆作警人警世之文呢？

5

　　這種社會化的古典主義定型于漢，俟後代有傑作，每作必居上乘，如韋莊〈秦婦吟〉等即是。此風至杜工部、白香山而集大成，為此古典主義承上啟下之偉大人物，不可以不紀。先述杜工部。

　　杜甫一生，兵荒馬亂，出入生死，目激戰爭，發生無限悲哀，如〈哀江頭〉弔楊妃也，〈哀王孫〉悲皇子也。「腰下寶玦青珊瑚，可憐王孫泣路隅。問之不肯道姓名，但道困苦乞為奴。已經百日竄荊棘，身上無有完肌膚。」這真所謂「皇子王孫反不如漂蓬斷梗」了！至於〈兵車行〉與〈新安吏[58]〉、〈潼關吏〉、〈石壕吏〉，及〈新婚別〉、〈垂老別〉、〈無家別〉，諸傑作對於戰爭之詛咒，尤其盡致。

57　【編按】此二字原文引作「奄奄」，今依郭茂倩《樂府詩集》校改。

58　【編按】此字原文誤作「王」。

車轔轔，馬蕭蕭，行人弓箭各在腰。耶孃妻子走相送，塵埃不見咸陽橋。牽衣頓足攔道哭，哭聲直上干雲霄。〔……〕君不聞[59]漢家山東二百州，千村萬落生荊杞[60]。縱有健婦把鋤犁，禾生隴畝無東西。況復秦兵耐苦戰，被驅不異犬與雞。〔……〕縣官急索租，租稅從何出？信知生男惡，反是生女好。生女猶得嫁比鄰，生男埋沒隨百草。君不見，青海頭，古來白骨無人收。新鬼煩冤舊鬼哭，天陰雨濕聲啾啾！（〈兵車行〉）

客行新安道，喧呼聞點兵。借問新安吏，縣小更無丁。府帖昨夜下，次選中男行。中男絕短小，何以守王城？肥男有母送，瘦男獨伶俜。白水暮東流，青山猶哭聲。莫自使眼枯，收汝淚縱橫。眼枯即見骨，天地終無情！〔……〕（〈新安吏〉）

〔……〕嫁女與征夫，不如棄路旁。結髮為妻子，席不暖君牀。暮婚晨告別，無乃太匆忙？君行雖不遠，守邊赴河陽。妾身未分明，何以拜姑嫜？〔……〕君今往死地，沈痛迫中腸。誓欲隨君去，形勢反蒼黃。勿為新婚念，努力事戎行。婦人在軍中，兵氣恐不揚。〔……〕（〈新婚別〉）

以上於三吏、三別中各選一首，其餘描寫戰爭之破壞、鄉村之冷落，正際戰爭遍中國的時候，我想人人都可以親歷得到，用不著再多事徵引。杜甫于〈洗兵馬〉末說：「安得壯士挽天河，淨洗甲兵長不用」，我想我們也都有同感吧！復次，

59　【編按】此字原文誤引作「見」。

60　【編按】此字原文誤引作「棘」。

杜甫對於社會上任何現象，一經觸目，必詠之于詩，如〈大麥行〉寫農夫農婦之苦，〈負薪行〉寫白髮處女未嫁，〈最能行〉寫水工生活之險阻。此皆仁者之作。「仁者與天地為一體」，像這一類的詩人非有大人格、大學問不為功。

6

我們再述白居易。居易最推崇杜甫，因其性格近也。杜甫是古典主義創作作家之大成，居易是古典主義理論家之大成。他對於詩之見解是「上以補察時政，下以洩導人情」。今節引其〈與元九書〉於下以明之：

〔……〕周衰秦興，采詩官廢，上不以詩補察時政，下不以歌泄導人情。乃至於諂成之風動，救失之道缺，於時六義始剉[61] 矣。國風變為騷辭，五言始於蘇、李[62]。蘇、李[63]騷人，皆不遇者，各繫其志，發而為文。故河梁之句，止於傷別；澤畔之吟，歸於怨思。彷徨抑鬱，不暇[64]及他耳！〔……〕以康樂之奧博，多溺於山水；以淵明之高古，偏放於田園；江鮑之流，又狹於此，如梁鴻〈五噫[65]〉之例者，百無一二焉。〔……〕至於梁、陳間，率不過嘲風雪，弄花草而已。〔……〕僕常痛詩道崩壞，忽忽憤發，或食

輟哺，夜[66]輟寢，不量才[67]力，欲扶起之。〔……〕自登
朝來，年齒漸長，閱事漸多。每與人言，多詢時務；每讀
書史，多求理道。始知文章合為時而著，詩歌合為事而作。
是時皇帝初即位，宰府有正人，屢降璽書，訪人急病。僕
當此日，擢在翰林，身是諫官，手請諫紙。啟奏之外，有
可以救濟人病，裨補時闕，而難於指言者，輒詠歌之，欲
稍稍進聞於上。〔……〕

這一套理論完全是正統的古典主義之繼承者。這種古典主義
即是我所謂社會化的古典主義，凡悲歡離合之個人文學、拈
花弄月之消閒[68]文學，皆在卑視之列，故書中頗菲薄屈、宋、
蘇、李，詆斥謝、陶、江、鮑。凡此諸大家皆臻上乘，文之
風格不必有損，然未入古典主義之大流則無疑。居易所論列，
與本文系統頗暗合，蓋所謂先得我心者。至若抑李、揚[69]杜，
亦此旨耳，其〈寄唐生〉詩云：

我亦[70]君之徒，鬱鬱何所為？不能發聲哭[71]，轉作樂府詞。
篇篇無空文，句句必盡規。〔……〕非求宮律高，不務文
字奇；惟歌生民病，願得天子知。

于是其〈新樂府〉自序曰：

66　【編按】此字原文誤引作「衣」。
67　【編按】原文此處缺一「才」字。
68　【編按】此字原文誤引作「見」。
69　【編按】此字原文誤作「楊」。
70　【編按】此字原文引作「是」。
71　【編按】此字原文誤引作「器」。

凡九千二百五十二言，斷為五十篇。篇無定句，句無定字；繫於意，不繫於文。首句標其目，卒章顯其志，《詩》三百之意也。其辭質而徑，欲見之者易諭也；其言直而切，欲聞之者深誠也；其事覈而實，使采之者傳信也；其體順而律，可以播於樂章歌曲也。總而言之，為君為臣，為民為物，為事而作，不為文而作也。

這即是「為人生而藝術，非為藝術而藝術」的主張，白氏亦偉矣哉！

他說將樂府斷為五十篇，其目為[72]何？集列如下：（1）七德舞：美撥亂陳王業也，（2）法曲：美列聖正華聲也，（3）二王後：明祖宗之意也，（4）海漫漫：戒求仙也，（5）立部伎：刺雅樂之替也，（6）華原磬[73]：刺樂工非其人也，（7）上陽人：愍怨曠也，（8）胡旋女：戒近習也，（9）折臂翁：戒邊功也，（10）太行路：借夫婦以諷君臣之不終也，（11）司天臺[74]：引古以儆今也，（12）捕蝗：刺長吏也，（13）昆明春：思王澤之廣被也，（14）城鹽州：美聖謨而誚邊將也，（15）道州民：美賢臣遇明主也，（16）馴犀：感為政之難終也，（17）五弦彈：惡鄭之奪雅也，（18）蠻子朝：刺將驕而相備位也，（19）驃國樂：欲王化之先邇後遠也，（20）縛戎人：達窮民之情也，（21）驪宮高：美天子重惜人之財力也，（22）百煉鏡：辨皇王鑒也，（23）青石：激忠烈也，（24）兩朱閣：刺佛寺寖多也，（25）西涼伎：刺封疆之臣也，（26）八駿圖：

72　【編按】此字原文誤作「維」。

73　【編按】此字原文引作「磬」。

74　【編按】此字原文引作「台」。

誠奇物懲佚游也，（27）澗底松：念寒儁⁷⁵也，（28）牡丹芳：美天子憂農也，（29）紅綫毯：憂蠶桑之費也，（30）杜陵叟：傷農夫之困也，（31）繚綾：念女工之勞也，（32）賣炭翁：苦宮市也，（33）母別子：刺新間舊也，（34）陰山道：疾貪虜也，（35）時世妝：警將變也，（36）李夫人：鑒嬖惑也，（37）陵園妾：託幽閉喻被讒遭黜也，（38）鹽商婦：惡幸人也，（39）杏為梁：刺居處僭也，（40）井底引銀瓶：止淫奔也，（41）官牛：諷執政也，（42）紫毫筆⁷⁶：誡失職也，（43）隋堤⁷⁷柳：憫亡國也，（44）草茫茫：懲厚葬也，（45）古冢狐：戒艷色也，（46）黑潭龍⁷⁸：疾貪吏也，（47）天可度：惡詐人也，（48）秦吉了：哀冤民也，（49）鵶九劍：思決壅也，（50）采詩官：監前王亂亡之由也。

我們看他這五十篇，每篇皆有注語作詩序，儼若繼承三百篇而作。其內容：文化方面、政治方面、社會方面、人情方面，面面攸關，真可謂集古典之大成。茲節引其中四首於下：

海漫漫，直下無底傍⁷⁹無邊，雲濤煙浪最深處，人傳中有三神山⁸⁰。山上多生不死藥，服之羽化為天仙。

秦皇、漢武信此語，方士年年采藥去。蓬萊今古但聞名，煙水茫茫無覓處。海漫漫，風浩浩，眼穿不見蓬萊島。

---

75 【編按】此字原文引作「儁」。
76 【編按】此字原文誤引作「華」。
77 【編按】此字原文誤引作「隄」。
78 【編按】「黑潭龍」三字原文誤引作「黑龍潭」。
79 【編按】此字原文誤引作「旁」。
80 【編按】此字原文誤引作「仙」。

不見蓬萊不敢歸，童男卝女舟中老。徐福、文成多誕誕[81]，上元、太一虛祈禱。君看驪山頂上茂陵頭，畢竟悲風吹蔓草。

何況玄元聖祖五千言，不言藥，不言仙，不言白日升青天。（〈海漫漫〉）

此篇說明求仙之妄誕。凡古典主義必反仙佛，此為根本精神。所以〈兩朱閣〉一首即反佛寺之日多。

〔……〕是時翁年二十四，兵部牒中有名字。

夜深不敢使人知，偷將大石捶[82]折臂。張弓簸旗俱不堪，從茲始免征雲南。骨碎筋傷非不苦，且圖揀退歸鄉土。

此臂折來六十年，一肢雖廢一身全。至今風雨陰寒夜，直到天明痛不眠。痛不眠，終不悔，且喜老身今獨在。

不然當時瀘水頭，身死魂孤骨不收。應作雲南望鄉鬼，萬人冢上哭呦呦！〔……〕（〈折臂翁〉）

這是一首人所共曉的反戰爭主義者。

隋堤柳，歲久年深盡衰朽。風飄飄兮雨蕭蕭，三株兩株汴河口。老枝病葉愁殺人，曾經大業年中春。

大業年中煬天子，種柳成行夾流水。西自[83]黃河東至淮，綠陰一千三百里。大業末年春暮月，柳色如煙絮如雪。

南幸江都恣佚遊，應將此柳系[84]龍舟。紫髯郎將護錦纜，

81　【編按】此字原文誤引作「語」。
82　【編按】此字原文誤引作「須」。
83　【編按】此字原文誤引作「至」。
84　【編按】「柳系」二字原文引作「樹陰」。

青娥御史直迷樓。海內財力此時竭,舟中歌笑何日休?

　　上荒下困勢不久,宗社之危如綴旒。煬天子,自言福祚長無窮,豈知皇子封鄒公?龍舟未過彭城閣,義旗已入長安宮。蕭墻禍生人事變,晏駕不得歸秦中。

　　土墳數尺何處葬?吳公臺下多悲風。二百年來汴河路,沙草和煙朝復暮。後王何以鑒前王?請看隋堤[85]亡國樹。(〈隋堤柳〉)

這是弔隋煬帝荒淫亡國的一首絕妙好詞。最後,我們再引末首〈采詩官〉末幾句,以證明《新樂府》之總旨:

　　君之堂兮千里遠,君之門兮九重閟。君耳唯聞堂上言,君眼不見門前事。貪[86]吏害民無所忌,奸臣蔽君無所畏。

　　君不見厲王胡亥之末年,群臣有利君無利。

　　君兮君兮願聽此,欲開壅蔽達人情,先向歌詩求諷刺。

7

　　以上述白居易竟。白氏將這種古典主義之主潮發揮而光大之,既明之于理,復宣之于詞,可謂萬世之基,定百年之業者矣。繼此而後,宋有歐陽修,明有歸[87]震川,清有桐城派,皆繼承此大流者;即元曲中亦有〈琵琶記〉與〈西廂記〉之對抗。吾人既認識此古典主義之大流,此外皆雕蟲小技,與此仿[88]之蠅頭聲耳。此蠅頭聲音,茶後餘資,亦可賞心悅目,

---

85　【編按】此字原文誤引作「隄」。

86　【編按】此字原文引作「君」。

87　【編按】此字原文誤作「逯」。

88　【編按】「此仿」二字於意不通,疑當作「仿此」。

此猶正生正旦而外，來一丑角，插科打諢，未始不足令人發噱。若以此壓大軸，猶以蠅頭聲壓洪鐘耳，烏乎可！

8

　　我所指證的這個古典主義，在他人必以為是什麼寫實主義、平民文學、階級描寫，這一類的東西；或者反之，必以為這是貴族階級的風涼話，階級意識不清楚，那裡是農民文學？前一方面的見解是藉著新字眼宣傳舊東西；後一面的見解是站在新立場反駁舊東西。我以為這兩方面的見解都是些皮膚搔癢，未能鞭辟近裡的。須知這個古典主義未必承認前者所承認，亦未必承認後者所反對。前者的見解太空泛不著邊際，寫實是無所謂的說法。它實在表示不出什麼特殊的意義。須知古典主義的精神並不在它能泛泛的寫這一件事實，歌那一種現象，寫這一種人如何如何苦，歌那一種人如何如何壞。它的意義不在所寫的對象上，而在所以能寫這種對象的那種精神上、意識上。這些對象是表現那種精神的資具；那種精神卻不只限于藉某種東西來表現。當其不得不發之時，它是流露于整個的人生、整個的社會中；當其未發之時，它是潛存于整個的人生、整個的社會中。它不只限于這方面，也不只限于那方面；它也流露于這方面，也流露于那方面。當其未發，它即以整個的人生、整個的社會為對象；當其將發，它即從此整個的人生或社會中隨其所需，揀出某一現象而寄託它的精神；當其已發，這寄託它的精神的某種現象即表現整個的人生或整個的社會。社會化的古典主義的精神實是如此。譬如白居易的五十篇《新樂府》，隨取那一篇，無論取材為何，總表現著「為事而作，不為文而作」的大精神。

明白了這個道理，當然它不承認它的那方面的見解，當然它
以為這種見解是對於它的一種皮相的污辱。

9

至于後者，反對方面的見解更是豈有此理，因為他們的
立場是文學見解上的一種病態現象。所謂普羅文學、所謂階
級意識，乃是別有用心的宣傳。站在他們的別有用心的立場
上，當然他可以造成一特殊主張，當然他可以犧牲文學之本
性，故意避而不談。但若他們以為他的主張是唯一的對，其
他皆錯，結果，錯即在他們身上。所謂貴族階級的風涼話，
所謂階級意識不清楚，都是蠱惑人的些謬論。大人格、大學
問的詩人根本就作不到那種偏狹的心理，中國社會化的古典
主義之大流根本就站在這種反偏狹心理的精神上出發的。唯
其如此，所以我才叫它是社會化的古典主義，所以我才說其
他的些字眼都是皮膚 [89] 搔癢，不關緊要的。

10

柏拉圖在理想國裡是驅逐文學家的。他以為文學家都是
壞的宣傳的，他給人們一種反理性的惡影響，所以以哲學家
為主宰的理想國裡決計不需要文學家及其作品。我以為文學
的宣傳性或發酵性是文學的本性，是免不了的；但我常想宣
傳可分三種：（一）有意的宣傳，即宣傳某種所信仰的主張
或宗教，如但丁《神曲》及所謂普羅文學等是；（二）自己
有一定哲學系統于有意無意中藉文學作品而宣傳之，此種如

89　【編按】「皮膚」二字原文誤作「膚皮」。

歌德是；（三）無一定哲學系統的無意宣傳，此如偉大的莎士比亞即是。我以為中國的古典主義即是莎士比亞這一類型的。白居易雖公然說出道理來，但他那種主張決不是他個人的一個哲學系統，他不過是「痛詩道崩壞，欲扶起之」而已。他這個主張根本是整個民族的正統大流，從三百篇即已然，而三百篇即非一人之作、一人之見，所以它是整個民族精神的表現，而不是一人一家的表現。這種精神隨便流露于何處，即表現整個人生大問題、整個的社會大問題。這種莎士比亞式的表現整個的人生、整個的社會的精神，即是我所指證的中國的「社會化的古典主義」。這就是古典主義之所以為偉大處，也就是莎士比亞之所以為偉大處。

C 人生典型的形成——感傷主義的人生典型

I 感傷而自得的

1

　　上段說明了古典主義之大流，本段再討論感傷主義這個主潮。這兩個主潮都是由來已久，古典主義在三百篇中有其根基，感傷主義在三百篇中也有其根基，古典主義在漢樂府中得其完成，感傷主義在漢樂府中也得其完成；而且這兩個潮流都不是一人一派一時代的表示，乃是貫通了中國整個民族的表示。不過有一點須注意：我們說過古典主義表現了整個的人生與整個的社會，但它所表現的人生是傾向于現實的、倫理的、風化的、性情的，所以最後偏重于社會方面；而現在所論的感傷主義卻不然，它是完全傾向于人生方面的，而

且是人生究極方面的。所以它所表現的人生乃是人生價值、人生意義的大問題，而不是積極承認人生的，所以也不是倫理的、風化的。它所表現的是哲學的、玄學的，它是人們于生命途上碰了釘子，發生了根本問題而思有以解脫的。所以它所表現的人生是普遍性的、永久性的人生問題，而不是特殊性、時代性的人生問題。所以這一派的詩人，其所歌詠的材料與意境大半都是與時代無直接的因果關係的。所謂無因果關係即是說，這種意境不受時空的限制，在這時代可以發生，在那時代也可以發生，你只要感覺[90]到，是隨處都可以發生的。至于古典主義也可說是普遍性的、永恆性的，但它的普遍是表現法的普遍、觀點的普遍、取材的普遍；感傷主義的普遍是它所表現的那個人生究極問題本身之普遍，即是說這個究極問題是人所共感、各時共感的問題。這是這兩個大潮流根本不同的所在。今再簡舉於下：

（ⅰ）古典主義是積極的承認人生而加以維持的，這是正宗儒家的表示。

（ⅱ）感傷主義是懷疑了人生而欲求以解脫的，這是受了佛、老的影響的表示。

（ⅲ）古典主義所表現的人生是倫理的、風化的，最後傾向于社會性。

（ⅳ）感傷主義所表現的人生是哲學的、玄學的，最後歸之于人生究極問題。

（ⅴ）古典主義的普遍是表現法的普遍、觀點的普遍、取材的普遍；但其取材與時代有關係。

90　【編按】此字原文作「解」，今依文意校改。

（vi）感傷主義的普遍是它所表現的問題本身的普遍，與時代無因果關係；古典主義比較複雜，感傷主義比較簡單。

以上是兩個潮流的大別，以下再說明感傷主義的內容。

2

感傷的原因大概不外三種：（一）行路難；（二）傷離別；（三）悲無常。這三個原因每每互有出入，而以悲無常為最究極。打開《樂府詩集》一看，歌行路難，作傷離別的觸 [91] 目皆是。行路難即是「生之苦」，近代有所謂「世紀苦」名詞，其實豈止某一世紀苦而已哉？至于離別之可傷更其顯然，屈原早就說過「悲莫悲兮生別離」的話。現在我們為集中注意起見，只限于「悲無常」這一點為我們說明之對象，當然其他兩點也附帶著包含在內。暫以漢樂府為起點。

（1）青青園中葵，朝露待日晞。陽春布德澤，萬物生光輝。常恐秋節至，焜黃華葉衰。百川東到海，何時復西歸？少壯不努力，老大徒傷悲！（清商平調曲〈長歌行〉）

（2）出西門，步念之。今日不作樂，當待何時？夫為樂，為樂當及時；何能坐愁怫鬱，當復待來茲？飲醇酒，炙肥牛，請呼心所歡，可用解愁憂。人生不滿百，常懷千歲憂。晝短而夜長，何不秉燭遊？自非仙人王子喬，計會壽命難與期？（重句略去）人壽非金石，年命安可期？貪財愛惜費，但為後世嗤！（清商瑟調曲〈西門行〉）

91　【編按】原文此字誤作「解」。

（3）天德悠且長，人命一何促？百年未幾時，奄若風吹燭！嘉賓難再遇，人命不可續。齊度遊四方，各繫太山錄。人間樂未央，忽然歸東嶽。當須蕩中情，遊心恣所欲。（清商楚調曲〈怨詩行〉）

（4）今日良宴會，歡樂難具陳。彈箏奮逸響，新聲妙入神。令德唱高言，識曲聽其真。齊心同所願，含意俱未伸。人生寄一世，奄忽若飆塵。何不策高足，先據要路津？無為守窮賤，轗軻長苦辛。（〈古詩十九首〉）

（5）驅車上東門，遙望郭北墓。白楊何蕭蕭，松柏夾廣路。下有陳死人，杳杳即長暮[92]。潛寐黃泉下，千載永不寤。浩浩陰陽移，年命如朝露。人生忽如寄，壽無金石固。萬歲更相送，賢聖莫能度。服食求神仙，多為藥所誤。不如飲美酒，被服紈與素。（同上）

（6）洛陽城東路，桃李[93]生路傍。花花自相對，葉葉自相當。春風東北起，花葉正低昂。不知誰家子，提籠行采桑。纖手折其枝，花落何飄颺！請謝彼姝子，何為見損傷？高秋八九月，白露變為霜。終年會飄墮，安得久馨香？秋時自零落，春月復芬芳。何時盛年去，歡愛永相忘。吾欲竟此曲，此曲愁人腸。歸來酌美酒，挾瑟上高堂。（雜曲歌辭，〈董嬌嬈〉，後漢宋子侯作）

92　【編按】原文此字誤引作「墓」。

93　【編按】此字原文引作「杏」。

（7）陽春無不長成，草木群類，隨大風起，零落若何翩翩！中心獨立一何煢！四時舍我驅馳，今我隱約欲何為？人生居[94]天壤間，忽如飛[95]鳥棲[96]枯枝。我今隱約欲何為？適君身體所服，何不恣君口腹所嘗？冬被貂䶉溫暖，夏當服綺羅清涼[97]。行力自苦，我將欲何為？不及君少壯之時，乘堅車，策肥馬良。上有滄浪之天，今我難得久來視；下有蠕蠕[98]之地，今我難得久來履。何不恣意遨遊，從君所喜，帶我寶劍？今爾何為自低昂[99]？〔……〕（魏文帝曹丕〈大牆上蒿行〉，清商瑟調，《樂府詩集選》）

以上所錄七首都是一個意思，而且都是傑作，為人所樂道。這個意思不外人與自然對比，人生無常，須當及時行樂，飲酒自娛。任何東西都不要希望，神仙也是虛妄之談。古典主義反求仙，感傷主義也反求仙；但其意義卻不相同。古典主義之反，是因其于民生無用，與反佛教同一用意；感傷主義之反，是因其渺無可期，徒自吃苦。所以感傷主義總是歸結于享樂主義、頹廢主義、現在主義。三百篇如此，漢樂府仍是如此。這個典型遺傳於後，支配了整個民族的意識。這種感傷因為是人生的究極問題，所以它的解決或解脫不是一時一地、某一現象、某一問題的解決，而乃是反映著一種根本的人生態度。這種人生態度是由於對於無常的反應。「無常」

94　【編按】原文漏引一「居」字。

95　【編按】「飛」字原文為「○」。

96　【編按】「棲」字原文為「○」。

97　【編按】「涼」字原文為「○」。

98　【編按】「蠕蠕」二字原文為「○○」。

99　【編按】「昂」字原文誤引作「印悲」。

之足令人感傷不是政治、經濟的問題，所以它的解脫也與政治、經濟無關。在此，唯物史觀完全無用：經濟結構任它怎樣變動，也不能改掉了無常的感傷；經濟環境任它怎樣舒服，也不能免掉了無常的感傷。感傷的成立別有來源；感傷的解脫也別有途徑。中國人的途徑不外三條：（1）感傷而自得的；（2）感受而放浪的；（3）感傷而豪爽的。本節先論第一種，以陶淵明為代表。

<h2 style="text-align:center">3</h2>

陶淵明這位大詩人有人說他是田園詩人，有人說他是農民詩人，又有人說他是自然派詩人，是隱逸派詩人。這些名詞其實都不找癢，都抓不著他的底蘊。據我看，他實是「感傷而自得」這一類型的。明白了這個根本觀念，其他種種始可得其歸宿。

陶淵明過不慣政治的生活，受不慣社會的虛偽與束縛，所以始有「久在樊籠裡，復得返自然」的詩句。他名社會曰「塵網」，曰「樊籠」。這本是行路難、世界苦的表示。淵明「少無適俗韵，性本愛邱山」，能本其初衷而脫離這個塵網，回到田園享受那自然之美的風光。這固然是很瀟洒很飄逸的生活，心中決無什麼不快。所謂田園詩人，所謂隱逸詩人等等，我想即是對著這個單純的脫離塵網而發的；然而須知陶氏並不這樣簡單，果真如此，也算不得什麼感傷主義。只是脫離塵網，歸田園過享樂的生活，也算不了什麼由感傷而自得。他進一步的感傷還是悲無常。

久去山澤遊，浪莽林野娛。試攜子姪輩，披榛步荒墟。徘徊邱壠間，依依昔人居。井竈有遺處，桑竹殘朽株。借問

採薪者，此人皆焉如？薪者向我言，死沒無復餘。一世異
朝市，此語真不虛。人生似幻化，終當歸空無。（〈歸田
園居五首〉）

衰榮無定在，彼此更共之。邵生瓜田中，寧似東陵時。寒
暑有代謝，人道每如茲。達人解其會，逝將不復疑。忽與
一觴酒，日夕歡相持。（〈飲酒二十首〉）

道喪向千載，人人惜其情。有酒不肯飲，但顧世間名。所
以貴我身，豈不在一生。一生復能幾？倏如流電驚。鼎鼎
百年內，持此欲何成？（同上）

我們從這三首中可以見出他也接觸[100]了這個人生的根本問題。
感傷即由此起。

4

怎樣解脫這個感傷呢？一曰酒；二曰禪。有了酒，便可
以忘懷一切：

故人賞我趣，挈壺相與至。班荊坐松下，數斟已復醉。父
老雜亂言，觴酌失行次。不覺知有我，安知物為貴？悠悠
迷所留，酒中有深味。（〈飲酒二十首〉）

飲了酒可以使腦筋麻木，物我雙無[101]。既沒有物我之分，當然
也沒有苦惱。所以說「酒中有深味」。其實這種解脫法完全
是外鑠的，並不可靠。感傷的解脫並不在此。

100　【編按】此字原文誤作「解」。

101　【編按】此字原文誤作「我」。

結廬在人境，而無車馬喧。問君何能爾？心遠地自偏。采
菊東籬下，悠然見南山。山氣日夕佳，飛鳥相與還。此中
有真意，欲辨已忘言。（同上）

這是對境賞會所發生的一種忘我狀態，這種狀態也可叫作「禪
趣」。到了得到「禪趣」之時，也可以忘卻一切苦惱的。所
以佛的寂滅必以打坐為初步。飲酒是仙家的餘[102]沫；禪趣是佛
家的餘沫。凡感傷主義者必參加了這兩個成分，始可言解脫。
可是他們決不去煉丹，他們也決不去出家；他們只不過是拾
其餘沫作消遣罷了。淵明的解脫就走這條路。這種態度，乍
看好似歸于自得，所以叫它是感傷而自得的。其實這種自得，
非真能悠然忘懷，倒是於其心有戚戚焉。

5

他這種戚戚是無日或斷的。因為他無日不飲酒；而飲酒
就是無可奈何之時所要求的一種刺激。所以他於每首詩說明
了世事人情之後，必歸之於酒。酒是他最後的歸宿。但是酒
並不一定好之如好色。酒的唯一作用是解悶。飲酒不為別的，
只為澆胸中塊壘，並不是真心好酒。所以他又有〈止酒〉一
詩云：「徒知止不樂，未信止利己；始覺止為善，今朝真止
矣。」無論真好與否，無論真止與否，總之，酒不是解脫的
根本辦法。未聞飲酒可以解決人生根本問題的！

飲酒不能解決，同樣，禪趣也是不能解決。因為這不過
是一個趣味而已。他沒有信佛教的主張與教條。沒有信仰的
人，只憑一點禪趣，是不能解脫苦惱的。所以淵明是無日不

102　【編按】此字原文誤作「除」。

在憂戚滿懷中潦倒著的。憂子、憂貧、憂死，總是在憂著。怎見得是個自得的達者？梁啟勳先生論稼軒曰：「先生雖好營第宅，然絕非求田間舍者流。以淵明之超逸，其宅燬于火，集中且數見。先生帶湖之甲第毀于火，六百二十三首詞中，無一語道及。證以本集，此雖小事，然性格實與常人殊。」（《稼軒詞疏證・序例》）從此我們也可知淵明實非豪爽之流。以後我們將以豪爽屬稼軒。

6

因為這個緣故，所以淵明的自得實變成一個無可奈何的鬼魂。「富貴非吾願，帝鄉不可期。〔……〕聊乘化以歸盡，樂夫天命復奚疑？」（〈歸去來辭〉）就這樣終了他的一生，也就這樣鑄成了他的感傷主義之典型。

II 感傷而放浪的

1

這一典型將以李白為代表。李白這位英雄，其性格十分複雜，所以其表現的人生典型也十足的多方面。少年有俠氣，他能殺過人；上韓荊州書，他能不卑不屈學毛遂自薦，吹了一會牛；他誰也不怕，誰也莫看在眼裡，上而天子皇后（貴妃），下而公卿大夫，他都傲慢過；他也做過囚人，他也做過配軍；他足跡遍天下，他也曾隱過岷山；他輕財好施，曾以三十餘萬悉濟落魄公子。他的生活事實如此，所以他的性格頹廢浪漫，而最後歸之于放蕩不羈。他好酒，好仙，好色。他雖經過許多波折，然他對于人生、對於社會卻並沒有什麼

悲哀詛咒，及深刻的痛恨。他也沒有悲悲啼啼的追悔過、嘮叨過。他對于一切事情好像沒有固執，沒有在意一樣。他拿他那種誰也沒看在眼裡的態度睥睨一世，他拿他那種頹廢放浪的性格無聊的、盲目的混過一生。他並沒有覺得人生有什麼可以積極承認的地方，所以他不能走上古典主義的路；他也沒有覺得人生真正有什麼可以悲哀感傷的地方，所以他的感傷其實就是一種頹廢無聊。當然無常的悲哀他是有的，但他並沒有什麼認真過。他雖然好仙，但他的好仙好像並不似專門對付無常的。他也許為好奇心所驅使，想著那神仙生活的可羨。他喜動不喜靜，就是神仙他也不能久為。因此我說他的感傷其實就是無聊；他的放浪不羈就是無聊的解脫。他的性格如此，他的詩亦如此。他沒有對著某一社會現象、某一人生問題。他只是那麼放浪的歌唱著。所以他雖與杜甫同時，同經變亂，但他對於社會沒有深刻的印象，好像與社會無關似的。後世稱他為詩仙，「仙」之云者，其實即頹廢無聊、放浪不羈之謂耳。

2

他雖對于人生、對于社會沒有固執著，沒有在意著，然而他對于這整個的人生與社會總不能認為是舒服的，所以他有感傷，他成為頹廢無聊。他的感傷雖然不十分認真與集中，然而我們總略觀之，也可把它歸之于悲無常。

悲來乎！悲來乎！主人有酒且莫斟，聽我一曲悲來吟。悲來不吟還不笑，天下無人知我心。君有數斗酒，我有三尺琴。琴鳴酒樂兩相得，一杯不啻千鈞金。悲來乎！悲來乎！天雖長地雖久，金玉滿堂應不守。富貴百年能幾何？

死生一度人皆有。孤猿坐啼墳上月，且須一盡杯中酒。
〔……〕（〈悲歌行〉）

他這種意境處 [103] 處皆是 [104]，用不著多引。他怎樣解脫呢？一曰
酒；二曰仙。與淵明所差者在一「禪」字。然而差之毫釐，
卻失之千里。酒是最易使人消愁的，這用不著說了。一般感
傷主義者總認為神仙是虛妄之談，所以只好「聊乘化以歸盡」；
但是李白卻總是正面的想像著神仙的生活。

　太白何蒼蒼！星辰上森列。去天三百里，邈爾與世絕。
中有綠髮翁，披雲臥松雪。不笑亦不語，冥栖在巖穴。我
來逢真人，長跪問寶訣。粲然忽自哂 [105]，授以煉藥說。銘
骨傳其語，竦身已電滅。仰望不可及，蒼然五情熱。吾將
營丹砂，永與世人別。（〈古風五十九首〉）

　客有鶴上仙，飛飛凌太清。揚言碧雲裏，自道安期名。
兩兩白玉童，雙吹紫鸞笙。去影忽不見，回風送天聲。舉
首遠望之，飄然若流星。願餐金光草，壽與天齊傾。（同
上）

　黃河走東溟，白日落西海。逝川與流光，飄忽不相待。
春容捨我去，秋髮已衰改。人生非寒松，年貌豈長在？吾
當乘雲螭，吸景駐光彩。（同上）

　松柏本孤直。難為桃李顏。昭昭嚴子陵，垂釣滄波間。

103　【編按】此字原文誤作「時」。
104　【編按】此字原文誤作「時」。
105　【編按】「忽自哂」一作「啟玉齒」。

身將客星隱，心與浮雲閒。長揖萬乘君，還歸富春山。清風洒六合，邈然不可攀。使我長嘆息，冥栖巖石間。（同上）[106]

西上蓮花山，迢迢見明星。素手把芙蓉，虛步躡太清。霓裳曳廣帶，飄拂昇天行。邀我登雲台，高揖衛叔卿。恍恍與之去，駕鴻淩紫冥。俯視洛陽川，茫茫走胡兵。流血塗野草，豺狼盡冠纓。（同上）

這幾首詩同是一個意思：不是說願學仙，即是羨慕神仙生活的自由。此外還有好多詩與此同一意境。

3

須知他的好仙也不過只是「好」而已，他並沒有實際去煉丹。這種好與信仰也不同，並不能使他有安心立命的力量。可以說，它只是一個「仙趣」，與淵明之「禪趣」同一作用。「禪趣」不能救淵明于「乘化」，「仙趣」豈能救太白于頹廢？所以酒與禪形成淵明的無可奈何之鬼混；酒與仙即形成李白的頹廢無聊之放浪。結果都終於感傷而已。

III 感傷而豪爽的

1

這一個典型我們以辛稼軒為代表。稼軒是一位慷慨有大略的人，當時宋室偏安江左，他有規復中原之志。他曾率部

---

106 【編按】原文缺「（同上）」，今依文意補。

曲二千人投耿京，並赤手縛張安國。他也曾面對延和殿，與孝宗暢論南北大勢。可見他不是雕蟲小技的詞人，他也不是規規無能的腐儒。但是素有怯懦劣根性的宋，這樣的人總不能十分得志的；所以少年壯年的豪氣很容易消滅的。他于四十、五十、六十，三階段各有一首回顧詞，且引于下：

> 過眼溪山，怪都似舊時曾識。還記得夢中行遍，江南江北。佳處徑須攜杖去，能消幾兩平生屐？笑塵勞三十九年非，長為客。（〈滿江紅〉）

三十九年來，風塵僕僕，客遊天下，究竟所為何來？大凡人生最不可回首，一回首便生起無限感慨。所以下半闋接著說：

> 吳楚地，東南坼；英雄事，曹、劉敵，被西風吹盡，了無塵迹。樓觀才成人已去，旌旗未卷頭先白。歎人生，哀樂轉相尋，今猶昔。（同上）

五十歲的回顧詞如下：

> 頭白齒牙缺，君勿笑衰翁。無窮天地今古，人在四之中。臭腐神奇俱盡，貴賤賢愚等耳，造物也兒童。老、佛更堪笑，談妙說虛空。坐堆豗，行答颯，立龍鐘。有時三盞兩盞，淡酒醉濛鴻。四十九年前事，一百八盤狹路，挂杖倚墙東。老境竟何似，只與少年同。（〈水調歌頭〉）

這一段經驗的回顧，更其使他大徹大悟，更趨向于聰明化。「萬事雲煙忽過，百年蒲柳先衰。而今何事最相宜？宜醉、宜遊、宜睡。早趁催科了納，更量出入收支。乃翁依舊管些兒，

管竹、管山、管水。」（〈西江月〉）。這就是徹悟後的生活。六十歲的回顧詞如下：

> 一壑自尊，五柳笑人，晚乃歸田里。問誰知，幾者動之微。望飛鴻，冥冥天際。論妙理，濁醪正堪長醉，從今自釀躬耕米。嗟美惡難齊，盈虛如代，天耶何必人知？試回頭五十九年非，似夢裏歡娛覺來悲。夔乃憐蚿，穀亦亡羊，算來何異？（〈哨遍〉）

這一段的回顧更使他老練。他竟談起莊子，說起老子。

2

這三段的回顧，人生的滋味當然是領畧到了。感傷是免不了的；然而豪爽之氣卻始終不泯，所以竟使人看不出有什麼感傷來。青年壯年時代固然慷慨浩歌，即是老年徹悟之時也是老氣豪爽，不帶頹廢悲哀氣。譬如：

> 楚天千里清秋，水隨天去秋無際，遙岑遠目，獻愁供恨，玉簪螺髻。落日樓頭，斷鴻聲裏，江南遊子。把吳鉤看了，欄干拍徧，無人會，登臨意。〔……〕可惜流年，憂愁風雨，樹猶如此。倩何人喚取，紅巾翠袖，搵英雄淚。（〈水龍吟·登建[107]康賞心亭〉）
>
> 倦客新豐，貂裘敝，征塵滿目。彈短鋏，青蛇三尺，浩歌誰續？不念英雄江左老，用之可以尊中國。嘆詩書，萬卷致君人，翻沉陸。（〈滿江紅〉）

107　【編按】原文此字誤作「健」。

把「羈旅落拓，下僚沉滯」（梁任公語）之鬱悶氣完全吐出。
又如：

> 事無兩樣人心別，問渠儂：神州畢竟幾番離合？汗血鹽車
> 無人顧，千里空收駿骨。正自斷關河路絕。我最憐君中宵
> 舞，道男兒，到死心如鐵。看試手，補天裂。（〈賀新郎〉）

此首大有岳飛〈滿江紅〉氣。此類詞，集中常見。至於一草
一木、一山一水，隨口拈來，豪爽之氣溢躍紙上。例如：

> 與汝成言，勿留亟[108]退，吾力猶能肆汝杯。杯再拜，道麾
> 之即去，招則須來。（〈沁園春，將止酒戒酒杯使勿近〉）

> 總把平生入醉鄉。大都三萬六千場。今古悠悠多少事，莫
> 思量。（〈山花子〉）

> 甚矣吾衰矣！悵平生，交遊零落，只今餘幾？白髮空垂
> 三千丈，一笑人間萬事。問何物，能令公喜？我見青山多
> 嫵媚，料青山見我應如是。情與貌，略相似。一尊搔首東
> 窗裏。想淵明，〈停雲〉詩就，此時風味。江左沈酣求名
> 者，豈識濁醪妙理？回首叫，雲飛風起。不恨古人吾不見，
> 恨古人不見吾狂耳！知我者！二三子。（〈賀新郎〉）。

> 昨夜松邊醉倒，問松我醉何如？只疑松動要來[109]扶，以手
> 推松曰去！（〈西江月〉）

108　【編按】此字原文誤作「極」。
109　【編按】此字原文引作「人」。

水縱橫，山遠近。拄杖占千頃。老眼羞明，水底看山影。試教水動山搖，吾生堪笑，似此個，青山無定。（〈祝英台近〉）

似這類睥睨一世的豪爽氣隨處皆是。他何以能如此呢？就因為他的解脫法是「酒」，是「莊」。

3

酒的作用與陶、李同。至于「莊」，則卻能使他成一個特殊的典型。他是有得于莊之道理的。以莊之理來看世界，並不是以「莊趣」來作人處世。莊理不同于佛之理，莊趣亦不同于禪趣，所以在稼軒詞裡找不出禪之味道來。復次，莊理並不含有仙丹，亦不含有仙家生活，所以在稼軒詞裡也找不出李白的渴望仙家生活的味道。于是，稼軒既不喜禪，又不喜仙，乃有得于莊理，而歸于豪爽的。因為莊子這個人本就是清爽曠達的。茲引談莊理者一首於下：

蝸角鬥爭，左觸右蠻，一戰連千里。君試思，方寸此心微，總虛空，並包無際。喻此理，何言泰山毫末，從來天地一稊米。嗟小大相形，鳩鵬自樂，之二蟲又[110]何知？記跎行仁義孔丘非。更殤樂長年老彭悲，火鼠論寒，冰蠶語熱，定誰同異？（〈哨遍·秋水觀〉）

這是上半闋，下半闋以〈秋水〉篇為材，故此題目曰〈秋水觀〉。其他談莊理、取莊材者不一而足。所以我們說他的解脫法曰酒、曰莊。

---

110 【編按】此字原文引作「有」。

4

不過，須知莊理雖能使他成為一個曠達的人物，但究竟這不是肯定人生的路途，也不過只是一種「無聊」的轉變而已。感傷主義的共同性只是一個「無聊」。陶淵明是無聊而鬼混；李太白是無聊而頹廢；辛稼軒是無聊而豪爽。他們三人沒有一個能從積極方面肯定人生、解脫人生的。

D 結論 [111]

1

以上把兩個主潮說明白了。現在就此作一結束。由那兩個主潮分成五個支派，須知這五個支派並不是絕對的，乃是互有出入的。我是注 [112] 重整個的大流，不是從個人方面來著眼的。現在試一論這兩個潮流的價值。

2

古典主義這一支流實有發揮光大之的必要。因為他還是肯定人生，維持社會的。在西洋，眼光傾向于社會人生還是近代的事；現代中國最流行寫實主義，我以為其精神還是古典主義的精神。就是現在最盛行的普羅文學 [113]，除去其理論上

111　【編按】原文缺序號「D」，依文意補。

112　【編按】此字原文誤作「主」。

113　【編按】此字原文誤作「字」。

的荒謬、階級的偏狹,骨子裡還是古典主義的精神。普羅文
學現在只是作了政治的附庸,它成了一個工具,不是一個目
的。偉大的古典主義的文學家必須是以整個的人生、整個的
社會為對象。這樣的文學不是一個工具,它本身就是一個目
的。如果它是工具,它只是整個人生、社會的工具,而不是
某一集團、某一政黨的工具。這樣的文學才是普遍永久的文
學,歷千古而不滅的。在這樣的文學觀點裡,隨你寫任何對
象都可以。所以普羅文學家們若把那偏狹的心理工具的觀點
去掉了,本著那種革命的精神,挑動問題的態度,歌詠人生,
表現[114]社會,海內誰能不風從?所以我們現在必須認清這個古
典主義的大流。

3

西洋人的安心立命是宗教,即道德亦宗教化;中國人的
安心立命是倫理,倫理好像是一個宗教。誰知中國人太聰明
了,不但宗教不能存在,即這個倫理系統也被揭穿。所以現
在的中國簡直是鬼魂世界了。倫理不同于宗教。宗教是另一
世界的條理,倫理是我們世界的條理。宗教可以揭穿,倫理
究竟是實在的東西。現在雖為一時小聰明所破壞,但若社會
不亡,人間條理也決不會消滅的。所以我們決不必提倡宗教,
決不必找外來的東西安心立命,只有把那種古典主義的精神
振作起來,灌[115]輸在民族的心裡,則民族自然有主心骨。我們
固然不能以倫理眼光鑒賞藝術。但作家卻有他主觀的好惡,
他能把現社會的罪惡一一歌詠出來、挑剔出來,就是盡了倫

114　【編按】此字原文誤作「演」。
115　【編按】此字原文誤作「貫」。

理的責任。這裡倫理的意義當然是廣義的、非狹義的。

4

　　因為中國人太聰明了，一切紙老虎都被揭穿，所以才有感傷主義發生。這也是沒有辦法的，因為感傷乃是合于人之恆情的。感傷主義與古典主義相比好似晝與夜。古典主義是白天的生活，感傷主義是晚間的生活。照個人說，在白天忙忙碌碌過那種煩勞的生活；太陽落了，晚景來了，萬籟俱寂，一切都在休戰狀態，人們也安靜了，白天的苦辣酸甜都在此時也回想起來了。感傷主義就發生于這個時候，人們免不了夜，當然也免不了感傷。民族精神也是如此。免不了忙，也免不了靜；所以也免不了感傷。現在所當注意的就是怎樣使人好好睡覺，怎樣使人多多傾向于古典主義。有了古典主義的精神，自然會免掉了感傷。

發表於《行健月刊》，第 5 卷第 2 期 / 第 3 期，1934 年 8 月 15 日 / 9 月 15 日，署名：牟宗三。

10 從《水滸傳》到青紅幫

　　在《大公報・史地周刊》第九期上，有羅爾綱先生的一篇〈水滸傳與天地會〉。這篇文章十分有趣。他說《水滸傳》有三種影響：（一）影響於深入民間的麻將牌的賭具；（二）影響于李自成、張獻忠的造反的特殊意味，即除掉已往的迷信色彩，而饒有政治的意義；（三）影響於明亡後的天地會，以及其一綫相穿的青紅幫。

　　那篇文章中又有一段話說：「我的朋友吳晗先生說：中國歷代民變，差不多沒有一次不是借邪教來煽惑羣眾的，明末流寇是例外。因為明末民間受了《水滸傳》的影響甚深，故流寇的行動有鮮明的政治意義，而少迷信的色彩。」這話的全部真或部分真，這裡且不管他；但若擴而大之，我可以說，人類的政治活動，無論中外，已往到現在到最近的將來，其發展的過程將是經歷三個階段的。第一階段曰宗教化的活動；第二階段曰人本化的活動；第三階段曰國家化的活動。

　　這三個名稱是我個人一時的預擬，當然有斟酌的餘地。宗教化的活動尤其以西方為甚。據最近一般人的見地，譬如羅素，他就以為法西斯獨裁與無產階級獨裁，都是古羅馬帝國、中世紀黑暗時期的復活，也就是宗教化的復活。在中國歷史這種色彩不很濃厚。中國一切變亂雖說邪教的鼓惑居多，但陳涉、吳廣之流，卻毫無宗教色彩，然而其影響卻非常之大。後來的變亂莫不師其故智，邪教的鼓惑只不過是鼓惑而已。及其一旦成功，邪不歸正，仍在淘汰之列。所以中國的政治，從靜的方面說，從未宗教化過。不過若從活動方面看，

也實可以把這種邪教的鼓惑列為進化中的一個階段。無論從靜的方面看，或從動的方面看，這種宗教化的活動實在不是高明的政治，當然也更說不上是文明的政治。

人本化的活動，從《水滸傳》到青紅幫就是很好的例子。我常想西洋政治始終是宗教化的，中國則始終是人本化的。羅素今年十月三日在美國《國家週刊》上登了一篇小文章，題目叫做「歐洲是成功的嗎？」由沈祖燾先生譯成中文，登在《華年周刊》第三卷第四十七期上。其中有段話說：「古先生似乎以柏拉圖的溫和態度為歐洲的特徵，但是他這樣說法，對中國的聖哲是不公平的了，他們是更溫和，更重視個人自由的。柏拉圖主張國家得有一種宗教，國家自身或可認這種宗教是錯的，而人民卻不能對之懷疑，否則便要受罰。儒家和道家，是不會贊成這樣希特勒式的主義的。」希臘的柏拉圖尚且如此，中世紀更不容說。文藝復興以後，人本主義本一度抬頭，然而現在的魔王出世，又把它打回去了！所以人本主義在西方始終未佔勢力，稍能保此厚風者，唯英、美差強人意。所以在那篇小短文中，羅素又說：「希臘文化勝於我們的一籌只有這一點，那就是警察的不高明，故好讓不少端正的人免脫了。」這是很痛心的一句話！所以歐洲並未成功，距文明境界尚遠得很！崇拜歐化的人似亦可以稍加反省，不必盲目下去了！

西方的人本主義既如此式微，那麼中國的人本主義又如何呢？中國的人本主義似有特別的意味。邪教的煽惑除外不算，從《水滸傳》到青紅幫，都可以叫做是中國式的人本主義。這種人本主義既不知有神，復不知有鬼，更不知有國，只知上有天，下有地，中有人。人與天地對立，天地是最公平無

私的，人居其中以仁義參贊之。所以他們的口號是奉天倡義，是替天行道，是忠誠信義。凡不能作到這種口號，致使天下大亂的，人人得而誅之。他們以天地為父母，以忠義為信條，這樣便可以結合起來，用不著鬼神，用不著邪教。這是中國的人本主義。

這種人本主義的精神有其好處，也有其壞處。其好處是在作政治活動並不限于某一階級，凡忠誠信義、英雄本領皆可兄弟相稱，共同合作。忠誠信義是合乎道德的條件，英雄本領是合乎人才的條件。這種人才主義、道德主義，實為我中華民族固有之美德，今人必欲一腳而踢之，甚見其惑也。這種精神，《水滸傳》描寫得最淋漓痛快。百回本第七十一回上說：

八方共域，異[1]姓一家。天地顯罡煞之精，人境合傑靈之美。千里面朝夕相見，一寸心生死可同。相貌語言，南北東西雖各別；心情肝膽，忠誠信義並無差。其人則有帝子神孫，富豪將吏，並三教九流，乃至獵戶、漁人、屠兒、劊子，都一般兒哥弟稱呼，不分貴賤；且又有同胞手足，捉對夫妻，與叔姪郎舅，以及跟隨主僕，爭鬥冤仇，皆一樣的酒筵歡樂，無問親疏。或精靈，或粗鹵，或村樸，或風流，何嘗相礙，果然識性同居；或筆舌，或刀槍，或奔馳，或偷騙，各有偏長，真是隨才器使。可恨的是假文墨，沒奈何著一個聖手書生，聊存風雅；最惱的是大頭巾，幸喜得先殺卻白衣秀士，洗盡酸慳。

1　【編按】原文此處缺一「異」字。

這就是忠誠信義、英雄本領，合二為一的人本主義。不是我偏要喜歡這種「識性同居，隨才器使」的忠義結合，實乃因為作政治活動，偏要以某一階級來包辦，實是於理說不過去的事。以階級消滅階級，還是宗教化、人本化（指其壞處而言，壞處下面再說）的野蠻政治，不若以國家化的活動消滅階級，來得進步，來得合理。國家就是補救人本主義之缺陷唯一工具。

　　然則人本主義的缺陷即壞處，在什麼地方呢？一在國家個人化；二在人亡政息。國家個人化即是根本沒有國家這東西，政府不是為國家而辦事，乃是聚在一起耀武揚威，發號施令。它是來管人，並不是來管事。管的人俯首帖耳，不敢一動，就是太平時代，不然就是混亂時代。人的盛衰即是國家的盛衰。只見有人，不見有國；因為如此，所以孟子的大亂小亂之說才能成為歷史的規律。未見美國換一胡佛而革命，卻見中國每換一人必殺傷。國家化與人本化的區別就在此。第一點國家個人化是沒有國，第二點人亡政息是沒有法。沒有法就是說沒有法治，只有人治。人本化的政治就是人治主義的表示。人治主義的特性可以演變而為好人政府的主張。即是說，好人來則萬民有福，壞人來則百姓遭殃。人之命運，繫于一在朝之官僚，官僚念頭一轉之間，則世事便有蒼狗之變。所以在人本化的政治之下，人們總是渴望著好人的人治政治出現。法治在中國歷來是行不通的。即便在現在，也有許多人，在人治與法治的兜圈子之間，歸根結底，還是贊成人治。在朝的實行其人治主義，以為非我不行；在野的也渴望著好人政府出現，以為有人便行。絕沒有一個人想到在人治、法治的圓圈之間，還有國家建造的問題。在國家沒有建

設起來之前，人本化的政治之下只有人治主義。在人治與法治的兜圈子的時候，只有人治主義佔勝利。所以現在的問題不是人治、法治之爭，乃是人本化與國家化之爭，乃是有國家與無國家之爭。問題是在建設國家化的政治以代替人本化的政治。在人本化的政治之下找法治是不可能的。法治與人治的解決必在國家的建造上。

所以我們現在要提倡國家化的政治活動。西方雖然說是有些國家還脫不了宗教化的味道，但是這個普遍的國家觀念他們是有的。中國不但無國家政制，並且亦無國家觀念。國家在中國好像數學上的常數，但這個常數卻是個零。誰來了他就等於誰，其式如此："X+0=Y"，Y 隨著 X 變，如果 X 為 1，則上式即變為 "1+0=1"，如果 X 為 2，則上式即等于 "2+0=2"，依此可以類推。零在此一點作用都沒有。國家若成為零，便無客觀公共的東西作標準，代表 X 的那個 1 便就是標準。1 既為標準，則 1 便不會有錯，你不能反對它。你若反對它，就必須和它拼命，和它動槍刀，疆場相見。如是，由 1 變為 2 就必須經過一次殺傷，經過一次干戈；由 2 變 3 亦復如此。這就是人本化的政治史。要結束這個政治史的演變，就必須作建國運動。建國運動就是把零那個常數，變為常數 1，其式如此 X+1=Y。如是，若 X 為 1，則上式即變為 1+1=2；若變為 2，則上式即等于 3，依此類推，可及其他。國家若建設起來，則來辦事的人或黨，就不能唯我獨尊，即是說它與國家結合就變成了 2 或 3，而不是 1 或 2 了。

總之，現在的唯一急務在造國，造起國來，行什麼主義都可，不此之務而惟其他，那都是緣木求魚。現在的政治活動常是國家化的政治活動，宗教式的獨裁、青紅幫的人本主

義都是野蠻的表示，都當過去了！

發表於《行健月刊》，第 6 卷第 1 期，1935 年 1 月 15 日，署名：
牟宗三。

11 論讀經

　　近來廣東軍事當局提倡讀經，丟在茅廁里邊的線裝書，忽地如蛆般湧現出來。從茅廁裡[1]邊湧出來的東西，當然是其臭不可聞也。如是大人先生、摩登學子，便掩面而笑，啟齒而嘲，或嬉笑以怒罵，或據理而反駁，或幽默或正理，總之，是不以此舉為是，則彰彰明矣！

　　然以吾觀之，似有隱憂。其出于茅廁也固臭，但當其進茅廁也，卻未必因其真臭而丟之。提倡讀經者固亦從未認其為臭也，反對讀經者似亦未能通乎人之情。此其一。若將讀經視同韓青天之大審，視同劉湘之天兵天將，視同戴院長之念佛，視同義和團，視同紅燈照，其為妖魔鬼怪固宜。古直先生難免此譏也，其為妖魔鬼怪亦宜！惟經書不必同于古直，讀經者不必盡為古直，且古直亦尚不止此。大人先生、摩登學子一概而嘲之，亦未見其當。此其二。

　　何以謂未能通乎人之情也？是亦有說。若謂當其未進茅廁也而即臭，是不啻認中國數千年來的文化為臭的文化。孔子、孟子一線相穿的儒學為臭的儒學；三百篇、漢樂府、杜工部、白居易為臭的文學。不臭者厥為老、莊的無為，及其引申的煉丹；厥為菩薩的涅槃，及其引申的打坐。因為幾十年來的經驗，似以斥儒而崇佛、老為朝野之所尚。舉例以明之：大學裡邊老、莊、申、韓常不離口，而對于孔孟總有微詞；學生所樂道者為〈齊物論〉，為〈逍遙遊〉，為〈說難〉，

1　【編按】此字原文誤作「里」。

為〈五蠹〉，而對于《論》、《孟》，則不屑一讀，且以為恥。近來北京大學的哲學系又成了佛學院，善男信女、袈裟居士，敲木魚，唸阿陀，煞是好看。老實說，孔子之臭不如佛、老之臭遠甚。奈何今之大人先生、摩登學子，不以讀《老》、《莊》、讀佛經為臭，而獨以讀四書五經為臭乎？林公鐸先生很幽默地說：「今之人讀蘇格拉底、柏拉圖而不得謂之復古，讀孔子、孟子而謂之復古，豈准復西洋之古，不准復中國之古乎？」吾于此亦可云：「豈准復佛、老之臭，而不准復孔、孟之臭乎？」此其所以未能通乎人之情也。

何以謂未得其當也？曰讀書之道，各有其好，而且開卷有益，古有明訓，何況支配中國數千年之古經典，豈可不讀？須知讀經不必全信經，亦不必盡以經之道救今之世。以為一讀經便可天下太平，此蓋舉世無此大傻瓜！即便古老夫子如此認真，亦不過只限中國文學系，未嘗徧中山大學皆讀經也。若身居中國文學系偏不讀經，此亦未免故意作態，不近人情，為論語派所不許。古老夫子宣傳讀經，固然有點肉麻，但見仁見智，各有不同。現今中國若因古老夫子之讀《孝經》，而多出幾個孝子，亦未必因此而更亂，多出幾個忠臣，亦未必再丟四省。救國之道，並非專利品，亦非某一所能救。科學能救國，焉知經學、文學必亡國？道並行而不悖[2]，何苦定要將人罵倒？林語堂可以三復思孔子，為何獨不許古夫子百遍讀經？吾固不敢以古比林，吾亦固知林聰明于古。但吾以為既都在孔子之前拜倒，孔子必曰：吾之徒也，吾之徒也，亦各言其志已爾！天下有幾人是林子？天下有幾人是林子？

2　【編按】此字原文作「背」，今校改。

發表於《論語》半月刊，第 65 期，1935 年 5 月 16 日，署名：
牟中離。

12 青年與社會

　　人類與社會，自始至終是永久密切著的。**人類不能脫離社會而生存，社會更不能沒有人的活動**[1]。社會是抽象的東西，可是因為有人類的生活或是活動而具體化了。青年又是人類中最優秀的份子；**與其說社會不能沒有人的活動，不如說不能沒有青年的活動。因為青年富有新鮮的生命力和創造力。社會若一旦缺乏了青年的活動，一切就立刻現著停頓，絲毫沒有進展的希望；久而久之，社會終於會走到「老死」那條路上去。**青年與社會間關係的密切，是事所必至、理所當然的，誰也不敢否認。可是近年國內情勢的趨勢，不得不發生一個極矛盾的事實——**社會遺棄青年的問題**。

　　試回憶興師北伐的前幾年的情形，那確實可以稱得是革命的黃金時代。凡是革命的青年，誰不都是緊貼著社會，而社會也在熱烈地接納青年。革命的熱潮，因為青年沸騰的熱血，澎湃得到了一百度，瀰散各處，全社會真是充滿了蓬勃的生氣，社會乘著時代進化的兩輪，迅速地向前邁進。我國的前途，就那時的光景看，實在不可限量的呀！

　　曾幾何時，時勢一變，革命史上光榮的一頁，就不得不被墨蹟塗抹得模糊不清，不知是到了一個什麼時代。

　　這時的青年，徘徊歧路，莫衷一是者有之；精疲力竭，垂頭喪氣者亦有之；趨炎附勢，百般投機者更有之。總而言之，這時，青年的革命熱情和奮鬥精神，因為惡勢力的摧殘和蹂

1　【編按】凡原文以圈號強調之處，皆以黑體字排印。下同。

躪，消失殆盡了。

這種變化，不能歸咎于青年本身，還是社會環境使他們**不得不如此。不然，青年的骨頭，無論是怎樣硬的，在那高壓的鐵蹄下，也難保不被榨得粉碎。**於是，從革命前線退出來的青年的數目，就一天比一天增加；社會遺棄青年的問題，也自然而然地就跟著普遍化了。

不錯，與其說是社會遺棄青年，不如說是青年遺棄社會，自己從社會的實踐上墮落下來了。前一種說法，可以說有點悲觀的情調；後一種說法，則表現得自警自勵的精神，**可是社會與青年已經不是融洽的了。這個事實，無論你怎樣說法，也是抹煞不過去的哩！**

難道青年的一朵燦爛的生命之花，就是這樣地讓它萎謝下去嗎？這是關心社會的青年不得不詳細研究的。若不是有心投機、趨炎附勢之徒，青年決不會願意將自己的命運，從此淹沒在「升官發財」的屎坑裡；若不是自甘暴棄、一挫不振之輩，青年決不會願意將自己的希望完全斷送在悲哀的深淵裡。我相信青年是有著能屈能伸、百折不撓的精神的，我更相信青年是有鐵般的毅力和勇氣。**前途的荊棘，可以用熱情的火焰焚毀；眼前的黑幕，可以用鮮血的汎流衝破。**新的光明時代自然就要出現了，關心社會的熱血青年們，一致團結來吧！

發表於《禮拜六》，第 605 期，1935 年 8 月 31 日，署名：光君。

13 關於中國農村的現狀

一

現在注意中國農村問題的人已不能以破產、復興等口號來亂嚷一氣了，因為現在已經接觸到根本的問題，並且要檢討對于這根本問題的根本態度了。這個根本問題就是由農村經濟中所分化出來的階級問題。對于這個問題，在現在社會裡，已隱藏著兩種相反的見解，這兩種相反的見解，我姑且用「樂觀派」與「悲觀派」這兩個名詞以區別之。

二

因為出發點不同，所以也影響到了調查的事實。樂觀派以為中國的土地分配並不甚集中，地主階級佔的成數很少，佔成數最大的還是自耕農。因為地主的成分少，所以佃農的成分也隨之而少。自耕農的經濟狀況是：平均五口之家，二十五畝左右的土地，平均每人五畝左右。有這樣經濟狀況的自耕農是很可羨慕的。他們的生活很儉樸、很努力、很細緻，而且自足自給，儘可以少憂寡慮。有人說這是很富于詩味的小農經濟。持這種態度的人，大半心中常希求兩個條件：（一）政局與社會秩序要安定；（二）人口要節制，優生要講究。有了這兩個條件，就可以維持那富有詩味的小農經濟。因為這種小農經濟，雖然可以自足自給，但實在說來，也只[1]

1　【編按】此字原文作「止」，今校改。

是自足自給而已。社會秩序一不安定，他這個自足自給的局面，便不容易維持。好像牛頓的運動律一樣，若無他力以擾之，則動者恆動，靜者恆靜，且動必按直線而動。然而這個局面是很危乎其危的，那「若無他力」的假設也是很難證實的。這個律已給愛因斯坦打倒了。現在以秩序安定來維持自足自給，正恰似牛頓運動律中的假設。然而現在這般樂觀派的人，因為羨慕直線的安定，還捨不得他那自足自給的局面之維持，所以結果必須要求政局與社會秩序的安定。至于人口節制，更須注意。因為五口之家，二十五畝之地，尚可維持；若土地不增，而徒增加了六、七個孩子，則便不足以維持。既不足以維持，則降為貧農，為佃農，教育也不能受；隨之智育、德育、體育，也皆不能發展。民族前途，危險甚大。所以要維持民族，要維持自足自給，必須節制生育。這一派的人，若舉一個代表，譬如陶知行便是。

這派見解未始無相當事實作根據。地主與佃農的成分少，我們可以承認；但五口之家，二十五畝之地的自耕農，卻未必佔最大多數。我檢閱了許多調查的材料，並按照我實際上的經驗，那五口之家，二十五畝之地的自耕農，並不佔最大多數；佔最大多數的乃是五口之家，十二、三畝左右的貧農。調查者若把相距的範圍放大了，即能影響眾數的位置。譬如以二十五畝以下為起碼，遂斷定二十五畝左右是大多數，即犯了這個毛病。實際上，二十五畝以下，十畝左右的有多少，二十畝左右的有多少，真正到了二十五畝的有多少。這三個數目的差別影響經濟狀況甚大，豈可囫圇吞棗，歸而為一？然而樂觀派的人，卻總是常犯這個毛病。所以統計材料亦並不甚可靠，它是常受調查者的影響的。

其實，退一步講，二十五畝之地，即便是大多數，也並不如樂觀派所想像的那樣富有詩味。十畝左右的貧農固然苦了，即是二十五畝左右的自耕農，也不見得優裕。他們的自足局面的維持，除去上面樂觀派所舉的兩個條件而外，還得需要兩個條件：（一）靠著天公睜睜眼；（二）靠著自己的極度的勤與極度的儉。這兩個條件中的第二個條件，沒有什麼不可靠的，唯第一條件卻甚不可靠。其不可靠與牛頓運動律中的假設一樣，與專恃政局安定以維持自足一樣。風雨一不順，或過旱，或過澇，皆足以使他們的自足局面崩潰。在這四個條件的巧合下維持的自足自給，我見不出有什麼可羨的地方。所以我不贊成[2]樂觀派的辦法。

三

我們再說悲觀派。這一派人的注重點，便和前一派大不相同。他們所注重的，專在階級的懸殊上。他們找出了中國土地的分配，是怎樣的日見集中；地主階級是怎樣的刻薄寡恩；佃農僱農是怎樣的悽慘可憐。他們研究農村經濟，專注意于這人與人的關係，以為中國的大問題即在分配的不平均上，即在階級的懸殊上，所以現在必須打倒地主，重分地權。于是鼓動、宣傳、仇視、革命等一套把戲，都表演出來。這一套見解影響最大。近來一般調查農村的，無不注意于土地的分配問題，所報告的材料大都也是關于土地的分配的。好像

2　【編按】此字原文誤作「承」。

農村經濟中只[3]有土地分配這一個問題。其實在理解農村上，只注意于這表面的人與人的關係是不夠的。樂觀派與悲觀派都是只[4]根據了這種表面的關係而診視的。他們只注意了量的統計數字，而未注意于質的具體認識。二十五畝左右之地，固然不可樂觀，這是前面已經說過的；但是悲觀派所呼號著打倒的地主，果真值得打倒嗎？這種地主本身的生活，果真是優越的、樂觀的嗎？據我看，大謬不然。我徧查好多材料，關于土地分配的情況，可得以下幾個結論：

（一）在農村裡，大地主確實甚少。官僚的土地當為別論，因為他們已不是農村的人物了。即屬大地主而非官僚者，現在亦多遷居都市。

（二）百畝左右的小地主尚屬常見；四、五十畝而出租者亦得謂之為地主。

（三）百畝左右的富農亦有，但不常見；四、五、六十畝的富農尚不在少。但是一般的說來，富農的人口總是隨其土地之增多而加多。

（四）租種者不必皆為貧農、佃農，即中農、富農亦常租種，猶之乎出租不必大地主，即小地主亦常出租。

（五）租佃關係，在農村常是參伍錯綜，並不像一般所想像的那麼單純尖銳，也不如一般所想的那麼慘酷刻薄。

（六）現在的農村已經到了民不欲耕之時，凡能住都市者，莫不住都市，所剩下的只是些可憐蟲而已。

3　【編按】此字原文作「止」，今校改。

4　【編按】同前註。

到此地步,悲觀派不能打倒都市的官僚政客、市儈買辦,而只嚷著打倒地主,土地平均,不也太打死老虎了嗎?不能住都市的可憐蟲不也太覺得是無妄之災嗎?只注意了地主這個名詞,但卻不知其骨子裡也是怪可憐的哩!所以單注意于表面的人與人的關係,是決不能得著真相的。

四

因為只注意表面的人與人的關係不足以理解農村,所以近來有一部分人便轉到人與自然的關係這個問題上來。人與自然的關係即是人制裁自然的關係,再具體言之,即是農業生產的問題。注意這個問題即是注意生產的程度問題。現在的農村經營是在一種什麼樣的程度之下經營著呢?有人說現在已有資本主義式的經營了。不過這句話卻未必能代表著幾分真實。我們還是以農村的實際狀況為例:

（一）可以成為資本主義式的經營的,惟在富農中見其朕兆,然而農村中耕百畝以上的富農卻實屬罕見,而五、六十畝的富農卻又家庭總是隨著增大。即便家庭不大,這五、六十畝的農場本身也決不能成為資本主義式的經營。

（二）現在農村的經營方法還是舊式的,第一個主要特徵便是不能施用機器。縱或有幾個馬匹,僱幾個僱農,但這卻不是資本主義式的經營的惟一特徵。

（三）經營方法所以仍是舊式的，就是因為土地分散得⁵太零
　　碎，小農場的經營太多。

（四）而主要的原因則還在民不欲耕。現在鄉間已經有了這
　　麼一句流行話了，即是：「土地讓愚蠢者去耕！」試
　　想有地的不自耕而讓人耕，有錢的不投資農業而存放
　　銀行吃利息，在這種局面之下，資本主義式的經營在
　　那裡。

　　所以我說資本主義式的經營唯在富農中可見其朕兆，然
而富農卻又不能擔負起這個責任來。所以我也不贊成⁶這派的
見解。我的見解則是：

（一）在理解上，不只注意土地的分配，即表面的人與人的
　　關係，還要注意農業的經營，即內部的人與自然之關
　　係。

（二）我們注意了這雙方的關係，我們才覺得樂觀派之並不
　　足以樂觀，我們才覺得悲觀派並不值得悲觀，而同時
　　資本主義的主張尤其不對。

（三）我們如果想推進社會的形態，推進經營的方法，則樂
　　觀派的維持現狀不足為訓，而同時悲觀派的激昂慷慨
　　亦不足為法。因為我們覺得這種道德上的仇視與兵器
　　上的殺戮，並不足以推進社會。推進社會的關鍵乃在
　　農場經營的提倡、經營社會化的擴大。客觀條件的改
　　變一經具備，悲觀派所仇視的對象自然會消滅。

5　【編按】此字原文作「的」。
6　【編按】此字原文誤作「承」。

（四）實現這個目的的關鍵，則在政治上的活動。多年來的
經驗，鼓動群眾的政策，恐怕是無效的了。

（五）經營社會化的擴大同時即是資本主義的消滅，這個目
的是建築在國家的經濟建設、政治[7]制度的確立上。

發表於《自由評論》，第 4 期，1935 年 12 月 14 日，署名：牟宗三。

7　【編按】原文此字誤作「制」。

14　中國人與不容中律

　　中國人大概都是些超人，不然，怎麼都在實行不容中律？

　　不容中律亦稱「排中律」，本為邏輯中一個思想律。所謂思想律，是思想上的一個律則，人類于思維時不能不以之為先決條件，不然，思維便不能進行。它只是思維、言論、理論、學說所以進行之條件，本不是實際事實上或具體世界內存在的東西。固然，有一部分別有作用的人，把它放在具體事實上加以攻擊，以達到其反對形式邏輯之目的；但我們以為這只是一個錯置，自有邏輯家去和他們爭辯，我們現在不絞腦去討論這個問題。但有一點卻不可不注意，即不容中律既不是具體事實上的，別有作用的朋友之攻擊它，雖然在邏輯上說他們是錯置，但因著他們之攻擊卻正足以證明具體世界內參伍錯綜的事實本身，是沒有什麼排中性的。這點我們不能不感激自命為革命的朋友。

　　但是這個道理卻並不為中國人所理會，即有能理會之者，然在他們的行動、言論上也仍不遵[1]守他們所發見的道理，舉例來說，攻擊形式邏輯的革命朋友就是這一類。這不能不說是一個矛盾，此中國之所以亂也！蓋于此正足以表示中國人之十足無理性。所以中國人在思想、言論、行動上都是實行不容中律的，知其不可而必為之，如此類者，難道也可以引孔子來解嘲嗎？這種不容中的情形，可以從社會思潮與政治行動兩方面來說。我們先說第一方面。

1　【編按】此字原文誤作「尊」。

　　自從西洋文明征服了世界，蟄伏於幽谷而被驚醒的中國人，探頭一望，眼花撩亂。在此種情形下，認識事物本是不能十分清楚透徹的。馬上觀花，以為西洋物質文明之所以發生，是原本科學，此本不錯，於是我們便吸收科學。不但實際要吸收，而且要鼓吹吸收，於是科學與人生觀論戰的社會上的思潮便發生起來。在論戰的敵對之間，一是主張科學萬能：丁文江、陳獨秀、胡適之、吳稚暉等人便是；一是主張科學不萬能：梁任公、張君勱、林宰平等人便是。主張萬能者投機迎逢，狂者、妄者、愚者莫不隨聲附合，氣焰萬丈，不可一世，話怎樣响怎²樣說，怎樣乾脆怎樣說，反正快樂口舌賣膏藥，只要使聽者痛快就得了！這是萬能論者的不容中，即林語堂所謂偏激不近人情是也。其實科學之成立與否，豈在萬能這個冠冕？所謂不萬能，也並不是反對科學，否認科學，也只說個有限制，不是萬能而已，那裡值得潑婦罵街式的偏激，非將人罵倒不可？中國之當吸收科學是事實，只要實際去設備、去試驗、去獎賞、去鼓勵即可，不因萬能而更加多，不因不萬能而更減損，橫豎四萬萬同胞不能皆進實驗室。所以時過境遷，冷眼觀之，還是不萬能論者理性得多了，合理得多了。能合理便是科學；然而鼓吹科學的人卻都不科學，這能不叫人太息嗎？胡適之以為我們不怕偏激，取法乎上，僅得乎中，這是他的偏激論之根據。然而我們卻說科學是老實的，想有科學，當有科學的脾氣；脾氣一不科學，流風所及，下亦不可得，而況乎中？這是我們反偏激的根據。這個態度，我將當著一貫原則來看它，我將認它是中國轉變

2　【編按】此字原文作「這」，今依文意校改。

的一個轉關，有了它，昨日種種如同死，今日種種如同生。代替偏激，消滅不容中，走向合理的道路，創造健康的民族心思，都端賴乎此。復次，萬能論者僥倖遇著科學脾氣較大，受過西洋文化的陶冶較豐的梁任公、張君勱等人，若遇著一般頭腦冬烘的人來給你一個絕對的否定，說是科學無一能，那才針尖對針縫，一個向東，一個向西，試看科學從那裡產生？長此爭論，那才是耗國家之元氣，丟國家之大醜的所在哩！但是，不幸，我竟言中了！試看近年來的敵對中，沒有一個是梁任公、張君勱，大家都變成了萬能論與無一能論的不容中情形了。我說流風所及，下亦不可得，竟得到了事實的證明，不知胡適之作何感想？

　　好像他還不覺悟，還在主張他的全盤西化。這次便沒有梁任公、張君勱等人的客氣了。你全盤西化，我就全盤仍舊，無一西化。這情形便見之於復古空氣之濃厚。梁漱溟先生的村治路線是第一步表示。這固然是他的一貫態度，然亦不能不說是一個無一能論。他以為蘇俄的路走不通，歐、美的民治路也走不通，歸根結底還是因為歐洲的文化不同於中國，人民的心思、生活的態度不同於中國，所以中國的出路決不能向外求，只得反而求諸己。於是便發明了他的村治路線，由傳統遺留下來的唯一路線，政教合一的情面路線。人人皆當維持情面，不使對方丟臉，不使對方難堪。所謂選舉、罷免、爭論、表決等等政治上的動機，皆是洋把戲，決不適宜於中國。所以中國只能向裡求，不能向外求。這是梁漱溟的無一能論的不容中。這種思路是一種地道的傳統，照此而進，中國自然也是一個依然故我的傳統中國。我們以為這種純粹傳統論，根本說不上改造，所以於改造中國上恐也毫無能為力。

但於此，我有聲明，我們並不一定反對他這種村治運動。達則兼善天下，窮則獨善其身。如果他這種事業，看成是一種窮則獨善其身的社會事業，我們自然極力贊助與同情。因為天下人不能同作一種事，只要於社會有益，我們站在絜矩之道上，自然讓其分頭發展，決不刻意偏激，盡使天下同於己，非將人罵倒不可。我們所反對的是他這種純粹傳統的態度，是他這種一腳踢的態度。

梁漱溟路線還是有理論根據的，還有些因全盤西化論者之一兜包的態度，起而反對，純屬情感。你說西洋全好，我非說中國全好不可。有一舉[3]動，必有一反動，中國人的排中性恰好證實了這個道理。他們說自吸收新文化、新思潮以來，政治日趨腐敗，國事日不可聞。什麼法院，什麼手續，什麼組織與機關，皆不過供其作弊而已。法令繁，盜賊多，古有明訓，乾脆還是復返舊觀，作青天大老爺得了。這又是一腳踢的純傳統態度。山東的韓復榘先生大概是走這條路子的。還有一部份世道人心論者，以為自吸收新文化、新思潮以來，人心不古，世風日下，袒胸露乳，不成體統。于是道德救國又成了唯一的路線，這又是一個一腳踢的純傳統。讀經念佛，尊孔復聖，如此等等，是代表這一條路子的。至于治學，純傳統之風尤盛：作詩不用新字眼，行文不用新標點，且直不點句讀，體裁越老、越晦、越教人不懂越好，以為不如此就算不守家法，不如此不算古到家。這種種傳統，都例證一種不容中情形。西化論者是傳西洋之統，反動者是傳中國之統。中國之亡，就亡在這兩個不容中的傳統上。讀者以為這話過

3　【編按】此字原文誤作「與」。

分嗎？其實一點也不過分。因為這種不容中的傳統還不止此，還有甚于此者。這便是我們所要說的政治行動一方面。

左傾朋友的革命主義，是藉著階級獨裁來實行中國的傳統主義，故結果也是一個不容中的純傳統；右傾朋友的超人主義，是藉著個人獨裁來實行中國的傳統主義，故結果又是一個不容中的純傳統。左傾朋友所實行的傳統，是我所說的胡鬧時期爭打天下的傳統（參看本刊第三卷第十期我的〈中國政治家之兩種典型〉[4]一文）；右傾朋友所實行的傳統是我所說的疲倦時期真命天子的傳統（參看同上）。這兩個傳統披上了時髦的外衣，而骨子裡其實古老不堪。我們自然不管它是老是少，我們只認為這兩個傳統于中國有百弊而無一利，是最野蠻的表示。如果我們希望社會趨于開明，人類進于合理，則這兩種不容中的傳統非反對不可。

青年人日夜怨恨中國不成國家，沒有法律，沒有政制，可以毫無理由地隨便捕人，可以毫無理由地隨便放人。但我們以為這只是結果，青年人認識了結果，但並不認識造成結果的原因，也並不認識可以免掉這些結果的原因。他們只知道這些結果是不堪入目的，怒氣一發，便加入了共產黨；感情一動，便加入藍衫黨。殊不知這種行動只是近視眼的衝動行為，只顧洩氣而已，于國家大計、民族前途、文化發展，皆未放在考慮之中。試問氣洩完了又如何？可見這種行動都是理智不健康的表示。何以這種行動便算不康健？因為那兩個集團都是代表了中國歷史一線相串的傳統路線，對於青年

4　【編按】牟宗三：〈中國政治家之兩種典型〉，《宇宙旬刊》，第 3 卷第 10 期（1935 年 12 月 15 日）；亦收入《牟宗三先生全集》，第 26 冊，《牟宗三先生早期文集》（下），頁 841-859。

們所痛恨的那些結果，他們決不能免掉，只有增加，只有延長；對於青年們所希冀的結果，決不能產出，只有減少，只有毀滅。因為他們並不是產生青年們所希冀的結果之原因，他們只是以暴易暴，所作的即是他們所恨的。青年們想著由這兩條路線而得到成個國家，而得到法治，那才是南轅北轍，適得其反哩！然而青年人卻不加以考慮！希冀自由，卻擁護獨裁；希冀國家，卻擁護蘇聯；希冀法治，卻參加人治路線。這一切都是不可思議，都是理智不健康的表示，只為眼前足以洩氣而已。

這種洩氣的行動，即是軟性的文學家的行動。中國人全是文學家，中國民族是軟性的民族，中國文化是文學的文化，因此中國人的思想言論都是不容中的軟性的簡單的婦女心腸；這一切都是與硬性，與理智，與科學相反的。以上所提到的種種傳統都是沒有力氣、沒有腦筋的表示；因為沒有力氣、沒有腦筋，所以不能克服繁雜的問題，解決繁雜的事實，所以只好歸於簡單，走向一條線的傳統，因此才有了不容中，他的才氣不夠容中，他的腦筋不能對付複雜。中國人所以刻薄、所以殘忍、所以壞，就是因為沒有才氣的緣故。沒有才氣克服大難，所以只好鬼鬼祟祟來作壞。才氣就是生命充實，理智健康。生命既經充實，理智既經健康，則自然天不怕，地不怕，光明磊落，迎刃而解。嘗聞世人說某某善處社會，會走曲線，聰明使乖，有眼光，能升官發財，其實在我看來，這都是最無才氣的人，也就是最下愚的人。這個見解，古今來只有孟子看得透。他養浩然之氣，是謂大勇；能行仁義禮智，是謂盡其才。這都是生命充實、才氣磅礡的表示。但是古老的中國人卻每況愈下，至今已凋弊至極，沒有力氣，所

以只好順水推舟，歸于傳統。試看自鴉片戰爭以後，人所危急者與今同，人所願望者與今同，人所爭論者與今同：最顯然的，張之洞時的中西體用問題現在還是在循環著、爭論著。這不是表示毫無力氣，事實上一點作不到，徒作八股式的爭論，而各歸其不容中之傳統嗎？越走傳統越危險，國難越多。鴉片戰爭時因傳統而致敗，現在豈能因傳統而更好？張之洞時因傳統而亡國，現在豈能因傳統而興國？傳統復傳統，爭論復爭論，至于亡而後已！

反傳統不必就是傳西洋之統，因固不必給西洋人作奴隸始可謂之為反傳統也。反傳統只看我們的傳統是否能應付得住外來的困難，如能應付，我們就傳其統也不妨；如不能應付，只硬傳也無用。反傳統只看我們的傳統是否能傳得下去，如能傳下去，我們反對也無用；如不能傳下去，即迷戀也無用。如果傳統既不能應付外界，事實上又不能傳下去，此時我們不能不反對那種不容中的歸順于傳統的態度。所以反傳統只是肯用心思維複雜問題，肯用力解決複雜問題，用堅強理智認識複雜問題，不能偷懶歸于簡單，返于傳統就算完事。因事實上並非簡單故也，也並非不容中故也。

反對不容中也並不就是主張中。「子莫執中，猶執一也」，執中謂之執一，仍是不容中。所以反對不容中即是反對執一，因為事實上是複雜的、參伍錯綜的，不允許你那種非此即彼的簡單態度。你想排外，但是外已經進來了；你想維持傳統，但是那傳統中已經有非傳統的成分在內了。所以反對不容中，只是肯用理智解剖複雜，認識複雜，利用複雜，即是說有力氣肯承認事實，並不是只執中之流也。

反對執中並不必就是普通所咒罵的調和，更與鄉愿投機無關。世人誤此者久矣，遂各以偏激為自得。其實偏激就是

不近情、不合理,有什麼自得處?吾每於此輒搖首不止,慨歎世人太不用力了,太不健康了。普通所罵的調和是毫無見地的一種人,他們只是東一家、西一家拉來湊在一起的雜拌。譬如去年陶希聖等人所發表的〈中國本位文化宣言〉即是這一類的調和派:好話都叫他們說盡了,而結果卻莫知所云。這是討厭的調和主義者。但是,康德的哲學系統大極了,面面俱到,無所不至,我們不能說他是調和;黑格爾的系統亦不算小,縱的橫的都包括在內,但也不能說他是調和;懷悌海的系統更其偉大,具體的、抽象的、形而上、形而下,顯微無間,精粗俱備,我們也不能說他是調和。可見反對執中並不就是調和,還有一種不是調和,也是反對執中。如果這種不是調和,也反對執中的見地,我們名之曰「綜和」或「系統」,則這種反執中的綜和主義或系統主義,顯然是與調和不同的,顯然更非歸順於傳統所能辦到的,顯然也並非是不容中的。可見反對不容中,就是就著複雜的事實而作綜和的、系統的、一貫的觀察與吸收,換言之,事實上是容中的,我們就當吸收之,理解之,而不能一刀兩 [5] 斷把它擯諸圈外。這是我們的系統主義之見地。我們由這種見地所產生的東西,是一個創新的綜和,特出的系統,有我們自家之根底的,豈可與調和雜拌相提並論?更豈可與偏激排中者相提並論?調和偏激都是懶,都是沒力氣的表示。調和是取人家現成的東西,故曰懶;偏激是歸順於傳統,繼承祖宗之遺產,故亦曰懶。

發表於《宇宙旬刊》,第 5 卷第 1 期,1936 年 5 月 15 日,署名:牟離中。

5　【編按】此字原文誤作「而」。

15 張君勱著《明日之中國文化》書評

這是共一二○頁的小冊子，原載於《宇宙旬刊》四卷一期（週年紀念特大號），今由宇宙旬刊社印成單行冊，又聞商務印書館亦正在印刷中，不久可出版。此書雖說是本小冊子，然對於中、印、歐三方面文化之起源、發展、趨勢及其特性，都有概括而扼要的說明。有了認識以後，我們才能決定將來的方向，故讀了這本書可有三方面的所得：（一）對於一般文化之了解；（二）對於中、印、歐三方面文化之了解；（三）對於中國將來應走之方向之了解。一本書若能有這幾方面的貢[1]獻，在今日的出版界是不容易找得到的。幾百頁、幾千頁的大作不見得能告訴你一個方向，教科書的文化學也不能告訴你一個方向。若想代代俱載、事事俱錄、個個俱全，那你們當去找百科全書式文化學；但若想得到一個「見」，那就得讀一家言。一家言之所以可貴，就在一個精華的提供，並代表了著者個人的全幅學問、思想路線及行動方向。

本書雖講到三方面，但老實說印度文化與中國文化是不能適應現代的；若代表這兩種文化的民族仍傳統而不更變，則必遭文化大流之淘汰。我常想中、印兩方的文化總有點病態，不是常態的文化，其文化之出現經過了一個屈曲，是不自然的。至於這個屈曲是什麼，怎樣曲法，我在此暫不必談。只是就現在的遭遇來講，顯然中、印兩民族是可憐的、悲痛的。我由這個悲痛的遭遇回想到他們的文化必有缺陷，由缺

1　【編按】此字原文誤作「供」。

陷我想到病態，由病態我可斷定說這個病態的文化是不能適應健全的生活、健全的民族、健全的文化的。故本書雖講到中、印，但只是前車之鑑的看法，並沒有叫大家復中國之古，傳中國之統的。作者雖以民族復興相號召，但只是再興而已，並沒有教我們作秦唐漢武之興。我們希望有秦唐漢武那樣的強，但卻不是說我們當像秦唐漢武那樣似的去強。強與興雖同，但所以為強、所以為興則不同。我們現在當然得走新路子，得用新方法。一般人不明此理，一聽得民族復興，便以為是復古，掉頭不顧，揚長而去。此為最壞之心理，故不得不特為指出。

中、印兩方的文化之述說既只是借[2]鑑，那麼我們可以看歐洲文化。作者述說歐洲文藝復興後之文化實有特見，不只特見而已，直乃張東蓀先生所謂大智慧是也。作者說：

凡論現代歐洲者，每以文藝復興、宗教改革為起點，同時舉科學進步與法國革命以降之民主政治，為歐洲思想界之特徵。以上各點，大家認為近代歐洲文化之特點；然吾之所見，有與世人所云有同而不同者在。吾以為論歐洲現代之文化，當分兩方面觀察：

第一，政治社會方面分兩目：甲、民族國家之成立；乙、民主政治之發展。

第二，智識道德方面亦分兩目：丙、智識之愛好；丁、道德觀念的變更。（五十九頁）

對於這四點，作者俱有透闢之見解。先將歐洲各民族國

2　【編按】此字原文作「藉」，今校改。

家之成立說明，遂即下斷語曰：

> 文藝復興運動，雖為歐洲新思想之曙光，然文藝復興運動
> 以前四五百年之間之民族國家，實早已預為之地。蓋英、
> 法內部政權統一，言語法制統一早已成熟，而後思想革新
> 乃有所憑藉，乃繼之以起。澈底言之，民族國家者，文藝
> 復興之前奏也。吾人論希臘文化，必舉其政治方面之特
> 徵，曰市府國家；論中世紀之歐洲，必從政治方面舉而出
> 之，曰神聖羅馬帝國；然則論近代之歐洲，但舉所謂德謨
> 克拉西，而不舉其民族國家之獨立運動，其為偏而不全，
> 至顯然矣。民主云者，乃一國以內政治大權屬於國民之謂；
> 換言之，乃一國以內之內部問題，而非歐洲各民族間之領
> 土的組織（territorial organization）之說明也。（六十一
> 頁）

民族間的領土組織即民族之造成。有了民族國家之存在，
則內部之政治問題，或為專制，或為立憲，或為民主，始可
得其運用之所，思想革新、科學發展，始有所憑藉。故「民
族國家」之成立實為一切存在之根據，吾人現在所昭示國人
者第一義惟在「造國」運動。所謂造國即造民族國家之謂。「所
謂民族國家，指民族之同語言，同血統，同歷史，同風俗之
人民合為一國言之。」（六十二頁）同語言、同血統、同歷史、
同風俗，乃民族之統一性，若要成一國家，必待政治力以組
織之。無政治的統一，只有民族的統一，決不會成為國家，
其民族必覆亡，若今日之中國是也。故造國實即造民族國家
之謂。造民族國家，其民族方能保存，其政治方能獨立運用，
其思想方能自由革新，其科學其文化方能自由發展。

　　世界是否有大同之一日，不可得而知也。在今日言之，
民族國家實為民族之最高組織；有之則存，無之則亡。
（六十二頁）

　　故可為國人告者，若國人但知以發展科學、發展文藝
為事，而忘民族國家之重要，則十五世紀後之意大利之情
況，可為國人借鑒；其時意大利之科學、文藝非不發展，
而民族之自由獨立安在乎？（同上）

不必遠徵意大利，即近取目前之中國，亦可曉然明白。民族
國家一不成立，則學術壓根不會發展。政治不在軌道，民族
日有覆亡之虞，尚何心情作學術研究也？自鴉片戰爭以來，
日夜謀救，而終不得救，日事文化之創造，而文化終無所創
造，此何故也？先決條件——民族國家——未造成故也。梁任
公常云：中國與西洋所差者，不過三四百年。但若民族國家
始終不成，而徒云文化文化，則恐不只三四百年，將永遠望
塵莫及也；不但莫及，且恐將一無所有而歸于淘汰也。故吾
願以作者此見提出為國人行動之大路，不只作者個人之私見
已也。

　　民族國家既經說明，再進而說民主政治：

　　吾人從思想變化言之，民主政治不能不謂其出于理性主
義；蓋宗教革命推崇良心或思想之自由，于是舉其可以為
思想上之標準者，除理性以外無他物。（六十三頁）

　　近年來歐洲漸有離民主而趨于專制之勢，離法治而趨于
黨治之勢，離容忍而趨于不容忍之勢，其政治前途能否勝
于百年來之民主政治，尚在不可知之數；但就民主政治百

餘年之成績言之，不能不謂為人類歷史中之偉大成功也。
（六十五頁）

近來羅素亦謂獨裁、專政，乃反理性的表示，故民主政治實
為最開明、最合理之政治無疑。中國青年日嚷前進、文明、
光明，而卻擁護獨裁，實為不可思議，蓋不用腦之過也。

理性可以產生民主政治，也可以產生科學，更可以改變
道德。此兩點作者于「知識的愛好」、「道德觀念之變更」
兩目述之。此理甚明，不必多說。

根據以上四點之說明，作者於中國文化之前途遂提出「精
神自由」一原則。「精神自由」雖為一極平凡之語，然在此
實有必然之根據。學術離自由不為功，自由即理性之表現。
而自由理性之保障在民族國家之成立。造民族國家即所以保
存文化，助長文化，發展文化也。故不欲文化日趨開明則已，
若欲其日趨於開明，則捨自由與理性何屬？而此自由與理性
又非時流無本之論，乃與民族國家打成一片，互為助長之表
示。時人欲求自由，而不由自由之門，自由何時可得？吾於
此焉得不以作者之見為大智慧、大光明之表露？

自由理性既與民族國家打成一片，則自由自非浪漫的、
個人的，如一般人之所推測者。「個人自由，惟在民族大自
由中，乃得保護，乃能養成；民族之大自由若失，則各個人
之自由亦無所附麗。〔……〕故個人自由之發展之中，不離
乎大團體之自由。惟有在民族大自由鞏固之中，而後個人自
由始得保存。」（一一七頁）此即民族國家與自由理性打成
一片之意。時人每以自由為散漫無組織之個人主義，殊屬皮
相之至。因有此皮相之見，故以為民主政治無用，自由主義
已倒，非用獨裁專政不可；然吾人以為此皆瘋狂無理性之表

示，青年人切不可染此淺見。

於是，吾人所標榜者，為以下四點：

（一）造國運動──民族國家之成立；

（二）理性運動──反對一切衝動、迷信、偶像之言行；

（三）民主政治──反對一切專政、獨裁之野蠻政治；

（四）精神自由──促使學術文化道德之前進。

「新文化之創造，亦曰對於國民生活之各方面，如政治、如學術、如宗教等等，指示以標準，樹立其內容；先之以言論，繼之以事實；由一二人之思想，以成社會之制度。歐美十六七世紀以降之文化，即由茲以成；而吾國今後之途徑，亦不外此而已，亦不外此而已！」（一二〇頁）。若外乎此而單嘆科學自由，作頭痛醫頭之逐外或逐臭行動，則一切皆無希望，三、四百年之差將至於不知胡底之差。若不外此，循此而行，則民族之復興即在目前。讀者試思，此種復興豈復古者所能夢想乎？

發表於《宇宙旬刊》第 5 卷第 5 期，1936 年 6 月 25 日，署名：牟離中。

16 張東蓀著《認識論的多元論》書評

　　這篇論文曾登在《大陸雜誌》第一卷三、四、五三期，又改名為〈條理範疇與設準〉，登在《哲學評論》第四卷二、三、四三期。俟後又加認識論上各派別之簡述，合成一單行冊名曰《認識論》，在世界書局出版，定價五角。近又將原文經光華大學張某（C. Y. Chang）譯成英文，仍名《認識論的多元論》（*Epistemological Pluralism*）。此蓋東蓀先生個人之特殊主張也。

　　這個多元論的主張，老實說，是一個康莊大道。認識論於此前途始有光明，並如此始能綜觀無漏秩然系統，庶幾成一種科學。所謂科學即解析「知」這個關係的「生」與「成」之謂。多元論是指知識中有幾種成分，不能互為還原而言。這不能互為還原的成分，一是條理，二是範疇，三是設準，四是概念。吾則把概念取消，不在數內，吾想這點東蓀先生是可以承認的。若果然如此，則只有條理、範疇與設準三者而已，然此三者亦即表示不可還原之多元性。

　　這個多元論的詳細理論，在此我不願多說。我只願指出這本小冊子有幾個新奇的特點，為前人所未道者：

　　一、多元的發見：歷來不是將物歸心，即是將心歸物，都在兜那個心物、物心的圈子，即羅素的中立一元論也不離此圈套。作者本康德批判的精神，將知識這個複雜體打開，加以解剖，遂發見不可還原的多元成分。這幾個成分是組織知識的必須而且充足的條件，缺一不可，故曰必須，有此即

可，故曰充足，不可還原，各自獨立，故曰多元。這不能不說是知識論上的一個大發見。這個發見，其精神，其實還是康德的。康德發見二元，忽畧了設準，今再加上，豈不是多元？但毫不失掉康德的精神。

二、方法上的認識主義：此即認識論之起點是也。歷來講知識論，或從心理起，或從生物起，此皆是捨本而求末。今作者大改前非，就事論事，即以認識論為起點，這也是值得大書特書的一個發見。以認識論為起點，即從認識這個關係上起而進行解剖工作，毫不必從事外求。這即叫做方法上的認識主義。必如此始可得到多元，必如此始可使知識論成為一種科學。因為，不然者，從心理起者必至巴克萊式之主觀唯心論，從物理起者必至唯物論，其他諸起點等也是必有所歸屬與偏向，此皆不是知識論之正道，徒鑽牛角而已。惟有從認識主義起，始可無歸屬、無偏向，而成為真正之知識科學。吾曾於此定下三個設準：（一）講知識須把知識看成是一種關係，從這關係所成的結果上再解剖或解說其中的各組織分子。（二）知識既是一種關係，所以在知識論裡當然不能有唯心、唯物的主張。（三）知識論是解析「知」這個關係的「生」與「成」的科學。（見我的〈覺知底因果說與知識底可能說〉[1]，《哲學評論》第六卷，二、三合期。）這三個設準是認識主義的起點的必有結果，東蓀先生並未清楚的指出；但他這個方法上的認識主義之發見，卻也實在是值得稱讚的。

三、「所與」的講法：作者對「所與」的講法亦甚新奇，

1　【編按】〈覺知底因果說與知識底可能說〉一文亦收入《牟宗三先生全集》，第 25 冊，《牟宗三先生早期文集》（上），頁 295-343。

他將「所與」分為「純粹的」與「不純粹的」。「純粹的」即他所謂相關共變之條理,「不純粹的」即普通所謂感想。「純粹的」在存在上是真有的,「不純粹的」在存在上不是真有的。這個分別實在是好極了。由這個分別可以證成實在[2]論,但作者並沒有走到恰好的成分。書中的理論多犯此病,吾皆加以指正。

四、對於「心」的看法:在知識論的立場上所謂心只是主觀的思維作用、解析作用,與心之本體、自我等元學上的概念不同。主客只在認識關係上顯示,認識論上的心只是主觀的作用,此無論如何也免不掉。這又是最有用、最方便的一個發見。吾於此又曾設立一個設準,即「知識論決不可混同於元學」;而上面所說的知識論裡不能有唯心、唯物的主張,也與此互相證成。

五、對于範疇、設準、條理、概念、所與、先驗等之本性的描寫:作者對此等之描寫,或說對此等本性之認識真是清楚極了、透闢極了。原書曾有一表,讀者可以參看。只是講這幾個東西本身之性質雖好,但其所指者、所列者大都皆不對。這也是作者理論上常犯的毛病[3],吾也皆加以指正。

以上五點都是值得大書特書的發見。至論證不足、理論乖誤、結論背謬處,皆于〈覺知底因果說與知識底可能說〉一文中詳加討論與指正,讀者可以參看。

這種專門的哲學著作本不應在此介紹,但我介紹此書的目的,實不在討論哲學問題,乃在表示中國文化的水準到了

---

2 【編按】此字原文誤作「正」,今依文義校改。
3 【編按】此字原文誤作「痛」。

什麼程度。這類的哲學乃是西洋貨，為中國傳統所未有。幾十年來，吸收西洋文化而能到此，吾以為實在是不得了的進步。哲學雖為西洋之學，但西洋人弄此者卻未必皆通；西洋人的知識學問有時固然可以很豐當，但未必能貫通而透關，也許正在鑽牛角。通者有幾人？實在難得！即以知識論而論，路線有三：一、經驗主義，二、理性主義，三、批判主義。這三種路線吾以為只有康德的批判主義是一條通道，其餘皆不通。點滴之見並非沒有，然總非康莊大道。羅素、懷悌海皆學究天人，不為不博，然對于知識論實在不能算是通。東蓀先生的多元主義可以算是一條路線，並三者而為四，且于四者中，與康德並而為二，皆為通路，此豈不可為中國文化喜乎？此即表示，中國與西洋三、四百年之差的文化，實可努力而追及之而超越之也。所可惜者，國家不爭氣，遂致凡國貨一無可取，學術之研究亦不見生氣。故張君勱先生講歐洲文藝復興後所有之種種，必以民族國家之成立為前奏曲，此亦智者之見，國人尚未感及乎？

　　國家雖不爭氣，然哲學界為文化之努力實不能不說中國人尚有活力存在。然此亦甚微耳。吾近年來觀察，吸收新文化稍有成績者只哲學一域耳，稍能表示文化之活力者亦只此一域耳，其他皆不足道。近來考據之風日盛，玩古董，鑽字纂，趨之若鶩[4]，儼若古老民族只好以玩古董自娛者。此尚何生命力之表示？無將來，無現在，只有過去已耳。此種民族不亡何待？而且所考據者皆無意義之物。吾常想，越不科學之民族考據越多。中國之考據家固大有前途在也。越考據越無科

4　【編按】此字原文誤作「鶩」。

學，越無科學越考據，考據復考據，至亡而後已！

考據而外，復有一派別有作用之宣傳家，言必馬克司之言，（行卻未必）。此是為人作嫁衣裳，只想作奴才，故亦不能表示文化創造之活力，因為已止於此、定於此故也。自己不進，又不許人進，自己作奴隸，又強使天下人皆作奴隸，有一不作，便罵得狗血噴頭。這種態度，如何能表示這個民族尚有活力？

奴隸而外，還有一派風雅秀才，以賞花品茗為專業，以小品文字為經典，攻擊正言讜論，攻擊激昂慷慨，以為正言必假，讜論必偽，激昂慷慨亦作同等觀。吾對此派曾有這樣一段的批評，今錄於此：

> 此派中人似亦有激而發。其意蓋曰：你們唾沫噴人，開口天下國家，閉口世道人心，我們偏要冷眼看人，玩世不恭，專以吃飯拉矢為正經。雖有少數人稍不失於正，以為每天哭喪著臉，氣破肚子，亦不能算救國，倒不如該作事作事，該閒談閒談，於板面孔擺架子而外，來點幽默，倒足以生趣盎然，於救國上也有氣力。這話固甚對，但其成為派，以此號召天下，專以言不及義，好行小惠，作丑末角色，博得一聲喝彩，這不算是幽默，這乃是嘻⁵皮笑臉。嘻⁶笑怒罵俱成文章，但不見得嘻⁷笑怒罵俱有深意。若如打鼓場中之說相聲，徒以逗引顧客一樂為快，則無論低級或高級，皆失幽默之本意，而與商品無異矣！幽默可也，專以幽默相號召，則非孔子之溫溫無所試，而直是拘拘有

5　【編按】此字原文誤作「喜」。

6　【編按】同前註。

7　【編按】同前註。

所試了。蓋幽默非同一物，它乃伏于人之性格，伏於文之結構與氣味間，發其所不得不發，無扭捏作態。如若單提而出之以鼓吹，引小品以作證，以外道自居而與所謂正統相對抗，雖欲不謂之為亡國之音，得乎？夫所謂正統者，即溫溫無所試之謂。發於情，止乎義，該激昂則激昂，該悲憤則悲憤，該歌唱則歌唱，該贊嘆則贊嘆。審思明辨，方寸瑩徹，是無往而不幽默，是無往而幽默矣！那有出西洋幽默專號，並出中國幽默專號，拉古今人才盡入幽默一域乎？不求幽默而幽默，此所以孔子、孟軻、昌黎、香山、杜甫、李白之有幽默也。專求幽默而失幽默，此論語派諸公不盡幽默也。孔子、孟軻，雖有幽默，但不專以幽默為能事。我雖不反對幽默，但卻反對以幽默相號召。論語派諸公其亦知其影響之大乎？激昂派雖是變節，而幽默派亦不見得不為亡國之音。國家多難，這總是哀怨所致。我們也不能把九一八事變，歸咎于幽默派；亡國之音也不是說因此音而亡國。幽默派自不必有所嘵嘵，推諉責任，徒證明國亡不干己事已也。然事實至此，此種音調實足象徵國事之不可收拾，無人敢出負責。幽默派豈真可以國亡不干己事而已乎？若真如此，便是國亡不可救，便是無聲無臭沈沒下去！幽默派也許以為這國亡得[8]太幽默了！

以上這段話正足以表示這一派也不足以擔負文化之創造，也表示其無文化創造之活力；只表示：死、停、沈默、享樂、傷感、無可奈何！

一國之知識階級，其文風、學風若如上所述之三派佔主潮，則此民族便算死去，文化便無前途，因已無活躍之力故

8　【編按】此字原文誤作「的」。

也。吾於此焉得不特指張東蓀先生之智慧的努力？非眷戀絞腦之哲學，乃希寶活力之創造也。

發表於《宇宙旬刊》第 5 卷第 6 期，1936 年 7 月 5 日，署名「牟離中」。

17 從公有到私有

我曾在《再生》二卷四期上發表了一篇〈從社會形態的發展方面改造現社會〉[1]，其中有一段論封建井田制，自今觀之，語焉不詳，多所欠缺。所以現在我另換一個題目，再作詳細的討論。至於該文主要論據，尚沒有什麼可改變的地方，這篇東西不過是那段的補編或注語而已。

一、貢、助、徹之時代的分配及其意義

1

封建制是繼續著氏族社會而來的，井田制是封建制下的經濟關係。這種經濟關係在古經典上只有《孟子‧滕文公》一章記載了個大概，此外則不多見。在〈滕文公〉那章上有這樣一段話：

> 夏后氏五十而貢，殷人七十而助，周人百畝而徹，其實皆什一也。徹者，徹也。助者，藉也。龍子曰：「治地莫善於助，莫不善於貢。」貢者，校[2]數歲之中以為常，樂歲粒米狼戾，多取之而不為虐，則寡取之；凶年糞其田而不足，則必取盈焉。〔……〕《詩》云：「雨我公田，遂及

---

[1] 【編按】〈從社會形態的發展方面改造現社會〉一文發表於《再生》半月刊，第 2 卷第 4／5 期，1934 年 1 月 1 日／2 月 1 日；亦收入《牟宗三先生全集》，第 26 冊，《牟宗三先生早期文集》（下），頁 681-739。

[2] 【編按】此字原文引作「較」。

我私。」惟助為有公田。由此觀之，雖周亦助也。〔……〕
夫滕壤地褊小，將為君子焉，將為野人焉；無君子莫治野
人，無野人莫養君子。請野九一而助，國中什一使自賦。
卿以下必有圭田，圭田五十畝，餘夫二十五畝。死徙無出
鄉，鄉田同井，出入相友，守望相助，疾病相扶持，則百
姓親睦。方里而井，井九百畝，其中為公田。八家皆私百
畝，同養公田。公事畢，然後敢治私事，所以別野人也。

2

在這一段話裡，孟子從夏商周三代提出貢、助、徹三種
稅法以此配之，其中以助屬公田，公田即井田。至于貢、徹，
則無定制為其基礎。關於徹法，尤其眾說紛紜，莫衷一是，
現在我們的問題就是：

（1）貢、助、徹究竟是什麼意義？
（2）貢、助、徹在時代上的分配究竟是否如孟子所說？

現在我們先討論第一個問題。中國人的歷史觀念總是像
煞有介事似的起自三皇五帝，所以對于孟子的「夏后氏五十
而貢」也就承受無異議。但他們也總認為在商周以前，一方
面時代遙遠，一方面無據可考，所以對于孟子原文也只好按
照字面解析一番就是了。趙岐注云：「民耕五十畝，貢上五
畝」。這就是所謂「夏后氏五十而貢」，至於這貢法內容如
何？田制如何？則是不得而知的。據龍子的意見這方法最不
好，其不好的地方是在：「樂歲粒米狼戾，多取之而不為虐，
則寡取之。凶年糞其田而不足，則必取盈焉。」此法無公田、
私田之分，只是于五十畝中每年取出五畝之所得作當年稅之
定額。年景好不多取，年景壞也不少取，毫無通融的餘地，

所以龍子以為它最不好。這是「五十而貢」的貢法之意義。至于這方法究竟是在商、周以前還是在以後，俟下邊討論第二問題時再說。

3

比較成問題的就是助與徹。關於「助」本字之訓詁，歷來無異解。段玉裁《說文解字注》：「耡，殷人七十而耡。耡，耤稅也。從耒，助聲。」《周禮・地官・遂人職》云：「稼穡以興耡利甿。」鄭注云：「鄭大夫讀耡為藉，杜子春讀耡為助，謂起民人令相佐助。」《冬官・匠人》鄭注又云：「周制邦國用殷之莇法。」是助通于耡，又通于莇也。以耤釋助，耤通于藉，耤稅即借民力治公田以食稅之謂。《孟子・公孫丑篇》「耕者，助而不稅」即耤而不稅。《春秋》魯宣公十五年「初稅畝」，《穀梁傳》解說道：「初稅畝，初者始也。古者什一，藉而不稅。」《左傳》也說：「穀出不過藉，以豐財也。」杜預注云：「周法民耕百畝，公田十畝，借民力而治之，稅不過此。」《禮記・王制篇》云：「古者公田藉而不稅。」鄭注云：「藉之言借也，借民力治公田，美惡取於此，不稅民之所自治也。」由此可知助法只是借民力治公田，而不稅其所自治。助法之本意如此。

4

助法是一種公田制中的收稅法，但是關於助法中的公田制卻有不同的見解。（一）是鄭康成；（二）是趙岐。錢大昕《潛研堂答問》云：

鄭康成注《周禮》，嘗引《孟子》「野九夫而稅一，國中什一」之文，孔穎達《詩正義》申其旨云：「周制有貢有助。助者，九夫而稅一夫之田；貢者，什一而貢一夫之穀。通之二十夫而稅二夫，是為什中稅一也。九一而助，為九中一。知什一自賦，非什中一者，以言九一，即云而助，明九中一助也。國中言什一，乃云使自賦，是什一之中使自賦之，明非什中一為賦也。」《孟子》又云：「方里而井，井九百畝，其中為公田，八家皆私百畝，同養公田；公事畢，然後敢治私事，所以別野人也。」言別野人者，別野人之法，使與國中不同也。《爾雅》云：「郊外曰野。」則野人為郊外也。野人為郊外，則國中為郊內也。郊內謂之國中者，以近國，故繫國言之亦可。地在郊內，居在國中故也。郊外國中人各受田百畝，或九而取一，或什一而取一，通外內之率，則為什而取一，故曰徹。徹之為言通也。康成之義，得孔氏而益明。若分公田為廬舍，八家各二畝半，其說始於班固，而何休注《公羊》、趙岐[3]注《孟子》、范寧注《穀梁》、宋均注《樂緯》，皆因之，非鄭義也。[4]

鄭康成派是主張井田九百畝，八家各分百畝，其餘百畝為公田，八家共[5]同耕之以養封主。助而不稅之義如此。趙岐派則是：

3　【編按】「岐」字原文均誤作「歧」。以下逕自校改，不另註明。

4　【編按】錢大昕撰、呂友仁校點：《潛研堂文集》（上海：上海古籍出版社，1989年），卷九，〈答問六〉，頁129-130。

5　【編按】此字原文作「公」，今依文意校改。

> 方一里者，九百畝[6]之地也，為一井。八家各私得百畝，
> 同共養其公田之苗稼。公田八十畝，其餘二十畝以為廬井
> 宅園圃，家二畝半也。（趙岐《孟子注》）

如是公田成了八十畝，其餘二十畝，八家各分二畝半以為廬
宅井園圃。至于那八十畝是否也各均而分之，趙岐並未說出。
但何休注《公羊》，則卻說得很詳：

> 〔……〕是故聖人制井田之法而口分之。一夫一婦受田百
> 畝，以養父母妻子。五口為一家，公田十畝，即所謂什一
> 而稅也。廬舍二畝半，凡為田一頃十二畝半，八家而九頃，
> 共為一井，故曰井田。廬舍在內，貴人也；公田次之，重
> 公也；私田在外，賤私也。（《公羊傳》宣公十五年「初
> 稅畝」注）

同時，范寧注《穀梁》亦說：

> 出除公田八十畝，餘八百二十畝，故井田之法，八家共一
> 井，八百畝，餘二十畝家各二畝半為廬舍。

那八十畝怎樣分配呢？范寧又注云：

> 一夫一婦，佃田百畝，以共五口，父母妻子也。又受田
> 十畝以為公田。公田在內，私田在外。此一夫一婦為耕
> 百一十畝。

6　【編按】此字原文誤引作「里」。

再加上二畝半之廬舍，共百一十二畝半。此與何休完全相同。
這樣趙岐雖未明說那八十畝怎樣分配，但也可想而知了。他
所以不明說出來，是為的要解析「徹法」。

5

隨著助法之不同，徹法也有同樣的兩派見解：這兩派不
同的見解仍為鄭康成與趙岐。鄭氏訓徹為通，他注〈冬官‧
匠人〉云：「通其率以什一為正也。」趙氏訓徹為「取」。
他注《孟子》云：「耕百畝者，徹取十畝以為賦。〔……〕徹，
猶人徹取物也。」循鄭氏之訓徹為通，則徹並不是一個特殊
的稅法，也沒有一種特殊的田制為其基礎。循趙氏之訓徹為
取，則徹是一種特殊的稅法，而不同于殷人之助，並有一個
特殊的徹制為其基礎。姚氏文田《求是齋自訂稿》云：

徹之名義，嘗屢求其說而不得，因考〈公劉〉、〈崧高〉
兩詩，《毛傳》皆訓徹為治。鄭氏〈公劉〉箋云：「什一
而稅謂之徹。」又於〈匠人〉注云：「周之畿內，稅有輕重，
諸侯謂之徹者，通其率以什一為正。」《論語》注云：「徹，
通也，為天下之通法。」趙氏《孟子》注：「耕百畝者，
徹取十畝以為賦。徹，猶人徹取物也。」賈氏〈匠人〉疏
引之。孔氏〈公劉〉疏亦云：「徹取此隰原所收之粟，以
為軍國之糧。」是又以徹為取。以他處「徹俎」、「徹樂」
之類證之，皆是收取之義。《孟子》亦言「徹者徹也」，
不煩更增一解，似徹取之義，尤為了當。然其制度何若，
終不能明。惟《周官‧司稼》云：「巡野觀稼，以年之上
下出斂法。」是知徹無常額，惟視年之凶豐，此其與貢異
處。助法正是八家合作，而上收其公田之入，無煩更出斂

法；然其弊，必有如何休所云「不盡力於公田者」。故周
直以公田分授八夫，至斂時則巡野觀稼，合百一十畝通計
之，而取其什一。其法亦不異於助。故《左傳》云：「穀
出不過藉。」然民自無公私緩急之異，此其與助異處。至
魯宣公因其舊法而倍收之，是為什而稅二矣。謂之徹者，
直是通盤核算，猶徹上徹下之謂，並非通融之義。於此求
之，則徹法亦可想見。故孟子既分釋徹、助之義，而又據
〈大田〉之詩，以證其與助同法。先儒以貢、助兼用為詞，
殆未然矣。（焦循：《孟子正義·滕文公章》[7]）

由此段話，我們可知姚文田也是贊成趙岐、何休、范寧派的，
不過徹之為徹而異於助，於其訓通、訓取上卻無多大關係。
雖然他們兩派見解一訓通，一訓取；但訓通、訓取卻不是這
兩派的唯一關鍵。主要關鍵是在一有公田，一無公田；一耕
百畝，一耕百一十畝。我們的問題就在這裡，不在訓通、訓
取也，因為無論承認徹是一種特制與否，但自其收稅上觀之，
則通、取不妨兼用。

6

關於承認徹或不承認徹，最後可以兩人代表之。一為著
《孟子正義》的焦循；一為著《論語正義》的劉寶楠。焦循
是承認徹的；劉寶楠是同意於鄭的。焦循云：

徹法九夫為井，則每家受田一頃一十二畝半，稅其一十二

畝半，是九分取一也，無所為公私也。助法八家皆私百畝，同養公田，則每以二畝半為廬井宅園圃，餘八十畝，八家同養。是八百八十畝稅其八十畝，名為九一，實乃什一分之一也。此助法所以善也。（《孟子正義‧滕文公章》[8]）

焦循與姚文田同。不過焦氏似與孟子、龍子同見，認助法為最好，而姚氏似乎以徹法為好，這是他們兩人不同處。我們再看劉寶楠的見解：

〔……〕諸書皆言十一而稅，而《周禮‧載師》云「凡任地，近郊什一，遠郊二十而三，甸稍縣都皆無過十二，漆林之征二十而五」者，彼謂王畿之內所共多，故賦稅重，諸書所言「什一」，皆謂畿外之國。（以上解析《周禮》有錯誤。）[9]故此鄭玄云：「什一而稅謂之徹。」徹，通也。為天下之通法，言天下皆什一耳，不言畿內亦什一也。《詩‧甫田》孔疏云：「周制有貢有助。助者，九夫而稅一夫之田；貢者，什一而貢一夫之穀。通之二十夫而稅二夫，是為什中稅一也。故《冬官‧匠人》注廣引經傳而論之云：『周制畿內，用夏之貢法，稅夫，無公田。邦國用殷之助法，制公田，不稅夫。貢者，自治其所受田，貢其稅穀。助者，借民之力，以治公田，又使收斂焉。諸侯謂之徹者，通其率以什一為正。』《孟子》云：『野九夫而稅一，國中什一。』是邦國亦異外內之法耳。是鄭解通率為什一之事也。《孟子》又云：『方里而井，井九百畝，其中為公田。八家皆私百畝，同養公田。公事畢，然後敢治私事，所以

8　【編按】焦循撰、沈文倬點校：《孟子正義》，頁361。

9　【編按】括弧內文字非劉寶楠原文，應為牟先生之按語，故改為小字。

別野人也。』是說助法井別一夫以入公也。云『別野人』者，別野人之法，使與國中不同也。助法既言百畝為公田，則使自賦者，明是自治其田，貢其稅穀也。助則九而助一，貢則什一而貢一，通率為什一也。如鄭之言，邦國亦異外內，則諸侯郊內貢、郊外助矣。〔……〕史傳說助、貢之法，惟《孟子》為明。鄭據其言，以什一而徹為通外內之率，理則然矣。而《食貨志》云：『井方一里，是九夫。八家共之，各受私田百畝，公田八十畝，是為八百八十畝，餘二十畝為廬舍。』其言取《孟子》為說，而失其本旨。班固既有此言，由是群儒遂謬。何休之注《公羊》，范寧之解《穀梁》，趙岐之注《孟子》，宋均之說《樂緯》，咸以為然，皆義異於鄭，理不可通。何則？言『井九百畝，其中為公田』，則中央百畝，共為公田，不得家取十畝也。又言『八家皆私百畝』，則百畝皆屬公矣，何得復以二十畝為廬舍也？言『同養公田』，是八家共理公事，何得家分十畝自治之也？若家取十畝各自治之，安得謂之『同養』也？若二十畝為廬舍，則家二畝半亦入私矣，則家別私有百二畝半，何得為八家皆私百畝也？此皆諸儒之謬。鄭於〈匠人〉注云『野九夫而稅一』，此箋云『井稅一夫，其田百畝』，是鄭意無家別公田十畝及二畝半為廬舍之事。俗以鄭說同於諸儒，是又失鄭旨矣。案《詩》疏引申鄭義甚詳辨，然鄭氏以徹法為諸侯郊內貢，郊外助，因訓徹為通，近儒亦不從之，而多以趙岐《孟子》注為然。劉熙注《孟子》云：『家耕百畝，徹取十畝以為賦也。』與趙岐義同。案《說文》則『徹』本訓通。『𤜶』下云『發也』。趙、劉以『徹』為取，或即『𤜶』之叚字，然《孟子》云：『徹者，徹也。』就本字為訓，似不煩叚借，則

鄭義為長。」（《論語正義‧顏淵篇》[10]）

據此，劉寶楠是十分同意于鄭康成的。其攻擊諸儒之理由也十分有力；但我以為尚不止此。劉氏若只以《孟子》「方里而井，井九百畝」一段文字來反對他們，則他只能反對了何休、范寧的井田說，而不能反對了班固、趙岐與焦循的井田說。因為何休、范寧是主張二畝半廬舍，十畝公田並入八家的；而班固、趙岐與焦循則是以這樣辦法為徹法，至于助法，則只認二畝半為廬舍，其餘八十畝仍為公田，並不均分十畝而各自私之。何休、范寧將助併入徹，班固、趙岐使徹離于助。前者姑不論，至于後者是否能有不同于助的徹法？班固、趙岐諸人之所謂徹，是否能特自成一個田制，特自成一個稅法？這是我們所要解決的問題。

7

我們要解決這個問題可以從兩方面說：一是從理論的辯論方面說，一是從事實的發展方面說。我們先從理論方面看。（一）《孟子》對于貢、助、徹三者只說明了助法的田制，而對于貢與徹則無一言道及，只不過說它們皆是什一而已。這樣我們先沒有絲毫根據可以作我們建設徹法的田制之基礎。即便訓徹為取，焉知徹取即是百一十二畝半中之十二畝半的徹取？所以徹法之造成全是虛構，而虛構的理由就是對付《孟子》所說的周「百畝而徹」。（二）可是如果為《孟子》所說的「百畝而徹」而造出一個徹法，則也當為「五十而貢」

10　【編按】劉寶楠撰、高流水點校：《論語正義》（北京：中華書局，1990年），頁496-497。

而造成一個貢法來，可是他們竟沒有造出來，而仍承認貢法無公私之分，不過每年收一定之稅額。如是，如果徹法隨著助法而來，把以前的公田百畝，分成二畝半廬舍十畝公田，均分給八家，而也只是每年收一定之稅額，則所謂徹法實同于貢法，定不能自成一個特殊田制。（三）如果把以前助法中的百畝，在徹法中仍是井田式，而只把它們做八份分開，二畝半廬舍，十畝公田，使他們八家分耕如耕公田百畝一樣，結果也是藉而不稅，則所謂徹法即同于助法，也沒有成立一特殊田制之必要。因為助與徹之所差，按照剛才所說，只不過是一是共耕，一是分耕而已。可是若仍照剛才所說，則分耕實等于共耕，因其對象同為這一百畝公田；而共耕也實等于分耕，因為既然八家同養，則即不能不分工合作。所以這樣以來，徹非同于助，即同于貢，在實際上決不能自成一田制。在數目字上，可以把百畝公田能安排成很多不同的樣法。但在歷史的發展上、經典的記載上，徹卻不能自成一個制法。班固、趙岐等人完全吃了數目字的虧，他們殊不知《孟子》所說的三代制法並不足為憑。

8

我們再從事實的發展方面看。我們在前邊第二條中曾列下兩個問題，如果我們從事實的發展方面得著了滿意的解答，則那兩個問題全都可以完滿解決。我們第一所要問的就是夏后氏是否就有了「貢」法。顧炎武《日知錄》云：

古來田賦之制，實始於禹，水土既平，咸則三壤。後之王

> 者，不過因其成跡 [11] 而已。故《詩》曰：「信彼南山，維
> 禹甸之。畇畇原隰，曾孫田之。我疆我理，南東其畝。」
> 然則周之疆理，猶禹之遺法也。

按顧氏此意，好像井田制自大禹時就有，周之疆理不過禹之
遺法，並引《小雅・信南山》詩以作證。其實這種信而好古
的見解並不可靠。大禹治水、后稷教稼許是有的；但那時就
有五十而貢的田制卻未必然。周之土地猶夏之土地；但周之
田制卻不必同于夏之田制。疆理雖同，而法不必同也。如果
夏時就有國家，則雖然五十、四十不必計較，然對于國家要
繳納定額之稅，這也許是可能的，名之為貢也不算錯。不過
那時就有國家這種完備的組織，實乃不免有點誇飾。據安陽
發掘的報告，就是殷商還不免是原始部落的共產社會，則殷
商以前之夏更不容說了。所以要說夏禹時就有「五十而貢」
的田制，實未免過早，不過如果井田制是有的，則井田制以
前必曾也有過稅法。井田制是極其人工化的，大概是封建社
會中期及末期的制法，至于以前卻未必有這樣整齊的田制。
有些人簡直不承認井田，以為它完全是理想而非事實，這卻
也未免言之過甚。我們現在可說，在原始共產社會及氏族共
產社會時代，稅法是不能發生的。由氏族社會進而至于封建
社會，則統一的政府有了，國家也有了，這時稅法始能發生。
不過這時的稅法也決不能馬上就是井田制。在氏族社會之剛
進入封建社會或封建社會初期，或許還仍是全體參加生產，
不收任何稅額，也未可知。所以不但夏后氏不能「五十而貢」，
就是殷人也不能「七十而助」，就是周之初年也不必有助法

---

11 【編按】此字原文引作「蹟」。

之田制，而助法之井田倒是必在周之統一天下以後漸漸孳乳出來的。所以在井田以前，即便有稅法，也不過是人民貢獻一點糧草給他們的首領而已，也不過只是簡單的一個「貢」而已。至于「五十而貢」，乃全是後來比較進化的一種稅法，我們可說它還在「助法」以後。〈周頌‧思文〉詩云：

> 思文后稷，克配彼天。立我烝民，莫匪爾極。貽我來牟，
> 帝命率育。無此疆爾界，陳常于時夏。

這一首詩就可以推翻夏后氏「五十而貢」的說法。至于殷人，我們可說他還是在氏族社會時代，「七十而助」的井田制更不能是那時所能有的。

9

至于助法的井田制什麼時候開始，流傳有多少年，則卻很難規定。我們只能從經傳的記載上看出它的崩潰時代。它的崩潰過程，始于何時，由助變貢加田賦等問題的描述，我在〈從社會形態的發展方面改造現社會〉一文中已經說過了，讀者可以參看該文乙段第三節，在此不再重複。所以我們在此可以說，按歷史的發展，只有助法的井田制可以存在，貢法是助法破壞後應運而生的。貢法實行的時候即是土地私有的時候，在井田制時只是助而不稅，到了「貢」時，則去助而成稅。此即《三傳》中所記載的「初稅畝」者是也。但此貢稅也只不過是一份當年田畝稅而已。以前固也曾有田賦或軍賦（即戰爭時的賦稅），但非其時，則未曾用，那即是說只是暫時的而已。不過，自魯宣公「初稅畝」，去助成貢後，又有魯哀公十二年的「用田賦」，這即表示由一份的當年田

畝稅又加上一份當年的軍賦稅了。這樣的加法，在多事的戰國，當然也不能算很豐裕，所以《論語》上的魯哀公要說「二，吾猶不足，如之何其徹也？」了。這個「二」字即是一份當年田畝稅加一份當年軍賦稅共為二份的「二」，並不是如普通所謂「什而稅二」之「二」也。魯哀公問有若：「年饑用不足如之何？」有若對曰：「盍徹乎？」這即表示告訴魯哀公說：何不按著貢法而徹取乎？其實魯哀公豈不知徹取，只是加上田賦尚且不夠，故曰：「如之何其徹也？」有若只是如他的同學冉有一樣，跟隨著他們的先生孔子來反對用田賦而勸人君用徹。須知這如何可能[12]？故哀公很急促而毅然地來反駁有若的話。從此我們可知，「徹」無論訓通訓取，決不能有一種特殊田制為其基礎。徹最好是既通且取，兼而有之。如是徹者乃是按照貢法之通率而徹取之之謂也。在下對上曰貢；在上對下曰徹。助法有百畝公田；變而為貢，則無公田，而稅額之多少與助亦無大異，只為的避免「不肯盡力於公田」或避免「公私緩急之異」的毛病而已。所以助繳納一份，貢也是繳納一份，徹不過是在上者徹取這一份的徵收舉動罷[13]了。唯其如此，所以《孟子》因為要為其立論找根據，而竟排成了「夏后氏五十而貢，殷人七十而助，周人百畝而徹，其實皆什一也」的三代田制通率觀。後人不明白事實之發展，不了解《孟子》立言之方便，所以百端解說，竟至于隨意妄作起來，這實在是「盡信書，不如無書」了！

12　【編按】「可能」二字原文誤作「能可」。

13　【編按】此字原文作「吧」。

二、九一而助與什一自賦

1

由助變貢加賦，這是稅法的改變，遂而也就影響著井田制度的改變。所以那些有道的復古派極力贊揚助法的井田怎樣好，責斥貢法怎樣壞，如龍子、鄭子產，以及孟子都是這一類的人。其中我們單說孟子。孟子不純主張復古，隨著社會發展的需要，他也要因時制宜的。他的調和辦法就是他所說的：「請野九一而助，國中什一使自賦」。此意是說：附近國中，人煙稠密，採取「什一自賦」的辦法，也就是貢法；至于都鄙野外，地廣人稀，仍採用井田制的助法。前引孔穎達《詩正義》云：

> 九一而助，為九中一。知什一自賦，非什中一者，以言九一，即云而助，明九中一助也。國中言什一，乃云使自賦，是什一之中使自賦之，明非什中一為賦也。

此解「九一而助」與「什一自賦」最好。「九一而助」即是按照井田制九百畝而助一百畝；「什一自賦」卻不是什中賦一，乃是按照什分一的方法而收稅，這即是所謂貢法。孟子以「九一而助」應用于野外，以「什一自賦」應用于國中。然則何謂「國中」？何謂「野外」？這也是值得說明的問題。

2

程氏瑤田《通藝錄・周官畿內經地考》云：

> 王畿千里，自王城居中視之，四面皆五百里。五十里為近

郊，百里為遠郊，二百里為甸地，三百里為稍地，四百里為縣地，五百里為畺地。〈大司徒〉之職：「令五家為比，五比為閭，四閭為族，五族為黨，五黨為州，五州為鄉。」鄉凡萬二千五百家。如此者六，綜計之，受地者凡七萬五千家也。六鄉之地在郊。〈遂人〉：「掌邦之野，造都鄙形體之法：五家為鄰，五鄰為里，四里為酇，五酇為鄙，五鄙為縣，五縣為遂。」六遂亦受地者凡七萬五千家，數如六鄉，但異其名耳。其地在甸。六遂之授地也，亦遂人掌之。其職云：「辨其野之土，上地、中地、下地，以頒田里：上地夫一廛，田百畮，萊五十畮；餘夫亦如之。中地夫一廛，田百畮，萊百畮；餘夫亦如之。下地夫一廛，田百畮，萊二百畮；餘夫亦如之。」其治溝洫以制地也，亦遂人掌之。其職云：「凡治野，夫間有遂，遂上有徑；十夫有溝，溝上有畛；百夫有洫，洫上有涂；千夫有澮，澮上有道；萬夫有川，川上有路，以達于畿。」此六遂之田制也。而六鄉田制，不見於經，經獨見鄉之軍法，故鄭氏注云：「鄉之田制與[14]遂同，遂之軍法如六鄉。」六鄉軍法，在〈小司徒〉之職：「五人為伍，五伍為兩，四兩為卒，五卒為旅，五旅為師，五師為軍。」軍萬二千五百人，出於鄉，家一人也。六鄉六軍，〈夏官大司馬〉之職所謂「王六軍」也。此郊甸經地之法，在二百里內者也。其外則稍地、縣地、畺地，謂之都鄙。都鄙者，王子弟及公卿大夫之采地，其界曰都，而鄙則其所居者也。〈大司徒〉之職：「凡造都鄙，制其地域而封溝之，以其室數制之。不易之地家百畮，一易之地家二百畮，再易之地家三百畮。」其造都鄙也，則小司徒經之。其職云：「乃經

14　【編按】此字原文引作「如」。

土地而井牧其田野：九夫為井，四井為邑，四邑為丘[15]，四丘[16]為甸，四甸為縣，四縣為都。」鄭氏注云：「隰之地，九夫為牧，二牧而當一井。今造都鄙，授民田，有不易，有一易，有再易，通率二而當一，是之謂井牧。」（焦循：《孟子正義‧滕文公章》引[17]）

3

這一大段話完全是《周官》裡面的郊野田制的主張。關此，《周官‧地官‧載師職》云：

以廛里任國中之地，以場圃任園地，以宅田、士田、賈田任近郊之地，以官田、牛田、賞田、牧田任遠郊之地，以公邑之田任甸地，以家邑之田任稍地，以小都之田任縣地，以大都之田任疆地。

這是說明采地之分配于郊野都鄙之地者。《鄭注》云：

故書廛或作壇，郊或為蒿，稍或作削。鄭司農云：「壇讀為廛。廛，市中空地未有肆，城中空地未有宅者。民宅曰宅。宅田者，以備益多也。士田者，士大夫之子得而耕之田也。賈田者，吏為縣官賣財與之田。官田者，公家之所耕田。牛田者，以養公家之牛。賞田者，賞賜之田。牧田者，牧六畜之田。」《司馬法》曰：「王國百里為郊，

15　【編按】此字原文引作「邱」。
16　【編按】此字原文引作「邱」。
17　【編按】焦循撰、沈文倬點校：《孟子正義》，頁351-352。

二百里為州，三百里為野，四百里為縣，五百里為都。」
杜子春云：「薵讀為郊。五十里為近郊，百里為遠郊。」
玄謂廬里者，若今云邑居里矣。廬，民居之區域也。里，
居也。圃，樹果蓏之屬，季秋於中為場。樊圃謂之園。宅
田，致仕者之家所受田也。〈士相見禮〉曰：「宅者在邦
則曰市井之臣，在野則曰草茅之臣。」士讀為仕。仕者亦
受田，所謂圭田也。《孟子》曰：「自卿以下必有圭田，
圭田五十畝。」賈田，在市賈人其家所受田也。官田，庶
人在官者其家所受田也。牛田、牧田，畜牧者之家所受田
也。公邑，謂六遂餘地，天子使大夫治之，自此以往皆然。
二百里、三百里，其大夫如州長；四百里、五百里，其大
夫如縣正。是以或謂二百里為州，四百里為縣云。遂人亦
監焉。家邑，大夫之采地。小都，卿之采地。大都，公之
采地，王子弟所食邑也。畺，五百里，王畿界也。皆言任
者，地之形實不方平如圖，受田邑者，遠近不得盡如制，
其所生育賦貢，取正於是耳 [18]。

4

《周官》這部書據其田制的主張決然是戰國末年，孟子
以後的產品。（關此可參看錢穆先生的〈周官著作 [19] 時代考〉
一文）它雖然也講國中郊野，但卻沒有如孟子所主張的九一
而助與什一自賦的區分。《周官》的主張，無論六鄉之郊、
六遂之甸，或稍縣畺地之都鄙，其田制似乎都是一種換土不
易居的商鞅式的轅田制，對於井田制早就不主張了。後人本

18　【編按】此字原文引作「爾」。
19　【編按】此字原文誤作「者」。

著孟子的「野九一而助」與「國中什一使自賦」以註解《周官》的郊甸都鄙，或以《周官》的郊甸都鄙來註解《孟子》，這完全是錯的。《周官・地官・載師》說：「凡任地，國宅無征，園廛二十而一，近郊十一，遠郊二十而三，甸稍縣都皆無過十二，唯其漆林之征二十而五。」《鄭注》云：「周稅輕近而重遠，近者多役也，園廛亦輕之者，廛無穀，園少利也。」這可見《周官》裡並沒有如《孟子》所謂「九一而助」的助法之井田制。在《周官》裡，井田制完全取消了。其收稅法也非常之複雜，決沒有一個通率，也沒有公田私田之分。國家只知要稅，只知封田。所以有宅田、士田、賈田、官田、牛田、賞田、牧田，以及公邑之田、家邑之田、小都之田、大都之田等等的封建名目。而這些封田又都是郊甸稍縣都中的正田之外的餘田。正田即是百姓所耕種的，正田而外即是封田。這固然是很理想的建國方略，但也足證明這是井田制破壞後戰國末年的實際情形，並也足證明與《孟子》的主張猶有不同。《孟子》是復古派，《周官》大概是商鞅實行轅田制以後，參考傳統的社會實際情形，並加以儒家的理想而作成的一部治國經典。

三、爰田制的兩種意義

1

井田制破壞後，隨著就有一種爰田制出現。爰田制有兩種意義：一是「爰土易居」；一是「爰土不易居」。爰在古音同于換，故意亦同之。爰土易居即是換土又換居。此法行之不久，即為爰土不易居的辦法所代替。故經傳上記載的很

少，我們只能從消極方面看出來：（一）《漢書·地理志》張晏云：「周制三年一易，以同美惡。商鞅始割裂田地，開立阡陌，令民有常制。」此只說「三年一易」，並未說易土易居；但如果在前，則大概是既易土又易居。（二）孟康說：「三年爰土易居，古制也，末世浸廢。商鞅相秦，復立爰田。上田不易，中田一易，下田再易。爰自在其田，不復易居也。」這也表示以前有過易土易居的辦法，後來商鞅出始只易土不易居了。（三）何休《公羊注》云：「〔……〕司空謹別田之高下善惡，分為三品：上田一歲一墾，中田二歲一墾，下田三歲一墾。肥饒不得獨樂，墝埆不得獨苦，故三年一換土易居。」（《公羊》〔宣公〕十五年「初稅畝」注）這是很明白指出既換土又易居。（四）《孟子·滕文公章》：「死徙無出鄉。」趙岐注：「爰土易居。」這也是易居的表示。（五）許慎《說文·走部》：「𨑒田，易居也。」，等于爰、轅及換。這也是有過換土易居的表示。至于這種易土易居是怎樣的辦法呢？曰（六）《漢書·食貨志》云：「民受田，上田夫百畝，中田夫二百畝，下田夫三百畝。歲耕種者為不易上田，休一歲者為一易中田，休二歲者為再易下田，三歲更耕之，自爰其處。」（七）焦循解析曰：「古者每歲易其所耕，則田盧[20]皆易。云三年者，三年而上中下田徧焉。三年後一年仍耕上田，故曰自爰其處。」（《孟子正義·滕文公章》）。自爰其處即自換其處也。

20　【編按】此字原文引作「盧」。

2

但是這種換土易居的辦法究竟是很麻煩的,所以不久就改成了換土不換居的轅田制。(一)《漢書·地理志》:「秦孝公用商君,制轅田,開阡陌。」(二)《史記·商君列傳》:「為田開阡陌封疆,而賦稅平。」「為田」即為轅田也。「開阡陌封疆」即去阡陌棄封疆也。制轅田,開阡陌,賦稅始能平。(三)孟康說:「商鞅相秦,復立爰田。上田不易,中田一易,下田再易。爰自在其田,不復易居也。」(四)張晏說:「商鞅始割裂田地,開立阡陌,令民有常制。」民有常制即是「不易居」的意思。朱子《開阡陌辨》以「開」為破壞剗削之意,即開掘井田時之阡陌封疆也。張晏解「開」仍為開立建設之意,似不可通。但若明白了商君廢井田之阡陌封疆,則制轅田,另立阡陌,也不算錯。所以若把「開阡陌」解成立阡陌,也必須承認商君掘提井田之阡陌封疆,始可通。(五)焦循解析孟康之意曰:

> 孟康說古制易居為爰田,商鞅自在其田不復易居為轅田,名同實異,孟說是也。依孟,則商鞅田分上中下而少多之,得上田者百畝,得中田者二百畝,得下田者三百畝,不令得田者彼此相易。其得中田二百畝者,每年耕百畝,二年而徧。得下田三百畝者,亦每年耕百畝,三年而徧。故曰上田不易,中田一易,下田再易,爰自在其田,不復易居。(焦循:《孟子正義·滕文公章》[21])

---

21 【編按】焦循撰、沈文倬點校:《孟子正義》,頁359。

3

這種換田不易居的轅田制，雖集大成于商鞅，實開端于李悝、吳起等人。關此，我在〈論社會形態〉[22]一文中已說過，在此不必重複。不過須知此所謂「換田」，不是與他人交換之意，而是自家二百畝或三百畝輪流耕種之謂。這種轅田制一成立，土地私有制便馬上出現。這種田制，《周禮》亦有述及，〈地官・大司徒〉云：「凡造都鄙，制其地域而封溝之，以其室[23]數制之。不易之地家百畝，一易之地家二百畝，再易之地家三百畝。」鄭注云：「鄭司農云：『不易之地歲種之，地美，故家百畝。一易之地，休一歲乃復種，地薄，故家二百畝。再易之地，休二歲乃復種，故家三百畝。』」同時〈地官・遂人〉又云：「辨其野之土，上地、中地、下地，以頒田里。上地夫一廛，田百畝，萊五十畝，餘夫亦如之。中地夫一廛，田百畝，萊百畝，餘夫亦如之。下地夫一廛，田百畝，萊二百畝，餘夫亦如之。」鄭注：「萊，謂休不耕者。鄭司農云：『戶計一夫一婦而賦之田，其一戶有數口者，餘夫亦受此田也。廛，居也。揚[24]子雲有田一廛，謂百畝之居也。』」此與商君轅田制完全相同。所以《周官》一書必在戰國末年商君以後出世，決無容疑。

22　【編按】此即牟先生開篇所提及的〈從社會形態的發展方面改造現社會〉一文。

23　【編按】此字原文誤引作「實」。

24　【編按】此字原文引作「楊」。

4

轅田制是繼續著井田制而來的，是在井田的廢墟上建立起來。同樣郡縣是繼續著封建而來的，是在郊甸稍縣都的廢墟上設置起來。所以商鞅一出，不啻立下萬年大計。唯一成問題的，就是如何再從土地私有到土地公有，我們不能認私有制為天經地義，為自然之法則，如被馬克司派所罵的正統派的經濟學似的。不過這實是政治制度、經濟政策的問題，實有從長計議的必要，尤其在現在的中國為必須。

5

不過須知要立政策，必先認識中國農村的社會。我這一段述說不過是把封建政治下的經濟組織弄明白了。至于以後在專制主義下，鄉村經濟組織如何，都市如何，其相互關係如何，其發展結構以至于至現在的地步，其出路如何，等等問題，則有待于將來慢慢貢獻于國人之前。

發表於《再生》半月刊，第 4 卷第 1 期，1937 年 3 月 1 日，署名：光君。

《再生》半月刊第四卷各期之〈編者後記〉（共五篇）*

18 編者後記（一）：談本刊態度

　　本刊自九一八發行以來已閱數載，其中言論大都是 [1] 思想學術之文。思想自成系統，發其所不得不發，並非專肆謾罵之流；學術乃文化之所憑藉，吾人考往事、端趨向，自不得不加以注意。吾人自信，態度是鄭 [2] 重的，理論是健全的。天下事，不能盡同而無異，亦不能盡異而無同。理智健康之人，自以批評之態度，定其取捨。然則，吾人自不能盡同國民黨之思想，亦不能盡同共產黨之思想。而吾人與國民黨之關係亦不過只是異而已。時至今日，若尚不能容異，或承認異之存在，則此人必不能通天理，亦不能近人情。若尚視異為異端，為洪水猛獸，則此人亦必無理智，無力量，以原始野蠻視人，並以原始野蠻視己。此則可痛也。

　　嘗讀《史記・孔子世家》，陳蔡絕糧一節。甚有所感。

　　　孔子知弟子有慍心，乃召子路而問曰：「《詩》云：『匪兕匪虎，率彼曠野。』吾道非邪？吾何為於此？」

---

*　【編按】以下五篇文章是牟宗三先生在 1937 年 3 月至 7 月擔任國家社會黨機關刊物《再生》雜誌主編時，以「編者」之名義針對各期關鍵內容所撰寫的總結和評論。原文各篇篇名只是〈編者後記〉，副標題為本書編者根據各篇主題所加。

1　【編按】原文此處缺「是」字。

2　【編按】此字原文誤作「整」。

子路曰：「意者吾未仁邪[3]？人之不我信也。意者吾未知邪？人之不我行也。」

孔子曰：「有是乎！由，譬使仁者而必信，安有伯夷、叔齊？使知者而必行，安有王子比干？」

子路出，子貢入見。

孔子曰：「賜！《詩》云：『匪兕匪虎，率彼曠野。』吾道非邪？吾何為於此？」

子貢曰：「夫子之道至大也，故天下莫能容夫子。夫子蓋少貶焉？」

孔子曰：「賜！良農能稼而不能為穡，良工能巧而不能為順。君子能脩其道，綱而紀之[4]，統而理之，而不能為[5]容。今爾不脩爾道而求為容。賜！而志不遠矣！」

子貢出，顏回入見。

孔子曰：「回，《詩》云『匪兕匪虎，率彼曠野。』吾道非邪？吾何為於此？」

顏回曰：「夫子之道至大，故天下莫能容。雖然，夫子推而行之，不容何病？不容，然後見君子！夫道之不脩也，是吾醜也。夫道既已大脩而不用，是有國者之醜也。不容何病？不容，然後見君子！」

孔子欣然而笑曰：「有是哉？顏氏之子，使爾多財，吾為爾宰！」

對於夫子這三種態度，在現社會中仍常流行。自信不堅者或根本無思想者，便如子路所云，對自己根本發生懷疑。有思

3　【編按】此字原文引作「耶」。以下皆同。

4　【編按】「綱而紀之」原文引作「紀而綱之」。

5　【編按】原文此處缺「為」字。

想而熱中者，則如子貢所云，即貶而屈就。有見解而能站得住者，則如顏回所云：「不容何病？不容然後見君子！」此種態度，以現在觀之，雖非進步之見，然現社會中能起而行之者，則百不得一。

吾人態度既非求容，亦非不容何病。吾人所宣示者，非個人與政府出處問題，乃對整個社會國家文化而發；吾人所主張者，乃屬於一制度之理想。吾人要求大家平等處於契約關係中，而不是容與不容的個人與政府間的出處關係中。此乃對於整個社會的一種推進，對於現行制度的一種改良。故此乃事的問題，非人的問題。此為吾人所以不同於上述三種態度處。

然而現行政府似尚未有容人之雅量，故對本刊，自發行以來，加以壓力。本刊亦即在壓力中維持其生存。然而態度仍是鄭[6]重，言論仍是健全。雖有異於國民黨，然亦不同於其他黨，或對於其他異於國民黨之思想，如共產黨之批評更有加甚。此足見吾人態度之客觀與批評精神之健康，非搗亂兒戲之流也。然而仍不見容，此則非吾之醜，乃有國者之醜也。顏回之意，於此尚可一用！

原文發表於《再生》半月刊，第 4 卷第 1 期，署名：編者。

6　【編按】此字原文誤作「整」。

19 編者後記（二）：談本刊目標

　　實際的政治，縱橫捭闔，瞬息萬變，局外人是不易得其奧秘的，所以我們也無法下筆來說明與評判。這只好讓不準確的每日新聞去做不準確的每日社論吧！

　　實際的外交，尊俎折衝，尤重秘密[1]，我們自然更不能胡說亂道。我們還是看結果看方針好了。

　　實際的經濟，亦即所謂財政，更是局內人的生命線，不容旁人置喙，也不容他人洞曉。然而做了些什麼事情，我們卻可以有目得見。

　　實際的軍事，我們更不能隨便亂說；但軍隊的用途如何，我們是要注意的。抗敵的準備如何，我們是當關心的。

　　總之，凡在實際運用中的，局外人皆不能贊一詞。但除此而外，還有可說的地方。我們只能向那可說的地方去說話。**如其能說，必須清楚地說之；如不能說，必須默然[2]**。這是一個根本原則。實際的政治不能說，但政治的制度卻可說；實際的外交不能說，但外交的原則與結果卻可以說；實際的經濟不能說，但經濟制度與經濟建設卻可以說；實際的軍事不能說，但戰爭的性質卻可以說。我們向我們所能說的地方去說話，他們（局內人）向他們所能說的地方去弄把戲。**如果局內人於弄把戲之餘，還能跳出來向我們所能說的地方去注意，把我們所能說的話加以考慮，不必動輒以書生之談目之，**

1　【編按】「秘密」二字原文作「密秘」。
2　【編按】凡原文以圈點強調之處，皆改用黑體字標示。下同。

則於國家、於社會、於自己必有無量之福。而一切政治、經濟等必可日進於開明，而時時修改其自己，光輝其自己。因為局內人**每日處於勾心鬥角之場，其眼光、其理想、其生活必局限於近視而縮小，漸而久之，必失卻遠大之頭腦**。若再不肯跳出來一看究竟，則勢必流於**自私、狹小、偏激、剛愎**，以至於**愚蠢**。故我們所能說的地方，局內人必須加以注意，藉此以修改自己。蓋此即局內人之頭腦、之主宰、之根據也。

除以上所能說的外，我們還有幾個方向，將為本刊說話的目標：（一）民族性的認識，（二）傳統文化的批導，（三）健康思想的發揮。民族性的認識問題，人多不注意，惟梁漱溟喜談此，然而他所認識的卻甚不可靠。我們於此願多所發揮。傳統文化的認識亦同樣重要，此與民族性的認識有聯帶的關係，我們也願意多所發揮。中國的文化，從某一方面看，很有吸引人的力量。這吸引人的一方面是那一方面？我們願指而出之。從另一方面看，它又特別令人沮喪。這令人沮喪的一方面，又是那一方面？我們也願指而出之。我們如果說明了這幾個問題，則時下關於中西文化的爭論，可以一齊塌台。他們那些話都是廢話，沒有一句是中肯的。這不是編者的誇大。其實有思想的讀者都早已感覺到了。我願意挑動起有思想的讀者的共鳴。

第三點是健康思想的發揮。健康思想的條件，一在肯深思，二在能合理。無論講一個什麼問題，必須深入到它的裡面。既入到裡面，又應當跳出來，達到一種徹首徹尾、圓融通達的境地而後可。既到了圓融通達的境界，則自能清清楚楚、分分明明，而無或爽失。所謂合理就是**深思通達，而找出分明一定的座標之謂**。定下座標，對此座標而規定某一點

之位置，清清楚楚，無或爽失，這道幾何算題就算對了。吾人處日常生活中，經驗世界內，座標系多至不可勝言。我們說話隨時隨處都離不了一定的座標。健康的思想就是**找出一定而可靠的座標，再對此座標而推定其他**，清楚地說之、分明地道之，不混擾、不遊移、不胡說亂道。但這談何容易！今之思想界披靡久矣。盲從、亂道，最是近人之通病。浮淺、剛愎，最是僨事之先路。故本刊從此以後，願以健康思想相號召[3]。此風極宜造成，願讀者三致意焉。

原文發表於《再生》半月刊，第 4 卷第 2 期，1937 年 4 月 1 日，署名：編者。

3　【編按】此字原文作「招」。

20 編者後記（三）：談戰爭

　　戰爭的全體性可於兩點來表示：（一）須有計劃，用理智，而不能是口號與情感，就算完事。（二）乃是全民族的精神與物質兩方面的總表現與總奮鬥，而不是某一人、某一地、某一團體之事。這兩點特性，君勱先生都具體地說明了。我于此願意再說幾句。現代的戰爭所以須是全體的，乃實是事實的逼迫，不得不然。所謂事實的逼迫就是現代文明的逼迫。現代的文明是科學的，是組織的，是機械的。工業經濟的機械性、組織性，逼迫得現代的戰爭不能不是全體的，不能不是有計劃的與整個的。現代的物質條件不同於拿破崙時代，所以戰爭的性質也不同於往昔。就中國目前而言，實夠不上全體性戰爭的程度。因為物質條件實在並不具備。君勱先生所謂「戰爭最重要的基礎，一點也沒有準備」，也即透露了這個消息。其實，嚴格說來，並不是沒有準備，乃是程度不夠。譬如考試¹，先假設程度夠了，到考試時，再準備一下，許可期其成功。如果程度不夠，那便不是準備的問題，倒是從根本上下手，一步一步前進的問題了。在目前中國言戰爭之全體性，只能是求大家協力合作，不要再分崩離析，各自為政。這還是政治的問題，不是剛才所說工業經濟的物質條件所逼迫的全體性之戰爭。此點須應深切注意。中國的經濟程度不夠，一般農村的生產還是原始的、封建的；工業根本談不到；商業是販賣。所以一旦與外族開戰，若站在現代戰

1　【編按】此字原文作「學」。

爭的立場上說,是不能與先進國相敵的。不過這卻不是說,
中國不應與外國打仗。若一旦到了生死關頭,非拚命不可的
時候,則這個原始經濟的民族也未始不可集中心力與敵國一
拚。理由就是野蠻足以破壞科學,足以使科學無用武之地。
兩個民族間的標準不同。工業經濟的戰爭體系不能耀武於原
始經濟戰爭的體系。一二八的上海戰爭就足以證明這個事實。
所以我們的大刀體系可以與日本的科學體系相抗至一月之久。
依此而言,我不是胡適之一流的悲觀論者或宿命論者。仗仍
然是可以打的,我們並不要以大刀而洩氣。但這是至不得已
時的就事論事而言。若站在社會的進化上說,我們當然希望
我們的經濟體系,漸趨于統一、獨立、現代化,成為科學的、
組織的、機械的。作這一步是從根本上下手以求發展的問題,
不只是準備的問題。欲作到這種經濟的發展,則政治的上軌
道、國家的統一,都是必須的。但是統一必有統一之道。一
在確立政制,二在消滅黨治。這是根本之點。故現代戰爭之
特性,足使我們不得不催促政治趨于開明。吾人于此可給作
政治運動者以具體而切實的目標。

　　我在上期的〈後記〉裡面說:「中國的文化,從某一方
面看,很有吸引人的力量,這吸引人的一方面是那一方面?
我們願指而出之。從另一方面看,它又特別令人沮喪,這令
人沮喪的一方面,又是那一方面?我們也願指而出之。」這
兩個問題的解答,可略見端倪于〈政治家與革命家〉(離中)
一文[2]。此文對於傳統文化,對於革命,對於將來的政治運

2　【編按】〈政治家與革命家〉一文發表於《再生》半月刊,第 4 卷第 3 期,
　　1937 年 4 月 15 日;亦收入《牟宗三先生全集》,第 26 冊,《牟宗三先
　　生早期文集》(下),頁 869-884。

動，諸問題皆有深切的指點，願大家共同討論。

　　立齋先生的〈三十年來中國學術思想之演變及其出路〉[3]一文也是很中時弊的。現行的社會情形是：（一）刺激，（二）情感，（三）行動。這都是反理智的。反理智即是思想不健康，或甚至根本無思想。我在上期〈後記〉裡，說到健康思想的問題，其用意也是對此時弊而發的。我們願意作這個運動。願大家深切注意，並身體力行。

原文發表於《再生》半月刊，第 4 卷第 3 期，1937 年 4 月 15 日，署名：編者。

3　【編按】立齋（張君勱）：〈三十年來中國學術思想之演變及其出路〉，《再生》半月刊，第 4 卷第 3 期，1937 年 4 月 15 日。

21 編者後記（四）：談國家哲學與社會學

　　君勱先生的〈國家哲學〉共十講，將繼續在本刊發表。前期所發表的乃其緒論，本期始入正文。中國傳統文化無國家哲學，人民傳統心理亦無國家觀念。廿年來雖接收西洋文化，然一般知識階級，積習難反，仍不感覺此種學問之重要與夫此種觀念之迫切。這樣看來，近人好談洋化，其實頭腦根本未曾洋化，對於洋化的精髓亦根本未接觸著毫毛。所謂洋化者只不過胡扯亂道而已。君勱先生感覺此種學問之重要，意識到此種觀念極宜養成，遂就西洋此學之傳統，而融會百家，折中眾說，獨顯個人思想之特性，且亦將此學移置于中土。將來久而生效，改變吾傳統之積習，使中國政治納入定軌，而成為近代化，其功可不偉歟？願國人就此十講，起而討論。若能蔚成風氣，則此學之生長，以及由外來而變為固有，自無容疑矣。吾近來益感覺一民族之文化特性與其政治系統之關係之密切。人本為政治動物，故一民族之政治生活最能表現該民族之文化特性。吾人若從政治生活看文化，從政治生活之方式及由此方式所形成之因果關係理解文化，則對此文化之特性必有具體而切實之認識，將亦必有可靠而扼要之批評。吾〈政治家與革命家〉[1]一文即表現此種認識之路

1　【編按】〈政治家與革命家〉一文發表於《再生》半月刊，第 4 卷第 3 期，1937 年 4 月 15 日；亦收入《牟宗三先生全集》，第 26 冊，《牟宗三先生早期文集》（下），頁 869-884。

數。吾人若發見傳統文化之缺陷，而思有以改造之，則從改造政治生活、政治頭腦或政治思想上下手，將更為解決問題之密鑰。吾人必須改掉吾人傳統之政治生活方式，文化始有改換面目之一日。但生活方式之改變，殊不容易。若心坎上未能潛移默化，其生活方式仍不能變，所以政治頭腦的改變將成為吾人解決問題之第一步工作。然則，君勱先生之〈國家哲學〉，其意義之重大將有非言語所能形容者矣。吾不知談洋化諸君，曾意識及此否也？

又《瑞典經濟政策之新生面》乃美人 Childs 所著，今由楊毓滋與蔣永年二位譯出，亦將繼續在本刊發表。前期所發表者乃其緒言，本期始入正文。至此書之價值及其所發生之意義，已由君勱先生加以介紹，刊登于本刊前期。讀者可以參看。

又本刊除正文而外，凡關於人物、書報、文藝，以及實際而具體之精神生活與物質生活等方面之文字，亦極力歡迎。本刊願為暴露諸種社會生活相之公共園地。人是社會動物且為政治動物。在社會的關聯內而作種種活動，則有所謂社交、禮貌、氣象、言談、行止、煩惱、常態、變態、健康、衛生等等問題。這些問題就是具體生活之內幕，亦即生活之真實相。因為傳統習慣的緣故，大家從不肯把這些內幕道說出來。大家所說的都是廟堂之上的文章。人類表面的生活，就是假假相聯的煙幕彈。假而永假即成為真。可是在此假假的真之背後所隱藏的真的真，人們卻從不屑談及。有人想把這些隱藏的真，極力使其成為可以逐漸公開的東西，把它們暴露出來，使其成為另一種新文化學或新社會學的材料。這種文化學或社會學可以叫做是實際的文化學或實際的社會學。我以

為這個意思是很好的，可以在學問上開一個新方向。人們若肯作此，則造福人類必非淺鮮。羅素曾說，人們為什麼不可以把由性交而產生孩子的道理告訴孩子呢？為什麼必得以假話相告，使其永遠為一個公開的秘密呢？所謂實際社會學中的材料就是這一類的材料。人們能以此類推，報告這一類的材料嗎？人處社會中，總不免有一番經驗與感慨。誰肯把這些經驗與感慨提供出來呢？這倒要看看人類的勇氣與開明的程度如何了。

原文發表於《再生》半月刊，第 4 卷第 6 期，1937 年 6 月 1 日，署名：編者。

22 編者後記（五）：談輿論

　　在本期我們附錄了上海憲政促進會的兩篇會議記錄。這個會是剛發起的，所以才是個端倪；但我們以為這個運動是很有意義的。該記錄中曾云以呈請登記為原則，可見這個會並不是秘密[1]的、反動的，而倒是以公開的、光明的態度來促進憲政之實現。憲政是政府提出來的，社會人士加以鼓勵與扶助，這當然不能算反動，更也無秘密之必要。政府若有誠意早日實現憲政，則對於社會上的這種運動，自當歡迎之不暇，更說不上有任何的摧殘和壓抑[2]。大家須知在士大夫與知識階級如此無志氣、無羞恥的今日，南中諸君子發起這種運動實在是民族英魂的一點透露，這也是社會人士人格的一點表現。在野的人應該加以響應與助長，在朝的人應該予以尊重與鼓勵。年來政府對於社會人士的壓抑[3]，真令人窒塞得連氣都喘不過來。長此下去，實非國家民族之福，也何嘗是政府之福？顧亭林有云：「有亡國，有亡天下。」渠意以為亡國不過是君主易姓，亡天下乃是人變禽獸。人之所以異於禽獸幾希？這幾希之差即在人有能動的、獨立的人格存在，禽獸無此能動的、獨立的人格存在。如果壓抑[4]得天下人盡成為被動的奴隸，則便與禽獸等，連幾希之差也沒有了。到了這個時候，就是亡天下。天下既亡，何有於政府？熊十力先生

1　【編按】「秘密」二字原文作「密秘」。
2　【編按】此字原文誤作「仰」。
3　【編按】同前註。
4　【編按】同前註。

常有亡種、亡族之言，這與顧亭林同一感慨。政府諸公若參不透這點道理，只一味作威福，其禍將有不堪設想者。一個民族有它的元氣，由元氣培養出浩氣，由浩氣之流行，始開出若干燦爛之花，點綴此一片乾燥大地。自己開花，自己點綴，他人望而生畏，敬之仰之，愛之慕之，這便是民族之獨立。若自己不能開花，必有他人代而開之者，這便是民族之亡。說到此地，社會人士若有開燦爛之花者，政府真當快慰之不暇，何忍加以無邊之壓抑[5]也？社會人士能作開花之運動，便是社會人士有獨立的人格；政府能保障此運動，便是政府實現了保障輿論的條件。

　　北平號稱文化中心，但說到輿論卻是太可憐了。我的感覺北平不是文化中心，乃是玩古董的中心。近來關於新啟蒙運動的謾罵，實增文化界之醜。本刊前期記者〈輿論的造成與保障〉一文有關於《大公報》與《獨立評論》的批評，話語之間雖有不恭，但大家試想那不是事實嗎？他們那一個能代表一種輿論呢？惟近來《獨立評論》中陳之邁先生的兩篇文章可算是例外。而第二三七號〈上軌道的政治〉一文，態度與主張尤其明朗與果斷。這樣的言論始能形成輿論，我們希望社會人士發展這種言論的方式。但是態度遊移與痛哭流涕者卻必在排擊之列！

原文發表於《再生》半月刊，第 4 卷第 7 期，1937 年 6 月 15 日，署名：編者。

5　【編按】同前註。

《再生》半月刊第四卷各期之記者評論（共五篇）*

23 說自己的話

　　國內目前的刊物真如汗牛充棟那樣多了。可惜除了營業關係的以外，幾乎是其中言論都有背景。他們被實際的勢力在暗中決定著、支配著。貌看上去，好像是言出由衷。而深按下去，便見其字裡行間透露出一種類似無線電的味兒來。無線電雖在那裡廣播，卻不是自己說話，乃另有個人在背後開口。我們以為必須先有內心的自由，方可再求發表的自由。言論的可貴即在其本身，不是替人家作機器。所以我們現在也只想說我們的話。心中有話，如鯁在喉，不能不吐。所以不能不吐，乃是為理性所示、良心所責，不必預計以後究與那一面有利或有害。因此我們不能儘在一、二個標語之下打迴旋。我們要的是自主的自由。現在願以此來試探中國究竟容許有這樣的自由與否。

　　這一點意思且寫在第一頁，讀者若當作序言看，亦未為不可。

發表於《再生》半月刊，第 4 卷第 1 期，1937 年 3 月 1 日。

---

*　　【編按】以下五篇文章是牟宗三先生在 1937 年 3 月至 7 月擔任國家社會黨機關刊物《再生》半月刊主編時以「記者」之名義所撰的評論。

24 評現行大學教育

　　近二、三十年的大學教育（若以北京大學的開創為紀元，則不止二、三十年），自今日觀之，顯然是失敗的。所謂失敗是說日趨下流，而向不長進的路上走，並不是說學校制不行，當恢復以前的科舉制，或什麼其他制。也許有人對學校制根本發生懷疑，想作革命的討論或運動。但本文不向這方面想。此應首先聲明，作者**對學校制不懷疑，但辦學校的卻日趨下流，此即吾之所謂失敗**[1]。此所謂失敗，勿審名之曰**債事**，即俗語所謂「砸」或「糟」。事情辦砸了或辦糟了，並非此事不宜為。此**非事之過，乃辦事者之過也**。

　　過在何處？曰：一在**不用心**；二在**用壞心**。

　　關於大學教育，能站在文化的立場上，用一番腦筋的，恐怕止有蔡孑民先生。他站在文化的立場上，擔起大學教育的責任與使命。所以他比較客觀，所以他創出一個比較開明的學風。由此開明的學風又引出一些比較**有文化意味的運動與影響**。此種運動與影響，是好是壞，有成績或無成績，皆可不論，然其本身為**文化的**則無疑。文化的是對著非文化的而言。非文化的運動與影響，則為**流氓的、政客的**。蔡孑民先生所引出的風氣，所以能有文化的意味，是因為他站在文化的立場上想教育、辦教育。然而此風隨著他的下台也一同消滅了。自此而後，就少有人像他那樣想過、辦過。如果對於一件事情常用腦子去想它，念念不忘，則對著它便不能不

1　【編按】凡原文以圈點強調之處，皆改用黑體字標示。下同。

發生問題，隨之也不能不設法去解決它。有一步解決，便有一步改進。如是，一件事情時時在創新中，時時有一幅嶄新的姿態，活躍的體格呈現出來。但是，近來的大學教育不如此。一切都在敷衍，一切都在停頓。沒有問題，所以也沒有改進。大家沒有用過心，大家是在那裡消磨光陰，任它自腐自朽，自行死去。譬如分系問題，實不應如現在分得²這樣瑣碎。但沒有人想改進它。分系分得³那樣多，名目百出，美其名曰專門。其實專門是要以廣博為基礎的。天下事歸於一。歸於一是專門，但要必有天下事，歸於一始有意義。百川歸海，海是專門，但要必以百川為根據⁴。故**專門一方固顯然顯其專，但他方又隱然含其博**。現在所謂系別專門，其廣博的根據何在？吾實不得而知！難道三年高中即可以成其博乎？如高中而可以為博，則現在之留洋博士固應不足貴矣。這，博士們如何能首肯？然則，大學系別那樣的專實毫無根據可言了。既無廣博為其根據，則只有浮淺、幼稚、簡陋、無知而已。然而對於這種結果，辦教育的人卻熟視無睹，毫不過問，亦任其腐朽而已。政治學如此空洞，然必與法律、經濟相對而自成一系。有書癖者則選經濟系、法律系的功課讀，喜理想者則讀政治哲學，又不得不選哲學系的課程讀。政治一方與倫理、哲學諸課其關係如此其密，有何理由必成一系？他方又與法律、經濟相關如此之緊，又有何理由必自成一系？不喜歡讀書又無理想者，則四年之功是練習縱橫捭闔，鑽營

2　【編按】此字原文誤作「的」。

3　【編按】同前註。

4　【編按】此句於意不通，似有筆誤，疑當作「百川歸海，百川是專門，但要必以海為根據」。

奔走，這也成了政治系的正常課程！然則，辦大學的目的固如此乎？這是以政治系為說話的對象。若說到經濟系或法律系，亦同樣有病。這兩系雖各自比較政治系具體一點，然法律又何能離了政治？又何能離了經濟？經濟又何能離了政治與法律？**系是分開了，然學問本身卻未分開**。寫在書本子上，因為是討論問題，不能不有固定的對象，所以顯得分開了，然而**實際上還是不能分開**。學子讀書，以四年之功，其進修過程，豈可隨書本上的名稱之不同而虛妄分別，而故步自封？書本是各自封閉，經濟學是經濟學，政治學是政治學；然**書本背後的知識卻未有如此之封閉**。君子**進德修業，書本是工具，要透過書本向裡看，豈可封於書本之內**？然而現在辦大學的人，卻不向那裡著想。而可憐的青年又常發無知的論調曰：吾是唸經濟學的，吾不懂政治；吾是唸政治的，吾不懂法律；吾是唸文學的，吾不懂哲學；吾是唸哲學的，吾不懂科學。好像這種不懂是奉了上諭，很是應該似的。真所謂久假不歸，恬不知恥者矣。法學院如此，文學院更如此。現行**各系之區分實有歸併改組之必要**。許多**課程亦實有重新配合習修之必要**。這是兩個很重要的問題。辦學校的人用腦筋來想[5]嗎？有勇氣去改進嗎？亦只是敷衍而已。敷衍即是下流，不上進即下進。而下進由於不用心。此即所謂僨事，此即所謂失敗。

　　上言下流，還是不用心的下流。表面觀之，為停頓、為敷衍、為死沉、為腐朽，根本即無所謂運動與影響，當然更說不上文化意味。若止如此，還算好。然自內面觀之，實又

5　【編按】「來想」二字原文誤作「想來」。

不止此。**表面觀之，好似不用心；然內面觀之，卻又正是在用心。**其心不用在教育上、文化上，所以在教育上、文化上，看起來是死沉，是腐朽。然而他的心卻是正用著。其用心的方向**不在教育**，而在**操縱把持**。所以**內面觀之是運動與影響，但此運動與影響卻是為流氓的、政客的，毫無文化意味。**因為在文化方面，他們固早已死沉腐朽了。所以他們的心只能在這方面發揮。這種用心即叫做**用壞心**。用壞心的運動叫做流氓運動。這種運動都藏在教育帳幕之內。此時的教育不是教育，乃是煙幕彈了。**一個帳幕，蓋在那裡，安安靜靜不動，裡面日夜搗鬼，層出不窮。**所謂嶄新的姿態、活躍的體格，都在那裡面表現，不在這表面呈現。這是所謂用壞心，這是所謂流氓運動。這樣運動下去，卻是不得了！這是真正的下流。**上面所說的下流是自然的消沉；此處所謂下流，卻是壞透了！**一方壞到極點，一方消沉到極點，教育在那裡？文化在那裡？這不是償事是什麼？這不是糟與砸是什麼？這種學校還辦它作甚？

這種用壞心的表現，一在**用人有封畛**，二在**課程隨人轉**。

何謂用人有封畛？一封于自己之親友，二封於自己之所學。合於自己者，雖無學亦用之。此所謂狐朋狗黨、狼狽為奸者是也，也叫做物以類聚。合於自己之所學，雖文理不通，亦多方用之。不合於自己之所學，雖學有獨到，亦不用，或簡直不承認人之所學為學。此所謂坐井窺天、夜郎自大者是也。**封于親友是人格之卑鄙，是謂下流；封于所學是見解之固蔽，是謂不長進。**有此兩層封，遂使一切運動成為流氓的運動！

何謂課程隨人轉？一隨親友而轉，二隨己之所學而轉。

課程之設是為的研究學問，繼續文化。凡在文化史上或在學問上佔一點位，即有為研究對象之資格。所謂大學設課程，即是根據此等對象而設立。這是辦教育之根本原理。今也不然。課程不隨文化上的對象而轉，卻隨人而轉，本來是按對象而添人，現在是按人而添對象。某某是我的親友，某某是我的服從者，如是，為親友、為服從者方便設課。而親友，而服從者亦得以濫竽充數，無人過問。課雖設而不上。遊戲課堂，敷衍學生。好在 [6] 大學學生皆尚認識幾個字，可以自動研究，不必聽充數者之胡謅與亂扯。充數者既無學生之夾逼，更樂得手舞足蹈，可以吃現成飯而無虞。聞某大學某教授，於學期考試，未敢出題目，竟而流考，結果每人六十分完事。此不幽默可痛也？

　　除隨人而轉，即隨己之所學而轉。己以為是學，才可設課；己以為不是學，決不設課。**合于己者，才認為是學；不合于己者，連其為學亦不承認。**一人之興趣，先天的不能普遍於文化之各點。但所賴者有承認他種點位之大智與雅量，群策群力、分工合作。今又不然。除自己所好之點，其餘皆不成點。以一人之好惡為轉移；好文學，便否認了哲學；好考據，便否認了思想。此種下流舉動，古今中外所未聞，唯今日之中國辦教育者始為之。一國大學乃一國之最高學府，必能網羅治多方學術者而優養之，方能造成幾位大師，繼承文化之傳流。現在乃多擯除圈外，或藉辦雜誌以為生，或藉賣稿費以偷活，或只賦與以生活之資而不使其居要職，或只排給兩個鐘頭的課程，非講師，非教授，非導師，而只藉此兩鐘頭

6　【編按】此字原文誤作「待」。

以糊口，以顯其優待之大德。國家辦教育，而不能養年高碩學之人，此教育亦云慘矣！此等教育非學府，乃贓府也！

現在辦教育者不用心，用壞心，由以上可以完全說明。現行中國教育值得評者很多，本文暫止於此。其他容俟諸異日。

發表於《再生》半月刊，第 4 卷第 2 期，1937 年 4 月 1 日。

25　一個開明階段是必須的

　　一切事情的基礎是建在開明之上。國家政治的基礎是在一種制度的建立。制度不建立，則土地、人民、財產皆在飄搖之中。但制度的建立是必依靠于一個開明階段的。人們大概先天有一種自私心、卑暗心，所以開明是不容易降臨人間的。要作到開明，必須有開明的力量。人們怕開明，對于開明總是遲遲其行，這大概是有所懼吧！大概是力量不夠吧！清末的立憲，欲行不行，終因遲遲而亡國。如果她有開明的力量，百年大計、制度基礎，早已定下了。清或不至于亡，而中國亦成了強國了。但是她不能！辛亥革命而後，改為民國，這在國體上是已經大變了。如果乘此機會，建造起一個制度基礎，則中國亦可早強二十六年。但是袁世凱沒有開明的力量，他怕開明，所以他只好向卑鄙穢暗處弄把戲。結果，他個人身敗名裂，而國家亦不可收拾。民十七北伐成功。這次革命也不能說不是一個大變動。但中國人大概只會變動而不會進化。在表面上變得[1]很利害，但骨子裡仍是不變。如果國民黨能趁此機會建起一個制度基礎，則中國亦可早強十年，更不至有今日。但是他們也沒有開明的力量。他們只有向互相排斥消滅處著眼，以為制度之建立必在統一，而統一必由我而成；于是，凡非我者皆必先掃滅之而後快，在未掃滅以前，別的事皆不能提。大家都存此心，如是國事始不堪問。須知統一必在建立制度，由制度的力量來統一，決不能由個人的

1　【編按】此字原文誤作「的」。

體力來統一。體力之爭是卑暗的,制度的建立才是開明的。大家都以體力相爭,何時能統一?何時能建國?開明的統一是真統一,卑暗的統一是紙老虎。中國人沒有施行開明的力量,所以國家政治至今尚沒有一個制度基礎。

日人馬場恒吾最近有篇文章,題目是〈苦悶的日本政黨〉,發表于《中央公論》四月號,由白華先生譯出,刊登於《天津益世報》四月十二、十三兩日。此文甚有意思。他以為現內閣林首相是很想著拋棄政黨政治,而嚮往著法西斯。他此文立言的立場是站在制度上的。他對于林首相的傾心為善也並不懷疑。他說:

> 不過觀察首相的演說和政策,林的意圖,確無深湛的意義。不外表現他唯有誠心誠意,為國君而努力的精神。清僧著法衣的程度,林則像著神主的衣裝。但這決不是嘲笑的意味。清僧在法衣下著鎧甲。林著不著鎧甲,不得而知。但也卻有為總理大臣而小心翼翼欲布善政的樣子。他果能布善政嗎?係屬將來問題。惟他願努力善政是事實。不消說這是超然內閣的善政。應感謝對呢?還是憤怒對呢?超然內閣是一種專制政府。專制政府不能說它不會施善政;但因專制政府以外,沒有其他權柄,所以若不能布善政,則失卻它的存在的理由。

我們判斷政治的進步與否,不能只看是否有善政,還得看是否是善制。不能只看主觀的心,還得看客觀的物。我們固不能說專制政府決無善政,但它若不行善政,你又能把它怎樣呢?你除去于不得已而行革命外,便毫無辦法制裁它。據馬場恒吾的觀察,林首相無疑地是在法衣下著法西斯的鎧甲。

所以他說：號召[2]天下而發動的思想是法西斯的，不是立憲的。既非立憲，縱布善政，亦非善制。于是，日本的政潮將由開明轉而不開明了。

日本自明治維新以後，是有過開明的階段的。馬場氏說：

> 政黨，官僚或軍部的巨頭，互相握手，而創造新黨，在日本的政黨史上不是珍奇的事。板垣所創的自由黨，依星享而與伊藤博文攜手，並成為今日的政友會，當時，捨棄黨首板垣，而歡迎伊藤。大隈創立的改進黨被稱為國民黨時，大部份奔馳當時總理大臣、陸軍大將桂太郎的幕下。國民黨所殘餘的犬養一派，成為少數黨，後與政友會合併[3]。
>
> 但是，在林現首相的場合，卻不能與伊藤博文和桂太郎作政黨時那樣。伊藤每做總理大臣之後，為圓滑地進行日本政治，主張無論怎樣，**不得不將政黨為政府的基礎**。他是帝國憲法的起草者。議會初期數年間，主張超然內閣，政府不管議會的反動，而施行國政。然經驗使他修正那意見。他說要守國，不得不糾合國民的力量，而糾合力量是在政黨，並且把這意見遊說全國。他當時**轉向政黨政治**。桂太郎在明治三十四年和四十一年，組織超然內閣，發表所謂與政黨情投意合，或肝膽相照的話。但從外部操縱政黨，而行政治，經驗上使他覺悟若不自身領率政黨，則不能進行政治。所以他自己**決定**[4]做政黨運動。

2　【編按】原文此字作「招」。

3　【編按】原文此字作「并」。

4　【編按】原文此處缺一「定」字。

> 林首相如伊和桂，若有轉向政黨政治的信念，不論政黨
> 以他為黨首，或者參加他所創的新黨，都可以的。若果相
> 反地他的政治卻沿著廣田內閣當時陸軍所唱全體主義的路
> 線，如德國的國社黨、意國的法西斯，而行一國一黨的主
> 義，則那不能作為政黨政治的理想，而是蹂躪政黨，實行
> 法西斯。

日本有伊藤博文與桂太郎等人的開明運動，所以才奠定了國
基，所以才有現在的興隆國運。但這個開明局面，自九一八
以後，已漸漸暗淡起來。軍部霸權的向外伸張衝破了奠定國
基的制度基礎。現林內閣雖也有組黨運動，但其組織，據馬
場恒吾的考察，是與伊藤博文和桂太郎的意向不同的。他是
外著法衣，內藏鎧甲，向著法西斯的路上走的。他們這類傾
向，自然有其原因，我們也不必管它。但只有一件，即日本
人的開明力量也是不十分充足的。英遜王為維持憲法故而毅
然蔽屣尊榮，這並不是普通所謂不愛江山愛美人，乃實是一
段守法的精神。從這一點上看，就顯出英、日之不同來。

但無論如何，日本有過開明的階段的。不但日本如此，
即其他國家亦差不多都如此。有一段開明時期，奠定國基，
以後隨著時代的演變，無論如何從權，總不大會離了規矩。
雖一度有了歪曲，它總究會歸正的。試問中國有這一階段沒
有？據吾首段所述，中國實未曾開明過。開明局面的透露，
其機會常在革命時期，或國難時期。中國革了許多次的命，
皆胡鬧地放過了這些機會，無人加以顧惜。現在是在國難的
時期，仍是遲遲其行，不見光明的到來，大家都不願向開明
路上走。眼見這個機會又將不顧惜的錯過去了，我又不能不
重為嘆息！我嘆息的是中國人太沒有力氣了！

　　蘇俄新憲法的公布是開明局面的透露。蘇俄本來是階級獨裁的，但新憲法已容納了民主主義。其理由是因為戰爭的威脅。要對外戰爭，不能不是全民族的，如是，國內一致乃為絕對必要的條件。現在蘇俄國內固不能說無階級的分別，支配階級與非支配階級仍然是存在著的，但階級鬥爭卻是沒有的。至少新憲法的企圖是不讓有鬥爭的。欲免鬥爭，民主主義的引進是必要的。這是新憲法所以公布的理由。蘇俄能如此，中國為何就不能如此呢？我們處在這種國難的階段，國內一致能說是不必要嗎？為什麼我們的憲法、我們的民主，還是遲遲其行呢？我鑑于中國人的脾性及中國傳統的歷史，我不免疑懼。我疑懼的是恐怕仍走了舊路子。

發表於《再生》半月刊，第 4 卷第 4 期，1937 年 5 月 1 日。

26 輿論的造成與保障

張東蓀先生曾說：「自由主義不是一種主義，乃只是保障一切主義的條件。」又說：「真正的自由主義者不把自由當作自己一派的要求，而把他推廣出去作為大家公同的軌道與條條。」（見本刊四卷一期〈思想自由與立國常軌〉）思想自由是保障一切主義的條件，而實現思想自由的政治必是民主政治。所以思想自由與民主政治乃是立國的常軌。我以前說過，一個國家，在政治上，必須有一個開明的階段。開明的階段就是造成立國的常軌的階段。一切主義由思想自由孳乳出來，一切政黨由民主政治孳乳出來。但所孳乳出來的任何主義卻決不可把這個保障一切主義的條件打碎，同時所孳乳出來的一切政黨也決不可轉回身來把這個保障一切政黨的常軌拆毀。這個保障一切主義的條件，保障一切政黨的常軌，必須建立起來。此即所謂開明階段的必須。否則，政治無望，國家無望，而民族亦將不被人亡而亦自亡，決無獨立于天地間的可能。

由開明階段的建立始能說到輿論的造成與保障。**思想自由與民主政治是造成輿論的必須條件，同時也是保障輿論的唯一機關。**中國的政治尚未作到開明的階段，所以也說不上輿論的造成，更也談不到輿論的保障。本年度五月十五日，《天津益世報》刊有行政院保障輿論的消息，其辭如下：

關于保障正當輿論，去歲三中全會曾有此項決議。會後蔣院長復發表談話，闡明詳析。頃行政院通令各省市，略謂

扶持民眾運動，保障正當輿論，為本黨一貫政策。政府對
人民合法行為不得禁止，對正當言論，尤須予以倡導，以
發揚其偉大力量。至于別有用心，圖謀顛覆政府者，自當
嚴加取締。

這段話，用意甚善，但是，事實上，輿論是保障不了的，結果，
都成了被取締的別有用心者。因為造成輿論的條件，現政府
根本沒有具備，何有於保障？在沒有實現形成輿論的條件之
前，輿論不能成立。沒有輿論的國家，一切言論思想都是**獨
頭的應聲蟲**。此時的輿論不是輿論，乃是**獨論**。囂囂者不過
是隨聲附和，諂媚阿諛而已。稍有不隨聲附和者，即可被認
為是別有用心，即可認為是應當嚴加取締。所以在沒有造成
輿論之前，而談保障輿論，那都是作八股文，欺人之談。

　　輿論的形成，必在于政府以外，承認他人或他黨有**獨立
的人格**。他人或他黨根據其獨立的人格發表其一貫的思想、
一貫的言論，以及對于問題的一貫的態度。這些**獨立不依的
思想、言論，以及態度，就是輿論的所在處。**由此而形成的
輿論是真正的輿論。這種輿論才能發生偉大的力量，才可供
政府的參考，才可促成文化與文明的進步。政府能作到這一
步，就是政府造成了形成輿論的條件，也即表示政府是在開
明的階段中。若不能有承認他人或他黨的獨立人格的雅量，
凡有不同于己者，皆以異端邪說、洪水猛獸視之，以卑鄙下
賤之心理猜度之，動輒加以取締，則根本無輿論可言，故也
根本談不上保障輿論。所以從政府這方面說，**政府談保障輿
論，其用意固善，但沒有實現其善意的智慧與誠意。**政府若
有誠意，即當從速建立形成輿論的條件（思想自由），並當
從速實現保障輿論的政制（民主政治）。所以于此，我們願

意根據獨立的人格，來**肯定地主張思想自由與民主政治**。

轉過來，再從社會方面看，我覺得我們根本就沒有輿論。有人說中國輿論的中心，在天津的《大公報》與北平的《獨立評論》。說這話的人最後也覺得，雖然是兩個，其實就是一個：《大公報》就是《獨立評論》，《獨立評論》就是《大公報》。兩個或一個，我們不管。我們以為這兩個或一個，根本就不能算是輿論。說壞點，是**應聲蟲或留聲機**；說好點，是**誠惶誠恐，為政府痛哭流涕**而已。說他們是留聲機，不過是說隨聲附和，成為獨論的擴大。這在字眼上雖然有點不恭，但意思卻還好。因為輿論雖然成于獨立的人格，但獨立的人格卻並不一定非立異于政府不可，同于政府亦並不能說不是獨立。在「同」上說，就算是留聲機，也不見得就會有什麼嚴重的劣義。可是，若只是誠惶[1]誠恐為政府痛哭流涕，則不但不能算是輿論，且也十分卑劣。若站在留聲機的立場上而痛哭流涕，那更是卑劣中之卑劣。我們以為他們兩個或一個不能算是輿論，就是因他們兩個或一個有點站在留聲機的立場上而痛哭流涕的嫌疑。這個是社會上一般的感覺，若找有形的法律上的證據，是不容易找得著的。但大家心理上的一般感覺，有時又是真正事實的反映，這我也無如之何。

何以說為政府痛哭流涕不能算是輿論？因為政治上的事情，純是**理智的、批判的、功利的**。而輿論又只能在理智的、批判的、功利的態度下產生。若對于政府的一切措施的因果關係，以及對于反對政府的措施者的因果關係，毫不加以理智的批判，而一味歌誦政府，詆罵反對者，向天下人為政府

1　【編按】此字原文作「慌」。

痛哭流涕，這雖然其情可原，而其愚不可及，于實際國家政治，毫無效果可言，不過是徒然助紂為虐而已。因為所可貴于輿論者，就在其**能于當局者迷而外，跳出來作一個旁觀的考察與批判**，以指導當局、使其向善，使其警悟，並不在**情感上，效婦人女子之痛哭流涕**。譬如有一種反對政府之事件或言論發生出來，為什麼不可向政府作悔過自新的忠告？為什麼偏罵人為大逆不道？為什麼必得婦人女子似的遮著耳目向天下人為政府痛哭流涕？古昔君王尚有下罪己詔的舉動，難道現行的政府就成了白璧無瑕，至聖至善了嗎？我們當然要擁護統一，但是我們要政府以其道而統一，我們不擁護那不以其道的假統一。以此態度臨之，始現出國民的獨立的批判精神，是之謂真輿論。若只是婦人女子似的向天下人作偏面的呼籲統一，那便是自欺欺人，助紂為虐，算不得輿論。形成輿論的條件，第一在乎**獨立**，第二在乎**理智與批判**。所謂那兩個或一個輿論，皆缺乏這兩個條件，所以結果算不得輿論。

我們要造成輿論與保障輿論，第一得向政府促其**實現造成輿論的條件與保障輿論的政制**；第二社會上的人士**當有肯定獨立的主張**，以及**理智與批判的態度**。現在的中國，在朝與在野，皆沒有盡了他們所應盡的責任：在朝者不肯建立造成輿論的條件；在野者沒有造成輿論的智慧與魄力。在野者既沒有魄力造成輿論，在朝者又何樂而不乘機滑過？近來大家似乎都一致的承認現行政府沒有勇氣來建立一個**定型的政制**。一方面口口聲聲說民主，但事實上又不是民主；一方面不敢承認獨裁，但事實上又是獨裁。這實在表現這個政府太沒有力氣了。獨裁也是個政制，你就痛快的獨裁也好；民主

也是個政制，你就決心走民主更好。惟獨這樣搖搖擺擺，成
了個不三不四，結果什麼也不成，才是最壞。這個毛病大家
似乎都見到了。但在**輿論的形成上，徒這樣的指出，還不算
夠**。輿論必須進一步**作肯定的、獨立的主張**。甲派以為獨裁
好，就可肯定地、獨立地作獨裁的運動，造成獨裁的輿論。
乙派以為民主好，就當肯定地、獨立地作民主的運動，造成
民主的輿論。結果，看那個輿論的勢大，那個輿論就可左右
政府的傾向，就可指導或威脅政府的行動。所謂輿論的偉大
力量，于此才可表現。可是大家若沒有力氣作肯定的獨立的
主張，而只因循不負責任地說說而已，則適逢政府之懷，政
府亦樂得順水推舟，任其所樂為而為之，毫不必有所顧忌。
試問現在的社會人士，誰還有獨立的肯定主張？大家除了作
留聲機，或痛哭流涕而外，還有什麼獨立的氣魄？所以于此，
我們願意促醒朝野，向著造成輿論與保障輿論的方向走。願
意大家拿出力氣來。明朝的東林黨為紅丸、挺擊、移宮三大
案，作了肯定獨立的主張與運動，形成了左右政局的大輿論，
難道今日的民國人士就連這點勇氣也沒有嗎？

發表於《再生》半月刊，第 4 卷第 6 期，1937 年 6 月 1 日。

27　盧山禮賢之政治意義

　　蔣委員長于今伏將禮請各大學教授及其他知識階級赴盧山會議，徵求救國大計。這個，用意至善；但在政治上說，因為**方式**是傳統的**禮賢方式**，所以結果恐怕是不會有什麼**效果**的。我再加重點說，如果為的是粉飾太平，敷衍面子，那麼萬事皆休；如果想于國家、于民族有點效果，則我們以為此路不通。

　　這並不是說禮賢對于個人的聰明毫無補益，廣徵博問當然比孤陋寡聞強得多。但我們立言的立場卻應當進一步。我們以為：第一，今日的**禮賢**不能**與三顧茅廬同論**；第二，**現代的政治不只是幕僚的政治**。

　　劉備訪諸葛，諸葛一篇〈隆中對〉真是說得天下大勢瞭如指掌，把劉備所應走的路向完全給規定出來。這真如有了指南針一樣，劉備說頓開茅塞，實是由衷之言。今日雖是禮賢，卻不是訪賢；而且中央的路向又是早已決定了的；又天涯海角之時，一群士大夫皆默然不敢置一辭，皆夢然不能定一路，到了天威咫尺之時，則還不都是歌功誦德，長袖善舞之流嗎？所以雖是集精英于一堂，卻是作八股于試場。

　　又現代的政治決不只是幕僚的政治。幕僚是個人左右的咨議，到了關于國家大計之時，不是幕僚的行動所能決定，又不是把天下人都當作幕僚看所能奏效。此時，當推廣出去，向集團方面想，向社會群眾方面著眼，向各種社團、各種經濟團體、各種政黨方面交涉。此時的關係是一個**政治的、權利的、責任的**，而不是**私人的、情感的、恭順的**。若注意到

這一點，則廬山禮賢根本不必要。現代的政治不是禮賢的政治，現在的國難問題也不是禮賢所能解決。現在所重要的乃是一個國民大會，乃是一個舉國一致政府的組織。廬山禮賢所表示的**政治方式還是中國傳統的政治方式**，廬山禮賢的**政治意義是表示中國政治尚沒有現代化，且亦沒有向現代化走的意圖與預備**。長夜漫漫何時旦？此吾人所以對此舉動不敢阿諛之主因也。

或者說，中國政治根本沒有現代化，既未現代化，如何能產生現代的政治方式？既不能有現代的政治方式，當然只好用傳統的政治方式了。這話亦不無相當理由，唯太懶了，太順水推舟了。我們以前曾說，一個開明階段是必須的。開明階段即是向現代化走的一個大路。我們又說，政府當造成輿論與保障輿論，這也是向現代化走的大路。但這些，政府都是不願作的（並不是不能），不但不願作，而且極力的迴避與壓抑。然則這樣說來，中國不能現代化並不是中華民族**根本無出息**，乃是中華民族欲有出息而政府**不讓她有出息**，把她的才氣壓回去了，沒有把她的潛藏的可能實現出來、發揮出來。此誰之咎也？我們能以客觀的社會，或整個的國家民族之**程度不夠來論**嗎？這不是事實的可能不可能的**定命問題**，乃是**為不為的意志問題**。既是意志問題，我們不能諉過于事實或社會；我們對政府下批評仍是對稱的。

《國論》第二卷第九期有李璜先生〈政府‧社會‧人民〉一篇論文。他說「中國有政府，有人民，而沒有社會。中國人有政治生活，有個人生活，而沒有社會生活。」這是很精透的一個觀察。他說：

　　從前中國人的社會本來只有家族社會，舊日中國人的生活本來完全吸收在家族生活裡，一旦家族社會崩潰了，其他的社會組織或未真正成立，或簡直受了阻礙，因此中國人的精神或行動每個人都如在大海孤舟之中。〔……〕

　　現在我們暫且不談這個狀態的是非問題，單從政府統治方法上著眼。照我的看法，以及本著我在上面的說法，政府要抓住人民，既不能從一盤散沙的每個分子上著手，則在這個社會崩潰的今日，只有趕快幫助人民創造新的各種社會生活，提倡新的各種社會組織，然後政權方有所依據，統治方有所著手，而不致空中樓閣，飄搖無定。

這兩段話我以為真道著了中國的要害。現行政府不但不認識無社會生活的危險，還極力壓抑社會生活的發展與滋生。其用意是很容易看出的。因為傳統習慣的不易除掉，因為獨裁方式的容易傾向，所以近年來的軍事政治以及各方面無不表示著從**各個分子上著手**的政策，無不表示著**化整為零使其成為散沙**的政策。將要實現的**廬山禮賢就是這種政策的反映**。然而這種政策決非國家民族之福，亦決非統治者之福。在此，我願再引李璜先生一段話：

　　中國今日政治的口號及其理想，無論那一派，都要求建立一個近代國家，並且就國際形勢的推動、國內經濟生活的變遷，與乎交通的進步、知識的接近，種種方面來看，在趨勢上，近代國家的建立也是其勢不能不做的。然而廿年來，隨著這個趨勢所發生的新的**社會組織，乃處處受著阻礙**，**使他無法健全的成長起來**。一盤散沙的狀態因之更甚于舊日家族社會的時代，而政府又欲倣照現代國家的治理

辦法，事事顧到，于是便非常困難，處處發現「心有餘而力不足」的竭蹶情況。因為一個近代式的政府，無論人才如何的充分，組織如何的完善，要求他一手一足，**直接的事事到底，做到每一個人民身上，終是不可能的**，必得要近代式的許多新的社團，替政府作大部份監督和貫澈的工作，然後百事始能為有效的推動與進展。

這段話即實足表示出**散沙政策**之非福。然而必欲行之何也？我們根據以上的論點，我們願意于廬山禮賢之時，說這一套不甚入耳的言論，以貢獻一得之愚，以建立救國大計之另一路向。不知當局肯聽否也？不知統治者肯變換腳步否也？另一路向為何？曰：

1. 中國的現代化是勢所必趨的，雖有大力，莫之能挽，日事背道而馳，則必心勞意拙，非國家民族之福，亦非個人之福。
2. 現代化的根據是在社團與政黨的扶持與保障。
3. 現代化的政治方式是集團的、權利的，不是個人的、禮賢的。散沙政策必須去掉。
4. 政府須建築在社團與政黨之上。
5. 從速扶助並預備建築近代政府的根據以向開明路上走。

發表於《再生》半月刊，第 4 卷第 8 期，1937 年 7 月 1 日。

28 加拿普著《言語之邏輯句法》書評

(Rudolf Carnap: *Logical Syntax of Language*)

　　邏輯句法，在邏輯學範圍中，無論如何，總是一個新的方面。維也納團的首領加拿普是專致力於這個方向的第一人。他這本書是他一向努力的總成績，是很有系統的。本文是從他這本書的〈導言〉中節譯而成。譯者。

什麼是邏輯句法？

　　一種言語的邏輯句法就是那種言語的語法之形式論，也就是管轄那種言語的形式規律之系統的陳述。

　　一種理論、一種規律、一種定義，以及類乎此的其他東西，當不牽涉到符號（如字）的意義以及句子的意義，而只牽涉到那些符號或句子的種類與秩序時，則即可叫做是形式的。

　　流行的見解以為句法與邏輯，不管它們之間有怎樣的密切關係，總是兩種根本不同的理論。一種言語的句法，大家以為是語言結構所遵[1]守的規律。而邏輯的主要工作，則以為是這一判斷所據以能從另一判斷中推出的那些規律之呈列。換言之，按照這些規律，一個結論可以從前提中推出。

　　但是近十年來，邏輯的發展已清楚地指示出邏輯的研究，其準確性的程度，是並不依於判斷（思想或思想之內容）的，

1　【編按】此字原文作「尊」。

倒是依於語言的程式。在此種程式表示中，句子是最重要的。
因為只有在這些句子上，我們始能建設起有定性的規律。並
且，事實上，自亞里士多德以後，每一邏輯家，在其建設規
律時，實已討論到句子了。但是，現代的邏輯家，甚至那些
同意我們的見解，以為邏輯是討論句子的，而仍然大部分都
相信邏輯也同樣討論句子間的意義關係。他們以為邏輯規律
是「非形式的」，且與句法規律相反。以下，我們將陳述並
且發展一種與此觀點相反的觀點。此觀點是主張邏輯是討論
句子的形式關係的。我們將見，句子的邏輯性質（例如：一
個句子是分析的，或是綜和的，或是矛盾的，或是存在的句
子或不是存在的句子，等等），以及句子間的邏輯關係（例
如：兩個句子是矛盾的或是相容的，或是此一個從彼一個推
出，等等）都是只依於句子的句法結構上的。依此說法，邏
輯將變為句法的一部分。但此必須先將句法看為廣義的，且
使其成為夠準確的才可。狹義的句法規律與推廣的邏輯規律
之間的差別只是局成規律與轉成規律之間的差別（difference
between formation rules and transformation rules）。這兩種規
律都完全形成于句法項目中。如是，我們可將包括局成規律
與轉成規律的那個系統定為「邏輯句法」（logical syntax）。

　　譯者以為加拿普這個看法是不妥當的。什麼是邏輯句法？
邏輯句法就是言語的句法之形式的或系統的陳述。如是，言
語的句法亦即邏輯句法，而邏輯句法又不過言語句法之形式
化、系統化，或邏輯化而已。邏輯就是討論這種形式[2]化了的
言語句法，以及這種句法間的關係。邏輯將是句法的一部分。

2　【編按】此字原文誤作「試」。

譬如「這是紅的」是一個主謂句法，它表示一個邏輯命題；
「甲大於乙」是一個關係句法，它也表示一個邏輯命題。這
些都是言語句法，同時，因為邏輯中所用的句法不過如此，
所以也就是邏輯句法。這種邏輯句法，加拿普名之曰「局成
規律」。局成規律即是局限於一個句[3]子的結構上的規律。又
如[4]：「如果這是紅的，則這是有色的」，這也是一種句法，
同時也表示一種邏輯關係；又如，甲大於乙，乙大於丙，則
甲大於丙，這也是一種句法，同時也表示一種邏輯關係。這
一類的句法也是邏輯句法。這種邏輯句法，加拿普名之曰「轉
成規律」。轉成規律就是從一句法如何轉到另一句法之規律，
也可以說是管轄局成規律之間的關係的那規律。包括局成規
律與轉成規律的那整個[5]系統就是一套邏輯句法。邏輯句法不
過就是言語句法。不過言語句法有些不是邏輯的，如感嘆、
驚訝、疑問等是。所以我們所講的言語句法當是只限於言語
的邏輯句法，也即是言語句法的直陳式或斷定式。加拿普等
人把邏輯看成是討論這些句法的學問，把邏輯規律看成是這
些句法的規律。這個看法大概是與行為主義的看心理一樣，
重外觀，不重反省，只見其表，不見其裡。這于邏輯卻是大礙。
我們對於邏輯，必須承認有一種東西，足以攜此句法以俱行，
並藉此句法以顯示。此種東西就是所謂「理性」。近人對於
「理性」，大概都不屑過問了，所以眼光只向句法規律注意，
不向理性律則注意了。不注意，也無關重要，它仍是存在著。
惟有一點殊放不過去：如果不認識理性，而只以句法規律為

3　【編按】此字原文誤作「局」。

4　【編按】此字原文誤作「加」。

5　【編按】「整個」二字原文誤作「個整」。

邏輯，則邏輯勢必是多的、習慣的、相對的、常變的；這樣，邏輯便成了經驗的。邏輯如果是經驗的，則我們的思想、言語便沒有了標準。其實，事實上，我們並沒有須臾離開 [6] 這個標準。這就因為我們有共同的、絕對的、不變的理性在。所以于此，我還是贊成加拿普所罵的流行的見解，而反對加拿普個人的看法。我們講邏輯不能不用句法，我們達理也不能不藉助於句法。惟句法不就是邏輯。我們想到邏輯，總是透視到推理，也即是理性。甲是乙，甲大于乙，甲非乙，甲或乙，甲與乙，甲包函乙等都是句法（加拿普所謂局成規律）；惟如甲非乙，則乙非甲，這個「如果……則……」的關係不只是句法所能盡，或簡直無所事事於句法。然而加拿普卻叫它是句法之轉成規律，完全忽視了理性作用。吾人治邏輯，若透視不到理性，則一切哲學問題，都不能得到解決，徒亦治絲愈棼 [7] 而已。邏輯句法不能成一個專門學問的對象（如是言語，另當別論），邏輯不能就是邏輯句法。唯治邏輯的人，于講邏輯時，可以去發現一種什麼樣的句法，于達理上，更為概括、更為獨立、更為簡單、更為成系統。邏輯家所作只應如此，過此則非所宜。現在邏輯中所已有的句法，已經是數不在少。唯句法雖可以任意發見與創造，但其理則一，此則不可不知也。

發表於《再生》半月刊，第 4 卷第 4 期，1937 年 5 月 1 日，署名：光君。

6　【編按】「沒有須臾離開」六字原文誤作「離沒有須臾開」。

7　【編按】此字原文誤作「繁」。

29 論因果

本文為拙稿《理解、理性與理念》一書中
〈統覺部因果章〉，暫發表於此。

一、普遍因果律與因果關係

　　休謨《人類理解研究》一書，專致力於因果問題之討論。
自此以後，因果律之威權頹然不能以自保。哲學家思有以救
之，以答休謨之疑難，而不足以滿人意。自余揆之，論者似
皆不能了然「因果」意義于胸中，又不知如何論因果以肯定
而證實之。問題既起自休謨，今即斷自休謨而論之。歷史相
傳「因果」之意義，即以休謨之所解與所破以為斷。前乎休
謨，某人如何解，某人不如何解，可弗論也。休謨所破者，
一曰普遍因果律，二曰必然連結，三曰秘密之力。必然連結
為普遍因果律之要義，而秘密之力則所以成就必然連結，因
而亦即成就普遍因果律。三者相貫，而為一事。休謨反覆致
詰者即此一事也。然則其所解所破之因果，即普遍因果律之
因果也。普遍因果律者，甲[1]事為乙事之因，伴以乙事為果，
此時此處如是，移時移處而與甲乙事例相類者，亦皆如是。
此就時處，而言普遍。復益之曰：此種因果之連結為必然連結，
其必然連結又為一秘密之力所安排、所計劃而致之如此也。
此為普遍因果律之函義。休謨則反覆疑難其無據。後人聞而

1　【編按】此字原文作「其」，今依文意校改。

憂之，以為如普遍因果律不足信，則科學知識即無有穩固之
基礎。是以必有以救之而後可。救之者即所以解答休謨之疑
難。余以為如休謨之所破者即為此普遍因果律，則吾人不須
救，亦不須為之答，而亦無有答。何者？彼信此普遍因果律
而為客觀存在者，揆其所由，皆妄執之類也。是即執本無實
者以為實。如顒顒[2]然救此以為事，則安于忘剔之而不暇，何
暇救之哉？是以彼信此以為真者妄也，鍥而不舍而救之者愚
也。此義決定，不容或疑。休謨[3]疑而去之，可謂睿矣。

　　普遍因果律既虛妄而信可去，然則科學知識究有據乎？
究無據乎？如吾人唯有普遍因果律，除此而外，於自然事象，
無有任何關係可言，則普遍因果律既虛妄而信可去，科學知
識即無有真實之根據；而如其有根據，亦必為虛妄之根據（以
普遍因果律為妄故），是科學之根據命運注定其始終為妄也。
然科學知識不終為妄。吾人亦不全生於虛妄之中。然則，妄
何能起真？真何能建基於妄？無不能生有，有不自無出。幻
術家忽于空杯而滿盛以水，人知其為幻術。然則科學為幻術
乎？信不然矣。是則科學固有其真也。既有其真，而論者不
得其情，是論者之過也。哲學家囿於其所見，而忽于其所蔽，
造作理論，馳騁辯說，信妄為真，且執其妄。或有知其妄，
而不見其真，遂以為科學之根據，唯是一妄。或知其妄而無
可奈何，或執其妄而必使之真。是科學之根據，終于為妄矣。
然求得其情與不得，無益損於其真。妄不起真，真不基妄。
既有其真，而使之妄，哲學家之過也。真者何？此時固難定。
然吾固可曰：普遍因果律固非事象之惟一關係也。今破普遍

2　【編按】「顒顒」二字於意不通，疑當作「諰諰」。

3　【編按】「休謨」二字原文誤作「謨休」。

因果律，亦不函其即破事象之任何其他關係也。當吾信普遍因果律，吾可謂其誠為科學之根據。然此信仰中，亦不函：如無普遍因果律，科學即無根據也。是以吾今不信普遍因果律而破之，亦不函云：科學即無根據也，且亦不函云：即破除任何其他關係也。是以當吾信普遍因果律以為科學之根據，吾之信其為根據也，亦大可只為充足者，而不為必須者。論者或當於其信也，而加重其所信，以為其為根據不但為充足，而且為必須。然其內心之所信，固可如此其加重，而理上言之，則亦須吾人考核其是否可有此加重。彼加重其所信者，是否曾有此考核耶？如已考核，實不但為充足，抑且為必須，則一旦而去之，誠無根據矣。如並未考核，而徒為心理之加重，則並不能斷其實為必須也。今且置諸心理之加重而不論，純自理上言之，則彼為充足者，實不函其為必須也。如不必須，則破此而去之，未為無據。破普遍因果律，不必破其他任何關係也。如尚有其他關係可言，則科學即不必以妄為基，普遍因果律大可任其妄。剔而去之，亦大可不足惜。其他關係，固亦不必真。然至少此時吾可不以妄者為根據。既為妄即去之，不必計及他。此妄不必一切妄，亦不必連及他。步驟不可亂，推理須有據，立言不可越，心思不可急。然謹慎之休謨，似未能全及乎此也。

休謨以為普遍因果律既不足信，則事象似即無任何關係之可言。此言之而越也。其推理未始有據也。吾今可暫立一分判以為前提：普遍因果律與因果關係非是一事。普遍因果律之函義，既如休謨所解而已定。因果關係之詳細函義，暫不多述。約略言之，水起火息，即為一因果關係。此為一特殊之事實。其移時移地是否亦如此，亦不知；其連結亦不函

其為必然；亦不必謂其為秘密之力所規定。普遍因果律所函之三義，此皆不具，而仍可為因果關係。吾亦認其為經驗事實，非可由先驗推理而得。吾亦不認其連結為推理之連結。吾亦不自水起，而作推理（先驗的），以斷火息。吾認其為事實關係，而非推理關係，即只為事實關係，而非邏輯關係。凡此諸義，皆為休謨所雅言，吾皆可承認而不背。此事實關係將來可能為如何，或吾希望其將如何？或將如何規定之？或其將來所可達到者為如何？皆須靠未來經驗之發展，吾此時不能預定之。是以此時之因果關係純為無色之事實關係。凡依未來所說者，皆為加以有色之論謂，皆為論謂之規定，是以皆為有色之規定，亦即為有色之關係。依此，吾可謂：普遍因果律或為理性之置定，或為未來之規定。如係前者，則吾可斥其為執為妄；如係後者，則吾可視其為有色有謂。二者必居其一。然無論為前為後，則其為義與因果關係固非一事。視其為有色有謂，則與因果關係之不同尤顯然。此有色有謂者，如外置而有實，以為本然而如此，則休謨固可斥其妄。然破此有色有謂者，不必即破因果關係也。此無色無謂之殊事關係不必破。兩者非一事，故亦不相及。如破彼而餘此，則科學不為無據也。科學不必據彼有色有謂之普遍因果律，始得為有據；如有此事實之因果關係，為真而不妄，亦得為有據。且其為據，乃真據非妄據，以其並無論謂之規定，亦無有色之執著。休謨所破者，有色因果律，彼之無實，亦顯然矣。然休謨不知尚有無色之因果關係。彼或以為一言因果，即此普遍因果律，如此而無據，即無因果關係可言矣。如其如此，則休謨之「以為」謬。彼又以為如破普遍因果律，因果關係亦隨破。如其如此，則其「以為」為逾越。然休謨

終于隨其破斥普遍因果律，而主事象只為相繼之會合，而無其□⁴實□⁵關係之可言。是則明□⁶無有因果關係也。然吾以為充休謨之破，並不函其所主。破彼為一事，主此又為別一事。兩者不相函也。其所主既為別一事，則吾即可單提而考核之是否為如是。此為因果問題之真義。明乎此而後可以答休謨。

二、習慣與相繼

　　明普遍因果律與因果關係之不同，以普遍因果律為有色之論謂，為論謂⁷之規定。此有色之論謂，論謂其為如此，或亦有據也，或即據乎因果關係也。吾將信乎此。雖然，縱有據也，而其自身則不能外置而有實，以為定然之存在。視為假然之理想可，視為定然之實事則不可。是則明其仍可破而不信其為實也。凡此云云，吾之意也。而休謨不如此。彼固無普遍因果律與因果關係之別也。彼之破普遍因果律，而又解其所以成立之原因，乃在其所立「習慣轉移」之原則。彼既以為自然事象並無如此之普遍因果律，然則如此之因果律又何以成立耶？休謨答曰：習慣之轉移。彼於普遍因果律之成立，解之以習慣之轉移，此自吾心之傾向言也。彼復於事象施以相繼與會合之觀論（觀者觀察，論者論證），而謂其並無所謂因果關係也。此言乎外事之相狀也。彼以其所觀論

4　【編按】原文此字無法辨識。
5　【編按】原文此字無法辨識。
6　【編按】原文此字無法辨識，疑作「其」。
7　【編按】「論謂」二字原文誤作「謂論」。

之外事之如此相狀為前提，而復益之吾心習慣之轉移，遂有普遍因果律之成立。休謨明其成立之由，即以此「□[8]」而規定之，以為因果之定義。其言曰：相似物象恆常與相似物象會合為一起，此為吾所經驗者。依此經驗，吾可予「原因」以定義：原因者為別物所伴隨之物象也。凡與第一物象相似之一切物象皆必為與第二物象相似之一切物象所伴隨。或換言之，第一物象如不存在，第二物象亦必不能存在。原因之意既經定訖，今再言曰：當一原因出現以後，吾心常藉習慣之轉移，而趨向於結果之觀念。此亦為吾所經驗者。休謨依此經驗，復予原因以定義曰：原因者為別物所伴隨之物象，此物象一經出現，吾心即藉習慣之轉移，將思想轉移於別物，而目之為結果。是則原因與結果，全為吾心信念之產物。憑藉事物之相似者恆相隨，吾心遂藉習慣之轉移，而有因果之觀念：以首出者為原因，以後繼者為結果。休謨以為吾人對於因果所能說者只如此。外乎此而進乎此，吾不能有所說，吾亦不能有清晰之觀念。吾不能於原因事象中，指出若何秘密之能力，以使原因事與其伴隨之結果事必然如此相連結。吾亦無此連結之觀念。休謨一言連結，即意其為必然連結，而為秘密之力所規定。休謨復舉一例曰：一線之顫動為一特殊聲音之原因，此命題之所陳，究為何意耶？吾意其所說，不過謂：此線之顫動為此聲音所伴隨，且與此線之顫動相似之一切顫動皆可為與此聲音相似之一切聲音所伴隨。如不如此說，則其意亦不過謂：此線之顫動為此聲音所伴隨，而且在顫動一經出現，吾心即可預窺別一感覺，立刻構成聲音為

8　【編按】原文此處缺字。

結果之觀念。休謨於此乃肯定曰：吾只可於此兩種觀點下，考究因果之關係。除此而外，吾對此種關係，無有任何觀念之可言。吾不能有外乎上述之觀念，以吾於外乎上述者，無有印象故。

每一觀念皆由先在之印象或感覺模擬而來。吾有此事之印象或感覺，吾有彼事之印象或感覺，但無此事中秘密能力之印象或感覺，亦無此事與彼事間必然連結之印象或感覺。無其印象或感覺，即無與之相應之觀念。印象或感覺為休謨衡量因果問題之總前提。依此總前提，遂有相繼與會合之前提。復依相繼與會合，遂有習慣轉移之原則。其印象或感覺一前提，吾將考核於下。吾今所言者，習慣轉移原則固可解析普遍因果律之成立，而斥其為不實。此其所破為有色有謂之因果律。然吾雖可根據習慣轉移原則而斥有色有謂之因果律，而言習慣轉移原則之根據，則又不必即為相繼與會合，即不必遽然肯定事象只為相繼與會合。吾人言因果關係，不必即謂其為必然因果律。休謨以為一言因果，即為必然因果。此休謨之視此問題猶太簡也。言至此，普遍因果律且置之，以吾與休謨皆同意其為不實也。吾與休謨相爭者，即在事象是否只為相繼與會合。休謨肯定其只為相繼與會合，吾則以為不只相繼與會合。是吾雖不承認有普遍因果律，而承認當下殊事有因果之關係。休謨則既不承認有普遍因果律，亦不承認當下殊事有因果之關係。休謨視此兩者並無別，吾則視之為有別。休謨歸兩者而為普遍因果律之一義，是以存則即為普遍因果律，亡則即為相繼與會合。休謨視為一事而論之，後人亦視為一事而論之。休謨以為當下殊事之有因果之關係，須依據普遍因果律而始然：有普遍之因果律，始能言當下殊

事之因果。今普遍因果律既不實，故當下殊事之因果關係亦無有；是以只為相繼而已矣，只為會合而已矣。吾則以為當下殊事之有因果之關係，不須依據普遍因果律而始然，而普遍因果律反據當下殊事之因果關係而撰成；是以普遍因果律為假然，為理想，為有色，為有謂，而當下殊事之因果之關係為定然，為事實，為無色，為無謂。是則當下殊事之因果關係並不依普遍因果律而始實，而普遍因果律反依當下殊事之因果關係而獲得其或然。是以普遍因果律雖不實，而當下殊事之因果關係並不蒙其害；普遍因果律可因「或然」而剝落，而當下殊事之因果關係不因而剝落。是則事象終不只相繼而已矣，亦不只會合而已矣。然則事象究只為相繼否耶？不只為相繼而且為因果關係，究能證實之否耶？

　　且言相繼之函義，及其所可有之直接歸結。相繼相續，會合伴隨，實為極美之言辭。其所含之指示力之大足引起吾人之冷觀。順其所示，起以冷靜之觀察，凡不必要之增益事（以增益見而起者），皆可撥落而無餘。秘密之力與必然連結，增益見也。今乃以相繼相續，會合伴隨之冷觀而脫落。休謨於此，功不在小。雖然，彼是否能不流入減損見耶？吾不能無疑。休謨論觀念間聯絡之根據有三：一曰相似，二曰鄰近（時空中），三曰因果。見一畫片，自然引吾人之思想於原物（相似）；當吾提及一所房中之一屋時，自然因而考察或談論其餘之屋子（鄰近）；如吾想及創傷，便自然想到由此所引起之痛苦（因果）。此皆觀念聯絡之所據。觀念聯絡，自心理言之，即聯想也。是則此三者，亦即聯想之根據。休謨固已聲明云：所舉三者不必已完全而無餘。如謂除此而外，再無其他原則，此自無有證明。然休謨又云：如審慎考察，而至

其極，則亦可確信所列舉者實已完全而無餘。即如相反或反對，亦足為聯想之根據。然休謨以為此或可歸併[9]於因果與相似而混合。今論休謨之思想，此或不為重要之問題，亦不值吾人之多言，故且置之。吾前論聯想時（另文），有云：其始因鄰近而聯想，因類似而聯想，因對比而聯想。繼則皆歸併[10]於鄰近。鄰近者時間接近、空間接近之謂也。只為事實之外部關係，為量而非質。休謨雖列舉三者，而當其論一切關於事實之推理，又皆集中於因果。一至因果，而休謨之歸結又不外相繼與會合。即相似與對比，亦可歸併[11]於相繼與會合。（思之可知。）是則聯想之根據，亦終歸於鄰近關係而已矣。而事象之關係亦只為時間、空間之接近。經其嚴格冷靜之考察，所可言者只此也。相繼相續，會合伴隨，即時空接近之轉注。休謨以為吾對於事象只有此觀念。外此吾不能有印象，是以不能有觀念。休謨之義，謹就其所持者（即相繼義）而言之，吾不能有否證，即不能謂其為錯也。蓋凡實事，如其為事，皆可表之以時間與空間；而謂其關係為時間關係與空間關係，夫豈不可？如就事之遷流而言前後，就車之共在並存而言左右，此並無不可也。又凡實事，如其生起流轉，吾亦單可謂之為相繼：此事生起，彼事繼起，不言其他，但言其繼，亦何為不是？是以吾亦不能言其不是繼。同理，只言其為伴隨，吾亦不能謂其非伴隨。只言其為會合，吾亦不能謂其非會合。如言人為動物，吾又何能謂其非動物？然吾實可謂其不只為動物相。同理，吾亦可謂其不只為相繼，不只

9　【編按】此字原文作「并」。

10　【編按】同前註。

11　【編按】同前註。

為伴隨，不只為會合。休謨固以為「只」，吾則以為不「只」。且不言「不只」之論證，試觀「只」為相繼與會合之函義，及其所可有之直接之歸結。

如事象之關係只為相繼與會合，只為時空之接近，而不更言其他，則其關係必只為表面關係，亦必只為外在關係。表面吾亦言外部。外部只為時空之形式，而非物理之關係（此是內部）。外在吾意其不相涉。事象間無有連繫性，其關係只為無連繫之關係。如其有連繫，亦只為時空形式之連繫，此只為外部之連繫，而非內部之連繫。表面無有不外在，外在亦即函外部（表面）。是則事象之關係必只如散沙之關係。散沙並處，並無連繫，亦不相涉，亦無粘著。散沙並處，只是相繼相隨，會合而鄰接。休謨之宇宙乃為散沙之宇宙。吾人知散沙只為宇宙之一部，而休謨則視全部宇宙為散沙。如皆為散沙，吾不能有知識。汝試就一堆散沙之接近關係而觀之，汝能有所知耶？就散沙關係中，無論如何根據習慣以轉移，汝亦不能有所知。汝亦不能轉出何等知識與觀念。即令能轉，亦為極隨便而無理由者，以無眉目故也，以其僅為量而無質故也。吾人決不能純因時間、空間之表象，純因相繼、會合、接近、伴隨之表象，而可有知識。此義見下部論時空格度章。然而休謨竟謂只可有此，即得物理之知識。殊不知如其只此，汝決不能有知識。而今汝竟有知識，又可藉習慣之轉移，而有某種特殊之知識，則汝之所據者必不只相繼與會合、接附與伴隨。汝雖不欲言之，而亦不能免。汝所言者，一曲之見之理論也。汝所不欲言而不能免者，已於汝之蔽忽處而漏進矣。是以相繼必不只為相繼，必為何者之相繼。會合、伴隨、接近，亦如之，不只為量，必為質之量。於相繼

之量之關係中（即形式關係中），必有物理質之殊狀，凝固
於其中。惟依此殊狀，吾人始可有物理之知識。（以殊狀即
為物理的故也。）易言之，事象之呈現於吾前者，不只為數
學之形式關係，且為物理之實際關係。是即言事象之呈現於
吾前者，不只為量，且為質之量；其關係不只為表面，且為
內部者；不只為外在，且為內在者；不只為相繼，且為物理
交涉之相繼；不只為會合，且為物理連繫之會合。亦猶人不
只為動物，且為理性之動物[12]。譬如氫二氧一，化而為水，即
不只相繼與會合，且有物理、化學之交涉於其中。休謨能等
此種關係於左右前後耶？能等之於散沙耶？豈能皆出之以冷
眼而減損之耶？是即知只言相繼與會合，不足以盡事象之實
矣。此則純依理論即可辨明者。此理論之辨解，即足以使吾
人於相繼之形式關係外，尚須承認實際之關係。是即不啻云：
事象不只為相繼。休謨之命題雖不妄，而其真要必歸於吾之
「不只為相繼」。

三、因果關係之脫落

　　「不只為相繼」，即承認有因果關係也。然此非只理論
之辨解事，吾於實際能證實之耶？此時吾言因果關係非是普
遍因果律，乃當下殊事中之物理關係也。於當下殊事而言因
果關係，則因果關係必為與物宛轉，隨事屈曲，不逾越而離
事，故亦非抽象而空掛。至具體，至真實。順事之化而不過，
隨事屈曲而不離。故其未來如何，全不能有論謂，有規定。

12　【編按】此字原文誤作「質」。

如其有之，即為離事而越矣。離事而越，則為有色因果律。今即事而不越，隨事屈曲而識之；識其與物宛轉而不過，則為當下殊事中之因果關係，此為無色者。此無色之因果關係，可名曰因果線，亦曰因果歷程，言具有因果關係之機動歷程也。隨事屈曲而言之，曰因果關係，曰因果線。就此因果義（非有色者）而泛言之，曰因果性。泛言事象（不離經驗）而言，曰有因果性。此時亦可泛言吾之自然宇宙實有因果性，即於此因果性而言因果律。惟此因果律仍據「與物宛轉」之因果義而言之。故仍為無色因果律，而非有色因果律。非言其於未[13]來具有何種程度之普遍因果律，亦非言宇宙一切現象皆普遍具有因果關係也。宇宙一切現象是否普遍具有因果性，此為不能先驗預定者，亦須賴經驗之發見而決定。自常□[14]言之，左右前後，不得謂因果關係。然亦可云，左右前後並非現象也。自物理學熱力第二律言之，其所述之某部現象，如氣體中分子之活動，似亦不能謂其有因果關係。故論者於此而言統計律。然於當下殊事中，如其有之，則吾即於統覺而直覺之。無色因果線須由統覺而直覺之。此即言其不能論證也，亦明其無有定義也。有色有謂者，則可論證矣，亦可規定矣（如休謨之所為）。（論證與不可論證，吾將專文論之。）

　　吾言因果關係義，略為說明如上。於言因果關係之證實前，吾須一論足以脫落因果關係諸論點。

　　因果關係必為呈現於吾前之經驗事實之關係。然雖即為事實之關係，吾仍可以某種觀點或論證，以觀論此事實，而使其並無因果關係之可言。由觀論以脫落因果關係，吾今可

約為四：一曰剎那[15]感覺破；二曰至不至破；三曰三時破；四曰順應斯須破。二與三以論證破。四為處於某境界之觀照，非是一論證。初一既非一論證，亦[16]非一境界，乃視感覺為一點，囿於點之感覺而逐漸推致者。

　　休謨所以視事象只為相繼與會合，乃以其感覺論為前提。故剎那感覺破，實可以休謨思想為引證。感覺本為至具體而真實，通內外而不分內外。外事與生理狀態，於一感中，渾然而俱起，以成此生理覺。其生理狀態之接納外事也，不獨表現外事而為廣度之量，且亦表現而為強度之量。廣度之量，與強度之量，姑且合而為一，皆名為量，此時即可謂物理量。感覺之接納外事也，不獨接納其物理量，且亦兼物理質而納之。即其所納者不獨為量，且為質之量，乃一活的物理事實之全體呈現。聲為一特殊之聲，色為一特殊之色，臭味堅硬為一特殊之臭味堅硬。其接納之也，皆以其為一特殊而活現之物理事之全程而納之。聲、色、臭味諸特殊事之自身，固為直感而覺其為一物理之全程；設當境況全備，吾不但覺聲之自身，且合作聲之人與器，以及聲之自身為一全程而覺之。吾不但覺色之自身，且合作色之物與人，以及色之自身為一全程而覺之。臭味、堅硬，亦皆如是。其為全程也，與聲之自身、色之自身之為全程同。其為全程也，乃為特殊而活現之物理事之全程，亦與聲、色自身之為特殊而活現之物理事之全程同。此皆為一生理覺之直感。設境況不備，發聲之人與器，蔽而不露，所現者惟只一聲，以此時只為感覺設，無推度故，吾所言者亦只為感覺之接納故，故吾生理覺之接納

15　【編按】「剎那」在原文皆作「煞那」，今校改。下同。
16　【編按】此字原文作「一」，依文意校改。

亦只為一聲，其餘如發聲之人與器，皆無所感，亦無所覺，故亦全無所知。此只為聲之物理事之接納。設又當吾睡時，忽覺皮膚某處有一扎之痛，吾不知此扎之何由來，吾只覺一痛。此時吾之接納亦只為一痛之物理事。其餘如蚊咬或錐刺，吾既無所感，亦無所覺，故亦全無所知。設又吾在病中，神經失常，吾只覺有痛，而不知痛在何所。至如發痛之事，或為外來，或為內起，吾更不能有所知。此時吾所覺者亦只為痛之物理事之自身。是以凡境況不備，或在睡眠，或在病中，吾所覺之事只為一單一之事。至於與此單一事之自身簇生而共起者，吾既無所覺，亦無所知。此雖為單一，亦為具體物理事之全程，不得視為抽象而單懸。其所以為單一者，徒以其內於一特殊境況中耳（如上所述三種）。吾之生也，可有此特殊境況，而不盡為此特殊境況。吾之覺事也，亦在境況全備中，亦在清醒不睡時，亦在身體正常時。凡此諸境，吾之所覺即不純為單一之物理事，而常為一簇共起之物理事。當其為一事也，吾祗有一事之覺，孤零零，視為此一事，無他感，無多感，無異感。此時吾不能有因果關係感。設其為一簇共起之事，吾即有一種關係感，此關係感與全境簇生之事象應，同時而俱起，直感而全呈。此為具體之事實。吾人之感覺亦在具體之事實中，亦為具體事實中之感覺。然順休謨之理，則不能識于此。休謨於單一事之接納，曰感覺是曰印象，認其為至真而至實，生動活潑而有據，故視為奇貨而可居。彼甚眷戀於此而不忘，此蓋為其理論之總前提，以其過重單一事之感覺或印象，故雖於境況全備，有簇生共起之事，彼亦孤離而星散之，視為個個單一事之感覺或印象。彼似只能認識點之事，而不能認識線之事。每一點之事，有一

點之感覺或印象與之應；而每一感覺或印象，順休謨之理論，其所接納者，亦只為點之事，非線之事。點之事與點之感覺，休謨認其為至真而至實，生動活潑而有據。彼所察識者，只為點之事，隨而亦祇承認點之事，其他如順線之脈絡而足以連繫各點者，彼皆不能承認之。故彼所反復堅持者，即為無有連結之觀念，以其無有連結之感覺或印象也。（休謨言連結，意即必然連結，無必然連結，即無連結矣，此甚謬。）其所偏愛者即在孤零零之各點，以其個個星散，極分明而豁朗也。然實際之感覺，並不只為各點之接納。其個個單一事固亦接納之，而在一篇共生之事中，其間連絡之脈絡，亦同時接納之。休謨不認脈絡為實有，只有點而無線，即將一切關係脫落而無餘。於事只為點事之相繼與會合，於感覺亦只為點感覺之相繼與會合。推而至於極，事為剎那事，感覺為剎那感覺，剎那感覺應剎那事。點點相續而無連絡，點點會合而無交涉。吾之世界即為吾點感覺納之點事所成之世界，依此而言，吾於事象自無因果關係之可言。此順休謨之感覺論所必引至者，此即謂剎那感覺破。

次論至不至破。此就因果分為兩事，純自理論之辨解以施破。其言曰：因事與果事為至耶？為不至耶？因事如至于果事，則與果事為一，何辨因果？因事如不至于果事，則兩不相涉，何有因果？是以無論至與不至，皆不能言關係，皆足以脫落因果而無餘。此種論證亦足以引吾人冷觀事象為點點相續之密移，而不能有關係。而其所引之冷觀，吾人亦可有，吾實可如此觀事象。吾即不出之以至不至之論證，吾亦可如此觀。如其如此觀，因果即脫落。

次論三時破。此就時之前、後、俱，破因果。其言曰：

因在果前，抑在果後，抑俱時也？如在果前，則果既未生，果即不立。果既不立，因為誰因？是以原因不在果前。如在果後，則果既已成，不待因生。既不待因，何須于因？是以原因不在果後。如與俱時，則兩事合一，不辨因果。因果不辨，何謂因果？是以因果不能同時。此種論證與至不至同。由此論證，亦可引吾人觀事象為點點相續之密移，而不能有關係。因果亦因此而脫落。自論證觀之，有似詭辯。然順其論證，超出而審視之，其所引吾人以觀事者，似亦不能謂之妄，蓋亦甚合情理也。前不見古人，後不見來者，念天地之悠悠，獨愴然而涕下。上述三者，皆可以此詩而會之。

　　至不至之論證破，三時之論證破，雖為一論證，然其所引之冷觀，又實足引吾人至一境界之觀照。至乎境界之觀照，即為「順應斯須破」。此不必以論證出，可以指示明。且引王船山《莊子解》以明之。《莊子》外篇〈田子方〉篇云：

　　　子路曰：「吾子欲見溫伯雪子久矣。見之而不言，何邪[17]？」

　　　仲尼曰：「若夫人者，目擊而道存矣，亦不可以容聲矣。」

船山解云：

　　目擊而道存者，方目之擊，道即存乎所擊。前乎目之已擊已逝矣，後乎目之所擊，則今之所擊者又逝矣。氣無不遷，機無不變。念念相續而常新，則隨目所擊而道即存。不舍

_____

17　【編按】此字原文引作「耶」。

斯須，而通乎萬年。何所執以為當，而諄諄以諫道人乎？不待忘言而言自忘矣。（諫道人即《莊子》原文「其諫我也似子，其道我也似父」之諫道。）

目擊而「道」存，此中道字，吾且不問。其達此一境，或即為道，吾亦不問。吾于此所注意者，為目擊義，為不舍「斯須」義，以及「氣無不遷，機無不變，念念相續而常新」義。事至變而不居，目擊而應之，是謂循斯須。過乎斯須，執古以為今，則固蔽而不通。念念相續，吾即以念念之感應之。斯須念念，亦猶點點也。點點密移，亦猶念念相續也。言目擊而與「道」通，言斯須而與「感」應，其所示之境或高雅于點點之相續。然吾于此不論此義，而其足以脫落因果關係，則固與點點密移同。何謂「斯須」？〈田子方〉篇云：

> 顏淵問於仲尼曰：「文王其猶未邪[18]？又何以夢為乎？」
> 仲尼曰：「默！汝無言！夫文王盡之也，而又何論刺焉？彼直以循斯須也。」

船山解云：

> 夫物豈有可循以治之哉？循吾之所謂當者，是故吾耳，非大常以應變者也。循物之當者，是求之於唐肆也，交臂而已失之者也。故善循者，亦循其斯須而已。斯須者，物方生之機，而吾以方生之念動之，足以成其事而已足矣。

循吾乃故吾，循物物已失。循斯須而應之，則無我無物，無

18　【編按】此字原文引作「耶」。

古無今，只此斯須，斯須相續。是之謂無為而成其事。不馳騁于古今，各性住于一世。不來不去故不遷，無古無今故不動。船山于此盛言遷，而僧肇于此言不遷。遷即不遷，其義一也，然皆足以脫落關係而無餘。吾自何處言因果哉？是謂順應斯須破。

以上四破，休謨所言者，非是一境界，亦非一論證，彼論感覺，固自通常經驗言。惟其言感覺不應實，故循而至剎那感覺論。剎那感覺，論理感覺也。順是而往，必為當下之拘囚，單純之定位。是以彼只能言相繼與會合，而不能言關係。關係之成，乃為心理之彌補。此懷悌海所謂感覺論原則必至主觀論原則也。休謨自實際經驗而言之，既已為謬，故吾只須自實際經驗而破之，以指其謬。然至不至破、三時破，則為一論證。而由此論證亦可引吾人至于一境界。如其不偏愛此境界，而只視為一觀論，則此兩論證雖可立，然亦不必只有此論證。其所論證亦只一面也，而不必能盡事象之實情。吾人不必為此憂。如其偏愛此境界，則其為境界亦可至。其為境界，或即佛家所謂之真諦，乃所努力而求之，基於其人生態度而偏愛，吾亦復何言？至乎真諦，而趣涅槃。雖為永生，而實不生。生且不愛，何愛因果？是以佛家聲言因果為分位假法而急須破之也。言至此，乃知因果問題所關甚大，可以人生態度之不同而肯定之或否定之。即不及乎人生態度，而亦可由許多觀論以脫落之。信乎因果之難言也。眷戀科學之哲學家，欲使其為必然之真理，其存心亦苦矣，而不知其中之委曲。彼亦知此問題之關聯乎？如是彼亦知將如何論之、證之而救之耶？吾將一釋此惑焉。

四、因果關係之實踐的證實

　　吾已判明普遍因果律與因果關係之不同。吾又指明因果關係為與物宛轉而不過，為經驗事實所呈現。與物宛轉即隨事屈曲，此宛轉之物，或屈曲之事，何物耶？何事耶？即經驗所顯露之事也，經驗事實如其宛轉而呈現，如其屈曲而呈現。吾之經驗（亦即感覺或統覺）亦如其宛轉而覺之，如其屈曲而覺之。如其宛轉屈曲而覺之，亦如其為因果關係而覺之。是以因果關係亦如經驗事之宛轉之呈現而俱時呈現，亦如經驗事之屈曲之呈現而俱時呈現。因果關係即於此屈曲宛轉處而言之。是以因果關係即宿於經驗所顯露之經驗事實中而不離而不過。言至此，因果關係一為經驗所顯露，二為經驗事實所呈現。如此言之，因果關係已得證實乎？如只謂為經驗所顯露，吾處於經驗上超然而觀其所顯露；如其如此，吾是否即能獲得因果之證實，吾是否能證實其實有因果而不可疑？如汝謂吾如此觀，吾實見有因果，吾則謂，吾如此觀，吾實不見有因果。如汝謂吾於此愈觀察，愈審識，愈覺其有關係、有意義、條理整然，而蘊藏豐富。吾則謂，吾於此愈觀察，愈審識，愈覺其無關係、無意義，甚至蕩然無所有，孤零零、空洞洞、無有一物可得，無有一義可說。兩者相反，背道而馳，而其所說皆為吾人經驗所可有。然則處於經驗，超然立於事外，而觀察經驗所顯露之事象，吾實不能必然獲得因果之證實，吾實不能證實其實實有因果而不可疑。然則吾不能處於經驗而觀察事實以證實因果矣。一於此觀察之經[19]

19　【編按】此字原文誤作「統」。

驗中而施觀察時，自可隨而起論證，且有如許之觀法，即有如許之論證。且此如許之論證與觀法，必有背道而馳，互相背反，如上所述者。如於一事而可以相背反，此事之必然證實，即不可得。是以吾於因果，決不能自觀察之經驗由觀論以證實。自其隨事宛轉言，固為經驗所顯露之事實。此指其為經驗事而言也。彼實為經驗事，而非先驗事，亦非超經驗事。以對此言，故謂其為經驗所顯露。然言其為經驗所顯露，並非證實也。蓋就此顯露，有觀其有，有觀其無，是即不能必然證實矣。是即明因果關係必不能由觀論以獲得，即言不能由觀察以證實，亦不能由論證以證實。是亦即言因果非觀察事，非論證事。設吾處於觀察之經驗，超然立於所顯露之事外，而以冷靜不關心之態度以觀之，儼若處於象牙塔或真空管，吾必愈觀察愈覺因果關係之無有，必將一切脫離而無餘，所謂「無有一法可得」也。佛家欲達此境，遂遁空山，坐禪堂，舍棄一切生活，而以靜引靜，遂覺山河大地，連同自心，無有不靜，無有不寂；且亦無有山河大地可言，無有自心可言，只有此寂，只是此寂，寂外無他物可得，而寂者自身即寂亦不可得。佛家即處此靜境以觀察，亦處此靜境以論證（說法）。此即為不能處於觀察之經驗以觀論因果之一例。

因果既不能由觀論而證實，而所觀論之事（即經驗所顯露之事）之自身又不能宣告因果之實有。（即其自身並不能給予因果之存在以真實之證實。）然則吾將何以得「因果關係」之證實？曰：惟有自實踐以證之。實踐亦曰踐履，或曰行動（工作）。吾此處言實踐或行動，不指道德生活踐履言，乃指生物、生理生活之踐履言。生物、生理之生活為行動，

故亦非道德生活之行為。以吾此時所言之「因果」為自然因果，故自生物、生理生活言。感覺知覺，或吾所言之統覺，皆自生物、生理生活處而起發。如無生物、生理之生活，即無感覺、知覺或統覺之可言。吾人之統覺，如吾前所已言者，實即位於生物、生[20]理之歷程中。生物、生[21]理之歷程亦即生物生活或生理生活之歷程。一言生物、生理生活，自含生物機體與其環境之交涉。此一交涉歷程即為生物、生理生活之歷程。吾人不能越此歷程而有所覺有所感。此為吾所已辨明者。吾於此生物、生理生活之歷程中所引起與所遭遇之事象皆為吾實際生活所踐履之實事。惟於此生活上所踐履之實事，吾人乃能證實因果關係之實有。此種證實即為踐履之證實。吾之生物生活有飢餓、有冷暖。吾人生理機體有百骸、九竅、六臟與血肉。吾之飢也，吾之生理機體必偏斜反常而不平衡。吾須尋求食物以充之。及其飽也，乃歸於正常而平衡。如過飽則又偏。冷暖亦然。疾病老死，皆吾生理機體之失常而歸於破壞者也。健康活躍，則吾生理機體之平衡而各得其所者也。吾生理機體本身之事實即為因果關係中之事實。吾由生活行動即可踐履而知之。吾之生物生活自身之事實與其所交涉所遭遇之事實亦為因果關係中之事實。吾由生活行動即可踐履而證之。讀者必以此為[22]最平常之事實。然道不遠人，至不足道者即為真理之所在。吾亦卑之無高論，而可以得因果之證實。吾離乎此無足奇者而放言高論，乃不得因果關係之證實。是以道不遠人，要在反本。以上所言，只為泛泛之

20　【編按】原文此處缺一「生」字，今校補。

21　【編按】同前註。

22　【編按】「此為」二字原文誤作「為此」，今校改。

描述。然如此描述，乃可以引吾人認識實際之事實。實際云者，生理、物理之機動事實也，非只時、空接近之散沙也。一切言論分解必先以認識物理之機動事實為前提。有此機動而活現之事實，言論分解遂有所依歸而不至於一往而不返。生理機體，自然事象也，生物生活亦自然事象也。生物生活所遭遇之事實亦自然事象也。吾於此自然事象而證實自然因果。生物生活所遭遇之事實亦在吾生活之踐履中。其因果關係吾亦得以踐履而證實之。設暫置生活事實而不論。茲取生活所遭遇可以牽涉於生活，而暫時不必顧及牽涉於生活之自然事實而觀之。吾欲得知此自然事象中自然因果之實有，吾亦須實踐或行動而證之。此種實踐或行動即為科學中之試驗。科學固不只試驗，要亦不離試驗。試驗亦云實驗。吾欲知由太陽可以取熱乎？只須將吾身體置於正午之陽光中。吾欲知由太陽光可以取火乎？只須取一凸鏡片攝集陽光於一點（曰焦點）。鑽木取火，原始人已知之，實驗故也。此即以行動而證實因果也。此固無邏輯之理由，亦非邏輯之必然。然吾於此亦不須有邏輯之理由，不須有邏輯之必然，以其本非邏輯也。吾只認其為物理之機動事實即足矣。置身於太陽下，不必皆可感覺熱。攝置陽光於焦點，吾亦不謂其必可取得火，以吾知其非邏輯連結也。然吾不能不謂其為一物理事實之連結，吾且不能視其只為空、時之接近與會合。空、時不過表象物理事實之延展與擴張之符號。外乎此，必有物理事實之機動，不只空、時之表面形式也；且亦不只為事象之相繼與會合，抑且為機動歷程之物理事。力學中有所謂「工作」者。吾人於生活中賴此工作變化事象之形態有如此其多也。吾於工作中改變一現象，再造一現象，並對某現象預定其趨向與

規模而實現之。社會工業雖即於自然中不存在之現象，亦可藉工作而引起。此時吾全不必顧及吾人之意向，吾只須就吾所作及之事象自身而觀其物理之發展，吾亦只須就此物理發展自身而觀其因果之關係。其因果關係之證實即為實踐（工作試驗）之證實。吾如忘記生活之實踐與實驗（工作），而冷觀身外之事象，吾必可至因果關係之脫落。於此吾立一原則曰：實踐為因果關係證實之關鍵，生物、生理生活之實踐為自然因果證實之關鍵。

由實踐實驗，吾乃可以言經驗。實踐實驗是作之事，經驗是覺（知覺、統覺）之事。吾於生物、生理生活之實踐實驗中有此事，吾之生理體即接受而感之，吾之心即隨此感而覺之。此覺不必有思考審度於其中，可只為直接之覺了，故亦可省稱曰直覺或直觀。（科學之實驗自為有計劃與思考者。然其所試驗之事，其呈現於吾前也，吾固可率爾而直覺之。）作之而覺之，覺隨作起，以作為本。（覺與作實為同時起，今於義上說覺隨作起，以作為本。）覺本乎作，是所覺之事（即經驗之事）之有因果乃本乎作中之因果而得證實。覺非空頭，必有所本。本即是作，作即生活行動。覺必在生活行動中。覺非剎那感覺之散屑，乃本生活行動之歷程而全覺，非只點之覺，亦為線之覺，線之覺即并事象之關係而俱覺。吾覺事象之有關係，非「空頭覺」之或然（甚至脫落之如前所述者），乃本乎作而來者之實然。由覺而信事象之有關係，非空頭外置之關係（如普遍因果律）之無根之空信，乃本乎作之實事而為有根之實信。隨乎作之事而覺之，是覺之囿於當下者。其所覺之關係，乃為當下已然之關係，然覺不只囿於當下，而可擴大其範圍。覺之擴大，即為可能之覺（亦言可能經驗）。

可能之覺為據乎當下之覺而預測而論謂，是可能之覺已超出統覺之直覺而投至於未來。一言可能之覺，即函有思考推測在其中。至乎可能之覺，吾已至知識領域中（經驗知識）經驗之全部。至乎經驗之全部，則經驗即與生物、生理生活全部而相應。蓋此生活即為有回顧、有展向之機動歷程也，亦有思考推測宿於其中也。是以生物、生理生活中之實踐是謂「作」。依此而起之經驗是謂「覺」。宿於生物、生理生活之全部歷程中之思考與推測，單提而言之，即謂覺。（此覺兼攝可能之覺。）當吾於有思考之生活中而實踐時，此兼攝可能覺之覺即起而擴大其作之範圍。當夫作之囿於已然者，覺即隨之而起而投入於未然。投入於未然即為知識之擴大，亦即為一類事象知識之預測。當夫作之繼起而驗之，即為此擴大知識之證實。是以覺以作為本，而亦擴大其本。有覺斯有大，有作斯有本。大為本之大，而必賴覺以擴之；賴覺以擴之，而所擴之覺，又必賴作以驗之。無本之覺為空頭。焉知其非顛倒惑亂而入魔道耶？是以空頭之覺必流入虛無而懷疑。無覺之作為尸居。焉知其非槁木死灰而流入窒死耶？是以無覺之作，必流入孤窮而茫然。知識以作而有據，以覺而擴大。吾因以發見宇宙之何所「是」。知識之職務在求是。此吾於知識而言自然因果之所至也。設吾於所求之「是」進而欲明其所以實現「是」，則吾須透至意志因果而後可。此為道德生活（實踐理性）之事也，亦即形上學之所在。關此下文稍論之。

　　凡根據必自「作」言（實踐）。凡為「作」之事，必皆為自足而無待，為定然而不能為假然。彼已為根據，故不能為之立根據，即其上不復有假定，如數學，如因果，皆是也。

凡為「作」之事既為定然而不能有假定，即無復可論者，即
不能以論證求。凡關於此無可論者自身所作之陳述，皆非論
證，而為描述。一切言論皆顯示之，而非論證之。言論固論證，
然此論證即為論證其為不可論證。由論證而知其不可論證，
是以吾對於此不可論證之自身之認識即為隨其為作而直覺之。
凡關於其本性之陳述皆為描述。作之不可論（但可述），可
以數學為例以明之。今有執數學為基於設定之公理組而推演。
由此公理而來之推演皆為必然者。惟其所設定之公理則無必
然者。其所成之推演之必然，皆為已作之定然，即皆依公理
而實構者也；惟其公理則為設定，而非實構。是即有可論者。
吾人應取何組公理與不應取何組公理，則基於[23] 吾人之觀點
與討論而定。然於純數學，吾人不應有此討論。蓋純數學為
作之事，非論之事。如欲論公理，則為「數而上學」事，非
數學事。是即以數學為不自足而須有待者。須有待即須有假
定。然則數學須待一數而上學也。吾以為數學徹頭徹尾為作
之事而非論之事。是即明數學無有公理也，無有可論處也。
數學如此，純理亦然（見下理解篇），因果亦然。因果之上
無有假定，是以不可論證。不可論證，故須自「作」而證之。
雖然不可論證者，以其為作之事也。作之事何？實踐之事也。
吾於其為作雖不可論證，而吾於此「作」之自身又不能無疑。
吾究何須此「作」也？此本不應有問者。然某一思想統系實
可以破此作。吾故須提而明之。言至此，吾人即須一前提以
為吾言因果關係之保證（非論證因果自身）。此前提何？即
生物、生理生活之肯定也。其辭如下：

23　【編按】原文此處缺一「於」字，依文意校補。

　　如言自然因果，須有生物、生理生活之肯定。

　　何以必須此肯定耶？

五、言自然因果之前提與其理性之保證

　　如其順休謨之前提（剎那感覺）而破因果，吾不須有「言自然因果之前提」之討論。蓋休謨自理解而批評知識，並自知識之立場限於經驗之內而考察經驗之能力與限度。彼並未否認知識，亦未否認經驗。其所明者，端在經驗能力之所及與其所不及（此即其限度）。所及者為印象，所不及者為印象間之關係。此關係既為經驗所不及，故即不能有關係。（此休謨之肯斷，邏輯[24]不必如此。）其所以至乎此，由其剎那感覺之前提邏輯[25]上[26]而來也。此為其個人考核此問題之理論。如其並不否認知識，亦不否認經驗，則吾亦可順此不否認知識與經驗之立場，重新考核其理論之是非，乃至考核其所據之前提之是非。此為圍於同一範圍、同一立場是否如實之爭論。或吾之所言為非，或休謨之所言為非。此為是非問題，非究極態度問題也。吾可以指出休謨之不如實，為錯誤而非是。如其為錯誤，吾可以改正其錯誤。此尚易處，以尚可置喙也。故順休謨之理論破因果，吾不須有「言因果關係之前提」之討論。設自論證破因果，如至不至破、三時破，吾亦不須有此前提之討論，蓋其為自一觀點而論證，並無必然也。汝可如此論，吾亦可不如此論。吾可指出汝之缺陷而補充之。

24　【編按】原文此處缺一「輯」字，今校補。

25　【編按】同前註。

26　【編按】原文此處多一「亦」字，今依文意刪除。

就汝之論證所據者固可以破因果，然事實不只汝之所據以論
證之一面，而且有其他，則吾將汝所遺者而補充以觀事實，
又不必真可以破因果。此吾所以不必以為憂，可以置之而已
矣（自亦可破斥其謬誤與混淆）。設吾偏愛此「斯須」之一
境（如順應斯須破），則為臨時之機趣。吾亦可有此機趣而
冷觀。此亦不足憂，蓋其自身不能為自足。汝可順此機趣而
作順應斯須觀，吾則以為吾可有一境足攝汝之斯須，而不只
汝之斯須。是則汝之斯須固可有，而消融於吾之道體觀，則
因果亦不必剗落矣。是以如只為臨時之機趣，吾亦不必有此
前提之討論。但設為一思想之[27]統系，而其統系又可自足而無
待，成為究極之態度而自足，而又順其統系之究極乃為對於
生活之捨棄，而至於以靜引靜、全體俱寂之涅槃，以碎因果，
則吾不能不有「言因果關係之前提」之討論。蓋拋棄生活以
趣寂[28]，生且不有，何有於因果？對此而言，吾如言因果，
必有生活之肯定。生活之肯定即為言因果之前提。吾如言自
然因[29]果，吾必以「生物、生理生活之肯定」為前提。前提者
為吾「言」之前提，非為因果關係自身立根據也。

　　抑不止此而已也。今已肯定生物、生理生活為言自然因
果之前提。此固然矣。設吾人之生活不只生物、生理之生活，
而尚有超越乎此者。如一至超越乎此者，而不能保留此生活
（即生物、生理生活），或竟至厭棄此生活，或破壞此生活（如
在涅槃生活），則自然因果雖於此生物、生理生活中而證實，
然不能於越乎此生活而證實，或於越乎此生活處而全無自然

27　【編按】原文此字誤作「少」，今依文意校改。
28　【編按】「趣寂」二字原文作「寂趣」，今依文意校改。
29　【編按】此字原文誤作「原」。

因果之保留，而竟至於全脫落，則自然因果即不能終始其實有，亦即不能徹頭徹尾而有效。今欲使自然因果始終為實有，徹頭徹尾得保留而有效，則吾亦必不能止於生物、生理生活為已足。吾亦須有越乎此「生物、生理生活」之生活，吾且須對此越乎此「生物、生理生活」之生活有特殊之肯定與規定。吾所肯定之越乎此生活之生活，亦必為生活，而非涅槃生活之非生活，即亦必為動之實踐之生活。此動之實踐之生活，自其為越乎生物、生理之生活而言之，自為超越之生活。然自其為動之實踐之生活而言之，則雖 [30] 超越而又不棄其所越之生物之生活。此即言仍含此生物之生活，而為其主，或則雖超越而亦仍宿於生物生活中，而主宰之、潤澤之。言超越者，「不只」之謂也。此超越之生活，吾規定其為理性之生活。理性吾意實踐理性。吾欲保留自然因果徹頭徹尾而有效，始終為實有而不得落，吾且須肯定實踐理性之生活。生物生活證實自然因果，理性生活證實意志因果。理性生活宿於生物生活中而為其主，即意志因果宿於自然因果中為主。此為貫本末而為一，通體用而為言。此本此體即為形上學所論究。此本此體而立，則自然因果即終始為實，有徹頭徹尾而有效。此為全體實踐生活之肯定。吾如此肯定，即隱示對於佛家思想之否定。吾必如此肯定，而後可以自實踐而證因果。以有佛家思想呈於吾眼前，吾不能置諸而不理。故言因果，遂有「言因果關係之前提」之討論。此雖於因果為支離，然實為提示吾全書規模之關鍵，亦實為建立形上學之支柱。吾此時所言者為知識，故限於生物、生理生活而言自然因果為已足。

30　【編按】此字原文誤作「活」。

至意志因果，此時不能論也。

限於知識，而言自然因果，其實有之證實實在於生物、生理生活中之實踐、實驗行動與工作。此雖證實其實有，然以其屬於事，又以生物、生理生活自身亦為事，即其自身所引起、所遭遇行為事，故雖證實其實有，而所謂證實仍只證實其屬事之關係，而非屬理之關係。如其為屬事之關係，則雖以踐履證實之，而仍不能理性化，即其關係仍不能為理之必然關係。其關係只為事之連結，由踐履而知其為實然、為定然，然不能謂之為必然。以其非理，故無必。此義易曉，無須多述。然尚有一義須申明。吾以踐履證實，是即云以踐履保證之，即其實有已通過踐履之保證而為實。然此踐履亦不過生物、生理生活之踐履，而此生活踐履自身即為事，而非理。生物生活事為生物學中之事，生理生活事為生理學中之事。所謂生活亦不過行動義。如自其為事而觀之，生活亦不過機動之生物事或機動之生理事。徒以吾人既有此生活，即順此生活而活之，活之即踐履之。踐履之即實行「活此生活」也。于實行「活此生活」也，徒以有吾在（以我為準度），遂謂以吾之踐履而證實因果之實有。以是對吾，故吾以踐而證之，是即認為證之而已矣。外乎吾者如鳥獸草木或月球中人，允吾與否，吾可不問。故言自然因果，必以生物、生理生活之肯定為前提。然既已言之，此種肯定不過謂吾欲「活此生活」也（以吾既有此生活），即既已肯定之，而吾亦欲活此生活也。然如適所云，此生活自身亦為事世界，故由之而證實因果，亦只為以事之踐履而證實，亦即為只由事之踐履而保證，即其所通過之保證亦只為事，而非理。此尚未通過理之保證也。縱云吾既已肯定此生活，則對吾而言，其為

保證亦不可謂非必然,然此必然乃順吾對此生活態度而來者。
此若就已有此生言,此為無義之廢辭,徒以對佛家言,遂覺
其有意義。今就已肯定此生言,於此肯定中,吾不獨明其已
得實踐事之保證,吾尚欲明其是否可以有理之保障,即是否
能通過理性之允許。此言「理性」,當非邏輯之純理(「純
理」義見下〈理解[31]篇〉)。蓋邏輯之純理,並不能保證也。
純理只為思考中邏輯推演之必然,而其於事之為事仍無補助
也。純理乃為無色者,其於外事並無責任可負也。即在生物、
生理生活中,吾亦可有思考宿其中,即亦有純理宿其中,吾
不因有此純理即可保證自然因果也。兩者道不同,不相為謀。
吾為吾之理(純理),汝為汝之事,吾既不能助汝,汝亦不
能求我。吾無權利可以助汝,亦無義務可以助汝,是汝亦無
由求我也。吾所能助而統轄者只思耳,非汝之事也。吾所與
汝生關係[32]者,只在於經驗之發見中。吾所統轄之思考,以吾
之統系性、貫穿性使汝之關聯之範圍漸趨於較廣大、較連貫;
而於汝之本性,吾不能有所事事也,故亦不能保證之。純理
既不能保證之,然則所謂須通過理性之[33]保證,此所謂理性
必為實踐理性矣。實踐理性以意志因果為中心。此亦為實踐,
即理性生活之實踐也。是以吾只能以實踐保證實踐。通過實
踐理性之保證,即通過意志因果之保證。此亦即謂仍以因果
保證因果也。同類者相保證,各觀其類[34]也。一為自然,一為
意志,而其為因果義則一也。一為理性,一為生物、生理,

31　【編按】此字原文誤作「鮮」。

32　【編按】原文此處缺一「係」字,依文意校補。

33　【編按】「理性之」三字原文誤作「理之性」。

34　【編按】此字原文誤作「頖」。

而其為生活之實踐則一也。兩者為本末事，為體用事，未始可離也。即由其不可離處，而言自然因果，而通過理性之保證。舍乎此，無保證之可言。欲至此，吾人須自進至形上學。若囿於知識為已足，則任其為自然而已矣，無須通過理性之保證。言各有分，則亦無須進至形上學。此問題亦不必提起矣。而且如欲提起，而須理性之保證，亦無不可至此。蓋以意志因果保證自然因果，是謂外事之主觀化，亦為擬人說；而外事究受汝之意化否？究可以人擬否？亦未必然也。既未必然，是亦未必能保證矣。然則何須汝之多事耶？此固囿於知識或科學者所可言，亦為自然主義，或唯物論者所倡導。其立言之分際，吾亦不能謂其為非是。然止於此，必無形上學，亦不能言價值；且吾於前段已言之，吾人不只為生物之生活，且有越乎此生活之生活。吾人欲期自然因果終始為實有，徹頭徹尾為有效，吾人必須於越乎生物生活之生活有特殊之肯定與規定，即云：吾必須肯定實踐之道德生活也。如為涅槃之生活，則即不能終始為有效，故必須於越乎生物之生活，肯定而且規定為道德之生活，而且吾人亦實有此生活，故此生活之肯定實為自然因果終始有效之充足而必須之條件。吾人定有此生活，亦必建立此生活。自然因果固未必肯受理性之保證，然吾一至此生活，吾必保證之，彼雖不肯亦不可。是其義必為逆來順受矣。形上學固最難言者。其如何可能？既可能矣，其保證自然因果之意義為如何？皆非此處所能詳論。今且仍囿於知識而言自然因果。

六、終始律

　　自生物生活之實踐而證實自然事中自然因果之實有，此言證實因果之基本原則也。凡此所[35]言，皆為大體之論辯。吾人順此踐履之原則而證實自然事有因果也。吾人尚可尅就踐履中之自然事而明其何以有因果，即「何以」能由踐履而證實其有因果。此言「何以」，似為進一步之追問，儼若為因果立一所依之根據。實則此「何以」之追問，純為名言者，而所謂立一所依之根據之「所依」，亦純為名言者。蓋因果由踐履而證實其為實有，為作之事，非論之事，自然事實實如此，本無理由者，何須立一所依之根據進而論證之？故「何以」與「所依」皆為名言之追問，非存在之追問。是以名言之追問，不過欲令吾人轉而就踐履事之自身而審識其呈現之歷程，以明因果實有之切實義，非徒為泛論而已也。故名言之追問，貌是追問，實為描述，非論證也。凡存在之追問，皆論證，凡名言之追問[36]，實描述。吾人轉而就踐履事之自身而審識其呈現之歷程，乃深覺凡踐履中之自然事，其生起或呈現皆為成形者，即皆為具一定之型態者。再詳言之，其生發歷程，皆為一機動歷程，而此機動歷程之自身即具一完形之組織，此其成為歷程之時印現而為完形之時。此其義甚深而甚遠，甚易而甚簡，言之甚難，而覺之則甚易。然吾終謂其為淺顯簡易之事也。（縱吾言之頗費[37]力）。何以言之？

35　【編按】「此所」二字原文誤作「所此」，今依文意校改。

36　【編按】原文此處缺一「問」字，今依文意校補。

37　【編按】「頗費」二字，第一字原文作「頻」，第二字無法辨識，今依文意校補。

只言其成形，而不必考究其為何形。（如考究之，則甚複雜，如幾何中所研究之形。）只言其於機動歷程中所具一完形之組織（即現而為完形），而不詳考其為何種之組織，故為簡易也。述此簡易事之簡易原理為何耶？曰：終始律而已矣。每一踐履事如生起，如其為機動之歷程，則必成始而成終。成始成終即成形也（具一定之形態，即現而為完形也。此豈不甚簡乎？亦為踐履中所可直接證實者。與終始律之義相類者，曰極端律，曰超熟律，曰善續律，此為完形心理學所言者。）（見下〈物□ [38] 章〉），曰最短線律。此為相對論物理學所言者。何謂極端律？凡一自然事，其趨於動也，必盡其所可能之動而動焉，不盡其所可能之動不止也；其趨於靜也，必盡其所可能之靜而靜焉，不盡其所可能之靜不止也；其趨於大也，必極其所可能之大而大焉，不極其所可能之大不止也；其趨於小也，必極其所可能之小而小焉，不極其所可能之小不止也。極其大而為大形，極其小而為小形。極其動而為動形也，極其靜而為靜形。此皆機動之物理事，非數學之大小，非抽象之動靜也。名之曰極端律，即最大端與最小端，或最高度與最低度之謂也。又此皆指事之一自身言，不指對待言（即不指對一定之標準言）。故極端律而用以描述一物之成形，與終始律之義同。何謂善續律？凡一自然事，其生起也，必順其原有之形向（即成形之方向）而善續其發展以完成之，與極端律同義也 [39]。何謂善熟律？極端律、善續律，皆趨熟律之函義也。一事之起也，皆有趨 [40] 於實現之傾向，即

38　【編按】原文此字無法辨識。

39　【編按】「同義也」三字原文誤植為「也同義」。

40　【編按】此字原文誤作「超」，今依文意校改。

皆向其成熟而趨焉。趨[41]者趨勢，即傾向義。熟者成熟義、實現義。孟子曰：「夫仁，亦在乎[42]熟之而已矣。」仁或有熟，或有不熟，有修養存焉。自然事自然而已矣，無所謂修養於其中。今言自然事，只取「熟」字義。又曰：「五穀[43]〔……〕不熟，不如荑稗[44]。」孟子此言，亦有所對而言也。今言自然事，只言其自身之成形，如不如不問焉。荑稗有趣為荑稗之傾向，五穀有趣其為五穀之傾向。無對也，無軒輊也。何謂最短線律？凡自然事之運動，縱然屈曲萬端，必行其最短之途徑，無人力使之然。此亦與極端律、善續律同義也。孟子又曰：「流水之為物也，不盈科不行。君子之志於道也，不成章不達[45]。」後句且不問，不盈科不行亦趨熟律之義也。孟子贊孔子曰：「孔子，聖之時者也。孔子之謂集大成。集大成也者[46]，金聲而玉振之者也。金聲也者，始條理也，玉振之也者，終條理也。」此言修養之境界，吾人亦不問。今言自然事，而其義竊取之。聲者宣也，振者收也，宣者始也，收者終也。故云始條理，終條理。彼言終始條理，其義至高遠。今言自然事，無所謂高不高。然終始條理，仍可藉用之。故終始律即描述一始終條理之機動歷程也。不惟始終，而且始終條理。始終條理之歷程，故其為歷程而成形。終始律即成形律，其餘諸律，皆賅而存焉。終始律所描述之始終條理歷

41　【編按】同前註。

42　【編按】原文此處缺一「乎」字。

43　【編按】「穀」字原文引作「谷」，今據《孟子》本文校正。以下皆同。

44　【編按】「荑稗」二字原文引作「稗稊」，今據《孟子》本文校正。以下皆同。

45　【編按】此字原文誤引作「答」。

46　【編按】「孔子之謂集大成。集大成也者」原文引作「聖之時者」。

程即為因果關係之所在。（案：吾前言意[47]志因果統馭自然因
果而保證之。又言自知識言自然因果，不必肯受此保證；然
吾至越乎生物生活，而為道德生活，順其固有之性分，又必
保證之。雖不肯亦不可，故為逆來而順受。逆來自知識範圍
言，順受自道德生活所達之境界言。今觀孟子諸言，信乎其
可順受也。自然因果為終始律，意志因果亦終始律，原義有
殊耳。孟子贊孔子一段，吾所最傾倒，至矣盡矣，無以加矣。
此為後來事，此處不必言，略為提示於此。）

　　終始律即成形律，廣大悉備，簡易深遠。自生物生活之
踐履驗之於自然事，事事皆然也。推而廣之，心理學、物理
學之所考核而精研者亦如是也。而哲學家於此而忽焉，何耶？
考之於西哲，未有知也。考之於印度，尤昧乎此也。惟吾大
《易》一書攝其睿智，仰觀俯察，於終始義，深切著明焉。
信乎吾言之而有徵也。〈乾・彖〉曰：「大哉乾元！萬物資
始，乃統天。雲行雨施，品物流形。大明終始，六位時成。」
〈坤・彖〉曰：「至哉坤元！萬物資生，乃順承天。」於其
順也，雖有終而無成，故六三爻辭云：「無成有終。」即以
己之終而歸成功於乾也。〈坤・文言〉曰：「陰雖有美，含
之以從王事，弗敢成也。地道也，妻道也，臣道也。地道無成，
而代有終也。」《程氏易傳》解曰：「為下之道，不居其功，
含晦其章美，以從王事。代上以終其事，而不敢有其成功也。
猶地道代天終物，而[48]成功則主於天也。」此乾坤分言，主統
主順，故終成有殊。然終始義、生成義，著於此矣。〈繫辭〉
承此義而言之不一言。「乾知大始，坤作成物。乾以易知，

47　【編按】原文此處缺一「意」字。
48　【編按】此字原文誤引作「不」。

坤以簡能。〔……〕易簡而天下之理得矣。天下之理得,而
成位乎其中矣。」知大始,作成物,即終始生成義也。成位
即成形。又曰:「易與天地準,故能彌綸天地之道。仰以觀
於天文,俯以察於地理,是故知幽明之故。原始反[49]終,遂知
死生之說。」言《易》之為書,其義與天地準,故能極盡天
地之道。此道也,何道也?曰:知幽明也。原始反[50]終,知死
生也。死生即終始。又曰:「《易》之為書也,原始要終以
為質也。六爻相雜,唯其時物也。其初難知,其上易知,本
末也。初辭擬之,卒成之終。若夫雜物撰德,辯是與非,則
非其[51]中爻不備。」言終始無明於此者。初上本末,終始義也。
初辭擬之,卒成之終,趨勢義也,善續義也。後之談《易》者,
惟胡煦能發之。外此不足道也。〈說卦〉復自八卦以明終始
義曰:

> 雷以動之,風以散之,雨以潤之,日以烜之,艮以止之,
> 兌以說之,乾以君之,坤以藏之。帝出乎震,齊乎巽,相
> 見乎離,致役乎坤,說言乎兌,戰乎乾,勞乎坎,成言乎
> 艮。萬物出乎震,震東方也;齊乎巽,巽東南也。齊也者,
> 言萬物之絜[52]齊也。離也者,明也。萬物皆相見,南方之
> 卦也。〔……〕坤也者,地也,萬物皆致養焉,故曰致役
> 乎坤。兌,正秋也,萬物之所說也,故曰說言乎兌。戰乎
> 乾,乾,西北之卦也,言陰陽相薄也。坎者,水也,正北

49　【編按】此字原文引作「要」。
50　【編按】同前註。
51　【編按】原文此處缺一「其」字,今校補。
52　【編按】此字原文引作「潔」。

方之卦也。勞卦也，萬物之所歸也，故曰勞乎坎。艮，東
北之卦也，萬物之所成終而所成始也，故曰成言乎艮。

　動萬物者，莫疾乎雷。橈[53]萬物者，莫疾乎風。燥萬物
者，莫熯乎火。說萬物者，莫說乎澤。潤萬物者，莫潤乎
水。終萬物始萬物者，莫盛乎艮。

此以八卦配方位，配四時，明生成終始之義。此為廣大歷程
之終始。而其終始義見於艮，故曰「終萬物始萬物者，莫盛
乎艮。」又曰：「萬物之所成終而所成始也。」[54]終始義又明
點於此。自八卦分言之，每一卦皆象一因果事，即其自身為
終始。故曰：「雷以動之，風以散之，雨以潤之，日以烜之，
艮以止之，兌以說之，乾以君之，坤以藏之。」自六十四卦
言之，乾坤為一終始，既濟未濟為一終始。乾坤與既濟未濟
為一大終始。剝復為一終始，夬姤為一終始。咸恒為一終始。
震艮為一終始。鼎革為一終始。〈序卦〉所言，雖不必盡當，
而要不外進退往復、循環終始之義。是《易》之一書，終始
義蓋為其根本義。自六十四卦分言之，每卦皆象一完形，皆
為終始歷程之圓滿。此義惟胡煦「體卦說」為能盡其蘊。胡
氏深知一卦所象者，即事之內外、往來、生成、終始而成一
完形也。內外、往來、生成、終始四義皆為《易經》所雅
言。胡氏「體卦說」即明此義也。言此四義，言一卦所象者
為一完形也。自此完形之動之歷程言，則有六爻之序，所謂
「六位時成」也，所謂「六爻相雜，惟其時物」也。此自一

53　【編按】此字原文引作「撓」。
54　【編按】此句原文引作「萬物之所成始而所成終也」。

完形之歷程而言其位育也。述六爻之序有專辭，所謂「初上九六二三四五八字命爻」之謂。八字命爻之義，亦唯胡煦深言之，而要歸於內外、往來、始終、生成四義也。胡煦復由此論時位。時位即時空，而空不如位。如乾動為時，坤靜為位。內生言時，外成言位。往處徵位，來處徵時。初以時言，上以位言。終處成位，始處顯時。此仍以四義明時位，或以時位表四義也。（「時空」吾下〈理解篇〉有專論。此處方便提及。又本篇凡言時空，皆隨文方便取用。或以為時空義尚未明，而已用之，是謂丐題。曰：吾方便取用，不以此為論題也。其如何建立，吾尚未表示態度也。然不妨暫用，即云丐題，乃丐吾自家題，不為過。）凡此吾曾詳論於吾《周易》[55]一書。此處所言者惟明終始律，使有以知吾言終始義，不惟於今之科學有徵驗，而吾先哲實已盛言之於大《易》一經矣。終始義為根本義，由此而通之，則乾坤翕闢、變易不易、生生之化、神妙之機，皆所以發其蘊也。窮神知化，非徒玄言。極深研幾，必歸實理。通體達用，終始條理，乃易道之所深切著明也。此《易經》之宇宙論也。惟應有聲明者，吾此處不言宇宙論，故只言終始義，不言何以成終始。只就自然事之成形歷程而描述之，故終始律只為描述律。而《易》之所言為宇宙論，則於終始必剖解而明其何以為終始，即已至乎形上之本也。故有乾坤（陰陽）之判、翕闢之運，使有以知成始成終、品物流形之用，皆有體運乎其中而為之主。體以成用，用之然，以體而然也。元亨利貞四句教，即稱體起用而顯之終始歷程也。「元者善之長也。」是其終始，為

55　【編按】此即《周易的自然哲學與道德函義》，收入《牟宗三先生全集》，第 1 冊。

義深長，必有由矣。「乾道變化，各正性命，保合大⁵⁶和，乃利貞。」此亦終始義也，然亦有為之主者存焉。凡《易經》言終始，皆稱體起用而言也，故為宇宙論。進乎體矣，非只自然事之終始，徒為描述也。吾前言意志因果統馭自然因果而一之，一起登法界。自然因果終始也，意志因果亦終始也，然其含義有殊矣。意志非通常心理主觀義，蓋為康德派論之意。康氏後論意者多矣，皆非康氏義。獨康氏所論之意志，可通孟子之性善與夫大《易》之乾元。此皆中學所謂體也。凡道德形上學必共主夫此也。吾今論知識，故其所論者亦為自然事。終始亦只為自然事之終始。過此以往，未之或知也。以體如何建立？具何函義？為何必須？皆未論及故也。

終始律為描述律。由機動歷程之成始成終，而因果關係即表露。是以因果律（吾前所定者）歸於終始律而明之。機動歷程為物理之事實。因果律為物理律，終始律亦為物理律。自踐履之自然事而證實之，亦隨其踐履之證實，吾心（統覺之心）起而直接覺識之。吾覺一事之全形，即覺一事之終始，故其因果關係亦俱時而覺發，非謂只覺孤零之散點，而否認其有關係，或雖承認其有關係，而須推比以求之。此皆以剎那感覺為起點，理論使是然，而非實際如此也。隨踐履而覺卦象，其自身為一事者，即如一事而覺之。此事自身自為一終始，自成其完形。其中之因果名曰因果線，或隨羅素名曰內具因果律。一杯一壺，一紙一筆，皆其自身為一終始者，亦即一條因果線也。如隨踐履而覺之事，為兩事或多事相遭遇而成者，亦如其關係而全覺之。此兩事或多事之遭遇而成

關係，其自身亦為一終始，而趨成其完形。此因遭遇而成之
關係亦曰因果關係。此隨羅素當名外鑠因果律。（內具、外
鑠對言，與內在、外在對言異。內在亦可為外鑠者，外鑠亦
皆為內在者。普通以物理、化學之關係多為內在，而以左右、
上下、前後等關係為外在。順此而論，則凡外在者皆時空關
係也。此時言時空乃專指時空自身言，不涉及其所附屬而表
示之物理事。吾前斥休謨只知時空接近之關係，其關係必皆
流於外在也，表面也。順此而定時空關係為外在，則凡一涉
物理之實事，其關係必皆內在者，以其皆生影響而起變動也。
其變動或為性質或為位置，無關也，皆以內在目之，而以內
具外鑠別之。故外鑠與外在異。）外鑠者，由外事作用於他
事而起之變化關係也。如雷以動之，風以散之，雨以潤之，
日以烜之，皆外鑠關係也。以甲球衝乙 [57] 球，乙球因擊而動。
雖或一時不覺其有性質之變化，而其位置固有移動也。或不
移動而抗力特大，則甲球被擊回或之他，而乙球自身亦必稍
有震動也。其中所可能有之關係情狀、自然因果，然要必受
影響而起變化則無可疑。力學所論者，固不必乙球之動也。
其變化之多端，亦其所論焉。凡此皆為外鑠因果律所描述。
外鑠關係，或因此關係而融合為一事，或雖起變化而仍為二
事。為一事者化學中多有之，為二事者力學中多言之。吾隨
踐履而覺者，亦在在多證之。為一事者由機動歷程而趨平衡
之穩定。其自身遂為一終始而成形。成形非口 [58] 體，故為一因
果線，又曰內具因果律。為二事者，以機動歷程故，雖終為
二事，而其交涉之動蕩亦必終於平衡之穩定也。此穩定為多

57　【編按】此字原文誤作「己」。
58　【編按】此字原文難以辨識，疑作「死」。

方關係之穩定，其義亦與為一事者同。大抵一事、二事，皆方便分別，而物理學概括言之，皆不妨視為多方關係之穩定。自常情言之，為一事者如一物，如杯如壺，如紙如筆。為二事者，則為關係之變換而趨新關係之穩定。然此常情之分別，一至物理學則屬於一原則而泯焉，蓋其趨於穩定之義同也。而所謂如一物者，亦不過一複雜關係之叢簇耳。是以凡外鑠因果關係必趨於內具因果關係也（無論為一事為多事）。由外鑠而內具，為一大歷程，亦為一終始而成形。（此形非成為穩定時之形，須審識。）至於內具而穩定，則仍自身為終始而成形。成形者，始條理，終條理，乃至終始歷程之全體之條理之所呈現也。成其形而呈其理，則一物之關係亦可得而言，而一切物理律亦於此而撰成。茲以牛頓物理學而明之。

　　第一，萬有引力律曰：「任何兩物體在其連結直線上，互有引力之大小，其大小與兩者所有質量乘積成正比，與其質量中心間距離之平方成反比。」此為描述引力之定律。哥白尼首以地為球形，繞軸而自轉，並繞太陽運行而公轉，其軌道為一圓。後天文學家泰科布拉奇，屢觀天體，所得事實甚多，而為組成統系。其弟子蓋白勒承其師之餘業，分解計算，遂次第撰為三律，描述行星之運行，世稱為蓋白勒定律。其一，各行星繞太陽運行之軌道為橢圓形，太陽之位置則處於橢圓形之一焦點。其二，行星與太陽連結之向徑，在空間中所掃過之面積與其經歷之時間成正比。其三，行星繞太陽運行一周所需時間之平方，與其軌道之半長徑之立方成正比。蓋氏三律僅就所得事實而描述之，故蓋氏律仍為描述律。牛頓繼起，更進而說明行星運行之原因，遂有引力之假設。以有引力，故有離心力與向心力。行星運行之軌道所以為橢圓

者，即因不惟太陽有引力，而行星亦有引力也。此即離心力與向心力之謂也。牛頓更推廣之，不惟天體如此，任何物體皆有引力。如是復繼蓋氏三律而撰萬有引力定律。引力之存在，至今已成問題。順相對論物理學而言之，引力之假設似不必須。是則又歸於蓋氏之描述態度矣。此固較純淨而不支蔓，然引力可存可廢，似亦不必固執，但視吾人如何看力耳。試就引力與發生運動之力（作用力）而比論之，則運動之力由對他而顯，而引力則對自而言。對他物施以作用而令之動，由此見力，人所不疑。然而引力將由何見？對自而言何以見其必有吸力耶？今人視為不可捉摸之魔鬼，亦未始非理。然吾以為，如視引力為描述詞，而不必定視為存在之實體，則亦未始不可言。吾今以通俗言詞述之，引力者實即物體之累墜耳。萬物相推移、相累墜，依此而得維繫其存在。推移見動力，累墜見引力，如兩人相靠，一人忽倒，則他人亦忽覺失所依而頓見傾斜，此即累墜力也。此如小家夫婦，丈夫忽去世，其妻號哭連天而言曰：汝閃得我好苦也。此「閃得我」即其丈夫之累墜力。又如兒女成群，丈夫專謀衣食不得自在，則云受妻子之累墜。此即妻子之累墜也。此固常情之描述，然引力一念亦實由此描述而來。惟科學家每定一念，煞有介事，令人望之，輕鬆不得。此固其利，亦其弊也。今如取此描述態度而觀之，則亦何惡於引力？引力者，即累墜耳，由累墜而見力，故即言力亦無妨。猶如運動見動力，人不為怪也。是則動力者，前進之推移力也；引力者，後委之累墜力也。天下無不動之物。前進、後退相對而言，前進固動，後退亦在動中。行星動，太陽亦動。於其動中各相對而有累墜，是即所謂引力也。今人不惟視引力為魔鬼，即視動力亦可無。

蓋力之觀念已剝落無餘矣，然剝落者只為牛頓對於力之思想。蓋牛頓常視力為一外來者。充此外來之思想而至其極，則必推源於上帝賦一力於萬物，是則視力為一存在之實體。今人棄之，不為非是。若於自然實事之物理機動而見力，舍動無可言力，力蘊於動中而見，則力為描述語，亦無過患。休謨所駁斥之力，大抵皆彼外來者視為存在之實體之義耳，故云秘密之力，又云有力使之然。近人大都不取此義而仍可言力，則即吾所謂描述之義也。此為形下之事實，而非形上之實體，故曰不離乎運動也。於因果關係而言力，亦此義也。於機動歷程而見力，即於機動歷程而見因果關係。機動、力、因果關係，皆物理之實事。惟識乎此，始不流於只為時空之接近與會合。至若相對論者，既不言引力，而言時空之曲度，以為宇宙萬事之彎曲，乃由時空本身即為彎曲者，非有引力使之曲。此則頗有弊竇，不可不察。吾詳考之，自相對論出，無不言時空，時空之言已成濫調。然考其所言，大都雖言時空，而實隱指時空所表之物理實事。蓋物理事之機動，皆可表之以時，表之以空，而時空亦無不附著於事，隨事之屈曲而屈曲。是言時空者徒以其為方便之象徵耳。而所謂彎曲者，豈真離物理實事之屈曲，而別有所謂時空之曲度乎？豈謂事之彎曲乃由時空本身為彎曲而然乎？如誠如此，則必時空自身有實體，吾人不知有物理事，而只有時空矣。然吾深知之，其言時空徒為方便之象徵，而其實指則仍隱目物理事而為言。然則雖不必有牛頓所想之引力，而事之推移與累墜所成之屈曲仍為物理之實事，要不可視為時空之曲度也。是即物理事之屈曲仍由其言時空之曲度而露之，言時空曲度者，徒為方便之象徵耳。力義既定，引力可言；引力可言，而描述引力

之定律自亦隨之而能立。引力律亦非言引力之自身，蓋既無引力，一物而獨在，故只能就物體與運動而見之。故引力律亦須就物體之運動而定之。物體必有物體之大小（以相對而言故），而於物體之運動又必有距離。今言引力，必在兩物。兩物各有其質量之大小輕重，亦有其運動間之距離，是以引力律即就質量之大小與距離之遠近而撰成。如律所云，即可知矣。引力律實即累墜律，亦即為後退運動律，即描述物體於運動中互相累墜退委之關係也。此關係（即律所述者）之成何所據耶？非徒空言，必有憑者。其所憑者，即物體也。而物體云何？則不過一終始歷程而成形者也。（為簡明起見，可指一物之成形言。）終始歷程而成形，此自動態以觀事，物理學家自其成形而觀之以靜態，含質之量，而撰力學定律。設一終始歷程所成之形，自其為一三度之體言，則曰體積，體之大小即立體之大小。自體積內所含物質多少之量言，名曰質量。自體積內物質密集之程度言，曰密度。此亦由體積內所含之質量而表示。凡此種種，皆為力學定[59]律之基本概念。吾人皆當自終始律而認識之。蓋如此方能知其為機動之物理事，而非為純抽象之時空形式也。（自可以時空表之，然不可不知其為物理事。設不知其為物理事，而只視為時空關係以解之，則必至於無物而後已，如前所述休謨是已。近人雅言時空為最具體者，以指時空所表象之事言也。故具體者為事。設不知物理事，而純注意時空，則即只為數量者、形式者，而可任吾人施以無窮之分解。由此以解物，物必落空。休謨犯之於前，羅素犯之於後。見下。）由此為憑，復

---

59 【編按】此字原文誤作「成」。

加之以空間距離，遂成種種力學定律。引力律者，則據此而
明物體累墜之恆常關係也。

引力律為後退累墜律。運動律為前進推動律。運動第一
律言墮性律：一切物體若不受外力之作用，則靜者恒靜，動
者恒以等速依一直線而動。墮性律與其視為前在之假定狀態，
不如視為終始歷程而成形之終成狀態。終成狀態[60]即機動歷
程之趨平衡而穩定者也。此為運動歷程中之形態，而不可視
為假定之狀態。墮性律為以靜態而觀成形之自身。無向量由
此言。位能（潛能）亦由此言。引力律所述者則為有向量，
特其向非前向，乃後向耳。後向者以累墜故也。運動第二律
曰運動律，此即前進推動律。其所述者亦為有向量，此則非
後向，乃前向也。其辭曰：物體之動量變率（即其運動之變
化率）與作用之力成正比，其變化之方向依力所作用之方向
為方向。第三律曰作用與反作用律：對於一切作用必有大小
相等方向相反之反作用。凡此運動律，以及引申之物理律，
皆為據終始律所成之形而推演出之物理事之恆常關係（即法
則）也。吾人由終始律之成形而識因果關係，是即歸因果關
係與終始律為一而明之。由終始律見因果關係，則因果關係
為機動物理事之關係，由實際踐履隨事之生起，一起而覺之，
無由懷疑而剝落之。如此之因果關係，吾人只能隨事之屈曲
而描述之，而不能界說之。吾人對一有色有論謂之因果律（如
普遍因果律）可以界說之，而對此當下實事之因果關係不能
界說之。吾人只據此當下實事之因果關係與終始律而顯者，
即可推演物理律，是亦即可有科學之知識。物理律非因果關

係，乃由因果關係而推演者。所謂推演者意謂：由因果關係
所成之形返而描述其所成者所具之其他法則或恆常關係。譬
如施以作用於物體而物體起動量之變化，是謂因果關係。由
此因果關係所成者（如物體起動量之變化），而言物體之動
量變率與作用之力成正比，其變化之方向依力所作用之方向
為方向，則即為物理律。此須根據有如此之因果關係而後始
可推成也。此因果關係為自然之事實，並無邏輯之理由，何
以必如此。故物理律亦為自然律，亦無邏輯之理由何以必如
此。設汝問曰：施以作用於物體，此物體之動量豈必有變化
乎？豈不可曰：無論施以如何之力，或無論如何施法，此物
體之動量總不起變化耶？曰：吾實不能以邏輯之肯定答汝也。
此物體之動量誠不必起變化，而無論如何施法，或無論施以
如何之力，而彼亦可總不起變化。吾焉能有邏輯之保證而保
證其必然？汝如此問，實無有答。然吾雖無邏輯之保證，而
有踐履證實之保證。吾於踐履事中，吾實無有此怪物。吾雖
不能自邏輯而證其無，然吾可自實踐而證其無。此本為事實
之世界，而非邏輯之世界。汝若謂其無必然，而吾本亦未認
其為必然。然吾自踐履中，而覺物理實事，如其有機動，則
必有其機動歷程之趨勢，無論其趨勢為如何，而終有一趨勢，
此即終始律之所述。此為無理由而不可施疑者。汝若超然高
蹈而橫疑之，吾亦無奈如何。惟吾可謂汝此時如非昧心，即
為處於真空管而未嘗有生活。是以終始律本自踐履事而為言，
事實如此，不可越乎此而空頭施疑也。如終始律為應實，則
事實之變化無論為如何，而總有一變化，此變化即為其趨勢
所決定。如其具有一趨勢，則物理律即可得而言。是以終始
律為物理知識之本也。

七、邏輯分析法

　　吾既自生物生活之踐履而證自然事之因果關係之實有，又進而提出終始律，使因果關係歸於終始律而為一以明之。吾如此言，乃有二義：一、使吾人直透機動物理事，即直接與機動物理事相遭遇；二、使吾人直透機動物理事，為一機動之歷程，此機動之歷程，吾隨踐履而直透之，彼亦於吾之直透也而一起呈現之。由第一義，吾直透機動物理事。是以吾於物理事之所能言，皆為描述者，而非論證者。吾人不能自邏輯以論證之，只能自現象以描述之。由此而言現象學之描述法。由第二義所直透之物理事為一機動歷程。此歷程為一終始歷程，而觀因[61]果關係即具於其中而呈現，以吾直透此歷程，故凡順此直透之[62]事以明物，其所用之法乃發生法，而非分解法。發生法與描述法合為一，即在明統覺所覺之事（隨踐履而覺者）為機動之物理[63]事，且為一機動歷程之物理事；亦在明吾人之統覺可以直透物理事。此即仍歸於上述二義也。以此為宗，所以破邏輯分析法也。

　　邏輯分析法為羅素所倡導，蓋源於休謨之精神而發揮光大也。然吾以為此法雖足以破增益見，而不免流於減損見，故終不能應實也。破增益見者奧坎刀[64]之運用也。刀之所至，剔之又剔，凡不必須之假設與形上之實體（囿於知識而假設之不必須之存在體）皆剝落而去之。此奧坎刀之運用，所謂

61　【編按】「觀因」二字原文誤作「因觀」。
62　【編按】此字原文作「而」，今依文意校改。
63　【編按】此字原文誤作「此」。
64　【編按】此字原文誤作「力」。下同。

邏輯分析法之大利也。然吾何以又謂其終流於減損見耶？蓋不必須之假設，邏輯分析法固可使吾人刮剔而去之，然吾之去之也，固又不必須乎此法也。而此法之運用又適足以流於減損見。利之所在，弊亦隨之。何以言破增益見（即不必須之假設），不必須此法？蓋奧坎刀只為表示破執之譬況。凡虛妄無根之計執，知其為假，去之可矣。而知其為假之知，固不必須邏輯分析法。人類之知識，由混擾而至明分際，由渾淪而至尚清晰[65]，由蕪雜而至極純淨。分際明，此不得移於彼，彼不得移於此。此止於此，彼止於彼，於此所可言者，於彼不必言，於彼所可言者，於此不必言，此分際之謂也。分際明，則清晰[66]而不渾，純淨而不雜，如言因果關係而必言必然連結與秘密之力，則古人之渾淪與蕪雜也。其不守立言之分位（即分際），遂不能止於其所當，而有增益見。以其為增益，故須破。然此破也，純在分際之了然，此可以道理而說明，不必有賴於邏輯分析法（如羅素所運用者）。即以休謨為例而明之，吾亦可斥必然連結與秘密之力為虛妄。然吾之去此增益見，不必即流於剎那感覺之減損見，而必以剎那感覺為前提以破增益見，則邏輯分析法之過也。（休謨固未用此名，然羅素之用也，其理路與休謨同。）此言破增益見，不必邏輯分析法，然則邏輯分析法可無用乎？於此吾須一言分析之意義。分析與其謂應用於實事，勿寧謂應用於名言。分析與詮表異，吾可詮表實事，而不能分析實事；而羅素之用分析，則幾全在碎屑事實，且以為事實即如此，如休

65　【編按】此字原文誤作「淅」。
66　【編按】同前註。

謨以剎那感覺為前提，遂以為除印象外吾無所知矣，吾無[67]所有矣，而實事亦即印象所即者，此外亦無所有矣，亦止於此矣。羅素改其印象為覺有（即感覺所與），以此為真實之特體，外此無所有而以之構造現實界。此與休謨亦異名同實也，就存在而分析其如此，遂以為存在只如此。此不獨碎屑存在，且亦視分析歷程為存在歷程矣，以為存在者亦不過止於其所分析而餘者。然其始也立，本就存在而分析，則存在之實事固非即其所分析而餘者，今視存在只其所分析而餘者，則其所餘之存在固非先前首出之存在也，已背乎先前之存在矣。而先前存在之實事亦以分析而歸於無有矣，此往而不返之類也，亦分析法之誤用也。邏輯分析法可用於名言，不可用於實事。名必有當，言必有宜。而爭論大都在名言之乖錯，分析而釐清之，使其各安其位，各得其所。矛盾者破而去之，不一貫者指而改之，有歧義者定於一，模糊不清者勘其明，言雖有當而詮表不賅不備而只應於一曲者，提撕而令其更張之，此分析也，亦邏輯之分析也。故邏輯分析者，實即明分際之層次法也（亦曰分位法）。羅素不曉此義，不善其用，而用之於碎屑事實，故雖足以破增益，而不知已流於減損見，此邏輯分析法之誤用，以其誤用，故有過。茲以其以特體界物而明之。

　　羅素改休謨之印象曰「覺有」。每一覺有為覺者之覺官所給予。如吾觀桌之時，剎那所見之色，接桌之時，剎那所覺之硬，敲桌之時，剎那所聞之聲，此色、此硬、此聲，皆器官所給予而為一特體。凡此皆與休謨同。惟羅素復進而明

67　【編按】此字原文誤作「與」。

之曰：此所與之特體為實在之特體。實在于彼而為吾所覺，故曰可覺之物，亦曰感覺對象。此一對象恰如其被覺知者而存在，即令不為人所覺知，亦可恰如[68]其現在之所是而存在。凡此聲明無關大體，不過欲表示其實在論之旨趣而已。（但若致疑此言，亦未嘗不可。）又謂：此感覺所與之特體，皆為各觀察者之私有。我之覺官所覺必不同于汝之覺官所覺。每一如此特殊之私有為一覺者之觀景。每一如此特殊之所與為此特殊觀景下之所與。是以此特殊之所與即名一觀相。吾所覺之實在只是此觀相，而桌子非能為所覺。桌子為物不過一邏輯之構造。其自身並無存在，而且亦無有其自身。設謂有一常存之體如桌子其物者，此乃玄學之假設，可剔而去之也。是則吾所有者只官覺所與之特體。耳所聞者誠為聲，吾是以只有[69]聲。聲為一特體，頂天立地而獨立。目所遇者誠為色，吾是以只有色。色為一特體，頂天立地而獨立。觸所覺者誠為硬，吾是以只有硬。硬為一特體，遂頂天立地而獨立。如此個個特體，零星屹立，而由吾官覺之各致其用而濾成，譬若水之經一鐵絲網，順其百孔而濾下，遂成百點而孤立。吾只有此濾下之各點，以其順各孔而誠為各點也。吾無有此水也。以吾順百孔而知者，亦誠為各點也，而不見為一水面也。水面者何？邏輯之構造也，由各點而造成也。其自身並無實在也，且亦無其自身也。官覺之于物也亦然。凡此所云與休謨無以異。吾由此各點何以構作桌子也？吾剎那所覺之聲為一觀景之觀相。剎那、剎那，相續成系。感覺、感覺，相續成系。是以觀相、觀相，亦相續成系。此相續系即

69　【編按】「只有」二字原文誤作「有只」。

為一觀景系。聲如此，色亦然。色如此，硬亦然。其他已覺、未覺者亦皆然。凡此種種之觀景系合組之而成為一複雜之觀景系。此即為一物（如桌子），此即為對此物之邏輯構造。此指同一觀察者言也。然此尚不能定此稱作物之公性。且自許多觀察者而言之，吾據吾之觀景而得一觀相（如聲），汝據汝之觀景而得一觀相。尚有其他無數之觀景與觀相。此無量數之觀景與觀相，如在時間、空間極相近、極相近，而其相近可以無限近，則必可以極相似、極相似。如此相似之連續而成系，是謂一觀景系，其所得之觀相則曰觀相系。（觀相系與觀景系在羅素實同一，今順中文分言之。）聲如此，色亦然。色如此，硬亦然。其他已覺、未覺者皆然。如此種種觀景系合組之而成一複雜之觀景系即為諸此觀察者之公物。是以物者，諸觀景系所合組之一複雜觀景系也。所謂一物之情景，即一複雜觀景系中之一觀相也。惟此諸觀相為真實，而常物則構作，非真實。吾人以複雜觀景系代之也。

此為羅素之由邏輯分析法而至邏輯構造論。然實按之，吾且實茫然不得解。幾經審思，吾終恍然覺其實為一戲論。蓋所謂邏輯構作者，實一空語耳。如構造之邏輯根據何在耶？汝據何種邏輯法則將此零星散立之特體而結集之耶？如只有此特體而無其他，汝縱有邏輯之法則（關係）將其結集之，其結集不亦太隨便乎？汝安知汝之所結集者即為此物，而不為他物耶？汝有何標準斷定此結集為此物，彼結集為彼物？吾知汝之邏輯法則為相似關係，而相似又靠時空之比近。時空之比近可為徹分之前進，依此而成連續。相似亦以比近之連續而連續。此即汝之根據也。然吾以為，設只有零星之特體，即此相似關係，亦全為無助者。蓋汝之相似只由時空之

比近而規定。即以此故，可使汝之構造全為隨便者。純據相似之連續，並不足以為結集之法則。一、如只有零星之特體而無其他，如相似只因時空比近而規定，而無其他之理由，則汝之連串而成系，實為隨便之連串，毫不足以成物理之實事。汝之連串純為形式者，純為數學者，以此而成數學之結集可，以此而可以成特殊之物理事則不可。是以所結集者必為一數學群，而非一物理群。如此汝將無一物而可成，是則終於無有物。蓋特體與特體間並無任何之有機關係足以使汝成結集，故汝之結集純為隨便也。當汝之覺也，純為特體，並無桌子其物。汝亦未覺此桌子，則何以此聲系、色系、硬系可以構成此桌子，而不構成彼杯盤耶？汝有何標準以斷之？此種種系豈不可移而構一金鐘耶？構金鐘之種種系與構杯、盤、桌子之種種系，汝據何標準以別之耶？二、如只有特體而無其他，如相似只因時空比近而無其他，則有二過：一者、相似為微分之連續，且羅素亦承認比近之比近，有無量數之比近於其中，是以觀景連續無窮，觀景與觀相不離，則觀相之變遷亦必無窮。吾雖未覺，亦必有此無窮之連續存在。然無窮連續之觀相，乃為不能有已者，此純為數學之劈分。吾人可由極相似之微分而至無窮，亦可由極相似漸不相似而至無窮。如此，吾人縱不取芝諾之觀點，謂其為矛盾而不可能，然吾可謂此種連續純為數學者，而不足以成物理之實事。蓋此無有停止之連續，與生滅之物理事實不相關也。二者、觀景與觀景之間並無因果之關係足以成有機之連結。是以由觀景所成之觀景系亦只為隨便之排列，如排列散沙然，任何排列皆無不可。吾之觀景之得此觀相也，可有因果關係。吾此剎那觀景與彼剎那觀景，只為時空關係，而無物理關係。吾

之生理器官由此剎那轉至彼剎那，可為一生理、物理之發展，然此剎那所成之觀景自身與彼剎那所成之觀景自身，似無因果之關係。吾人不能謂此聲與彼聲有若何連帶之關係，彼似皆可自足獨立，而不必依他聲而始然。同一觀察者如此，無量數觀察者之觀景亦如此。吾可有一約會，約若干人，同觀一物。此若干人之同觀，與吾約會有因果關係，然彼此所有之觀景間似無因果之關係。如此理而信，則觀景與觀景之排列實為極隨便而無理由者。其成系也，亦為極隨便而無理由者。除相似、相近外，無他理由可言。此則其結集純為堆聚。堆聚不足成物，又不足以明何以必成此物而不成他物。如上所述，此何得謂邏輯之構作？實隨便之播弄而已。

上述諸弊，羅素非不知之。彼自問曰：吾依何法自零星所與中選擇某種所與，且名此被選之所與為同一物之情景？此簡單之疑問與吾上文所設問者同。彼亦自知相似並不足以為觀相屬於同一物之標準。蓋兩不同物可以有各級稍同、頗同、極同之觀相。彼復亦知，連續亦不足為理由。蓋連續為相似之連續。相似不足為憑，連續又何足為憑？羅素明言連續既非規定一物之必須條件，亦非規定一物之充足條件。何以言其不必須耶？吾於甲剎那觀景中得一觀相，於乙剎那觀景中復得一觀相，觀相與觀相相聯續而為一級系。此連續之級系即為一物之連續變遷。吾如此連續觀察，遂以為吾所覺之觀相為連續而同屬於一物。又以為自甲觀相至乙觀相之間，無論如何短、如何小，縱不為人所觀察，亦必有居間之觀相，觀相之間又有觀相，又有觀相。此無量之觀相填充其間，以成連續之級系且屬同一物。然羅素自破斥曰：此未經觀察[70]

70 　【編按】「觀察」二字原文誤作「察觀」。

之觀相，乃純為假定者，並不足為可靠之根據，使吾設想甲、乙兩剎那觀相（為已觀察者）即屬同一物。其所以視為屬於同一物，以及其間之連續亦屬同一者，實因先設定同一物而觀察之，故以為甲、乙兩剎那觀相屬於同一物，是故其居間而未被觀察之無量數連續相亦屬同一物，是則連續並非一物之必須條件也。蓋吾並非以無窮連續規定同一物（以如此連續並未被覺察，故純為假定），反先有一物之設定為吾觀察之對象，遂由已觀察而至未觀察，推定其連續之存在且屬同一物。此豈非無有連續，吾已先知其為同一物乎？羅素此番自問，實足破其自說之藩籬。吾可以如此問，彼似不應有此問。蓋先設定同一物，順其說統，乃為絕不可能者。吾人並未覺此一桌，而亦無有桌子。此桌子為物，乃為吾所欲藉特殊觀相以結集者。今忽指斥連續不必須，而以桌子為首出，此豈非自違其說，且為丐題乎？然亦足明徒有觀相，雖在相似與連續，亦不足以結集而成物。此不啻已為吾張目，而自破其藩籬矣。羅素又以為連續亦非充足者。自甲滴水至乙滴水，乃為觀相之連續。此雖連續，而非同一滴水。可見即有連續，亦不必即為同一物。又如炸藥之爆炸，雖不連續，而又為同一物。是又明不連續者亦為同一物。此皆為羅素之自控。羅素所以自控者，蓋在明徒有相似與連續，不足以明一物，而一物之界說，尚須他物以補充。此所需以補充者何事耶？羅素於此欲引進因果律。

因果律，羅素意謂物理律，蓋以為力學中之律皆為因果律。此意若寬言之，亦未嘗不可。若嚴格言之，因果律與力學定律稍不同，如吾前節所已申明者。然因果律雖與力學定律異，而究為物理者，以其表示機動之物理事實也。以此義

故，名曰物理律，亦無不可。是羅素欲於相似之連續引進因果律以連之，使其成為因果之連續，即服從物理律之連續，而非只為隨便之排列。每一觀景系為一物。此觀景系之觀相皆依從一定之物理律而連結。不屬此物之觀景系之連結，則又服從另一物理律。是則只有相似與連續所引起之困難，因物理律之引進而得解。羅素以為設欲定甲、乙兩剎那觀相，是否屬於同一物，只有假定未經觀察之觀相亦含於物之界□[71]中，而以物理定律連結之，連結其變化而貫穿之；只有此法，別無他途。依此途徑，未經觀察之無量數之連續觀相，以物理律之連結故，雖未經觀察，亦可知其屬於同一物；而已觀察之甲、乙兩觀相，亦以物理定律故，知其屬於此一物，而不能隨便移動於他物。如是羅素為物下最後之界說曰：物者乃遵[72]守物理律而連結之一複雜觀景系也。羅素如此彌補，誠為巧妙。然羅素又自起疑曰：此種彌補，固極難證明。不惟羅素知其難，吾亦知其難。何者？此種彌補順羅素之說，統有二難點：一者、因果律不能直接證明，亦不能直呈於官覺，而羅素之引進因果律，亦儼若有一帳幕遮其間，而彼（因果律）則只能於幕後而隱露。是則因果律仍不啻為渺茫之假設，雖知其意義之功用，而不能直接證實之，是則仍為思想之議論，而非實事也。羅素何以有此耶？蓋以其只有觀相特體之故也。彼之理論感覺，只能有零星之觀相，不能有觀相之連繫。連繫既不能有，亦不能覺；及其需之，遂憑空而安置以效其用，此豈非任意播弄□[73]物乎？是以順彼之說，因

71　【編按】原文此處缺一字，疑為「說」字。

72　【編按】此字原文誤作「尊」。

73　【編按】原文此字難以辨識，字形似「造」字。

果律乃為不能引進者。不肯流於習慣之原則，而憑空假定之，雖若進乎休謨，反不若休謨之澈底與夫理論之一貫。二者、即引進之，而如不肯舍棄其相似與連續之理論，則因果律，或終歸於相似與連續而為一，或與相似與連續不相容。如其為前者，則因果律雖引進之，亦不可能，亦終於相似與連續。如其為後者，則或存因果律而棄相似與連續，或存相似[74]與連續而棄因果律。羅素以為施以巧妙之補充，即可圓滿無間然，是又簡之乎視之也。羅素對於相似與連續，似雅愛之而成癖。此蓋表現邏輯分析法之要關，所謂「邏輯斯蒂」之牛刀起用。其理論之簡練警策，處處放異彩者，亦正在乎此。其學之根深[75]蒂固在《數理》[76]一書。大本之堅厚如此，而望其棄而不用，是蓋絕無之事也。如仍以觀相特體為前提，不舍相似與連續之理論，則雖引進因果律，亦終歸於相似與連續，而因果律亦不能保其自身而泯焉。何以言之？蓋相似之連續可以無窮分（即為微分之前進），即以因果連續彌補相似連續而貫串之，而因果連續融於相似連續，亦成為無窮分。如因果連續成為無窮分，是即等於無因果。羅素固常以時空之極比近而明事之因果為函變。又云：因果律實即微分律，而極比近乃無底止者。又自時空而言之，則又正適於無窮之分割。如此分之，小而又小，無有已時，所謂函變，所謂因果，不歸於烏何有不止也。即以恕辭陳之，亦終於為休謨之相繼與會合而已矣。何有於因果？何有於函變？只微分之前進所餘

---

74 【編按】「相似」二字原文誤作「似相」。

75 【編按】「根深」二字原文誤作「深根」。

76 【編按】此即 Alfred North Whitehead 與 Bertrand Russell 合著之 *Principia Mathematica*。

之散沙之密接而已。是以微分明因果，因果未有不脫者。今
不舍相似與連續，而以因果融於相似與連續，是猶以微分明
因果，亦終於脫落而已矣；如不歸於相似與連續，兩者必不
能相容而並存。如存因果律，則因果律決不能以微分明。是
相似與連續必舍棄。如相似與連續不舍棄，則即不能言因果。
如不能言因果，則即無物而可言，如前所明。物理事有跳躍，
有連續。凡有歷程者為連續，運動亦不能謂之不連續。然物
理連續，決非數學分割之連續，亦非零星極微之連續。羅素
以為連續之假定，於物理學有成效，亦無有與此假定相背者，
實則此邏輯分析法之連續，乃與物理連續全不相應者。且不
言與跳躍（突變）不相應，（羅素以為跳躍亦可以其連續明，
不過吾之覺官不能覺察不已，此甚謬），即與連續歷程（如
運動）亦不相應。吾明此義，不必求助於神秘與直覺，只以
物理連續與數學連續非同一事亦足以明。若謂物理連續於此，
吾以數學連續方便解之而表之，此猶可。然此以物理連續事
為首出、為先在，乃為羅素觀景說所不能承認者，而且其邏
輯分析法所明之連續，亦非只方便解之而已也。（本篇言邏
輯分析法，以羅素《人之外界知識》[77]一書為據。其由相似與
連續不足證因果，亦以此書為據。後《物之分析》[78]中，則似
不甚道觀景說，亦不以相似與連續為首出，反直以因果明物，
如內具因果律、外鑠因果律，乃至因果線、諧和律，皆此書
所言也。凡此諸義吾皆竊取之，然要必歸於吾之統覺說與終

77　【編按】此即 Bertrand Russell, *Our Knowledge of the External World*. Chicago and London: The Open Court Publishing Co., 1914.

78　【編按】此即 Bertrand Russell, *The Analysis of Matter*. London: Kegan Paul, 1927.

始律而明之。）

　　是以吾言因果律，必破剎那感覺論，必舍相似與連續之級系論。邏輯分 [79] 析法用於名言，不用實事。夫耳所聞者固為聲，然要不只聲，必為何者聲，豈有光禿禿孤零零之聲獨立於天地間，為吾所聞乎？眼所見者固為色，然要不只色，必為何者色，豈有光禿禿孤零零之色獨立於天地間，為吾所見乎？硬軟亦復如此。吾所覺者實以物為首出。覺一色，必為有形狀、有區面之 [80] 具體色。觸一堅，必為石之堅或桌之堅，而非孤立之抽象堅。聞一聲，必為鐘之聲、雨之聲或瓶之聲，非孤離之抽象聲。吾視一 [81] 花也，實攝花之全形而覺之，其具體之顏色不過為目所遇耳。吾觸一石也，實攝石之全形而覺之，其具體之堅度不過為手所觸耳。吾聞一聲也，實攝聲之全場境況而覺之，其具體之聲音不過為耳所聽也。（當睡時、病時或境況不備時之情形，吾已提之於上第三節。）吾不能以五官為濾器，使天下物皆濾成各點也。是以吾直覺（直接覺之）一色，乃為全形中之色。色吾直覺之，全形吾亦直覺之；色直呈於吾前，全形亦直呈於吾前。此所謂親知也，全形則所謂一物也。吾實直覺一桌子，何得云桌子非所覺？桌子亦實為首出者。桌子為一全形之區場或境況，色或聲則與耳目相遇而成境況中之焦點。豈只有焦點為實有，餘者皆不存在乎？全形之桌子為首出，吾直接與之相遭遇，彼亦應吾之直透而呈露。因而終始律與因果律亦隨同桌子俱時為首出，吾亦直接與之相遭遇，彼亦應吾之直透而呈露。是以桌子為

79　【編按】此字原文誤作「外」。

80　【編按】原文無此「之」字，今依文意補。

81　【編按】原文此處多一「之」字。

首出，乃覺中之實事，非必一言首出，即為形上之存在，或即假定其為形上之常體。全形之桌子為複雜之歷程，並無所謂形上之常體，吾以終始律而明之；因果關係函於終始律中而表現，故亦可以因果律而明之。是行[82]全形之桌子即一具有因果關係貫其中之終始機動歷程也。顧此歷程非光禿禿赤裸裸之歷程，乃一有血有肉、有聲有色之歷程。是則不增益，不減損，所謂遠離二邊，妙契中道之謂也。而物之為物得而明。隨便結集之疑難亦可不生矣，是以終始律代相似連續律，以發生法代邏輯分析法，而因果關係斯得其真實矣。

夫自休謨以來，凡言經驗而起於感覺者，罔不認感覺為冥玄，皆以零星目之，以孤點視之。目其所取為材料，為所與，未有知其在關係中並關係而覺之也。凡此感覺論皆為抽象之感覺由分析而獲得，所謂理論感覺也。此風日久，深入人心，習然而不察，遂以為當然，不知其不應實際也。學者隨人口說，隨口滑過，不能大其心，精其思，鑒及其所關之大也。休謨首妄於前，未有決其弊而指其謬者也。康德承認其感覺論而救之以主觀格式，則流於主觀論。羅素承認其感覺論，而空頭講因果，不知其與零星感覺不相容也。彼於零星感覺外，復認邏輯形式為□[83]為知者，亦與覺有同其根本。然此形式之知識與零星覺有之關係為何若，彼又避而不問矣，於是遂有共相潛存論（近人言共相，大都以邏輯形式明）。現實零星之覺有，空頭無根之因果，匏瓜空懸之共相，支解滅裂，成一衝突之大集團。（尚有其他問題，如私世界與公世界，布洛德由感相推外物等等，皆隨理論感覺而立者。）

82　【編按】此「行」字於意不通，疑當作「以」。
83　【編按】原文此字難以辨識，字形似「親」。

哲學至此，已成絕路，非有大力，莫之能挽，批大郤，導大竅，豈小補所能奏效哉？雖然，豈無 [84] 助我者？適然以有懷悌海之睿智，適然而有格式心理學之妙觀，吾既為理論之辨解如上，則彼之睿智與妙觀皆可以助吾之說明，而張大其軍也。以理論感覺為前提，懷悌海名曰感覺論原則，流而至於康德，則為主觀論原則，此皆必須剝落者。以下引述懷氏語，以助此根本問題之了解。（懷氏哲學固亦有弊竇，如其物相說即不可為法也 [85]，然其論知覺，則固具大慧。）

發表於《華文月刊》，第 2 卷第 1 期與第 2-3 合期，1943 年 1 月 15 日 / 7 月 15 日，署名：牟宗三。

84　【編按】此字原文誤作「吾」。
85　【編按】「為法也」三字原文誤作「也為法」

30 邏輯之「必」與實事之「必」

　　邏輯之「必」相當於康德所謂分析判斷，實事之「必」相當於康德所謂綜和判斷。康德定為：其謂詞本含於主詞中，自主詞中抽引出之為謂詞，此所成之判斷即謂分析判斷。分析判斷不能予吾人以新知識，然其真卻為「必」。康德所舉之例為「凡物體必有廣袤。」言「廣袤」一詞實為「物體」一詞所本含，故此判斷為分析判斷也，而亦不予吾人以新知識。惟康德此例，雖足滿足其分析判斷之定義，而此分析判斷實本一界說而撰成。如曰：物體者，具有廣袤之存在體之謂也。此是一界說。以「廣袤之存在體」為「物體」一概念所必具之特徵，藉以為界說「物體」之能界。然此界說之成立，實不能不憑藉於經驗，是亦即必有一綜和之統攝為其背據也。以綜和為背據，造成一界說，再由此界說中之所界抽引出能界，遂成為一客觀陳述（即對於一對象之陳述）之分析判斷。單言此時之分析判斷之自身，固不予吾人以新知識，即于吾人所已有之知識不復能有增益也。然吾人所有之已成之知識實由為界說之背據之綜和統攝而來也。吾人可說，前一步為由綜和而成界說，而分析判斷則是由已成之界說而來之第二步重複陳述也。惟此重複陳述之分析判斷實為知識中之分析判斷，雖足以取而明分析判斷之意義，然亦只明之之一例，除其為例之意義外，無所實指也。吾今言邏輯之「必」，將不自此明分析判斷，而須自邏輯自己中之邏輯命題明分析判斷。依此，分析判斷將有實指，蓋言邏輯中之命題皆為分析命題也。依此，邏輯之必亦自邏輯中之命題而言之，不自康

德所舉之例而言之。如此而言,純粹之分析判斷可單限於邏輯自己也。依此,吾人有以下三命題:

1. 凡物體必有廣袤。
2. 如p真而且p函q真,則q真。或:如p函q真而且q函r真,則p函r真。
3. 如p真,則p真。此為「p函p」之同一原則。或:如p或p真,則p真。此為「p或p函p」之套套邏輯原則。

以上三例,第一例為界說中之分析判斷之必。第二、第三例為純邏輯中之分析判斷之必。本文所言之邏輯之必,指第二、第三例中之分析判斷言,不指第一例言。純邏輯中之命題皆為分析者,是即明邏輯自己並不予吾人以知識也,非特不能增新而已也。其所以不予吾人以知識者,以其為純理之連結,非事之連結也。

事之連結予吾人以知識。表示事之連結之命題為綜和命題,是綜和命題始為給予吾人以知識之命題。分析命題為「必」,綜和命題為「必」乎?綜和命題之必不必,即事之連結之必不必也。綜和命題(或判斷)有經驗者,有先驗者。經驗之綜和命題普通言之,可謂心理學上之綜和,自康德時之哲學言,則單為休謨所謂聯想或習慣轉移之綜和。(此亦自是心理的。)如前一[1]觀點,即期於事實或存在上,尋求獲得必然連結之根據或保證;而中土聖哲則取後一觀點,即意在獲得一「如此必然」之意義,由此意義可以獲得一特殊意義之事實,而結果仍為平鋪之必然連結。此中關鍵甚大,中

1　【編按】原文此處缺「前一」兩字,今依文意校補。

西學問究竟差異全在此，要非一二言所能了。吾今如此說：如於行為歷程中，獲得「如此必然」一意義，即算於吾人之行為獲得一安頓。如已獲得此安頓，則全[2]部「實事之必」即證實。蓋行為歷程亦為一實事或存在。如此存在得安頓，則此存在即得必然矣。是即言吾人已得一實事之必矣。實事之必之追求即為形上實體之追求。於存在得一安頓，即在存在得一實體，是即於存在得一必然。如形上實體為一圓滿無漏者，吾人言之也，亦為妙萬物而為言，蓋天蓋地而陳辭，則吾於行為上所得之安頓，亦即所得之實體，亦必範圍天地之化而不過，曲成萬物而不遺。是即由吾一部實事之必之根據函攝一切實事，而使之盡為實事之必矣。一切盡為必，即一切皆得安頓。是謂「一成一切成」，是謂「為天地立心」也。在此根據之函攝下，吾人以前所說之「實可有一實事之必」遂得而證實而實現；而前之於知識上所不能獲得者，今於行為上獲得之，前之於知識上所不能保證者，今於行為上獲得一保證。是即明實事之必不能由知識而獲得而保證，單可由行為上而獲得而保證，換詞言之，不能由純粹理性而獲得而保證，單可由實踐理性而獲得而保證。亦證明由實踐理性獲得實事之必，即由實踐理性獲得形上實體也。此即形上學之成立處與可能處。此為本書立言之宗旨。詳細說明，俟諸異日。茲以二語結束本文：

1. 純理，因故格度，及範疇對外事只有軌約性，並無構造性，不能投置於外而平鋪，故由知識上不能獲得且保證實事連結之必然。

---

2   【編按】「全」字原文誤作「之」。

2.　實事之必由行為上之實踐理性獲得之，保證之；此是形
　　上學中之事業，非知識論中之事業。

發表於《華文月刊》，第 2 卷第 4/5 合期，1943 年，署名：牟宗三。

31 論構造

　　有構造的前進，有無為的順化，有腐爛後的暴動。此為人生的三種基本型態，本文願說明之。

　　何謂構造的前進？即依照「律則」而活動之謂也。設吾客觀地觀此「活動」，視「活動」為一在吾外面之「事實」，吾曾謂：此活動若有一律則以貫串而成就之，即謂構造的活動。構造的活動產生「構造的成果」。兩者若能分開言，則前者是一歷程，以其為一活動故；後者是一結集，以其為一成果故。歷程是創造，結集是創造品。然而兩者實不必要分開，每一步活動即是一步成果，步步是活動，步步是成果。即如吾寫此文，從「論構造」之題目起，直至吾寫此「直至」兩字止，是一串構造的活動，同時亦即是一串構造的成果。活動有律則[1]以貫之，是謂活動之成型。成果有律則以貫之，是謂成果之成型。是以構造原則含有一「成型原則」。成型原則言萬事萬有之「成立」也。一事之「成」與「立」，豈不以其有律則貫其中，而復依照此律則以成一內在之結構乎？事之為此事，而不為他事，屹然立於天地之間而獨在，豈不即以其結構乎？《易經》言易道「範圍天地之化而不過，曲成萬物而不遺」。《中庸》言「成己成物」。「成」之義大矣哉！然其成之所以成之根據要必有在，此即道或理或性。吾今言「律則」，邏輯之泛言，未經特殊化，即律則之各方面之應用尚未有特殊決定也。活動之成，以有律則；成果之成，

1　【編按】此字原文誤作「規」。

以有律則。無律則，萬事無成，一切皆亂，是以貴構造。

構造的活動，此中所謂活動，方面多端。茲舉二義以為例。一、知識的活動，二、行為的活動。前者若為構造的，吾人曰構造的了別；後者若為構造的，吾人曰構造的踐履。構造的踐履，其所依據之律則名曰踐履之律則，簡言之，此即是道德律。構造的了別，其所依據之律則名曰認知之律則，簡言之，此即是邏輯。現在再捨構造的了別而簡言構造的踐履，以明吾意。一構造的踐履，依據道德律而成功一道德的活動歷程，同時亦即依據道德律而成功一道德的人格。人之所以異於禽獸者幾希。有此律則，成就道德的活動，成就道德的人格，總持言之，成就一個「人」。無此律則，則徒為動物，非人也。依是，人若能成其為人，吾人始說為構造的，否則，不說為構造的。構造之義大矣哉！

構造的活動，無論為知識，為踐履，為工作，或其他，皆含有一個理想。其所欲成而未成之成果，即其理想之所在。構造歷程是實現此理想之歷程。從未實現而至實現，名之曰「前進」。故構造歷程是一前進之歷程。凡構造活動皆依據一律則而復獨發一模型。律則成就其活動，使其活動為構造的。模型成就其成果，使其成果為構造的。依是，模型即是構造活動所欲實現之「理想」。理想實現即曰成果。是以凡構造活動，有理想而非幻想，以構造本身起腳落腳而踏實故。以踏實，故不蹈空。有理想，名曰構造的；幻想而踏空，不曰構造的。前者是實構，後者是虛構。凡構造活動皆是實構的活動。依理想、前進、切實三義，名構造活動為積極的活動。

構造活動是健康生命之奮發，是剛健之表示。不健康、不剛健，而流於反常或變態，無論如何叫囂、瘋狂、暴亂，

不得說為構造的，亦不得說為積極的。孔子曰：「發憤忘食，樂以忘憂，不知老之將至。」此是構造的活動。天才始於狂狷而終於中庸。然而狂狷非叫囂瘋狂暴亂之謂也。天才雖有時說為反常或變態，然實對庸俗而為言，非此不健康之變態也。叫囂者、瘋狂者、暴亂者，不得以此解嘲。

　　構造的活動是絕對興趣的活動，是除其理想外無有任何其他條件之活動。「笑」是生命之充沛，是生命之洋溢。此是健康之表示。所謂「構造活動是絕對興趣之活動，無條件之活動」，其意亦復如此。「笑」與「遊戲三昧」的精神是構造的精神。「三昧」二字吃緊。「三昧」者「定」義。邪僻的遊戲，其心不正（亦含不定）的遊戲，不得曰遊戲，乃胡鬧也。絕對興趣的構造活動可以表現幽默。然懶散的名士之好用小慧，則不得曰幽默。此亦不得以假亂真。絕對興趣、遊戲三昧，乃至幽默，就是無條件的構造精神之從容與自得。「不怨天，不尤人，下學而上達」，即是從容而自得的構造精神。從容自得，則不瞻前而顧後，因而亦不依他。不依他，故內重而外輕。此即所謂絕對或無條件也。以不依他，故每一刹[2]那頃，皆是頂天立地，豎起脊梁。此種精神，愈提愈高，無有止境。一切顧慮皆不在心中，一切外誘皆不在眼下，無有能擾亂汝者。汝顧慮心起，即是汝自己之擾亂。汝利害心起，即是汝自己之自殺。你沒有自己，你只有「依他」。天下滔滔者皆依他。他他相依，相依則相責，相責則相怨。依天者怨天，依人者怨人。交相怨，則一切皆披靡而倒塌，一切皆踏虛而無實。卑賤、下流、偷巧、取容，結果同歸於盡，

2　【編按】此字原文誤作「然」。

整個社會成了一套虛光景。而風一起，煙消雲散。然而壁立千仞，八風吹不動者，則構造精神也。釋迦牟尼佛誕生之時，一手指天，一手指地，天上地下，唯我獨尊，故曰世尊。此固佛弟子之誇誕。然而絕對興趣之構造精神，則固天上地下，唯我獨尊也。構造精神，吾人言其為生命之奮發。此奮發之本身，實亦無所謂尊不尊，只是一個「不容已」。若先有獨尊念頭橫梗心中，是我慢也，而非「不容已」。「我慢」的人非絕對興趣，不得云構造。惟發自「不容已」之前進，吾人云構造。此種構造就是世尊，以不依他故，以無騷擾故。此不容已之前進，一經自覺，即有無限之安慰。構造的活動及構造的成果，即是他的安慰。然其始，吾並不為安慰而活動。為安慰而活動，即非絕對興趣之構造。而安慰即逃走。依是，言安慰猶是下乘，所以為眾生言也。至若「求仁而得仁」，固無可怨，亦無所謂以此為慰。此超乎怨慰以上而「理應如此」也。依是，構造的活動皆是「理應如此」的活動，故無條件，故為絕對。你必須先剝掉安慰，然後始可得安慰。然此言，若解為「將欲取之，必姑與之」，此權術也。權術非理應如此之構造。若以此得安慰，安慰即逃走。歷此以往，義蘊無窮，姑止于此。

　　什麼東西毀壞構造的活動？一曰無為的順化，一曰腐爛後的暴動。此兩者互為因果。正以其互為因果，所以，兩者皆非構造的，皆是消極的。吾嘗考察中國以往的歷史，深覺中國民族性於構造的活動方面甚為欠缺，所以直至今日，仍然一無所成。吾人說構造原則函著成型原則。因為未有構造的活動，所以亦無成型的成果。哲學未有成立，科學未有成立。國家未有成立，政治、經濟俱未有成立。君言之而悲也。

徒悲何益？吾民族的生命之活動史注定其有今日。順其以往之活動型態，注定今日之一無成，以其並未從事於「有成」之構造活動故。吾民族的生命之活動，大體言之，是以「無為的順化」與「腐爛後的暴動」為其主要型態。無為的順化，自政治上言，就是無為而治，與民休養。這一活動型態與老、莊的思想相應和。老、莊的思想，既是一套思想，則其所想必較事實所表現為更圓滿，為更近理想。至其言之成理，持之有故，更不待言。此套思想是以「自然」為宗，以「無為而無不為」為用，以「破除各種方向的執著」為工夫。（凡有方向皆是執著，破執即是破向，一往是破。此義深奧，今不暇言。）假定就其為思想，而視之為一圓滿之型態，則此型態亦是「非構造的」，因而亦是消極的。從「用」方面說，雖說「無為而無不為」，實則「無不為而無一為」。「無為」之意重，而「無不為」之意輕。此可就其對於宇宙人生之態度而明之。老、莊的思想對於宇宙人生的態度是既不肯定，亦不否定。就在此兩「不」上，「無不為」之意輕，因而是消極的，因而亦是非構造的。此即所謂自然外道也。假定以此思想系統為標準，而衡量事實上之表現，則又不能及此理想於萬一。所謂事實上的表現，就是吾民族生命活動史「無為的順化」一型態。此型態以「無為而治，與民休養」為旨。然須知此兩句話是就實際上的表現言，並非就老、莊的圓滿思想上言。以就實際上言，故「無為而治」是對前一階段之「非無為而不治」，而「非無為而不治」就是天下大亂，就是腐爛后的暴動。然則所謂「無為而治」就是削平群雄後的不暴亂。「無為」既只是「不暴亂」，所以「治」亦只是消極的，並非構造的活動，真正的治。因而所謂「治」者，就是「與

民休養」。與民休養,而上下朝野又真感覺到適才暴亂的頭痛,所以亦真能平靜下來。天下無事,刀兵不起,亦真是一個「無為」。此是瀑布下的一個死潭,大病後的靜養,真「無為」而沒有「無不為」,所以只是消極的。垂拱而治亦不過如此。但生命究非死體,靜養以後,它會旺盛。旺盛以後,如果尚未至於暴亂,試看此時是個什麼景況。此階段是關鍵的所在,當予以深切的注意。此階段的旺盛是經過休養後漸漸「生息」起來的。生息是一個生物學的概念。生命的旺盛亦是一個生物學的概念。好像一個人由兒童到青年,這是一個發育的時期。發育到二十幾歲,生命飽滿,精強力壯;這是「自然生命」的生長,所以亦是生物學的。隨生物學的旺盛而來的是什麼?是享受,是享樂,總之,是生命的發洩。「只是生物學的生息」就函著「只是生物學的發洩」,這是自然生命的法則。我們民族生命的「無為而治,與民休養」這個活動型態亦可以此法則來說明。「休養生息」以後,大家無事可作(因為中國人好像只有在天下大亂才有事可作),所以只有享受或享樂。享樂就是他們的「事」,在起初尚只是詩酒風流的享受,還不敢十分放肆。此即所謂老臣碩儒,典型猶存也。然而這已經就是「非構造的」了,至於距老、莊的思想所嚮往的境界相差猶遠。從此再「生息享受」下去,所謂承平日久,甲兵久不聞,大家已忘掉動亂時的苦痛,並且已忘掉老王爺打天下的艱難,所以便由享受而至享樂,盡情的享樂,放僻邪侈、無所不為的享樂。由享受的發洩變為極卑賤、極下流的發洩。窮奢極欲,人盡化物,物交物則引之而已矣。人人到了不能自持的境地,非下流到底不能止。假若沒有地球來支持,必須向無底的深淵,千層的地獄,一

直向下流，尋找其支持。聲色迷性，有如是其極。此種物交物的下流，吾人尚不說至「死」而後止，因為他早已「死」了。當其一發此念時，他就「死」了。當其在詩酒風流的享受時，就已經死了。因為早已死了，所以不說「人交物」，而說「物交物」，因為人已經死了，人已化為物，而不復是人。又因為早已死了，所以不能說至死而後止。物交物沒有止，此時要遵守物理學的法則。此就是「萬有引力律」。吸引他的，就是支持他的。地球不支持他，則順直線向下墜，直至找得了一個支持他的而後止。物理學家研究的是「物」，從物中發現出這個法則是很可贊嘆的。然而人到了這個境地而亦服從物的法則，則已不是可贊嘆，而是大可悲痛了。此誠可悲。人於此而不起悲憫心，此人亦是物。好事者謂《金瓶梅》之作是寫給嚴世蕃看的。然無論如何，這部書是「罪之華」。它可以使人間整個戰慄起來，上帝亦得起暴慄。如果看此書起喜悅心，而不起悲憫心，此人已經成為潘金蓮、西門慶，已經是物，而不復是人。這就是罪惡。罪惡所在，亦即神性之所在。人謂《金瓶梅》是大乘，蓋因其悲心特重也。

在此物交物的罪惡時代，振聾發聵的孔、孟，以及理學家就必然特別表現神性。儒家的思想肯定人生，肯定宇宙。此與老、莊不同。它當是構造的。然而其所構造的是一個道德的人格、宗教家的人格。此即吾前文所謂構造的踐履，依據踐履的律則而成一個道德的獨體。然而須知此種道德的構造是一種形上的生活，於一般人的形下生活極少影響，是以只能成功一形上的構造，而不能成功一形下的構造。其故蓋在：一、道德的化力，以其所化之對象言，是可遇而不可求的。此有賴於個人的道德感。假定無此感，雖舌敝唇焦，亦蒙然

無所覺。以此眊人，鮮有不見斥為迂闊。若眊之於今日，則受唾棄的責斥名詞更新奇，如頑固、封建、統治階級的代言人等等皆一起套上去。不綁上十字架，已經是萬幸了。然而真正儒者的立場，心中雪亮，他早已預備上十字架了。此在以往，不乏其例。然而今日，未見其一。是以今世無真儒。二、道德的構造是偉大人格的構造，然而道德不是萬能的。人不能不穿衣吃飯，不能不有形下的實際生活。而形下的實際生活之所需與維繫都需要其他方面的構造之幫助，如知識的、政治的、經濟的等皆是。然而此皆不是道德的構造之本務，而且甚至亦不是道德的構造之所能構造。從道德的生活到形下的實際生活，中間需要許多橋樑作補充。縱然道德的構造是普遍而必然的，然而要達到眾生身上，是必須要其他構造來補充的。即以此二故，理學家常在實際問題的解決上是無能的，以本非其本務故。而世風又如是其壞，罪惡又如是其深。只能自己作一悲劇的人物，以自己之血來洗滌人間的罪惡。家貧出孝子，國亂見忠臣。然則忠臣、孝子亦不祥之物也。實則此不祥只是眾生之不祥，忠臣、孝子之本身則祥之至。他們是真理之符號。群生皆死，特以此作表率而救蒼生。儒家之功德即在此。

由上觀之，道家的思想，其本身就是非構造的。儒家的思想是構造的，而其構造又只能達於形上的生活，而又必須與罪惡或魔鬼相對照而彰著。此是一種精神的表現或振奮，於實際的構造全無能為。文須對題，其本性不對此故。實際方面的構造，若再求之於他們，則太苛刻。然而再反觀吾民族生命的活動，除儒家這一方面是構造而有成外，其餘幾一無所有，這卻是事實。處於今日，除這一方面是我們的靈魂，

必須繼續外，其餘實際方面在在需要重新構造起，因為以往並未構造故。吾民族的實際活動是自然生命的活動，是生物學的活動。「只是生物學的生息」必然函著「只是生物學的發洩」，而此後者又必然函著「只是生物學的腐爛與崩潰與暴動」。來回相函都是自然生命的法則，遵守這個法則而活動必然一無所有。不構造即無成。儒家只想拿道德的構造來安頓這個自然生命。然而這個自然生命的生老病死，無論在那一階段，俱不接受其安頓。此聖哲之所以悲哀而鮮效也。茲再略明「腐爛後的暴動」之為非構造，以竟此文。

「無為而治，與民休養」的活動型態，既是消極的、非構造的，則其順自然生命的生物學的法則而必函著的「腐爛後的暴動」一型態也是消極的、非構造的。它繼承以前的生命腐爛而來，而且它還預定著將來的「與民休養」。這一個「歷史的因果鏈子」到現在止還沒有打破。我還沒有見出今日的中國有能打破這個鏈子的覺醒與力量。退一步或聯兆[3]。這是很可悲哀的，也是有心人用心發願而思有以解決的大問題。我說還是一個「歷史的」因果鏈子，是說這種因果並不是先天的必然如此，即它並沒有邏輯的必然性。既不是在邏輯之理上必如此，那就函著說它可以不如此。「它可以不如此」則函著說「它可以打斷」。如果「必如此」，則我們的民族將會被淘汰。這豈是我們所堪設想的？它可以被打斷，自有被打斷的緣故。一、在消極方面說，我們已指出它不是先天的必然如此。二、在積極方面說，其所以不必然如此，正因為人雖可以化為物，而究竟不必化為物；如果不必化為物，

3　【編按】此句文意不清，疑有缺漏。

那個鏈子就可以停住而改換。依此,三、再從消極方面說,
人不必化為物,人究竟不即是物,所以它不但不是先天的必
然如此,而且也不就是屬於物的那「自然因果」的鏈子;不
過當人⁴化為物,則就只有遵⁵守物的法則。然而人之遵⁶守物
的法則,固不是邏輯的必然,亦不是如自然現象(物)之遵⁷
守,所以我只說這是歷史的因果鏈子。人的活動所表現的社
會現象究竟與物的活動所表現的自然現象有不同。就在此「不
同」上,那歷史的因果鏈子可以被打斷,此就是其所以被打
斷的邏輯根據。依此,任何定命論的歷史觀,如經濟史觀,
皆須被放棄。本文所說的歷史的因果鏈子並不是我的歷史哲
學,也不是如經濟史觀那樣性質,以為我的歷史觀。這不過
是從中國以往的既成歷史所表現的以往的民族生命活動中而
發見出的一個法則,而這種法則卻不是一切歷史的法則,也
不是永遠如此的法則,只不過是以往的中國民族生命之活動
所表現的法則或型態。此處略為申明,本文不詳論。現在只
說:雖是歷史的因果鏈子,然一旦在既成的歷史中,成為如
此的因果鏈子,則在此既成的因果鏈子中的每一環或每一「型
態」,皆是非構造的,而且其來往循環總是同質的。同質指
型態言。譬如「與民休養」一型態,其函義總是相同的,「腐
爛後的暴動」一型態,其函義亦總是相同的。然若跳出這一
個鏈子,其函義自可不同。在中國以往的鏈子中,「與民休
養」與「暴動」,來來往往,總是同質。「暴動」美其名曰「革

4　【編按】「當人」二字原文誤作「人當」。
5　【編按】此字原文作「尊」。
6　【編按】同前註。
7　【編按】同前註。

命」。即使名之曰革命，也是以往「腐爛後的暴動」式的革命。
我們即以那鏈子中的「暴動」來界定革命——自然是有了限制
的革命，而不是作一個一般界說看的革命。

這個老式的革命是隨著那極卑賤極下流的享樂，因而造
成毒霧彌天，罪惡深重，而來的一種腐爛後的崩潰。崩潰後，
就如黃河決口一樣，東西南北流。那一股水的力量大，就衝
破的力量大。力量小的衝倒房子，大的衝倒樹木，再大的衝
倒山岳。及至把一切衝倒，而成為一片汪洋，便就是大一統，
下一階段的「休養」又來了。因為一片汪洋，而渾然是一，
總有一些時是一面平靜的水鏡。這便就是無為而治，天下太
平。然須知，那極下流的享樂是「人已化物」而成為赤裸的
自然生命之發洩，這種自然生命的發動必然要遵 [8] 守自然生命
的法則，亦就是物的法則。遵守物的法則而發洩，其所有的
都是自然本來有的，其所發洩的亦都是發洩其自然本來有的。
它不能於其自然而有以外增加一毫。所以它這種發洩的活動
必然一無所成。它所成的，從生息方面說，就是「它自然生
命之生息之成就」之自己；從發洩方面說，就是「它自然生
命之發洩之成就」之自己。它所成就的就是「物」自己，就
好像自然現象依自然律而成功其為自然現象一樣。它的活動
之為構造，也是構造其「已化為物」之自己，就恰似自然現
象依自然律而構造其為自然現象。然而人不是物。然而此時
究竟已化為物。從「人不是物」方面說，則這種活動之為構
造，對「人」言，顯然不是構造的。從其「已化為物」方面說，
對物言，這種活動是構造的，因為它已經是物，而遵守物的

8　【編按】同前註。

法則了。然而須知此時所構造的是「物」，不是「人」。然而人究竟是人，人總得成其為人。如以「人」為標準，則那種活動全然不是構造的。我們也總是嚮往一個「人的社會」。對此「人的社會」言，那種活動也全然不是構造的。所以凡屬於「人的社會」之一切，如國家、政治、經濟、法律等，以往全沒有構造起。生息是自然的，對人言，不是構造的；享樂是自然的，對人言，不是構造的；腐爛、崩潰、暴動、渾一，都是自然的，對人言，都不是構造的。人皆以革命為積極，實則此種老式的革命實非積極，以非構造故。如在今日，沒有一種超越的覺醒，打斷以往的鏈子，而鼓吹革命，沾沾自喜，以為積極或前進，我則以為皆可悲，皆消極，皆是老古董，毫不值得自誇。如在一個鏈子中，潰敗對腐爛可以自豪為前進，則腐爛對享樂亦可以自豪為前進，享樂對生息亦可以自豪為前進。生息對暴動亦然。如是，皆前進，皆非前進。今之所沾沾以自喜者，皆不過如此也。庸俗之人已失其性。隨自然生命而衝動，固難語以超越之大義。彼亦終古不悟也，眾生可悲以此。夫積極乃構造義，乃創造義。此是一種精神之表現，有理想導其前而奮發不已；奮發不已，理想亦無有已，而構造亦無有已，此方是積極。豈有隨物的法則轉而可以為積極乎？物無所謂積極，無所謂奮發或理想。朝飛暮捲，烟霏雲斂，自然而已。人要成其為人，人的社會要成其為人的社會，必須轉其隨物的法則而活動而為隨人的法則而活動，以及隨「人的社會」之法則而活動，如是方可構成為人，構造成為「人的社會」，此方是積極的。然而此種精神，吾民族的生命活動，至今日止，卻始終未表現出來。此必須予以深切認識。吾民族重生的大問題，必須在積極方

面以構造活動來誘導一切，在消極方面以構造活動來排棄一切。構造活動是擎天柱，是太陽照中天。當下有一分構造，即當下有一分成就，同時即當下去掉一份毛病。構造活動是沒有預備的，亦不必要有條件。它之一切即在「當下」。若說要預備，等待明天行，那還是沒有構造。要預備，永遠來不到。要實行，當下即圓滿。立地成佛，只一轉捩間耳。因為這已接觸到根本精神，它前面再沒有前提了。若造一架飛機，須要有預備。然此「構造精神」之自己從何預備？一說預備，便是物化，便下千層地獄。今人勾心鬥角，翻雲覆雨，好像辦法很多。只是這一點精神提不起，便拖泥帶水，永劫不復。

　　附註：讀者讀完本文後，若掉之以輕心，斥我菲薄祖先，則不能識我之密意。若從歷史上列舉事例，以明其亦是構造的，則吾亦將掉頭不肯顧。吾非不學，吾豈於往事無一二知識耶？吾對於中國文化之熱情不下於任何人，惟所見者與時賢不同耳。此是徹上徹下事。本文掛一漏萬，自所難免。文化問題不易談也。若無超越之通識，斷不足以語夫此。今人對於以往之文化儼若隔世，視孔孟聖學下及宋明諸大儒為陳飯土梗，宜其於中國文化之精髓[9]全無所曉也。吾非為過激之詞。不讀者無論矣。即碩學之士，排比耙疏，其與吾聖哲之靈魂相契者誰乎？中間之階，不啻萬重山也。此一骨幹，不能了然，而徒斤斤於末節，則無論鄙之口[10]之皆無當。此豈意氣事耶？

9　　【編按】原文於此多一「其」字，今刪除。
10　　【編按】此字原文難於辨識。

發表於《中國文化（璧山）》第 1 期，1945 年 9 月 15 日，署名：
牟宗三。

32 解惑

一、因噎廢食

自本刊出版以來，承讀者及友好關懷。有謂：貴刊宣揚中國文化，尊重貫穿吾人歷史之道統。而中國今日社會之腐敗無恥之士大夫皆受中國文化之毒最深，而為中國文化之中堅者；且達官要人皆喜言中國文化，稱道孔、孟。由前之說，中國文化無可宣揚；由後之說，宣揚中國文化，徒為統治者張目。貴刊於此不應毫無規避。此種疑惑，吾人以為殊無道理。今日之士大夫並非中國文化之中堅，若真為中國文化之中堅，決不至腐敗無恥。今日之士大夫，皆亡國大夫。其所以為亡國大夫，即在其不敬畏自己之歷史與文化，因而不能肯定自己之民族與國家。諂媚蘇俄，向化英、美，卑污屈節，國際遊魂，何能謂其為中國文化之中堅？若真能了解中國之文化，便當敬[1]畏自己之歷史與文化，便當肯定自己之民族與國家。今之知識階級全無此念頭，否則，何至有今日之混亂？如其謂之為中國文化之中堅，不如謂其為歐、美雜碎之尾閭。如其謂之受中國文化之毒，不如謂之中奴才之毒。貞固自勵者決不無恥，亦決不中毒。讀者友好鄭重思之。至於達官要人喜言中國文化，吾人便可不言乎？稱道孔、孟，吾人便可不稱道乎？因噎廢食，殊不足駁。吾人說話乃對全民族說。誰能一念尊重孔、孟，誰就是華夏之子孫。因達官要人言之

1　【編按】此字原文誤作「教」。

而不敢言，其自身已不能忠於真理，落於鄉愿而不覺。此最可恥。若再由不敢言進而侮辱孔、孟，毀棄自己之文化，則已是民族之奸徒，應擯諸四夷者也。

二、為國家立大義

歷史與文化、民族與國家，是任何民族立國之大標準。此是大界限，須臾不可毀棄，須臾不可忘。吾黃帝子孫何竟如此不肖，而必日事摧殘之而後快？今日局勢之重要關鍵豈不在此乎？共黨不承認此標準，且必摧殘毀滅之，此為任何人所不能忍。此而忍矣，將何所不可？而今之甚囂塵上自以為進步之分子，竟於此全忽而無睹，竟視彼為至是，世間有如此顛倒者乎？吾輩即據此義而斥共黨，而竟有謂吾輩對共黨同情不足者。以不承認大界限之民族敗類，而要吾人對之有充分之同情，吾不知此何心腸？順此而言，將使全國皆為奸偽乎？吾人同情之，同情其可憐，同情其陷溺墮落之可悲。然不能以其可憐為可是，以其陷溺墮落為合義。同情是吾仁心之悲憫，斥其非則律之以義。仁至而義不能及，是無異認其為是也，亦無異認為歷史與文化、民族與國家終於可棄也。孰能忍此？一念以為可忍，便是民族之罪人。其他更不必說。大本既錯，到處是錯。不獨共黨錯，勸吾人對共黨同情者亦錯。今日時風之磽薄，正此輩肆無忌憚，毀棄立國大義者之所致。造作理論，以非為是。初意本在不滿他人，而不知如此一作，彼等自身先陷於莫大之罪惡。何能革他人耶？事之不出以正者，無可成之望。蓋發者大本一錯，專走邪僻，決不足為一真力量。此尚不值吾人深省乎？

三、共黨決無正面之社會背景

　　或謂吾人曰：現在左傾之風瀰漫全社會，足見共黨自有其社會背景，其出現也亦自有其社會上之根據。貴刊責之，似大可不必。吾人以為此大非是。吾常謂：中國有四萬萬同胞，試各人捫心自問，有幾人能喜歡共黨這一套乎？假若採取一種毫無暗示威脅之心理測驗，由此心理測驗以決定共黨之放下武器否，則測驗揭曉之時，即是共黨瞪目結舌之時。大批農民佔多少？少數浮動之知識分子佔多少？喜歡這一套者只是一部分半生不熟之知識分子。而此部分居社會之表層，日事渲染，遂成風氣，中氣不足者，遂感此風為一大力。雖其心中不同意共黨之思想行徑，而亦不敢置一詞。更有因政治上之恩怨，轉而助長其氣焰，此純是感情之反動，更不足取。吾眼見其思想決非共黨之思想，而不能守其所信，亦轉而處處曲為共黨解。今日社會上之亡國大夫及世俗名流大抵如此。此輩人既無所守，自無靈魂。今日可以曲為甲黨解，明日亦可以曲為乙黨解。陷溺於既成之勢力圈，縱橫捭闔，罔曉大義，乃自詡為奔走和平。國勢混亂，皆此輩致之。社會上以為左傾之風遍天下，亦由此輩而促成。吾敢正告國人，此決不足以為共黨之社會背景，乃天空中之一陰霾。至共黨之出現更無正面之社會根據。馬克司之共產主義在西方之歷史與社會有根據，在中國全無根據。而中國竟有共黨之出現，是其根據全在對於現實腐敗分子之厭惡。此種根據乃主觀的、心理的，決非客觀的、經濟的。是以其根據純為負面，而非正面。以是心理的，故終流於心理之變態，慘酷狠愎，無所不為。結成膿毒，而日事潰爛，終於毒死其自己而後已。國

人試思，共黨之正面社會根據又安在？若真有正面之根據，則問題易解決，以其有理路也。今全無理路，一味爛潰。成事不足，敗事有餘。謂之為國家罪人，尚又以為不可乎？是以中國之問題決不在共黨之所想，亦非共黨之行徑所能解決。然其足以成為傳染之大毒，故必先治毒而後可。

四、共黨決非一正面之力量

或謂共黨亦是吾民族中之一力量，激變而出，不可一筆抹殺，當體會其來歷。吾對此議，亦不謂然。吾決能體會其來歷。如前所云，其根據只是心理的反動，故終落於心理之病態。其成為力量，亦只是膿毒之力量，決非生長之力量，足以毀全民族之生命，而不足以救國家。彼摧殘生命如此其甚，何貴有此力量？何謂摧殘生命？只殺人不算摧殘生命，惟污辱人，踐踏人，始真摧殘生命。李自成、張獻忠只是暴戾之氣，不殺人不快。然其摧殘生命，只是刀割槍刺，只是有形的生命。而共黨則有形的生命、無形的生命一起摧殘。殺之且必辱之，必使全無廉恥，全無人味，而後快。此為任何人所不能堪。古人云：士可殺而不可辱。任何人亦不可辱。殺不算摧殘生命，辱才是摧殘生命。若革命而至於污辱生命，則任何人不需要此革命。今之山東、河北等地所謂解放區已至活地獄之世界。有男女對號之慰勞隊，有對著親戚姊妹者。有中國祖國在莫斯科之喪心已極之怪論。打狗隊可以令一家老幼披麻帶孝葬狗。此種活禽獸之行動，無人能說出口，他們能作得出。此已不是風俗問題，直是摧殘生命問題。如此敗壞污辱，刺傷每一男女老幼心靈之深處，迫使之至死地，

因而結成一大潰爛之毒體，試想此能算得上一種力量否？而竟有人謂吾人對於解放區只了解其壞的一面，而不知其好的一面。試思能作出此等事，則其所謂好者可知矣。一日之間，人之言行無算，逐件而數之，謂吾之了解比汝多。實則全了解等於全不了解也。此種潰敗之力量足以毒死全民族而有餘。吾人不思療治而轉化之，而竟為之解，此非包庇膿毒而何？其心尚堪問耶？國亡種滅，能辭其咎乎？如其有噍類，則吾輩此一代無一非罪人。

五、只有一條路

吾人今日，歷史文化、民族國家，為大界限，建國創制、統一安定，為第一義。違背此大界限，便是民族之奸徒；不就此第一義用心，便是心不堪問。或來函謂：統一建國自為今日之主題，吾亦知此是中國之難關，然若今日而言此，便助長統治者之專制，便是替政府說話，故不可為。吾見此論，哭笑不得。人心如此，國實該亡。何者？此皆社會上之大名流，而為青年所仰望者，彼竟如此趨時髦，無志趣，尚何可言？或又謂：統一建國，自無可非，歷史文化是國之命脈，亦不能反對，然此路是自上而下，屬演繹法，不切實際，縱然無可非，亦不應當忽視民生疾苦及經濟生活。共黨向此用心，是自下而上，屬歸納的，又何可厚非？此論亦非是。若真是演繹、歸納互用，乃最佳者，何至有今日？吾人自歷史文化貫至民族國家，固是自上而下，然要者吾人如此用心，乃在立大界限。蓋今日時風全不知大界限為何物。故中蘇條約可以不爭，而不可不向政府爭民主；新疆送掉無人過問，

而不可不為共黨叫冤屈；內蒙、東北無人一顧，大連、旅順不能接收，亦無人齒及，然不可不歌頌蘇俄為應當。此時代人心如此，直千古所無。此豈是演繹、歸納問題耶？至共黨態度又不可以歸納比。世間最不重經[2]驗歸納者莫共黨若。經驗歸納之態度以英國為典型。兩者相較，共黨類乎不類？重經驗者肯定現象，循歸納者決不連根拔。共黨以民眾為號召[3]，而所思所行決不承認民眾之事實。此尚可以經驗歸納解乎？個人之行動有大義、有經驗，此皆吾人之限制；國家之行動亦有大義、有經驗，此亦是其限制。共黨之行動則不然。大義之界限、經驗之限制，俱被衝破，而尚可謂自下而上乎？名詞愈多，念頭便愈轉愈歧。今日士人亦吃盡名詞誤用之虧也。無正知，無正解，亦無正行，此西人知識即道德，知識即力量之說也。生於其心，害於其政，發於其政，害於其事，此中國聖哲之說也。兩者雖有高下，要皆有當。惟今日之中國人，兩無是處。而人猶不覺。種種羈縛，障蔽其心，人無真人，言無真言。舉世皆陷於鄉愿、狂悖、苟偷、卑污之境，而不知亡國之痛也。

六、悲觀亦不必要

時勢至此，自外觀之，無一處有生機。無從說起，亦無可措手足，則悲觀之心生。而到處皆壞，最好不說，說則便落褒貶。人不肯受世俗浮氣之褒貶，則忌諱之心生。因忌諱

2　【編按】此字原文誤作「輕」。

3　【編按】此字原文作「招」。

而噤若寒蟬，遂坐視崩亂而不敢一顧。悲觀之心與忌諱之心皆足以助長混亂，是以即此心也，即負混亂之一分責。蓋舉世滔滔，無是非，無大義，若自己再不能從混亂中湧出一點正面之肯定，則是順其滔滔而滔滔，盡成互相抵消之負面力量，全民族勢必崩散而後止。故現世之客觀混亂固可懼，而只望他人不望己之悲觀與忌諱亦可懼。宋儒石徂徠謂：

> 道大壞，由一人存之；天下國家大亂，由一人扶之。〔……〕古言「大廈將顛，非一木所支」，是棄道而忘天下國家也。顛而不支，坐而俟其顛，斯亦為不智者矣。道將大壞，天下國家將大亂而不救，坐而俟其壞亂，斯亦不仁者矣。

偉哉斯言！本刊所有言論皆本此立場而陳辭，一轉望他人不望己之態度，而為人人反而有諸己而自肯。自肯則不悲觀，有諸己則不忌諱。自肯者自肯於道，以道而自肯；有諸己者有諸道，以道而有己。道者何？就個人言，即個人之大義；就國家言，即國家之大義。此則人人能知，人人能明，而惟喪心病狂者不能知、不能明。人人有其所守之大義，即為民族增加一分新力量。增加一分新力量，即減少一分傳染之毒素。事無可為而可為，國家無可救而可救。連環無可解，無可措手足者即於此而得其解，而得其插手之機竅。此則甚易明，甚易為。惟顛倒陷溺日深者，轉之則甚難。所以難者，以其不思耳。稍肯思之，則轉之易如反掌。譬如自今日之內戰而言之。戰爭決不是好事，何況內戰！誰有仁者，而愛戰爭？然反內戰只一空話耳。此非不負責任隨便說之，即可止內戰。止之必有止之之道。止之之道即為「反內戰」一思想

之內函。若不將此內函抽繹出，而空言反內戰，則亦助長內戰耳。反內戰之內函為何？吾人可從此思想中直接抽繹出。豈不因民眾痛苦太深，故不堪再戰乎？炮火一開，殺多少人？豈非皆自己之同胞？如是，吾人即須肯定有自己之同胞。抽丁徵糧，豈非暴虐自己之同胞？如是，吾人即須發仁心不忍再抽再徵。共黨之解放區刺傷每一男女老幼心靈之深處，驅而至死地，其不仁又如何？此尚值不得吾人一想乎？一念不忍，此種曠古未有之殘暴，無人再能作下去。能對同胞之苦發仁心，能於摧殘同胞之慘舉深自惻然而痛悔，則戰爭即無法打下去。此因民眾痛苦而止內戰之道也。復次，豈不因國家之故而反內戰乎？國家如此危殆，而又內戰不已，亡國之責其誰負？假若吾人怕亡國，吾人即須肯定國家之存在。好戰者，吾人當使之看國家，認國家。不看僧面看佛面。看在國家面上，此種毀滅民族國家之內戰再不能打下去。看在國家面上，則吾人心上即深深印下國家之觀念，對於國家之敬畏心與尊重心即油然而生，沛然而出，無有任何理由可以藉口衝破此標準。此因為國家故而止內戰之道也。「反內戰」一思想中，直接可以抽出此二內函。此二內函即為「反內戰」之所以成立之基本定義。無人能說此種內函為歪曲，為別有作用。由第一內函，吾人在反內戰之行動中頓時建立「仁」一原則；由第二內函，吾人在反內戰之思想中頓時建立「義」一原則。仁義並建即是止之之道。若於民眾痛苦如此之深，而再不發仁心以自悔，則其人為民族之殘賊，人人得而誅之。吾於國家如此危殆而不肯一顧，而甘犯大義，則其人為國家之奸徒，人人得而誅之。吾人無黨見，而懷於亡國亡天下之

可懼，不應如此自肯而號召⁴國人乎？全民族個個人不應如此自肯而警覺而懺悔乎？誰能守國家之大義，發不忍民眾痛苦之大仁，誰就是民族之新力量。違犯此大仁大義者，即是民族之毒素。去毒守義，有何悲觀？有何忌諱？吾人於此，對共黨不能有恕辭。若真有仁有義，則共黨自己捫心自問，亦不能有恕辭，以其違犯此兩原則太深故也。抗戰時期，共黨不敢犯眾怒，假借肯定民族國家以自掩。現在以為日寇已敗，已無敵國，故又對其所曾肯定以自掩之民族國家加清算加鬥爭。此種用心，國人能忍乎？若真肯定民族國家，以為不可毀，則無論對內對外，皆須肯定而不可毀。以為對外不可毀，而對內可自毀，則其對外不可毀者必是假。無人能容此種奸偽之用心。吾人反內戰，若不嚴守民眾痛苦與民族國家兩大原則，則反內戰即等於助內戰。吾人亦是民族之罪人。其反無意義。或曰：以民眾痛苦與民族國家兩大原則為止內戰之道，此須作戰者有最高之道德覺悟而後可。若彼不發仁心，不曉大義，則奈何？答曰：關此，吾人仍以兩大原則為衡量之標準。若共黨誓不顧民眾之痛苦，不顧國家之大義，而必欲殘民毀國以逞其私，則政府即須為民戡亂，為國去毒。荀子所謂「以殺止殺」、「殺然後仁」，即依此義而言也。若政府腐敗無能，足以陷民於水火，足以置國於危地，則國家即須有一新力量弔民伐罪，為民去毒，為國立義。荀子所謂「奪然後義」、「上下易位然後貞」，即依此義而言也。若反政府者，比政府之不仁而尤不仁，比政府之不義而尤不義，則吾人即須個個人本兩大原則而自肯，湧發新力量，肯定政

4　【編按】此字原文作「招」。

府，催促其自新與警覺，而討平彼尤不仁不義者之內亂。此正今日之局勢，亦吾人立言立場所應有之歸結也。

　　然吾人寧願深維如此局勢之根源。從本處想，從正面說，確立民族國家之大義，深發民族國家所以寄託之命脈，此即吾人之歷史與文化。吾人從本處想，從正面說，乃欲使人從深處悟，從本處覺。人人歸本復位，發新生力，然後自不悲觀，自不忌諱，而對於眼前局勢自可以有正見，有正解，而為其所當為，言其所當言矣。荀子曰：「過而通情，和而無經。不卹是非，不治曲直。偷合苟容，迷亂狂生。夫是之謂禍亂之從聲。」此正今日之時風也。吾人敢不從「禍亂之從聲」中，湧出立國之大本、民族國家之大義耶？國人若不從深處悟，從本處覺，則凡有言說皆為口舌之爭。口舌之爭，反來覆去，無有已時，則亦禍亂之從聲而已矣。是以今日之局，不但內戰須止，即助長內戰之「禍亂之從聲」亦須止。而止之之道，則莫若為國家立大義。人有大義於心中，則不止而自止。否則，若處於既成之勢力圈中，斤斤然為現實政黨爭短長，互相激蕩，怨氣沖天，則皆國之賊也。望讀者於此慎思之。

發表於《歷史與文化》，第 3 期，1947 年 8 月 1 日，署名：編者。

33 知識階級之命運

　　春秋二百四十二年之間號為衰世。衰世者，對周之盛世而言。而衰之所以為衰，正因周之封建貴族政治不能維持，而病象叢生。《孟子·滕文公》篇有云：「世衰道微，邪說暴行有作。臣弒其君者有之，子弒其父者有之。孔子懼，作春秋。」《史記·太史公自序》云：「春秋之中，君三十六，亡國五十二，諸侯奔走不得保其社稷者，不可勝數。察其所以，皆失其本已。」此皆言其衰也。而衰之所以為衰，古人多不就歷史之演變言，或言世衰道微，或言失其本已。故《孟子》曰：「王者之迹熄，而詩亡；詩亡然後《春秋》作。」亦言王政王道之不行也。吾人現在不深問所以衰之故，而只就封建貴族政治事實上不能維持而為衰，以見士人之作用。封建貴族政治不能維持其盛世，而王官亦隨衰世之來臨而失守。士人不能無出路，遂自社會上漸露其頭角，因而亦漸為政治社會之中堅，而取得貴族之地位以代替之。諸子百家之所以興起，職是故也。士人以知識才能為其表現之根據，由此而發揮，則或從事政治以作實際之表現，或不得用，只作理想之抒發，表現其深遠之智慧。孔、墨在當時，皆有其理想，而孔子為光明特耀，中正平實，極高明而道中庸，致廣大而盡精微。故定文統，立人極，皆賴孔子；而儒家學術之所以能在此後二千年歷史之發展中，造成文化之大統之地位，亦正由孔子奠其基。然而孔子在當時並不得志。太史公曰：

　　余聞董生曰：「周道衰廢，孔子為魯司寇，諸侯害之，大

> 夫壅之。孔子知言之不用，道之不行也，是非二百四十二
> 年之中，以為天下儀表，貶天子，退諸侯，討大夫，以達
> 王事而已矣。」子曰：「我欲載之空言，不如見之於行事
> 之深切著明也。」[1]

孔子在政治上不得行其道，而在文化上行其道。其深遠之智
慧與廣大之悲懷，胥見之於其定文統，立人極，以今語言之，
即見之於文化事業之創造也。孔子並不曾有負於民族，亦不
曾有負於人類。

　　孔子之所以不得志，正在其「郁郁乎文哉！吾從周」之
一言。當時之時代，不是從周之時代，而是由周而降落而背
乎周道而趨之時代。在降落過程中，愈降愈亂，愈亂愈暗。
愈暗而理想愈上提，因而亦愈高，其距離時代亦愈遠。在其
對黑暗而上提而抒發理想中，遂漸漸脫離其所附著之「從周」
之意義，而變為正面之學術思想，獨具機杼而奔馳。降至戰
國，時代愈亂，孟、荀出而此義益顯。孔、孟、荀皆不必真
願死抱周之封建貴族政治而不放，其思想學術所表現之深遠
理想與智慧亦不囿於周之封建貴族政治而為其所限。此其所
以為永恆真理而可以垂統萬世也。然所謂脫離其所附著之從
周之意義，在當時並不顯，當時人亦不能簡別出，而孔、孟、
荀諸聖賢又皆忠於理想，不肯枉尺直尋，遂至「王道迂闊而
莫為」矣。法家乃適應時代之寵兒。法家之出現，乃應劫而
生也。商鞅見秦孝公，說三皇、五帝之道不行，說王道又不行，
及至說霸道，則躍然而起矣。秦為一野蠻無文化之民族，無

1　【編按】司馬遷：《史記》，第10冊，〈太史公自序〉（北京：中華書局，
　　1963年），頁3297。牟先生之引文略有文字出入，今據此校改。

諸夏舊文化傳統之拖累。商鞅以其學而霸秦，李斯以其學使秦政統一中國。法家亦士也。法家何以能見效？以其適應時代也。順周之封建貴族政治之下降與崩壞，而促其崩潰，而使其覆滅，而復造作理論，以成就其正面之霸業。其思想理論，對以往則必剷平貴族政治之層級性；其正面所欲建樹者，則為廢封建，置郡縣，以造成極權之統一。此屬於武功政略者也。然法家之特質又不在此。剷平貴族政治之層級性可也，廢封建亦可也。然其所以安定斯世之理論，則不足以為常道。一、法家主君術，儒家主君德。主君術，則君為陰森之深潭，非為光明之象徵。此道不可久。久則君自己以無以安頓其生命，必流於乾枯而不潤澤（以無足以潤澤之之仁義），墮落而自趨毀滅。二、貴族政治之層級性皆剷平，則一人之下，萬法平等，皆為黎氓，為黔首。而君又為陰森之深潭、權力之鬼窟，其無光明足以普照斯民也，但欲以詭密不測之術而統馭斯民。其所下達者非德化，乃權力也。三、其所以下達之媒介則為法。法為溝通黔首與鬼窟之橋樑。依是，民亦只有遵從法律之外部生活、功利生活，此亦久則必乾枯，生命必墮落而毀滅。此三義實為法家思想之特徵，而不在其用法也。此應劫而生之寵兒必毀滅其自己，亦必毀滅其所造之秦國。故商鞅、李斯皆遭慘死，而秦亦不旋踵而亡。法家有其時代之意義，有其負面之價值，而無永恆之真理，亦無正面之價值。其負面之價值，即在其所造之大一統，秦不能自有之，乃所以備漢也。

漢興，其初階段政治之實際運用，主黃、老無為，以安靜為本，此其自末自外上一反秦之作法也。至漢武帝，則欲自本自內而湧發新理想以改制更化。此即董仲舒之事業。儒

家思想在政治上之作用至此乃大顯。孔、孟、荀所不能見之於行事者，至董仲舒而見之。董仲舒與漢武帝合，造成中國大一統之局：典章制度定型於此而大備於唐；儒家學術思想不徒為一空懸之理想，而且表現為社會之組織，形下之文物制度、禮俗風尚胥由此而完成。吾曾名此為「禮教型之文化」，以示不同於西方「宗教型之文化」。士人政治由此形成，不同於周之貴族政治，亦不同於秦之法家政治，而漢初之軍功封侯之武夫政治亦於此而結束。吾曾名此為中國歷史社會中之「宰相系統」，凡士大夫皆屬於此系統，而為社會之中堅、歷史之骨幹、文化之繼承者、學術之表現者。儒家之積極作用皆在此而表現。此不可隨意輕侮也。蓋構造社會，組織人群，上極天道，下徹文物，乃為人類精神之真表現、建國創制之真學術。衡之中西各民族，能盡斯責者唯儒家而已，故儒家之學並世無雙也。近人動輒斥漢武帝崇儒術，罷黜百家，為妨礙學術之自由。彼殊不知儒家學術之普遍性與永恆性，又不知一民族之歷史發展不能不有其靈魂，不能不有其指導原則，以為貫穿歷史之統緒或骨幹也。不曉此義者，徒以諸子視儒家，遂以為同是學術也，彼何得而獨尊？此正今日知識階級之卑陋，而不足以識古人之大體。其自身無靈魂、無擔當，又不知歷史文化為何物，民族國家為何物，徒以其塵下之心思、私心自用之巧慧，衡量天下之學術，卑視古先聖哲之頂天立地、肯定人性、抒發理想、創造文化之宏願與悲懷。此真井底之蛙不可語以天地之大矣。

　　吾以上所述者，當視為士人之本分、知識階級之特質。士人必本乎此，乃有所守，庶不至於放僻邪侈，無所不為；亦必本乎此，而後可以指導社會，貢獻其心力於人類。若法

家者，則不可以為訓，此乃知識階級之墮落，投人之好，投時之機，以取寵者也。即移之於政治，亦變道，非常道，乃無辦法之辦法，故流於狠愎而肆無忌憚也。究之，其所以自顯而顯人者，正所以自毀而毀人也。天之報應，絲毫不爽。自身之命運，自身定之。

自孔、孟、荀至董仲舒，吾名之為儒者之正大而典型之表現。自此以後，士人不能及，而必以此為矩矱。然一不能及，則大本失而無所守，即無有以自立也。東漢末年，黨錮之禍，固由於朝政之混亂與腐敗，然士人之標榜縱橫，徒事議論，而不敦品厲行，進德修業，亦非風氣之善者。其領袖人物，如李膺、范滂、張儉等，非不卓然自立，然結連黨羽，自為壁壘，則希風之士，隨聲附和，亦非盡善類。相激相蕩，而慘禍生焉。既無功於國家，又無益於自身。吾每睹此衰世之徵象，悲劇之時代，而興無涯之悲慟。吾友李源澄先生曰：

> 凡黨事始自甘陵汝南，成於李膺、張儉。海內塗炭二十餘年，諸所蔓衍，皆天下善士。自梁冀以來，人心已積憤不平。宦豎亂政，荼毒海內。忠義之士，志清君側，嫉惡如讎。急湍之下，不能行舟，其無濟於時，原無足怪。其所以造成黨禍者，則太學生為之也。（見其《秦漢史》一四三頁）

又續曰：

> 漢以察舉興賢，遂成近名之弊。順帝以來，累行徵召。朝士薦舉草野，朝野遂相連結，標榜之風益盛。順帝廣起黌舍，其後生徒增至三萬餘人。其中品類極雜。西漢太學生

惟救鮑宣一事。東漢則累干朝政，上書言事。仇覽入太學時，諸生同郡符融有高名，與覽比宇。賓客盈室，覽常自守，不與融言。融觀其容止，心獨奇之。乃謂曰：「與先生同郡壤，鄰房牖。今京師英雄四集，志士交集之秋。雖務經學，守之何固？」覽乃正色曰：「天子修設太學，豈但使人游談其中。」高揖而去，不復與語。後融以告郭林宗。林宗因與融齎刺就房謁之，遂留宿。林宗嗟歎，下床為拜。其時之太學，豈講學之地乎？〈申屠蟠傳〉謂：「先是京師游士汝南范滂等非詰朝政。自公卿以下，皆折節下之。太學生爭慕其風，以為文學將興，處士復用。蟠獨嘆曰：『昔戰國之世，處士橫議，列國之主至為擁篲先驅，卒有坑儒焚書之禍，今之謂矣。』」（同上）

夫時之末世，悲劇必生。朝政腐亂，有心者不應抱救世之志乎？知識階級干政，亦非必不當，而何況自士人主政以來，此為必有之現象。世大亂而不能挽，然不可不挽也。挽之而敗，則犧牲，犧牲亦理想之表現，亦最高之道德。氣節之士亦可以留兩間之正氣。在當時為悲劇，然對後世亦不無風範之作用。

黨禍之作也，或謂李膺曰：「可去矣。」對曰：「事君不辭難，有罪不逃刑之謂節。吾年已六十，死生有命，去將安之？」乃詣獄詔置死。門生故吏，並被禁錮。（同上）

汝南督郵吳導受詔捕范滂。至征羌，抱詔書，閉傳舍，伏床而泣。一縣不知所為。滂聞之曰：「必為我也。」即自詣獄。縣令郭揖大驚，出解印綬，引與俱亡。曰：「天下大矣！子何為在此？」滂曰：「滂死則禍塞，何敢以罪累

君，又令老母流離乎？」其母就與之訣。滂白母曰：「仲
博孝敬，足以供奉。滂從龍舒君歸黃泉，存亡各得其所。
惟大人割不可忍之恩，勿增感戚。」母曰：「汝今得與李、
杜齊名，死亦何恨！既有令名，復求壽考，可兼得乎？」
滂跪受教，再拜而辭。顧其子曰：「吾欲使汝為惡，惡不
可為；使汝為善，則我不為惡。」行路聞之，莫不流涕。
（同上）

此其臨難毋苟免，視死如歸，大義昭然。百世之下，亦莫不
流涕也。此士人遭遇末世，表現氣節，而為悲劇者。雖相激
相蕩，無濟於時，然亦無可多責也。在以往之政治形態下，
此即其上品矣。此亦歷史發展中，其時之士人之命運，不為
氣節，便為隱逸。或旋轉乾坤，挽狂瀾於既倒，理論上並非
不可能。然事實上常有不能者，則亦何必苛求乎？自效果方
面言，彼等無有成。其標榜激蕩，亦有足以壞事處。然人非
聖賢，而能求全責備乎？彼等如此慷慨，衡之以儒者之道，
亦不能多貶也。

　魏晉南北朝為混亂時期。知識階級亦不以儒家為宗趣。
佛與三玄其宗風也。清談顛狂，亦避世也。處世而不直下承
當，亦迴避躲閃之類耳。此非儒者之襟懷也。名門豪族，亦
僅自保。強盜夷狄，無不可處。推原其生命深處，亦實無力
無恥者耳。此與法家同為士人之歪曲，而不足以真為士人也。
唐興，思想無可取。王通、韓愈、李習之，皆欲稍振儒宗，
而終不能有所成。唐之士風，遂轉為浪漫之才華。唐以詩詞
取士，乃科甲之途。雖云才華特美，而為利祿所誘。故唐之
知識階級實不足以當士之稱。夫不本於學術而擾攘者，皆科
甲之徒耳。其德慧不能高人一等。其隨軀殼起念，亦與常人

同耳。競爭於利祿之場，睚眦於恩怨之間，此皆帝王之翳狗、社會之渣滓。彼復反而翳狗帝王，渣滓社會，相推相移，以混斯世。混至既久，自遭慘禍。彼自視為清流，朱溫則投之於濁流，其身毀而唐亦亡矣。此為知識階級之科甲形態，其命運則如此。自今日言之，此皆無益於人類，無益於國家者也。

至宋大儒輩出，而儒家思想亦發為深遠之境、光輝之地。承唐末五代之局，而能重新整頓人群者，學術文化之力也。理學家之興起為儒家學術第二期之發揚。（第一期為孔、孟、荀至董仲舒。）此皆聖賢之流亞，有功於文化，有功於人類，卓然立人道之尊，而為義利、人禽之辨。此非有最高之覺悟不能也，謂其不代表最高之文化，得乎？謂其不代表人類精神之最高成就，得乎？此輩大賢，雖於現實政治未能致其才，亦未能措國家於富強，而事實上彼等或亦不必能，然豈可以此而泯其功乎？夫人非上帝，何能萬能？豈謂聖賢便可無所不能乎？即有所不能，而亦不礙其為聖賢也。顏習齋斥宋儒曰：「前之居汴也，生三四堯、孔，六七禹、顏；後之南渡也，又生三四堯、孔，六七禹、顏。而乃前有數十聖賢，上不見一扶危濟難之功，下不見一可將可相之才，兩手以二帝畀金，以汴京與豫矣。後有數十聖賢，上不見一扶危濟難之功，下不見一可將可相之才，兩手以少帝付海，以玉璽與元矣。多聖多賢之世，而乃如此乎？」嗚呼！此論亦譴而虐矣。顏習齋雖有為而發，亦不無其感觸傷懷之處，然非大儒之言也。真知人性之尊嚴，天命、大人、聖人之言之可畏者，不作此語也。姑舍此不論。夫宋祖武功政略遠不及漢、唐，開國之局原甚微弱，而仍維持三百年者，未始非學術文化之力也。

而其內部政治之安定、風俗之醇美，又未始非學人之功也，文化之高也。而若以亡國之責推程、朱，則孔子亦負亡周之責矣，孟子、荀子亦負不能挽救戰國之亂之責矣，而商鞅、李斯真可謂大賢，有斯理乎？夫言不可以若是其甌也。吾非言聖賢必不可有事功，而不見於事功，亦正不礙其為聖賢。至於近人之卑陋無恥而謗宋、明儒，則尤不足論。是以孔、孟、荀、董仲舒、宋明諸大儒，皆儒者之正命而造命者也。正命言其自身之有所立，有所守，造命言其定文統，立人極，鑄造文化之偉業。長遠觀之，人類歷史能少此業乎？假若去之，則人類價值何在？真理標準何在？真漆黑一團矣。此可肆意詆毀乎？

明末東林之遭際，大類東漢黨錮之禍，而其慘尤過之。諸賢於廠獄中備受毒刑而不辭，不可謂非鐵漢也。古人云：死有重於泰山，有輕於鴻毛。而諸賢之死，重於泰山乎？不可說。輕於鴻毛乎？亦不可說。昏庸孩稚之天啟，嬉戲於深宮之中，不曾知也，不曾聞也。蒼蒼者天，塊然之地，不曾知也，不曾聞也。祖宗在天之靈，締造華族歷史之前聖先賢，亦黯然神傷，掩面流涕，無可奈何也。皇皇之北京城亦淪于淒風苦雨，沙塵揚天，蓁蕪荒涼，儼若無人息之域，而不能露其光彩也。此尚得謂有是非乎？當時稱「毒霧迷天」，真令人悽楚欲絕者也。魏忠賢之毒霧可謂蓋世之兇矣。天地、祖宗、歷史，俱為其所淹沒。諸賢之死，為何而死乎？有誰評議其是非乎？無人理也，無人問也。只當事人自知之，真可謂死得齷齪，而令人只有歎息矣。下逮復社，並無東林政治上之根據（指三案而言），只是秀才之擾攘，噓風吹氣，互相標榜，大類唐末科甲之徒之混世。彼輩不曉危機，不知

覺悟，遂與明偕亡。此真知識階級之不自愛者，尚不可名之為士也。強盜如張、李，得屠之如犬羊，夷狄如滿清，得辱之為奴虜。果爾，滿清入關，一紙命下，鴉雀無聲矣。自卑自賤，有如此乎？君不見日寇時之車站乎？鞭之撲之，則整然有序矣，無敢爭先者，無敢喧譁者。今則故態復萌矣。此之謂民族之賤性。知識階級之賤性，亦無以異乎也。

　　抗戰勝利以還，知識階級之卑賤不自愛，暴露而無餘。歌頌強盜，歌頌夷狄。不顧國家之存亡，不顧人民之痛苦。無祖國愛，無是非心。蘇俄可以代替祖國，可以代替是非。此尚為曠世所未有，而今日竟有之。流為漢奸而不自知，此為一大變局。政治之腐敗無能，固可憎也，而可諂媚蘇俄以敵祖國乎？彼輩今日歌頌強盜、夷狄，明日即將為強盜、夷狄所殺戮。不則，即學鮮卑語服事公卿之流也。今之知識階級已不能自決其命運。陽焰迷鹿，盲爽發狂，被牽引，被迷惑，而日趨於昏墮。有能為彼造命者乎？吾馨香禱之矣。知識階級先不必日嚷救民為民，請先自救可也。民眾皆有所守，皆能自立。汝輩發昏，殃及池魚。不能自救，而救人乎？前車之鑒，歷歷在目。何適何從，速自決之。

發表於《天文臺》，第 2 卷第 1 期和第 2 期，1948 年 6 月 26 日和 7 月 14 日，署名：牟宗三。

34 《立國之道》末章：
我人思想之哲學背景 *

　　以上所述，是我人對於政治、經濟、文化三方面的方案。在此等方案中，常隱然含著一個哲學原則。此原則即是我人思想之哲學背景。現在更提出而發揮之。

　　在政治方面，我們曾有以下一個原則：

> 國家政事重在效率，貴乎敏活切實；社會文化欲其發展，當任其自由歧異；以此為集中與開放之分界。

這個原則所表示的就是一方是權力，一方是自由。權力與自由不能偏廢，我人有一適當的配合。其理由如下：

> 國家的政治求其敏捷與效率高，只在於行政系統是否如身之使臂，臂之使腕；而對於社會上的活動並無關係。……所以我們主張為增高政治效率起見，政府權力當然宜於集中；但集中的限度是以行政為界，斷不容侵犯到社會上去，把人民的自由來限制。質言之，我們的意思以為必須做到

---

* 　【編按】此文乃是張君勱先生《立國之道》一書第五編〈結論〉最後一章〈酉、我人思想之哲學背景〉。牟先生《五十自述》一書第五章〈客觀的悲情〉中記載：「在廣西，彼〔按：指張君勱先生〕寫《立國之道》，最後一章〈哲學根據〉，亦吾所寫。」可證該篇文章為牟先生所作，對於了解牟先生在國社黨時期的思想狀況極有參考價值。

政權務求其統一，而社會務使其自由，思想務聽其解放。

在經濟方面，則又有以下三原則：

一、為個人謀生存之安全並改進其智能與境況計，確認
　　私有財產；
二、為社會謀公共幸福並發展民族經濟與調劑私人經濟
　　計，確立公有財產；
三、不論公有與私有，全國經濟須在國家制定之統一計
　　劃下，由國家與私人分別擔任而貫徹之。

這三個原則所表示的也是權力與自由之協調。權力是計劃、
是系統、是軌範；自由是意志、是機動、是精神。站在整個
人類社會上說，沒有系統與軌範，將無以端其趨向，結果不
免於亂；若無機動與精神，將無以促其向上，結果不免於死亡。
再簡括言之，這兩方面的協調，就是「法」與「力」的協調。
這兩個原素無論在自然，抑在社會，都是必具的；而在社會
方面則尤顯。原因是社會為人類的集團。社會現象不同於自
然現象的地方，就是社會是人的，有人的意志參加其中。我
們固不能忽視物而只承認心，但也不能如時流一樣，只承認
物而否認心。如是我們在此願一談心與物。

　　心與物的關係，可先從常識來說。識冷暖饑飽，是為覺；
更進一步，辨別是非，是為心。但常識認為有者，到了哲學中，
經精密的分析，反而發生問題。有的以為有心，如認識論與
形上學（或玄學）中之理性主義與意典主義；有的以為無心，
如現時之行為主義與唯物主義。我人以為常識上所認為有者，
不易在哲學中化之為無。茲就認識論言之。認識論研究智識

之何以可能？人既有所知，何能離開能知的心？因為心的作用即是思想作用，思想中具有理性之規範以組織官覺所傳達之材料，其經此組織而成者是謂一個概念。一個概念之成立，即是一個經驗之成立。說對於某物有一個經驗即是說對於某物有一個概念。這個概念就是由思想之範疇與官覺之材料所共組而成。若說一切知識來自官覺，此決無之事。蓋官覺所能傳達的，是聲、色、嗅、味諸殊特之境，官覺決不能傳達一個概念給你，在外在世界裡決沒有一個概念、一個經驗、一個知識在那裡存在，以備我們官覺的傳達；所以在認識上決不能不承認思想作用。羅素以照鏡譬吾人之感覺。以鏡取譬，本未始不可。但此對於官覺而言，尚有類似；對於認識而言，決無可取。因心之認識與鏡不同；鏡是一個機械，無思慮作用，而心則有思慮作用，是心決不能與鏡等。而何況於一整個認識中，決無單純之官覺。官覺必常混融於思維中而為一。所以照鏡之說，實無可取。

我們說在認識上有思想作用，並不是說只有心或思想。所謂唯心、唯物之「唯」字，只是「殊特」的意思，並不是「惟獨」的意思。在認識上而言唯心，只是說心，或思想，有特殊的作用；並不是說只有心，也不是說心能造物。此證之於歷史上的任何派唯心哲學皆是如此。至在玄學上，則其意義又自不同。

於認識上我們既證成心之作用，所以於人類社會上，我們也不能否認人之所以為人處。權力與自由，權力是一架敏活機器的運轉力，這是屬於物的一方面；自由是人類前進的動力，這是屬於心的一方面。人類的意力，在任何社會現象、社會集團中，無往而不有其表現。譬如在政治方面，我們注

重效率與進步，故我們即用心思組織一架敏活的機器。這架
機器，對著個性自由而言，雖是呆板而趨於物化，但是我們
人類故意讓它如此；不如此，不足以達到效率、進步與合理
的目的。每一架機器，是由於參照客觀環境，將吾人的意力
貫輸於其中而造成的。所以按照人類社會而言，每一套權力
系統都參以人類意力於其中，決不是獨立於人類之外，與物
理世界一樣，客觀地在外界存在。這套機器是經過一番意匠，
投之於外，有似於物化；其實它是心的物，有理想的事實。
淺見者流，拘於一隅而不能通曉社會進化的大流，從部分而
觀之，故皆成了一堆死物質；遂一方以為毫無心的作用，一
方又以為此套物質獨立存在於外界而制約吾人的心思。它一
物化而成客觀存在，吾人固不能不受它的制約，但從整個社
會流觀之，它是與物理世界之物理系統不同的。它是心的物。
政治系統是如此，經濟系統亦是如此。在整個社會中，沒有
一個孤獨的外在的經濟結構。人類參加一個集團而從事生產，
然僅是經濟行為[1]。有了組織，便是結構，便是它所以成為系
統的規範或格式，這個便是政治。有政治統轄於其中，即有
人類意力貫輸於其中。所以經濟結構決不是純粹物質的。它
是常常在一個有制度性的「行進」中修改著、整飭著、前進著。
現在所謂制度經濟學即是從這個觀點出發。這種經濟之制度
性，無論在自由經濟中，或計劃經濟中，皆有其存在。在自

1　【編按】此句原文作「然便是經濟行為」。張君勱：〈唯物史觀與唯物
辯證法述評〉一文與〈我人思想之哲學背景〉多所重合。自先前「心與
物的關係……」一段起，至本文結束，文字大抵皆相同。經比對，與此
句對應的文字為「然僅是經濟行為」，義似較通。見張君勱著、程文熙
編：《中西印哲學文集》（下）（臺北：臺灣學生書局，1981年），頁
1276。

由經濟系統裡，則表現於私人團體，在計劃經濟系統裡，則表現於國家。在計劃經濟系統下，經濟結構之受政治的制約，更其顯明。蓋資本主義的國家，以經濟託於人民，國家只在旁邊擔任保護之責而已。今日之蘇俄，則把經濟與政治冶於一爐。所以不是經濟自行發展，而國家加以助力；乃二者竟成為一體。換言之，即政治完全與經濟合一，只成了一個發展而已。可見意力與制度性，不獨存在於自由經濟系統下之私人團體中，而在計劃經濟中，此制度性尤為明顯。

經濟既有其制度性，則經濟、政治、法律乃是組織整個社會的三個必須元素；三者合而為一，成功了一個整個的發展。所以我們若論社會本身的組織與進化，於此三者中決不能缺其一或偏重其一。這一點便是我們的歷史觀不同於馬克思主義者的唯物史觀處。馬克思的唯物史觀是從其《資本論》而來。在他的《資本論》裡，乃把經濟系統看成是孤獨於人類而外在的，所以既制約我們人類的心思，又規定政治、法律、道德諸意識形態。他把這些意識形態認為上層建築，獨有經濟結構是下層基礎；下層基礎一變，上層建築亦遲早必隨之而變。這種說法，便是把一個整個的發展，用分析的方法，列成一個串系。事實上，我們若把握了經濟的制度性，則這一個串系只是一個任意地抽象地分析，並不是社會的真實性。所以若從社會本身的組織與進化而言，則唯物史觀實不合理。但是一般人對於唯物史觀常不自覺地有兩種意識：一是當方法來看；一是當組織社會本身的原則看。當方法來看，即是以某某現象為對象，而以某某立場解析之，或者說以某方面看社會的某方面。譬如我觀察一個人，可以從其精神性格上判斷，亦可以從其生理體力上判斷。我所觀察的對

象若定在性格或精神，則我便可以生理或體力為判斷的立場。在此立場下，我說性格或精神是被動，是上層建築，而說生理或體力是能動，是下層基礎。如是對此人，我可說我是唯生理觀。但反過來，我若把所觀察的對象定在生理或體力上，我又可以從精神或性格上作判斷的基礎。如是對此人，我又可說我是唯性格觀。這種看法的變換，原無必然性。對社會現象也是如此。我既可以從經濟方面看，也可以從政治方面看，更可以從其他方面看。所以唯物史觀若當作方法來看，原也無何錯處；但若當方法來看，則又無必然性、一定性。一般阿其所好者，以為如此尚不能滿足，必須進一步把它當組織社會本身的原則看，即是說把它當作社會哲學的一個原則看，如此才有了錯處。我們上面所述的即是對這個錯處而發。我們的立場可以叫做社會之函變說或機能說（the functional theory of society）。這個學說本是解釋自然界的。我們現在貫而通之，把它應用到社會上去，看來也是極合事實的。

原來馬克思的唯物史觀，當作組織社會的原則看，本由於兩層錯誤而造成。第一、他是把經濟系統隔離化、抽象化、孤獨化，把它當作一個外在的實體，其存在猶如物理現象之為外在同。因其把它抽象化、孤獨化，所以才可以為政治、法律的下層基礎；然而事實上這個經濟機構是不能脫政治、法律而獨存的，事實上它只能與政治、法律混而為一，成一個發展。

當然此處所謂政治、法律是指其普遍的本性而言，並不指某一特殊政治現象或某一特殊法律條文而言，蓋即上文所謂制度性是。若從特殊政治現象或特殊法律條文而言，則儘

可政治不同於法律，法律不同於經濟。但我們現在所注意的是一個社會哲學，為社會組織確立一個基本原則，所以便不能從那些特殊現象上立論。

第二個錯誤，他是把唯物論的見地應用到經濟結構上。他把經濟結構看成是非人間的，其存在與物理系統之存在同。物理系統或者可以看成赤裸的外在，與主觀的思維無關；或者也可以認為不是赤裸的外在，仍與主觀的思維有關。最近愛丁頓、甄士等人同是主張後者。可見就是物理系統也未見得必是赤裸的獨立外在。但無論如何，若認其為赤裸的獨立外在，似乎於常識上亦可很自然地說得過去；但此觀點於經濟結構卻不同了。蓋經濟結構是人間的，不是自然的。它不能離人類而獨立存在，所以它不能赤裸的在外存在。它是有人類的意力灌輸於其中，即所謂經濟之制度性是。它如何能與物理系統一樣，同為外在？馬克思因為有這兩層錯誤，所以才形成了他的不應實際的唯物史觀。他的錯誤雖有兩層，其實根本的還是在不認識社會現象中人類精神的成分；因為不認識這個成分，所以無往而不偏頗。

我們講形上學時，是對於一切現象，加以一個本體論的見解，以及宇宙論的見解。這種辦法同樣可以應用到社會上去。即是說，我們對於社會也可以從本體論方面，找出其最基本的質素，再從宇宙論方面說明這種質素的組織與發展。唯物史觀，當作社會組織本身的原則看，也就是這種形上學的社會觀，但是它錯了。我們現在也是用這種觀點看社會，所以我們必得利用現代對於自然現象的見解之新原則方可，即是說，能利用現代形而上學中的新原則方可。我們對於自然的見解，從希臘一直到現在，還仍跳不出三個見解。問題

的所在是在物質與時空的關係上。對於這個關係有三個見解：
一是數理說（mathematical theory of nature），此說主張時空
格式是根本的，物質是被動的。在希臘，如皮塔哥拉斯、柏
拉圖等人主之，在現在，其新的形式則為愛丁頓。二是物理
說（physical theory of nature），此說主張物質是根本的，時
空是被動的，物質規定時空。在希臘，如狄麻克里圖的原子
說主之，在現在，其新的形式為愛因斯坦。三即上文所謂機
能說或曰函變說。此說主張時空與物互不規定，而更有一根
本者為此三者之基，此三者即由此根本者孳乳出來。在希臘，
亞里士多德主之，在現在，其新的形式則為懷悌海。這三種
見解，其老的形式，我們且擱置不管。至新的形式，愛因斯
坦的原子說，已不是那古舊的原子說，最重要的就是「場」
（field）這個概念的參加。但此，近人諾滋羅圃（Northrop）
仍以為未足。他名古舊的原子說為小宇宙的原子說，即愛因
斯坦的原子說仍未脫此形式。他以為小宇宙的原子說不能說
明運動與一多等問題，此在希臘已由巴門里第與其弟子芝諾
所辯明。所以諾滋羅圃又發明一種大宇宙原子說以修正之。
但經此一修正，則物理說，按懷悌海自己的意思，已與機能
說相近了。可見在現在機能說變成了公認的真理。我人以為
此說若用之於社會，更可顯其真實性。政治、法律、經濟是
一個根本社會生活關係的三方面，我們在其中找不出何者為
上層建築，何者為下層基礎。此即所謂機能說或函變說的要
義。但是只這樣空空地講還不夠。恰巧近年來又有康門士的
制度經濟學出現，證明了經濟的制度性，推翻了經濟系統的
孤獨論外在論。如是社會之機能的見解，遂有了結實的根據，
而又與形而上學的原則相貫通。這便是形成了最後真理。這

個學說之應用於社會，最重要的就是解決了權力與自由的爭執，而吾人於政治、經濟上對於此兩觀念的配合，於此遂有了理論的根據。

所謂機能，即人類意力加入客觀環境所起的一種函變關係，故亦稱函變說。人之所以為人者在此。人類的意力加入客觀環境，即是人類的匠心。人類的理想與理性之運用客觀環境，於此而顯人類精神，於此而成社會現象。在此種機能關係中，從其生產方面足以利用厚生者言，為經濟現象；從其保持領土人民，使士農工商得以進行不墮而言，則為政治現象；從其設為規範以為維繫之具，且使之前進而言，則為法律現象。凡此三者皆一體函變之發展，決無如唯物史觀所謂上下兩層之分。所以這三種現象直可以說是那個根本機能關係的三幅面相或三度，這三幅面相到了各成其定型的時候，即好似三套不同的機括。一成其機括，即各有其威力，成為客觀而外在，此即系統之權力性。這機括系統，為達到人類的福利、目的與理想起見，吾人又須尊崇它、維護它。它是我們人類前進的規矩或道路。這就是秩序或條理的威力。不過它雖然物化，有了客觀的威力，而其實它又是由人類的意力而成，於其「行進」中的意力上，顯出人類的精神，即自由是。故從權力方面言，人類社會好似機械的定命論，但從人類精神方面言，則又是能動的自由論。唯物史觀論者喜言歷史定命論、歷史必然性，乃只孤獨地認識了物化的機括，而未認識到人類的意志。譬如今日之中國抗戰，一般人的判斷以為必足以引起世界大戰，其根據是在經濟的定命論。然此實無必然性。世界的政局固有客觀的利害性存在，但也有人類的意力調劑其中。我們若過信此種淺見的定命論，必流

於守株待兔的悲運。此點姑不深論。現在我只說，世界大戰無論起與不起，皆有人類意力灌輸其中，非只物化的機括所能獨定。羅素於其《自由與組織》一書中，亦說過決定歷史的因素不只是經濟。他舉出三種：一是經濟與科學技術或發明；二是政治思想；三是大人物。他以為這三種沒有一種是可以偏重的。他舉出了這事實，但其理論是零碎的，沒有成為一個系統。

****

　　以上從社會之機能的見解，說明了權力與自由的哲學原質；以下再從機能說的立場說明永恆與變動這個問題。

　　我們以為宇宙間任何現象，一方有其自性，一方有其外向，一方有其所以然之道，一方有其時空裡的變相；簡言之，一方有其體，一方有其用。從用方面看，則常顯其變動不居；但從體方面看，則又自有其恆常之永性。這便是變動與永恆之分界。變動與永恆是解釋任何現象的兩個終極原則，而任何現象亦必服從此兩原則。無永恆不足以顯其變，無變動不足以成其常。寓不易於易之中，寓普遍於特殊之中，這就是我們的終極原則。

　　機能說是最足以言變了，但它又能顯出事物之恆性，即其普遍而不易之自性。譬如經濟關係之制度性或法律性，從其表相方面看，它當然要隨時地而不同；它要發展其自己，它當然也要恆變其狀態。但變者其相或外向之關係，不變者其體其性，仍是萬古而如一。即是說，無論怎樣變法，其制度性總是有的，決不會有一天變沒了或消滅了，除非同時俱歸消滅。這只是一個例，我們現在再舉幾個例以討論之。

　　第一、譬如「國家」這個東西，有其經驗的基礎，有其理性的基礎。國家之所以為國家處，就在它是一個公器。提到「公」字，自然有它的公共性、普遍性、永恆性。此便是它的不變處。為重視這個不變性起見，歷來學者即以理性的基礎解釋之。理性的解釋即要明「國家」所以然之道。好像理學家講理氣一樣，任何物事必有質氣，亦有其所以然之理。氣則常變而多殊，理則永恆而如一。這個普遍而不變之理實有其諧和之自性，並非一個多元之加和。「國家」亦是如此。它不是各個人之加和，它超出個人之上有其諧和性，但它也實入於各個人之中而代表其通性。所以人類之公性或通性，即國家的所以然之理性的基礎。它有了這個通性的基礎，國家才有了永恆性與普遍性，也就是有了它的自性。譬若各燈交光，每一盞燈自有其獨特之光，但其交輝之處，既不是甲燈之光，也不是乙燈之光，而甲、乙燈之光又都融和其中，分別不出或者為甲燈之光，或者為乙燈之光。如是，這交光之處便是一個超越的第三者，自成一基型。國家之於個人亦是如此。國家的這個精義之認識，是理性主義者的貢獻。這講來雖然有點抽象，但實是一件事實，只是隨軀殼起念、不識大體的人看不出罷了。

　　有其自性，自然是它的不變處；但它也有它的表現性與實際性。這便是它的經驗的基礎。它雖是一個公器，但它的表現不能不隨著在時空裡的實際社會狀況而不同。一個社會裡邊的各團體、各分子，甚至其文化程度，皆是決定國家的表相之重要因素。在專制主義時代，國家的表現，在皇帝之受天命而撫萬民；在資本主義時代，國家的表現，在政治機構之酌劑各社團而助其自由發展；在社會主義時代，國家的

表現則又冶政治、經濟而為一，成了一個有計劃的合理性的發展；這些便是它的表相、它的用，也就是它的經驗性與變動性。它將來的變動，還是不可限量。然無論如何，它的為公器的自性，總是歷千古而不變。馬克思主義者不明此義，他們以為國家是統治階級壓迫民眾的機關，無產階級革命成功以後，到了無階級敵對的時候，國家即可消滅。在某時某地，國家的表相，固可有壓迫的意味，但不能說這是它的常性。這是他們只看見其表面的變動性，而未認識其自體的永恆性。至若說到了無階級敵對的時候，即可消滅國家，那更流於空想了。

說明國家的永恆性，即可說明國家的權力與主權，且明其所以然之自性；說明國家的變動性，即說明國家之遷就事實，容許自由，且明其表現之經驗性而日改造其自己。從前者而言，是理性的國家；從後者而言，是實際的國家。理性的國家，只說明國家所以然之道，為國家立一永恆之基礎，並不表明國家是完美無缺、至美至善。或者謂理性論者不明國家之殘缺性，而只認其圓滿性，我以為此乃不明立論界限之所致。

第二個例便是道德。道德的看法決定人類行為的根據。道德亦有其永恆性與表現性兩方面。道德常具於風俗習慣中。從這方面看，這是它的表現性、變動性。譬如在以前忠君，在現在則忠國、忠事；野蠻人則又以其父母之遺體畀於豺狼為孝。此皆與時地有關，亦便是道德之附著於風俗習慣上。但無論怎樣變動，總有一個應該不應該的人類「意志」在那裡決定著。這個決定應該不應該的「意志」即是道德的所以然之體。從這方面言，道德是永恆的、普遍的。這個永恆的

道德性，雖然是表現在受時空限制的實際社會裡，但其一經表現於該社會中，即瀰漫於該社會之全體而無所偏向。其附著於該社會之風俗習慣中而成為行為之規約，亦是客觀的、公共的，對於任何人並無私好與私惡。所以若說道德一定是統治階級壓迫民眾的工具，那才是膚妄之談，不至滅絕人性不止。具體的，即表現的道德隨著社會進化而有所變動，日趨於合理，自然是事實，但決不能說它是某一階級的工具。倘使如此，即等於否定道德。再舉若干事，作為證明。仁慈為一種道德，為人所公認，但到了革命之日，殺人放火，固所不惜。然蘇俄之恐怖政治，亦只限於革命初年，到了一九二三年已稍緩和；到了一九二八年，他們的心力，更走上一條建設途徑。此殺人之不可以久長，而仁慈道德之不可易性與其永久性之明證者一。社會即令變遷，而社會之所以為社會，不離乎道德。現代號稱為功利世界、工商世界，然誠實不欺終為社會組織之唯一基礎。此可為道德之不易性、永久性之明證者二。更以結婚言之，昔日好稱「從一而終」，現代尚婚姻自由與離婚自由。蘇俄革命後數年，男女兩性之離合最自由，近來離婚之頻繁已遠非昔比，可見「從一而終」終為人類男女結合之最高理想。此為道德之不易性與永久性之明證者三。由以上所舉數事中，即可見道德非統治者之「口含天憲」，而自有所以產生之崇高的理由。

第三個例是學術獨立問題。我們以為學者研究問題，固不免有所偏見，但其目的與動機固在向客觀真理而前進。《淮南子》的作者，固須迎合淮南王安之旨趣，但真理所在，淮南王安亦不能必加否認。孟子曰「理義之悅我心，猶芻豢之悅我口。」此是心之所同然。淮南王亦自有其人性在。又如

亞力山大養亞里士多德，而亞氏所研究的卻又是無所為的哲理，這與亞力山大的政權亦毫無關係。御用機關尚且如此，私人研究更應無所偏向。可見學術獨立、客觀真理，乃必然之事實，不能加以否認。然近來頗有人持論，謂一切學術研究，皆為本人階級作宣傳；不知如美國洛氏基金，專門助人以捐款獎勵醫學，不知此種補助，究為洛氏作何種宣傳？加納奇氏基金會，專門獎勵圖書館之成立，不知加氏此種散金之法，又為其自身作何種宣傳？總之，馬克思主義者以「階級性」三字掩沒了一切人類發於公心之動作了。

由以上三例言之，可見變與常之不可離：惟有常，才有永久，才有不變之目的；惟有變，乃有衝突，乃有進化。然馬克思主義者但知有變，而不知有常，因而不認一切制度中有目的、有理性、有其所以然之故。彼等雖善言變，而究竟所以變之之目的安在，則不得而知。此種理論是否可以為造國的基礎，在好學深思之士自能明白。惟有存心搗亂之人，挾其妄論，與人作無謂的爭辯罷了。

以上第一大段從權力與自由之協調起，引出機能說，說明社會之組織與進化，成立吾人之社會哲學。第二大段，則藉國家、道德、文化學術等問題，從機能說出發，證明任何現象有其永恆性與變動性、普遍性與特殊性，攝普遍於特殊，納永恆於變動。現在再論，名之為機能說，原是從關係方面言，即人類意力運用客觀環境所成的一種機能關係或函變關係。現在試問，在此種關係中，誰為主宰原則（dominant principle）？據以往的討論，此種關係之所以成立，全在人類精神方面之意力。由此意力，才成那種加工的組織關係，有目的性的功能。客觀環境是意力所組織、所運用的。意力處

於其中而居超越的地位，因而遂起一種超越的功能或作用。客觀環境不過是吾人的參照與所運用的資料，當然離不了它，當然也不能離開它憑空胡想。意力受客觀環境的制限，始有實在性，但客觀環境不能憑空即變為人類的社會現象。意力落於其中而顯自己之性能，遂一成而主宰乎外物，不為外物所主宰。意力固須因循外物之情勢而措施，但其自動性與主宰性仍一貫而不變。並不是說橫衝直撞，一味蠻幹，始可謂主宰。順其情勢而措施，正所以顯吾人之意力與理性。於其自我作主而不物化，我們說人類精神是主宰原則。於此即說唯心，亦不妨。蓋吾人早說過，「唯」者殊特意，並非惟獨意。「唯心」是只言「心」於此關係中居主宰地位，並非抹煞外物。又誰居主宰，乃是指有所對而言，即須看所定座標為何。譬如吾人講知識論，乃問知識何以可能、知識所以成立之條件，對此而言，自然是思想或理性居主宰地位，此即是康德哲學。如果從感官上的因果關係說起，以外界的刺激為因，感官上的感覺為果，對因而言，當然外界是主宰原則，因外界為刺激，是能動的故。此即英、美人知覺之因果說。但一個知識或經驗之成立，非外界之刺激所能供給。外界刺激不過是一個引子；要成為知識，還須要理性之組織作用。所以對知識論而言，思想或理性實居主宰地位。因其為主宰，故言唯心。今吾人講社會哲學，亦是如此。對社會之組織與進化而言，人類意力實居主宰地位，因其為主宰，故仍言唯心。譬若對衛生而言，空氣固是必須，但只有此空氣，卻不能成其為衛生；必須如何呼吸，如何調攝，始可成為衛生。由此而言，其居主宰地位者固別有在，決不能是空氣。因此，對衛生而言，亦決不能說為唯空氣。於講知識論或社會哲學而言唯物，

實無意義。其無意義與講衛生而言唯空氣之為無意義同。至若科學知識之尊重客觀，那是另一問題，此不能與唯物同論。又若進而至於形上學，則系統多端，又須看吾人之見解與信仰如何而定。若如羅素以科學世界為滿足，則只言現象間之因果關係即可。若要求一心之所安、理論之圓足，則仍須進一步，建立一至上之原則，於此而定其主從。照眼前而論，吾人言社會之機能的見解，以人類意力為主。吾人亦可由此而推出，說任何現象，皆有其所以然之道；此道為主宰原則，物物而不物於物；名之曰功能、曰動力、曰理性、曰精神，皆無不可。然此既屬形上學，其意義又自不同，現在可不深論。

最後更須一衡時流所謂唯物辯證法。信仰這套理論的人，動喜罵人為玄學，其實這套理論本身就是一不高明的玄學。若再嚴格言之，則此套理論實既非科學，亦非玄學之四不像。時流若云信仰，則吾人自無所言；若欲追求真理，則自知吾人之言為不謬。所謂唯物辯證法即是物質按正反合之公式而變動之謂。這個不高明的玄學，若站在科學的立場上說，則物理學所啟示的物理世界，最唯物、最實在的看法應如羅素所描述的物理世界之結構。在他的描述裡，除去「事素」而外，沒有更根本的存在；除去事素間的因果關係而外，沒有其他法則可述。他這種描述是很足以稱合科學所對付的自然世界之真相；但此卻決無所容於辯證法。辯證法的世界觀若是科學的，則諸科學所解示的世界觀統統不是科學的；若諸科學所解示的世界觀是科學的，則辯證法不是科學的。然則辯證法的世界觀究竟是科學的？還是不是科學的呢？原來科學所肯定的世界是一有法則的世界，吾人循此法則而可以得到普

遍的知識（不管是必然的抑是概然的）；有此普遍的知識，
吾人可以馭物變物而利用厚生。但是辯證法的世界觀則不然
了。它的最得意的筆調是「是─非，非─是」。按照辯證的
法則，一切東西都是不斷的矛盾，既是又不是，既不是又是，
這樣無窮地顛倒下去，而不能得到一剎那的停住。世界只有
這個不停的矛盾之辯證法則，除此法則而外，再不能有別的
法則存在。但如果只有這個辯證法則，吾人將從這世界裡得
到什麼東西？將什麼也得不到。所得到的是一個虛無。既說
不上得到普遍的知識，更說不上本法則以馭物變物。然則辯
證法的世界觀不是科學的了。既不是科學的，則吾人可更進
一步，把它當作玄學的來看。精妙的玄學是以科學的世界觀
為不滿足，要於此有法則性的現象世界上，進一步直探其所
以然之道。探本索源，指出一個原則，為此當然世界立一所
以然之故，並使此當然世界所有的諸般法則俱匯歸於此所以
然之故（即理或道），明其本為此所以然之故之顯發。如是
顯微無間，形成真理境界之極致。然此亦無所容於正反合之
辯證。辯證法的世界觀若是玄學的，它當於天人體用之間有
一極圓滿之說明；但是它又不能，它又只限於現象，即物質
之變動是。它若是科學的，它當於科學世界的法則性有所說
明；但是它又不能，它所說的法則於科學世界又毫無關係。
它既不是科學，又不是玄學；但它卻又是一個世界觀。如是，
只好說它是一個不高明的玄學罷了。

說它是不高明的玄學，信仰它的人，必然不服。如是，
我們再把它限制到社會方面去。因為此說之造成，本是由於
社會革命而發，我們再以它的來源處說。社會亦是按照辯證
的法則前進。在一個社會裡面，有一種階級的矛盾；其中有

一個姑說為是正的，有一個則是反的。這正反兩個階級必然起衝突，於是起革命而有變動，趨向一個新階段。這個新階段便是「合」。但是問題就在這裡發生。據說，凡一個「合」必是正反之統一，既拋棄了以前的正反，又保留了以前的正反。但是在一個新階段裡，對於以前的正反兩階級所保留的是什麼呢？若保留的是資產階級或封建地主，則豈不是革命未能澈底，又尚有餘孽存在；我以為這是很有趣的一個笑話。此點姑不深論。若是革命澈底了，則於以前無所保留，又與辯證的法則不合。又若真是澈底了，則將來變為無階級的社會，又根本無所謂正反，亦無所謂「合」，辯證法豈不是消滅了？可見若限在社會方面，辯證法必不能是永久的法則，這是很悲觀的。所以還是回到玄學方面去。若回到玄學方面去，則又如上所云，其意義與力量又是式微得不堪，簡直不堪一顧。正反合本是黑格爾矛盾哲學的一種圓滿論。講階級的革命，為說明其衝突起見，本無不可藉用正反以取譬，實無重大意義包函在內。但是他們竟然把它重大化了，竟成了一個學術了，無論經濟學、社會學、歷史學，甚至自然科學，竟都成了唯物辯證法了。以上的批評還是消極的。現在既然重大化了，我們也當再鄭重一點予以積極的批評。這個批評的詳細處，曾見之於張東蓀先生所編《唯物辯證法論戰》一書。現在只扼要言之如下。

　　唯物辯證法有兩個極大的錯誤：第一是把時間上的前後變動當作矛盾；第二是把空間上的歧異並存當作矛盾。唯物辯證法的本意即是由這兩點錯誤形成的，所以這兩點錯誤也成了它的致命傷。時間上的變動，無人能說它是矛盾，而前後的變動亦更無所謂正反合。空間上的歧異並存，亦無人能

說它是矛盾，而差異並存亦更無所謂正反合。但是唯物辯證法必是前後變動論，亦必是差異並存論，因為它是物質故，因為它是實際的變動故。所以正反合的法則於物質變動論上完全失掉了意義。固執一個無意義的東西而到處拉扯，真所謂敝帚自珍。

原來正反合的辯證法則只是黑格爾的一套理論上的系統，乃是思維或理念的一套自行矛盾的發展論、圓滿論。他這理念上的正反合並不取有時間，亦不關於事實（或物質），乃是一套一套地打漩渦。從正到合是一套發展，也是一套圓滿；但卻是一步未進，乃是同時一起聯繫起來的。說成正反合一個法則，實是理論上的抽繹。因為他講圓滿，所以正反合才有了意義。但這只是理念上很單純整齊的意義，一提到事實，便無所應，所以只是一套理論把戲。而黑格爾亦並未置有事實界與理念之區分，亦無所謂應用於事實界，故亦自無不通之處。這就是說，這套東西原不能亦不應關涉到事實界或物質界。孰知唯物辯證法論者竟成了笨伯，偏於其不可處而強為之，反罵黑格爾為腳在上，頭在下。其實黑格爾有知，當罵此輩為不可教，作繭自縛。在黑氏之後者，已嫌其過於玄學化，故隨時代之變遷，走上新康德主義的途徑；而馬克思竟強拉正反合以入物質界，成其所謂無意義之唯物辯證法，這豈不是拾人唾涕而自甘嗎？敢告國人：凡論學論事，必須本事理之常軌，始可開眼看透世界；若徒事於乖僻與歪曲，既不本於科學，又不合於哲學，眼中只知有政爭，將何從與談學術呢？

凡以上所述諸種妄論，其所以能流行而蔓熾者，實因它正打動了煩悶時代青年抑鬱之氣。所以天下景然從之，而不

知是非。此種潮流正是磨練真理之魔鬼，為理性健康者發揮光明之工具。將來政治、經濟諸端趨於安定，心平氣和的態度恢復，則理性目的與自制自克，自然復見於政治界與學術界。古人有言：「物物而不物於物」，即謂雖重視外在世界，而並不以外在世界為止境。此為吾人論學之立場，所以期望於國人者亦若此而已。

收入：張君勱《立國之道》，1948 年第 4 版。

35 共產國際與中共批判

一、把握共黨的本質之理路

　　我現在不去講世界共產黨的發展史，也沒有講的必要。我們最重要的是握住他的心理的與思想的本質，而把它的罪惡性揭露出來，呈現於世人面前。

　　共產黨自馬克思、恩格斯組織巴黎公社發表〈共產黨宣言〉開始，即以「工人無祖國」相號召，即以橫斷面的階級觀念代替縱貫線的國家觀念，即以階級剝削、壓迫、鬥爭的黑暗觀點觀歷史，而不以精神的表現、理想的實現的光明觀點觀歷史。所以它一開始即是於國家標準以外，提出階級一標準、社會主義一標準。所以它根本就是國際的，沒有界限的。二次大戰期間[1]，蘇俄被德國打得受不了，正要求英、美援助的時候，英、美要求它取消第三國際，它即取消。然取消是暫時，是權變，它本質上不能取消。它的國際性不能以普通的間諜看，也不能以希特勒的第五縱隊看。所以今日毛澤東的一面倒也不能以普通的漢奸看。他根本不承認國家這個標準，所以你說他是漢奸，他並無所謂。它要在敵國方面樹立起社會革命，建立起社會主義一標準、階級鬥爭一觀念，使對方的人民抹掉自己的國家。所以它的國際性是跟著[2]階級一觀念來，不能以普通的間諜滲透、希特勒的第五縱隊滲透來看。

1　【編按】原文此處缺一「間」字，今依文意增補。
2　【編按】原文此處缺一「著」字，今依文意增補。

　　國家這個豐富的觀念，是含藏著人道的一切、人類精神表現的一切，也與人道、人性、人類精神表現的一切牽連在一起。共黨的國際性根本是在這些建樹背後找一個瀰漫氾流、無顏色、無界限的渾同為標準，而來掘這些建樹的根，所以人道、人性、人類精神表現的一切，都在它的否定之列。

　　你須知馬克思是猶太人。猶太人是沒有國家觀念的，因為他們早就沒了國，他們也不想復國，所以叫做「國際的猶太人」。他們只知道錢，只知道奸詭以謀生，所以只表現聰明智力，而不表現道德與情感。因此，他們的內心早已訓練成漆黑。無光明、無熱力，只有陰森黑暗。他們專喜黑暗面，專喜說反面的話，拆穿你的正面建樹的一切。這根本是一種魔性。馬克思是如此，佛洛依特也是如此。他們又專喜歡一刀平，因為他們沒有國家，沒有道德責任，沒有太陽的光與熱，沒有表現人道的精神感，因而也沒有價值感。所以專喜一刀平的渾同。他自己黑，也叫一切都黑。

　　他有這個變態心理，所以他發狠要否定一切，來建立他的魔的宗教，來做推翻一切的世界革命、社會革命、對於人之為「人」的革命。

　　這種革命根本不是一件事業，一個事功。他也不用時間觀念來完成這件事，他是用「永恆」觀念來估計這件事。因為他根本是陰暗面的一極。人有神性與獸性之兩面，他是想把獸性整個暴露出來，而使人只成為這一面。這當然是一件永恆的工作，一件永遠做不到的工作。但是他的心黑發狠要做這件事，所以他只有以「永恆」來估計。因此他才成了一個魔的宗教。

　　這一個變態心理的思想、魔的宗教，為什麼單單在俄國與中國滋長。

　　你須知共黨不是事功性的精神。所以有事功精神的歐、美文化根本不容易接受這一套，所以共黨也不容易在英、美出現，在西歐文化系統下出現。何謂事功精神？我在這裡須有一點解析。一、重視經驗（因而承認現象）；二、尊重對方（在限制中相磨蕩、刮垢磨光）；三、內在的興趣（健康的生命）；四、重自由靈感與理性。總言之，一是自由，一是科學。這是西歐的文化生命、生活原理。共黨偏偏不出現於高度工業化、資本化的英、美，而出現於俄國與中國。你從此可知共黨根本不是什麼經濟問題、政治問題。因為這些都是事功性的問題。他根本不是事功的精神，他只是就這幾方面的問題缺陷而來發揮他的純否定的魔性。

二、為什麼在俄國出現？為什麼在中國出現？

　　俄國是一個奴隸自卑的民族，因而殘忍冷酷。他的歷史是被征服的民族，因而猜忌仇恨。他所信的是東方正教。恐怖的伊凡、沙皇的專制野蠻，還有農奴制度，這些都是接受馬克思魔的宗教之底子。由懷疑派、虛無主義者，到恐怖陰謀暴力的巴古寧（國粹派），到普列汗諾夫之接受馬克思主義，再轉到列寧之布爾什維克（多數派），再轉到斯大林，便是這些東西的集大成。

　　中國為何也出現這麼一個魔？魔的東西不能從外部的任何問題去了解，只有從人的魔性及變態心理去了解。在俄國是粗暴形態，在中國是細微形態。形成這個細微形態的淵源就是佛老與申韓。貫穿中國歷史的正宗思想是儒家學術。此外，還有些異端與之相磨蕩，此就是老莊、申韓、墨翟，再

加上後來的佛教。這些也是接受馬克思魔的宗教之底子。荀子批評墨子說：「上[3]功用，大儉約，而僈[4]差等。」僈[5]差等就是抹殺人格的價值層級。孟子斥他的愛無差等為無父。無父是禽獸。他的愛流於汜而不足以落實，就不成其為愛。抹殺人格價值層級，其背後不自覺的基本原理，就是只有普遍性，而無個體性。法家（申韓）殘刻寡恩，一切齊之以法，亦是只有普遍性而無個體性。而一切委之於法者必講權術，是則操柄施法之君即為一權術之祕窟、黑暗之深潭。其心已死，其生命已枯，無有光明可以傳達於人間。老、莊將一切仁義禮法、是非善惡，俱推出去視為外在的、人為的東西，視為相對的、束縛我們的東西，因此必泯除這一切而嚮往渾同之道。這也是只有普遍性而無個體性。故曰：「大道廢，有仁義。」以伯夷、叔齊之殉名與盜跖之殉利同。仁義道德俱不能見其植根於人性，因而人性、人道、人倫俱不能保持，個性價值亦不能保存。這些都是中國固有的異端。後來再加上佛教，視一切為石火電光，其談心說性談空說有，皆不能歸宿於人性而成全人道人倫，凡精神的、價值的、文化的、人之所以為人的，都為其所背棄，一刀兩面，而只嚮往那夢境的真如涅槃。這也是只有普遍性而無個體性。然而其想入非非，理境高遠，卻大足以吸引聰明才智之士而為其所迷惑。故朱子說：「自佛、老出，彌近理而大亂真。」故宋明理學家必闢佛、老。宋儒開始講學，其闢佛首先是一個文化意識，即看到他毀性滅倫，不足以成人道，是華夏的歷史文化、聖

3　【編按】此字原文引作「尚」。

4　【編按】此字原文引作「慢」。

5　【編按】同前註。

賢之道所不允許的。這就是一個強烈的文化意識。孟子之闢楊、墨,荀子之非道、法、墨諸子,亦是一個強烈的文化意識。現在的共產黨以階級觀念為標準,剷除一切、毀棄一切,而嚮往那個未來的空無內容的無階級對立的社會,也是只有普遍性,而無個體性,而除此基本一點相通外,尤接近於法家。墨子尚講愛,老、莊尚講清淨無為,佛教尚講慈悲,而共黨則發之以恨,而到處騷擾、戮辱人民。其提出未來的空無內容的無階級對立的社會,則又近似於理想而足以欺惑有浪漫性、理想性之智識分子。此猶之以往佛、老之足以吸引聰明才智之士。是以亂世,人不正常,在以往逃佛、老,在今日即傾向於共黨。是以共黨乃集古今異端之大成,乃是盡量暴露人類陰暗之一面,即獸性之一面,此為一個普遍的異端、純否定的異端。

吾以下即說明他何以是毀棄一切而為純否定之異端。

三、共黨如何否定家庭

這裡所謂家是指家庭而言,國是指民族國家而言,天下是指「大同」而言。這三個層次概盡人道的一切,樹立人類精神表現、價值表現的綜和骨幹。但是,家國天下之為名都是從它們的外延方面說,它們皆有其內容。惟有從它們的內容方面說,始能看出它們的被肯定之必然性,始能看出它們之為精神表現、價值表現之託命處。

家庭的內容就是父子兄弟夫婦的關係。這種關係,在以前叫做天倫。這種天倫,在以前是無人懷疑的。所以在平常的時候,是不成問題的,也很少有人來反省它的意義的。以

前的理學家，對佛、老的襲擊，始開始對於天倫有鄭重的意識，堅決地把握住這個關鍵不放鬆，由之以建立儒家的道德形上學，由之以認識人道之尊，這是由於破壞性的激盪而來的必然的反省。現在我們遭逢了古今人類之大變，對著共黨的毀滅性的墮落，來重新意識到天倫的意義，這是非常之迫切的。因為這是人人的切膚之痛。人類能不能有人的生活，都係於這個墮落的是否能克服。

依照共黨的邪僻的理論說，家庭是可以化除的。他們自然不承認有所謂天倫。他首先否定了「天倫」這個意義，才能講化除。他積極方面如何化除呢？第一、他首先認為[6]家庭的出現是由於父家長制的成立，而父家長制是封建社會裡的東西。封建社會是社會進展中的一個形態、一個階段，所以當封建社會過去了，家庭也必須跟著過去。這樣，家庭自然不是永恆存在的東西，它並沒有真實性。沒有真實性的東西，自然不能有被肯定的價值。共黨的邪僻還不止於此。第二、他用生產的經濟關係來看家庭中的天倫關係。父親在家庭內為什麼有權威，這是因為他握有財產權，所以他來統治子女。都是一樣的人，你為什麼統治我？所以他利用人人當該向無產階級看齊的一個階級觀念，來拆掉父子、兄弟、夫婦的關係。子女當該革父母的命，弟當該革兄的命，婦當該革夫的命。父子兄弟夫婦互相殺，這是革命，這是進步。然而這實是人類的奇變。大家都可在這裡想一想。第三、他又從經濟的觀點進而從政治的觀點來看天倫關係。既然家庭裡面能說得上統治，自然就是一個政治關係。政治關係，一方是權力

6　【編按】原文此處缺一「為」字，今依文意增補。

欲的角逐場，一方自然無所謂情。父子、兄弟、夫婦都被編
到某一政治小組裡，讓他們互相監視，互相站在政治鬥爭的
階級立場上來稱同志或敵人。我們知道以政治關係來衝散家
庭的，在以前，只有帝王家是如此。這是[7]因為帝王就只是一
個政治名詞，嚴格講，他不能有家庭生活。嚴整一點講，他
的生命必須客觀化、普遍化，他只有理法，而無人情。低級
一點講，他只是一個權力欲的充其量。權力是一個絕對首出
的觀念，任何東西不能抵觸它，一觸便碎。所以任何東西在
它眼前，都只是工具的、隸屬的，所以到緊要關頭，任何關
係都不能顧。但是須知這一特殊的局面只限於帝王家。而帝
王之施政興教仍是教人父慈子孝、兄友弟恭、夫唱婦隨、相
敬如賓，從未敢拿他那個特殊局面中的原則來概括一切，來
普及到一切人身上。但是共黨卻公然如此。他還教人來學習。
這是值得學習的嗎？這是應當學習的嗎？這樣無限制的氾濫，
非毀滅墮落，使人歸於禽獸而何？第四、他又以生物學的觀
點來看家庭，如是，父子、兄弟、夫婦不過只是性的關係的
演變。如是，什麼叫做夫婦，不過只是男女性的離合。人只
有男女性，而無夫婦性，所以有「一杯水主義」出現。

他用以上四種觀點，就可以把家庭拆散，把它化除。他
拿這些邪僻的理論，來向青年人說教。青年人本具有浪漫性、
生命衝動中的理想性，顧前不顧後，只知其一，不知其二。
他只一時覺得作父親的打罵了他，便接納了共黨的統治觀念。
作兄長的可以管老弟，他覺得這是不平。妻室子女帶累了他，
他覺得這是包袱。他在衝動中，感覺到這一切都是拘束我們

7　【編按】原文此處缺一「是」字，今依文意增補。

的、限制我們的。所以他要衝破它，他接納了共黨的所謂革命，他要革這些東西的命而求得解放。他在這種解放中，要表現他的革命精神，要表現他的浪漫的理意，沒有內容的虛影子。共黨以此來鼓動青年，還以此來教天下人都如此去學習。搞通了這一套，好變作活禽獸。

凡是想化除家庭的，自覺或不自覺都必然落在共黨的那四種觀點上。而那四種觀點總歸是一個觀點，便是物質的觀點。他是以物的關係來看家庭的天倫關係。一剝掉了天倫，而落於物上，便只有服從物的法則，物質流變中的因果法則。凡是可以因果法則解析的，都是可以化除的，譬如「水」可以化為 H2O。這就是共黨的唯物論的作孽處。他看天下事就只有這一副觀點，他只有一層面。此外，他不能看出有任何意義。他把任何東西都作這樣觀。價值、意義、道德、人倫、人性、個性，他都一腳踢開，一切都向那個物質層面看齊。所以他看天下人都是工具，都是芻狗。他內心的黑暗可想而知了。他不能知道有不可化除的東西，有不可以因果法則來解析的東西。他也不願去知道。你若告訴他，他也死不肯信。心喪的程度到了這個地步，還有什麼可說的。

我們認為天倫關係是不能化除的。一說到「天倫」，便是於形而下的「物的關係」外，還有一個超越的形而上的道理或意義。因為有這個形而上的道理或意義，所以才說天倫。依此，我們才說父慈子孝、兄友弟恭、夫婦之間相敬如賓。這種「意義」是從物的觀點看人所看不出的，所以它是超越的，即超越乎物的關係以上的意義，所以它也是形而上的。它是在人的「物性」以外的一種「天理的人性」。從這種「天理的人性」所表現出的慈、孝、友、恭，以及敬愛，都是表

示在物的關係以外必然有一種「道德的精神實體」。這個實體，你只須從慈孝友恭之發於「天理的人性」即可指點出。依是，天理的人性、道德的精神實體，以及慈孝友恭等，都是最後的實在，不可化除的。你必須直下肯定它、承認它。而且你不能用任何外部的理由來解析它，也不是可以用任何外部的概念如階級、經濟等來代替的，來消除的。這裡容不下任何詭辯、任何爭論。你可以做其他驚天動地的任何大事業，但你不能在原則上為你的事業而製造一套理論，把這最後的實在化除掉。你也不能認為要做其他事業，必須把這最後實在從原則上化除掉。這個最後的實在，表現於家庭關係中是一意義，表現於其他事業方面又是一意義。這兩方面的層次雖然不同，但並非不相容，而且做任何其他事業也必須以這個最後實在為本，丟掉這個最後實在沒有任何事業是可以有價值的。這個最後實在是一切理想、價值、意義的根源。你可以為更高的價值之實現，而不結婚、而離開了家庭，但你不能造作邪僻的理論從原則上教天下人必須殺父殺兄，毀滅家庭中的天倫。古今中外，任何政治運動，領導時代的思想運動，沒有人能這樣敢、這樣說教的，只有共產黨能如此、敢如此。他這是教的什麼人？做的什麼解放？他能為人類做出什麼有價值的事業來？我要求普天下人都當在這裡切實認識。

我們認為惟有根據「天理的人性」、「道德的精神實體」，始能予家庭中的天倫關係以「超越的證實」，以「必然的肯定」。一切理想、價值、意義，以及社會事業、政治文化事業，都從這裡出發。

四、共黨如何否定國家

民族國家是歷史演進中近代的產物。它表示「精神表現」到了完整客觀化的地步。我們如果說：家庭是「道德的精神實體」之「情」的表現，則國家便是此精神實體之「義」的表現。中國以前儒家講五倫，家庭中占有三倫，而君臣一倫便是屬於國家政治方面的。君臣以義合，這就表示「國家」是義道的表現，政治分位也是義道的表現。義道是客觀的、組織上的，它有公性。因為有公性，所以它能組織集團生活；因為有公性，所以它才有客觀性。義道的出現，是人類在歷史演進中一大進步。但是義道的表現，在以前，不必能到完整客觀化的地步。中國在以前是一個天下觀念、文化單位。這就表示它的君臣一倫中之義道、政治分位中之義道，並沒有達到完整客觀化的地步。一個近代化的民族國家之建立，它必須在政治上有表示政權屬民的制度常軌之建立，即政權不在打天下的皇帝世襲，而在決之於民的制度常軌。復次，它須有通過人民的自覺而成立的法律。這兩層意義就是國家之內在的內容。所以一個近代化的民族國家就是「義道表現」到了充分客觀化的地步。所謂充分或完整的客觀化就是因「制度」與「法律」而客觀化。而制度與法律也就是精神的客觀表現。所以國家以及其內在的內容（即制度與法律）都是精神的產物、理性的成果。

道德的精神實體不但在家庭中表現、在師友中表現、在個人的道德修養中表現，而且要在國家、政治、法律這些客觀事業方面表現。惟有認識了這一層，我們才能給國家以「超越的證實」，國家才有被肯定的理性上的根據。它表示義道的充分客觀化的表現，它是精神表現的更擴大化、更完整化。

我們如果把國家否定了，把政治、法律抹掉了，我們的精神表現、價值的實現，都必落在枯窘貧乏卑微的地步。如果再把家庭否定了，人類只有毀滅，歸於禽獸。這真是天地閉塞，草木落魄，不但賢人隱，而且人類全毀了。

共黨不但把家庭毀了，而且進而要毀國家。他們說：國家是階級壓迫的工具，此其一。國家在有階級對立的時候才出現，此其二。當階級對立取消了，到了無階級的社會，國家便消滅，此其三。由此三點，我們可以說：國家是階段中的東西，不是永恆的東西。凡不永恆的，便不真實。凡不真實的，沒有存在的道理。我們又可以說：國家不但不是真實的，而且是罪惡的，因為它是壓迫的工具。既是罪惡的，當然要取消。他們這樣看國家，最後的根據是在他們把整個的歷史看成是壓迫剝削史，毫無道理可言。他們這樣看歷史，又是根據於他們把人類活動都看成是壞的，毫無理想可言，毫無價值表現可言。他們不能把歷史看成是精神表現史。在他們心目中，歷史是漆黑一團，毫無光明可言。歷史沒有光明，是由於他們自己內心已全黑。以他們自己的黑色染污了全部人類的活動，那當然看不出光明來。那麼光明在那裡呢？人們或者說就在他們那裡。實則並不在他們那裡。因為全部人類都是黑暗的，忽然出現他們能有光明，這不是怪物嗎？他們自己也不說他們是光明，因為他們的革命並不從道德的善心出發，他們從恨出發。從恨中不能表現理想，不能表現價值。他們沒有道德的善心，那裡會有光明。他們說無產階級最富於革命性，是最不自私的。但無產階級的不自私並不是由於 [8] 他們的道德公心，乃是由於他們無物可私，其不自私

8　【編按】原文此處缺一「於」字，今依文意增補。

單是由於他們無產可私。所以他們的革命並不是發自道德的善心，也不是為的理想的實現，也不是為的正義合理的要求，而是由於報復，為的劫奪，所以也全是一個恨。共黨自稱為無產階級的先鋒隊，他們就拿這種動機與道理來說教。他們不但自己心黑，還要教天下人都要心黑。他們發狠不但要染污過去，而且要染污未來，所以在他們所嚮往的未來社會裡，也決不能有光明。他們必使古往今來都成清一色的黑，他們才心滿意足。

我們認為民族國家亦與家庭一樣，決不能化除。它固然是歷史演進到相當時候才出現，但這是由於人類的精神表現中自覺的程度，道德的精神實體經由自覺而實現到人間的程度，決不是由於階級的對立。因為顯然，即使⁹在無階級的社會，我們仍然須有組織，須有客觀而公共的生活，須有制度的常軌，須有法律，這些就是國家的本質。因此，國家的出現，固有時間性，但它精神表現上的本質，一經實現出來，便是可寶貴的真實，有不磨滅的價值。因此，它有永恆的存在。它也不是罪惡。要說在歷史演進中它有流弊，什麼東西沒有流弊？連吃飯都有流弊。

一個民族，人所易見的，原是它的種族性、血統性，因此，它首先是一個生物學的觀念。但是，一個民族若只如此，它只是存在，而無真實。我們若只見到它這一點，便不足以¹⁰了解民族的事業表現之真義。一個民族的事業表現顯然發自人性中的理想性與價值性。所以一個民族自始就不能單從生物學的觀點去看它，它自始就是一種精神表現的活動。而它的

9　【編按】原文此處缺一「使」字，今依文意增補。
10　【編按】原文此處缺一「以」字，今依文意增補。

精神表現過程，到了民族國家成立的時候，它的義道表現才到充分客觀化的地步。所以國家是精神表現的產物，是理性建設的成果。它代表精神與理性。它不是霸道，也不是侵略。帝國主義自是帝國主義，決不能歸罪於國家。若是這樣株連起來，勢必一切都否定。我們惟有認識國家是精神表現的產物，是理性建設的成果，我們才能把握國家的真實性與永恆性。我們從精神表現上予以超越的證實，也唯有如此，才能知道它不可化除：它是基本的真實。你只有從道德的精神實體之義道的表現上直接[11] 予以承認、予以肯定。你不見到這一層，而只從形而下的物質觀點去看它，它自然毫無道理，亦與家庭中的[12] 天倫一樣。但這樣，你必須首先心喪，首先失掉了人性。

五、共黨的大同是荒涼的大同

「大同」就是各民族國家間諧和的大通。必須先承認各民族國家的個性與獨立性，然後才能說「大同」。「異中之同」總是一個超越的必然的原理。違背這個原理，那是清一色的同，是大私，而不是大同。大同是越乎「國家」以上的一個理想。這個高尚的理想也必在「天理的人性」中，在「道德的精神實體」之表現上，有它的「超越的根據」。國家是義道表現的充分客觀化，它是有限定的集體生活之內拱的形式，所以它是有封域性的。亦惟因為這個緣故，所以它才是

---

11 【編按】原文此處缺一「接」字，今依文意增補。

12 【編按】原文此處缺一「的」字，今依文意增補。

客觀精神的成果。客觀精神，因為受集團生活的封域性之限定，它不能至大無外。即是說，在其外延上，它不能是一個無限的敞開。它就好像是「立於禮」一句所示之意義。「禮」就是客觀精神的表現。而禮之本質的意義就是限定別異。在限定別異中，個體的獨立性可以立得起，亦惟因此，才可以保持住個性的尊嚴。國家就是一個「個體」，集體性的個體。但是各個體間不能不有一種共通的諧和。因為「個體」不但有它內向的自性，而且有它外向的他性。就在這外向的他性所成的複雜關係中，不能不有一個諧和之道。這個諧和之道就是「大同」一理想的超越根據。這個根據也必發自「道德的精神實體」之要求「諧和的綜和」上。就在此「諧和的綜和」上，「大同」一層的理想才有它的真實性。它不是一個落空的虛幻。不能保合太和，各正性命，各個體的生命也保不住。凡是真實的綜和都要根據一個真實的超越原理而成。

在這種一方保持個體性，一方要求世界的諧和性上，天下一家是可能的。道德的精神實體之要求諧和而成為理的相通之精神表現，可以函著文化的共同綱領，共同理路之實現。在這共同綱領之實現上，黑格爾所謂「上帝實現於人間大地之上」有其意義。這也可以說世界成為一個大國家，這個國家就是上帝的具形於人間。它是一個完整的統一體，表示上帝之實現。這個國家就是大同。可是在這種大同內，各個體性的單位仍然不能消滅。一因人的現實生活範圍有限，不能沒有區域性的組織。二因民族的氣質不能全同，而氣質又為實現理、表現價值之工具，所以雖有理路上的共同綱領，而氣質之限定不能消滅；而氣質亦不但是「限定」這一消極的意義，精神表現、價值實現的豐富性與多樣性，亦有賴於氣

質的不同。因為這兩個緣故,表示客觀精神的各個體性的國家總不能化除。如果表示「上帝具形於人間」的那個大同,我們不叫它是國家,而叫它是天下,則天下與各個體性的國家所成之局面,就好像春秋時周天子與各諸侯間的關係所成之局面,周天子代表天下,各諸侯代表國家,它們的意義各有不同。兩層都是真實的。將來演進中的大同與國家,在本質與內容上,自然不能同於西周。然而這兩層的真實性卻不能化除。

大同就要以家庭與國家中的精神表現為其豐富的內容。這裡邊含有道德的精神實體之情的表現、義的表現、仁道的全幅實現(大同所代表的)、人性個性的肯定、理想價值的肯定,自由民主、歷史文化的肯定。這些無一可廢,中國儒家,以前只從天倫上、個人的道德修養上,講仁與義,這是不夠的。仁與義必須客觀化於家庭國家、自由民主、人性個性、理想價值、歷史文化,才有它的確定意義、確定範圍、確定價值,才能大開大合,作為領導時代的積極原理。共產黨拿著一個集團性的、客觀的階級觀念來確定它的言論行動的範圍,以趨向於毀滅。我們就要拿著家庭國家、自由民主、人性個性、理想價值、歷史文化,來確定我們的思想行動的範圍,以救住人類,開闢光明。

大家須知,這一切都是共黨所要否定的,所以他只成得一個純否定。他的那個無階級的社會,也相當於我們所說的「大同」。然在他黑暗的唯物論裡,那大同只是一個大私、毫無內容的一個荒涼的大同、一個不可實踐的影子。他不能承認人性個性,他不能肯定民族國家、歷史文化,他也不能肯定自由民主、理想價值。凡人間所有的一切,他都不能從

道德的精神實體之表現上看出善與惡、價值與無價值。他只從他的黑暗的唯物論的觀點把一切都否定，把一切都看成是仇敵，都看成是他的冤家。他告訴青年說：這些都是束縛我們的，我們必須衝破它以求解放。他在這種解放的號召上，他引誘青年人好像是把握住一個「普遍性」。他號召青年們獻身於這個普遍性，客觀化他們的生命於這個普遍性，以為這是偉大的事業、神聖的事業；如是，青年們的浪漫的衝動遂以此普遍性為真正理想的所在，向之而奔馳。殊不知這不是理想，這只是一個影子。那否定一切而顯示的那個「普遍性」是一個「虛無」，不是真正的普遍性。獻身於這個虛無，不是真正的客觀化其生命，只是陽焰迷鹿、燈蛾撲火。真正的普遍性必須帶著個體性的肯定，才有它的意義。人必須透視到普遍性，必須客觀化他的生命，才能說精神表現。但這必須跟著[13]「道德的精神實體」之表現來，必須跟著肯定人性個性、民族國家、歷史文化、自由民主、理想價值來，這是我們的路向。在這艱難困苦、人類遭浩劫的時代，任何人必須把握這個路向，才能說是這個時代的一個真正的人。

六、共黨發生魔力的地方在唯物論

一般人感覺到思想的重要，但是自己豎立不起來。他們以為共產黨的妙處在唯物辯證法。如是，首先想去批評唯物辯證法。但是，他們不知辯證法的意義，亦不知唯物辯證法根本是一個不通的東西：物質與辯證根本合不在一起。馬克

13　【編按】原文此處缺一「著」字，今依文意增補。

思把它們倆合在一起，根本是一個大攪亂、大比附。恩格斯隨他去講自然辯證法。因為一說到物，就想到自然宇宙。自然宇宙當然就是物理、化學所釐定的物質世界。如是，唯物辯證法遂籠罩了整個自然宇宙。他們又以物的觀點看歷史，如是，唯物辯證法又籠罩了整個人文社會。反對這思想的人，不知從根本上抉擇，也隨他們滾下去：從自然現象方面，或自然科學方面，支支節節地這裡去抓一把，那裡去抓一把，以為這樣就算批駁倒了唯物辯證法，並且還想利用相對論、量子論，去批評它。姑不問有幾人能了解相對論、量子論，單說你這樣從自然現象方面支節地去挑剔它，憑你的經驗與觀點去找些不合乎辯證的例子，馬克思也可以憑他的經驗與觀點，去找些合乎辯證的例子。這樣爭論起來，無窮無盡，你只有隨他滾下去。滾久了，攪成一團，你不知辯證法的本義，你不能從根本上堵住辯證法之應用於物質。你以為馬克思的唯物辯證法是當然的，只不過因為你反共，所以你去批評它。

　　第一、你須知辯證法根本不能應用於物質，你從根本上堵住，你就用不著去找例子批評它。第二、你須知共黨亦不是從學術的立場上講唯物辯證法。斯大林到不喜歡「否定」的時候，他不准講否定的否定。到他喜歡穩定平衡的時候，他可以禁止原子跳動。這樣你還去和他爭論甚麼呢？第三、你須知：就使辯證法可以應用於物質，他要這樣去觀物理世界，也不是共黨發生力量的地方。因為這樣觀世界，並不涵教你去殺人，去否定人性、個性。所以，就使你從自然現象方面把唯物辯證法整個批判倒了，你也無損於共黨之分毫。照馬克思的預言，共產革命應該發生在英、美，但這偏偏發

生在落後的俄國與中國。人們說馬克思錯了。可見馬克思主義非真理。可是[14]，你這樣批評他，他根本不在乎。他還是要革你的命。

所以，我在此鄭重告訴大家：共黨發生力量不在唯物辯證法，而在唯物史觀；甚至也不在唯物史觀，而在他那種黑暗的唯物論。

共黨的唯物史觀，你也不能從經濟學的立場或作學問的人的客觀態度去看它。你若是這樣去看它，經濟史觀亦無所謂。因為經濟究竟是人類社會的一個重要部門，從經濟方面看歷史，有何不可？而且這樣看法也不涵教你殺父殺兄，滅絕人性。所以馬克思之講經濟史觀，不是你這樣客觀的態度，也不是你那種學術的立場。經濟史觀之作孽根本是由於它背後的那種唯物論。馬氏拿他那種看不見光明而只看見黑暗的陰險狠愎心理，因而也就是拿他已經心死的黑暗的唯物論，來講唯物史觀，唯物史觀才作孽，而共黨發生力量的地方究竟也不在唯物史觀，而實在他那種唯物論。

而共黨的唯物論也不是哲學史上為一哲學系統的那種唯物論。馬克思於批評費爾巴哈時，明明指出：他的唯物論是由「理解」轉到「實踐」，由「自然」轉到「社會」。哲學史上的唯物論都是解析自然宇宙的。但是他們在人間過生活還是合乎人道。希臘的原子論者並沒有滅絕人性。現在，從理解轉到實踐，從自然轉到社會的唯物論是甚麼？大家可以在這裡用點心。在社會實踐方面講唯物論，根本是一種墮落、放肆、縱情的物化，這種「物」是可以「唯」的嗎？在解析

14　【編按】此字原文作「這」，今依文意校改。

自然宇宙時，某人說原子，某人說物質，根本都無甚要緊，我們也不容易發出這種疑問。但是在實踐方面，我們就要發這種疑問，而且我們還應當斷然拒絕這種唯物論，我們斷然地說：這種「物」是不可「唯」的。共黨就因為「唯」這種「物」，所以他物化到家，毀滅一切：人性、個性、價值、理想、家庭國家、自由民主、歷史文化，他統統不能承認。總之，凡屬於「精神」的一切，他都要破壞，這就是共黨所代表的原理：純否定的原理。人們要想領導時代，人類要想自救，必須直接從這裡解放出來，必須對他那黑暗的唯物論直接予以呵斥。

七、反共只有從人文的立場上歸於大流

不管馬克思那種唯物論是如何，他卻反過來把一切思想系分為唯心論與唯物論兩種，並認為：凡是唯心論的，都是反革命的，都是他所要否定的。因此，他偏愛一切唯物論，不管哲學史上的唯物論並不是他那種唯物論。人們為他的詆誣唯心論所威脅，遂不敢主張唯心論，並對於「唯心論」一詞，心中有莫明其妙的想法，避而不敢談。因此，不敢正視人生，不能直斥馬氏之謬，不能嚴整地認識罪惡與從罪惡中解放出來而立於克服罪惡的思想大流上，卻偏偏規避躲閃，想玩點小聰明而向旁枝曲道上走，想跳出唯心、唯物以外，另出個花樣。以為若談唯心、唯物，就落於馬氏的圈套，所以必須跳出唯心唯物以外。但是，你往那裡跳呢？你或者根本不講，以表示你的跳出，或者想於唯心、唯物以外另有所建立，以表示你的跳出。你若是根本不講，你是否也與共黨一樣，否

定人性個性、理想價值、家庭國家、自由民主、歷史文化呢？你若是不否定這一切，你有真熱情、真性情，來做人、做事，你昂起頭來，堂堂正正來尊己尊人、尊天地萬物，則你就是理想主義者（唯心論者）。你往那裡跳？你若是想於唯心、唯物以外，另建立一個思想系統，找一個非心非物的東西，以為這樣就算超過了它們，比它們高一級，綜合[15]了它們，則天地間沒有這樣便宜事、容易事。這不過是玩個巧花樣，耍點小聰明，那裡是高一級的綜和？而且你那個非心非物的東西，若是落實講起來，不外以下三種概念。

一、生命或力；
二、羅素所謂「事」；
三、混沌或漆黑一團。

現在人們總想在這些偏支概念上打主意，而且他們還不了解代表這三種概念的成樣子的系統。生命哲學是從生物學的赤裸裸的生命入手，講得最好的就算柏格森了。但是柏格森的哲學就是不入大流的哲學：海洋派不喜歡它，大陸派不喜歡它，就是柏格森個人晚年也漸漸走上了正路。混沌或漆黑一團，不是心也不是物，心物俱由它出。這種宇宙論的思路，直接反應的淺薄思維者最易走上去。他那裡知道學問真理的甘苦？（提出生命來代替心物的，也是這種態度。）老、莊對於這個混沌，叫它是「道」，你難說它是心，也難說它是物。但是老、莊之建立這個系統，別有他們的人生態度。

15　【編按】牟先生於此文中多用「綜和」一詞，僅有此處用「綜合」，故修改引求統一。

想跳出唯心、唯物以外的人們，並不想從老、莊之學的途徑來講這個非心非物的東西。他們只是從宇宙論的立場來作直接的反應。斯頻諾薩在心、物二屬性以外必置定一個絕對（上帝），但是他這個絕對只是一個邏輯概念，所以他的系統澈頭澈尾是一個形式主義，是一個純理智的機械系統。現在講非心非物的人們也決沒有他那種冷靜的理智心境以達到這樣一個系統。至於羅素所謂「事」，則是根據相對論的物理世界觀來說的。他用它來於科學知識上指謂經驗現象，他從邏輯分析的立場上來擴大這個概念。他有「物底分析」、「心底分析」，他在邏輯分析的立場上，說物的現象、心的現象都是「事」。說「事」的目的在去掉「本體」（substance）一概念。近代人不喜歡這個概念。物理學不須有這個概念，亦可描述物理世界；邏輯分析之所及亦不須要有這個概念。所以羅素只說他的思想是「邏輯原子論」，他既不能否定唯心、唯物，亦不能肯定唯心、唯物。他避免這些形上學的問題。他之避免，不但是從宇宙論、本體論那種形而上學的立場上避免，他也從人生實踐或精神表現方面來避免；他根本就不從正視人生實踐或精神表現來講哲學。所以他的哲學只能在邏輯分析的範圍內，亦只限於科學知識的說明與討論。然而須知唯心論（理想主義）的大本源及其堅強根據，就是在人生實踐或精神表現這一面。至於宇宙論、本體論，那種形而上學（以及科學知識），也是在這個大骨幹的籠罩下講的，所以有它獨特的意義，而不是從單純的「理解」方面，直接向自然宇宙去瞎猜測。關於這一層，羅素終生不得其解，所以他始終不了解唯心論。他在科學知識與邏輯方面，他可

以歸於大流，但在歷史文化、道德宗教方面，他始終不能歸於西方文化的大流。可見現在講非心非物的那些人又何嘗了解羅素的那一套。

你要反對共黨那一套黑暗的唯物論，你不能利用這些偏支的思想，你要歸於大流。你要領導時代，你也只有歸於大流。你不能利用柏格森的思想，你也不能利用老、莊的思想，你也不能利用羅素的邏輯分析。這些都於時代的文化大糾結的解決毫無能為力的。共黨固然不贊成這些思想，但他同樣也不看重這些思想。他為什麼力反唯心論？就是因為唯心論是大流，是中外古今的大傳統。它的力量太大。若把唯心論的思想拉掉了，人類的歷史文化也所剩無幾了。所以共產黨不惜毀棄一切歷史文化。若把那些偉大的唯心論者、聖賢人物拉掉了，人性個性、理想價值，統統[16]無人尊重、無人發明，人類的光明也完全沒有了。所以共產黨不惜毀滅人性個性、理想價值。若把那些尊人尊己、尊天地萬物、有熱情、有正義的理想主義者拉掉了，自由民主出不來，民族國家建不起。所以共產黨不惜毀棄自由民主、民族國家。

你要自救救人，你要領導時代，你為甚麼不堂堂正正地立於這個大流上呢？你為甚麼不從共黨所否定的地方直接翻出來而立住你自己呢？真理與罪惡的對照這樣顯明，你不肯嚴肅地正面而視，你要往那裡躲閃迴避呢？

16　【編按】原文此處缺一「統」字，今依文意增補。

八、人文主義的理想主義

西方歷史上那些大思想家、大哲學家不用說大都是唯心論者，或總是理想主義的，就是中國歷史上那些聖賢人物，若用哲學系統把他們的思想行動詮表出來，也無一不是唯心論者。我現在不從純哲學上來講唯心、唯物。我要從馬克思的墮落物化的那種唯物論直接翻出來而講唯心論。因為馬氏是從自然轉到社會，從理解轉到實踐，而講唯物論。這裡正恰好。我們就要從人生實踐、社會實踐，或精神表現上，講唯心論，轉一個名詞，這就是「人文主義的理想主義」（humanistic idealism）。我們從人文主義起建立理想主義；從精神表現上講辯證法，精神表現或道德實踐的辯證法。

人性、個性、理想、價值、自由、民主、民族國家、歷史文化，這些都是人文主義的堅強根據。這每一個根據都是精神上的一個原理。因此，你必須無條件地直接肯定它，方能說其他。「人性」不是邏輯定義中，「人的本質不涵人的存在」那個人性，而是儒家所說的「立人極」中的那個人性。前者是從「理解」來把握的，後者則是直接從道德的怵惕惻隱之心、仁義內在所見的性善，來把握的。這根本是精神表現的一個最基本的原理，這須要你直下認定，毫無躲閃迴避的餘地。你不能用任何詭辯來化除它。家庭中的天倫就是它的最直接而親切的表現處。因此，它就是天倫的超越根據，足以使父子、兄弟、夫婦[17]成為天倫者。因此，天倫也不能用任何外在的標準、詭辯的理由來化除。「個性」就是人性

17　【編按】此處重複「足以」二字，似屬多餘，故刪去。

之在具體而現實的個人中之獨特的表現。你尊人性，就必須尊個性。尊個性，方能言文化創造、精神表現。你不能只有普遍性，而抹殺個體性。你不能用任何外在的普遍性的標準，如階級，或其他，來消除個體性。你不能說「個性」是小資產階級的意識。你這樣說，只是你的自毀而毀人。普遍性必須是「內在的普遍性」。這種普遍性與個體性有一綜和的統一。整齊劃一，不能離開個性。任何外在的普遍性之整齊劃一都是毀滅之道，因此，都不是真正的普遍性，只是一個虛無、一個影子。

尊個性，方能言自由民主。而「自由」的基本意義必須是通過自覺而來的「主體自由」。（必須肯定個性，方能允許人有主體自由。）而政治社會中的權利、義務，以及出版結社、思想言論等自由，則是它的客觀形態、文化形態。民主必須在這些自由中方能有其「客觀的形式」，就是說，必須在這些自由中，方能創制立憲，共同遵守，共同約定，互相爭取，互相限制，而成為真正的民主，有制度基礎、有客觀妥實性的民主。所以自由民主是精神表現的客觀形態，它也是一個最基本的精神原理。你不能用任何曲辯來化除它。

精神表現到了自由民主的成立，就是達到近代意義的「民族國家」的成立。從血統的種族進到民族國家，方能表示精神的成果。所以民族國家是代表精神與理性，它也是精神表現的客觀形態。它既不是某一階段中不真實的東西、階級壓迫的工具，也不是代表霸道，由武力形成的。所以你不能用這些外在的理由或概念來化除它。同時，你也不能拿一個光禿禿的「大同」來作為廢除家庭、國家的理由。你須知取消了家庭、國家，你的那個「大同」只是一個虛無、荒涼的大同，

而大同所代表的普遍性也只是一個虛無，它並不能代表更高
一級的綜和或諧和。「大同」那個普遍性完全要靠人性、個
性、自由民主、民族國家這些精神原理來充實它，它始有意
義。所以「大同」也當該是一個內在的普遍性，而廢除家庭、
國家的那個大同，或共黨所嚮往的「無階級的社會」的那個
大同，「純量的享受」的動物生活的那個大同，就是一個外
在普遍性、一個虛無、一個純否定的影子。

　　「理想」必須根於道德的怵惕惻隱之心，必須植根於人
性個性、自由民主、民族國家，始可為一精神的原理，始可
以有其客觀的形式與現實上的工作性與指導性。它不能從「純
否定」來顯示，因為這樣，它便只是一個所投射的虛無、影子，
而不是一個理想。依此，理想也不能只是一個外在的虛擬，
而亦當有其內在性，植根於人性個性的內在性。無內在性的
影子終歸可以揭穿，可以撥掉。而植根於人性個性的「理想」
則是鼓舞僵化的生命，通透現實的僵局，而為精神表現之原
動力。所以「理想」也是一個精神上的原理。我們必須正面
而積極地認識它的意義。在共黨的純否定原理裡，是不能保
持理想的。肯定理想，始能肯定人格的價值層級。價值觀念
也是精神表現上一個不可撥掉的原理。它首先由植根於人性
個性的理想而確定，這是人格的價值層級之所本。這就是孟
子所謂「貴於己」的天爵。其次，它再客觀化而為國家政治
上的分位等級，這也是一個價值觀念，這是由精神表現的客
觀形態而證成。這種價值原理決不能由外在的普遍性來代替，
來化除。共黨想拿物質的階級一觀念來代替它，化除它，這
只表示由他的純否定所顯的渾同，歸於純量的動物生活的一
刀平。他以為這是「平等」，其實只是漆黑的渾同，不可說

「平等」。平等也不是一個外在的普遍性，它必須是植根於人性個性而與價值觀念統一起來的「內在的普遍性」。老、莊把仁義禮法都推出去視為外在的、人為的、相對的東西，而都予以泯除，以顯他那個齊物的「絕對」、渾同的「混沌」，也是一個外在的普遍性。所以他也是反價值、反人文的。

以上那些精神原理，匯歸起來，都要通於歷史文化，因而也必肯定歷史文化為一精神表現之原理。精神根本要在歷史文化中表現，而歷史文化也就是精神表現的發展過程之成果。你的生命必須通透於古今，你才有精神表現之可言。往聖前賢的精神必須通透於你的生命中，你的精神表現才能豐富，而為更高價值之實現。因此，你必須從精神表現的發展過程之立場看歷史，你才能真了解具體而真實的歷史（考據、排比事實，只是割裂、抽象），你才能有理路地了解歷史。（考據不是有理路地了解，唯物史觀只是毀滅，不是理路。）因為歷史本身就不是你所支解割裂的史實之堆集，而是有理路的，精神發展之理路。

你必須站在這些原理上，你才能完成「人文主義的理想主義」，你才能喚起生命，領導時代。人必須歸於精神，才能表現精神。這需要你壁立千仞地一立，立在「人極」的大光明上，你才能為蒼生作主，為人類立方向。降至近世，人的精神全散，而下趨於技術、現實與瑣碎，即全部外在化，所以既不能有方向，亦不能有態度。營營苟苟，而日趨於盲爽發狂。共黨由之而起反動，他要把這一切全部打碎，他要告訴你一個理路、一個方向、一個態度，這就是他的純否定原理、黑暗的唯物論。然而他不知這不是一個理路、一個方向、一個態度，而是毀滅理路、方向、態度的狠愎。

九、道德實踐的辯證發展

精神必須在上段所說的那些根據或原理上表現。精神表現底發展過程就是道德實踐底發展過程。它的發展過程有其理路與綱領，這就是辯證法的。

我已說：辯證法與物的變化合不在一起，物質的變化只是物理、化學的變化。無人在此能說它是辯證的。惟有不通的馬克思才這樣瞎比附。凡概念都有確定的意義與其使用的分際。若是這樣攪亂起來，都成了無謂的。我現在只簡單地這樣說：單是在物一面不能講辯證，單是在心一面亦不能講辯證。心，有是指心理學的心理情態言，其變化亦不是辯證的；有是指道德的怵惕惻隱之心言，此就是良知之心，或形上的心。這個亦無所謂變化。它只是一個本覺、一個靈明。茲就良知之心言，單是良知本身無所謂辯證。在「致良知」的工夫上才可以說辯證。而致良知的工夫就是道德的實踐、精神的表現。在這種實踐中，一方要把「良知之天理」披露出來（即王陽明所謂「致良知之天理於事事物物」），一方就要把私欲氣質所成的種種間隔障礙破除或化掉。所以就在這種實踐中，就有個異質的兩面存在：一面是良知之心，一面是被克服或被對治的私欲氣質。就在關涉著這兩面時，才有精神表現可言，其發展才是辯證的。辯證只有在這個分際上講。離開這個分際，都是瞎比附，無指謂的。

這個異質的兩面，黑格爾名之曰「精神」與「自然」。其實「精神」只當該說「良知之心」，而「致良知的工夫」才可說精神。雖然在以前說工夫與本體是一，良知是本體，而警覺的工夫也就是良知之流露，故本體與工夫是一，然究

竟可以分開說。「自然」就是物。在個人身上說，就是私欲氣質；在外界而為知識的對象，就是自然，都可以說「物」。在以前，王學講致良知，注重個人的道德修養，故單說私欲氣質一層，而知識對象一層，則付之闕如，其實這都可以在精神表現中統攝起來。

　　人人都有一個良知之心，即一個精誠無妄的精神生命。然在一個不自覺的心境中，譬如赤子之心的心境，他的良知之心是與氣質（物質世界或感觸世界）夾雜在一起而為渾然之一體。此渾然之一體，名為「原始的諧和」（primary harmony）。此並不足貴。然這卻是精神發展的一個底子。他既有一個良知之心，一個真實無妄的精神生命，縱然是在渾然一體狀態中，他必也常常在靈明之覺中。這靈明之覺就是他的自覺之幾。他一旦經過了自覺，他那「渾然一體」即開始破裂而為異質之兩面：一面是他那良知本心之呈露，這是他的主體。一面是屬於氣質的物質世界，這是他的客體。從道德的修養上說，這個客體就是氣質私欲。在以往致良知，完全為的做聖賢工夫，故一往是道德的實踐之意義。而他的良知主體完全仍然保存其為一「道德的天心」之意，其客體也是對道德的天心而為私欲。但是既破裂而為客體，則亦可為被了解之對象，即知識之對象。客體既為被知之對象，則「道德的天心」亦必轉而為能知之「認識的心」，此即是良知轉而為「思想主體」。但無論為「道德的天心」之主體，或思想主體（即理解或知性），總有一個異質之兩面。在通過自覺中，一方主體顯明，一方客體顯明；一方他要自覺地保任他的主體，一方他也要自覺地察識他的私欲或病痛。所謂「顯明」，就是把主體澄清出來，恢復它的純粹主體性，

把屬於氣質的刺出去，恢復它的純粹客體性。這異質之兩面，就名為破裂之對反，通過自覺而成之對反。在這對反中，主體一面名為「正」，客體一面名為「反」。所以「正」必指作為主體之「心」言，而「反」則必指作為客體之「物」言（私欲氣質、知識對象，皆物也）。正反決不能隨意安排。因為我們是從真實無妄的精神生命起，他雖然有夾雜而為渾然之一體，但它究竟是一個心靈實體。在此心靈實體中，對象不顯明，所以小孩把一切外物都看成是有生命的，與他的生命息息相通，契合無間，他沒有分別，都是他的情感生命之周流。及至通過他的自覺，外物才顯明地被刺出去而為客體，這時它即與精神生命為異質。為異質，它即不與精神生命絲絲入扣，契合無間，它有反作用，它是精神生命（心靈主體）的一個阻礙，它有否定的作用。它是心的流通的一個牆壁、一個障礙，它是我的病痛之所在，所以它必居於「反」的地位。而心靈主體卻正是繼承原來那個真實無妄的精神生命來，所以它是正面的，它必居於「正」的地位。（若單從物一面說，何所謂正反？陰電子何以必為正，陽電子何以必為反？反之亦然。此皆無理可說者。）說到否定，可有三層意義：一、破裂，對於原始的諧和言，即為一否定。二、物質對於心靈主體有反作用，是一種障礙。你若保任不住，你可以完全物化，為物所吞沒，此亦是一種否定。三、當思想主體了解對象時，你必虛己以從物，你可以完全忘掉你自己，而全移注於物上。不如此，你不能了解物。這叫做自我否定。有時是自覺的，譬如將欲取之，必姑予之。有時是不自覺的。但無論是那一層意義，在對反的階段中，都稱為第一步否定。你自覺地察識你的私欲病痛。你察識它，你是想克服它、化掉

它、破除它。你破除它，你是想不教它為你的障礙。它不為你的障礙，你的心靈主體始通行而無阻，而它亦為你的心靈主體所貫注。你貫注它，它不為你的障礙，它即消融於你的主體中而為一心之所化。如是，復歸於諧和，這叫做再度諧和。此即名曰「合」。合仍歸於心靈主體，但它不是原來那個渾然一體（原始諧和），它是經過破裂而又克服破裂後所成的渾然一體。這就叫做奧伏赫變。它經過這一過程，它充實了它自己。所以這再度諧和是可貴的，它表示一個精神的奮鬥，它代表一種發展，向上的發展（凡此皆不可用之以說物理、化學的變化）。再度諧和就叫做「否定底否定」，即對那個破裂的對反而施以消融的否定，克服那個對反的否定。但是，人是有限的存在，有氣質的限制，所以他的精神發展隨時可以停滯，因而隨時可以墮落。一停滯，一墮落，對反又起，是以工夫不可以已，向上無有止境，戒慎恐懼不可一時或息。得到諧和而停於諧和以自我陶醉，即是死於諧和，即是執著。執著即不諧和。故工夫無有止境也。（若是唯物，這些都不能說。故斯大林可以禁止講否定之否定。因為他已經完全是物了。他已經停滯而不轉，何可言辯證？）

以上略說精神表現的辯證法則，這就是精神的發展的理路。此何來顛倒？惟與唯物論合，才是攪亂。

良知之為道德天心一主體，冷靜下來，轉而為思想主體，則客體即為被了解之知識對象。這也是一個對反。你虛己從物以了解之。你了解之，即是你的精神的理智之光照射於物上，你的精神披露於物上，物為你的理智之光所照射，它也就因而脈絡分明，這就是貞定了物。物不純然是物，是精神之所貫注的物。你可以忘掉你自己，把精神完全移注於物上。這好像你否定了自己，但若你真是追求知識，你不是墮落。

這是你的冷靜、你的純理智的興趣。惟有當你死在物上，你才是墮落。而當你死在物上，你就不是了解物，你是逐物。你的理智之光已滅。所以當你真是虛己以了物時，你的精神主體仍然保任在那裡。你了解到那裡，你的理智之光即照射到那裡。你照射到物上，物已明朗，而不為黑暗，因而它即不為你的障礙。所以當你了解到通透，你就消融了物的反而復為一諧和。所以科學知識也是精神發展之成果，而思想主體即是精神表現之一形態。科學並不是外於精神發展的一個東西，因而也並不是擴大看來的道德實踐的全幅歷程外的一個障礙物。唯一外於精神的就是物，就是自然。而物卻也是精神發展中所不可少的一個成分，它是精神表現的一個工具。

科學知識是在良知轉為思想主體時成立。思想主體成立，即在此主體自身上，邏輯、數學成立，在此主體之了物上，科學成立。

良知之為道德天心一主體，是內聖的一層，其客體是私欲氣質。此步致良知工夫是最高的道德的實踐。其轉為思想主體，其客體是外在世界（自然，知識對象）。內在於此步自身言之，此步是反實踐的，即是說，是「觀解的」（theoretical）。此「觀解的」一層亦可以說是內聖的一層之否定、道德的天心一主體之否定，即道德的天心一主體自我坎陷轉而為思想主體。既知是道德的天心之自我坎陷，則可知「觀解的」一層（知識層）亦是貫穿於道德實踐的過程中，亦是精神表現中之一形態。既知其是一形態，則道德的天心之實踐性終必還要貫徹[18]下去，還要湧現出來。這個貫徹[19]下

18　【編按】此字原文作「激」。

19　【編按】同前註。

去的實踐性，可以分兩支說。一支是從轉為知識說，即：內
聖一層的實踐是向裡收斂，是向上透。但是實踐不能只是收
斂，不能永是封閉的。否則，它要悶死。它必須有透氣處。
知識層之「觀解性」即是實踐之通氣處。這是一步「開」。
故內聖一層之自我否定即是為的要開一個通孔。所以知識不
是反道德的，其為觀解的乃是所以充實而睿智實踐的。「觀
解的」一層怎樣開出來，亦要怎樣合回去。另一支是從轉為
客觀實踐說，即：內斂一層的實踐，要義是在建體立極。但
是這個「極」根本就是在盡倫盡制中建立起來，所以當內斂
而建體立極時，就必須肯定盡倫、盡制：在盡倫、盡制中盡性、
盡理。性理（即極）是不能離開倫與制而為性理的。這與耶
穌的上帝、佛教的真如涅槃不一樣。而盡倫、盡制就是實踐
的外王性。外王就是一種客觀的實踐，就是內斂的實踐（內
聖）之推擴出去：這也是一步「開」。照這樣說法，這一步
「開」是直接下來。直接下來，是以往的說法。須知以往的「外
王」不真是客觀的實踐。真正的客觀實踐必須是近代意義的
國家、政治、法律之成立。而此步之成立決不是以往所說的
「外王」之實踐所能擔負。成立近代意義的國家、政治、法
律之客觀實踐，必須是各個體通過自覺而有國家、政治、法
律一面的「主體自由」方能實現，即：各團體、各行業，必
須在對立限制中互相爭取、互相承認，而重新組織起來成一
全體（國家），而制定法律以互相遵守（法律），而立一常
軌以便運用（民主政治）。這一步客觀實踐的根本精神根本
是「概念的」，與思想主體之為「觀解的」有異曲同工之處。
它與以前的內聖外王之形式根本不一樣：以前的內聖外王是
從上面下來的，是聖君賢相一二人盡倫、盡制之廣被下來，

而個體不起作用，而現在則根本要個體起作用，才能成就客觀實踐。又以前的內聖外王是絕對精神之直接披露，是圓而神，根本是「非概念的」，而現在則要從「圓而神」中轉出「方以智」（概念的）。這就表示：必須從「圓而神」之自我否定中轉出「方以智」，才能完成真正的客觀實踐。而惟賴這種客觀實踐才能充實而客觀化那個絕對精神（即聖君賢相在盡倫、盡制中所透露的絕對精神，所意向的圓而神的王道）。「觀解的」一層是補充道德實踐的，而客觀實踐一層則是完成道德實踐的。惟有賴「觀解的」一層之轉出，才能達到客觀實踐之轉出，亦始能會歸於客觀實踐。而亦唯有賴客觀實踐之轉出，始能保障「觀解的」一層之滋長（關於此處所述，必須參看拙作〈平等與主體自由之三態〉一文 [20]）。

儒家所講的仁義王道，尤其是仁義，常常是令人摸不著邊的。現在我告訴大家兩個理路：一個是宋明理學所代表的，一個是本文之所述。內聖的實踐就是把仁義向裡收斂而建體立極，把良知之為道德的天心之純粹主體性提煉出來，其落實的意義與工夫（此就是理路）是在遮撥上：遮撥氣質之私，遮撥習氣機括，一切灑脫淨盡，直下透露天心。這是宋明理學之所走的。客觀的實踐，則是把仁義向裡收斂後所見的「純粹主體性」再推擴出去，使其有客觀的形式。但是客觀形式是一句空話。人們說共黨以無產階級為確定的概念，為客觀的確定範圍，你的仁義將落在那個確定範圍上。如果有了確定範圍，則客觀形式即達到。我說，這必落於客觀實踐上，而客觀實踐的基本概念是人性、個性、自由民主、民族國家、

20　【編按】此文發表於《民主評論》，第 2 卷第 19/20 期，1951 年 4 月 5/20 日；收入其《歷史哲學》，《牟宗三先生全集》，第 9 冊，頁 61-94。

理想價值、歷史文化。如是，切實說：即是落於這些基本概念上，這就是它的確定範圍、它的客觀形式。這是本文之所述，亦是我們所要擔負的一個時代上偉大而嚴肅的文化事業。

　　附識一：本文所講的「人文主義的理想主義」，歸到純哲學上，可以收攝一切正宗的理性主義、理想主義。純哲學上，從知識論到形上學所完成的理性主義、理想主義，若透出來，亦必會歸於這個人文主義的理想主義。

　　附識二：本文須參看拙作以下各文：

（一）〈理性的理想主義〉[21]（《人文叢書》）

（二）〈平等與主體自由之三態〉（同上）

（三）〈青年人當該如何表現他的思想〉（《明天》半月刊第 33 期）[22]

（四）〈佛老申韓與共黨〉（《思想與革命》第 1 期）[23]

牟宗三：《共產國際與中共批判》（臺北：招商局訓練委員會，1952 年 3 月）。

21　【編按】此文發表於《民主評論》，第 1 卷第 10 期，1949 年 11 月 1 日；收入其《道德的理想主義》，《牟宗三先生全集》，第 9 冊，頁 17-30。

22　【編按】此文發表於《明天》半月刊，第 33 期，1951 年 5 月 1 日；後以〈青年人如何表現他的理想〉為名，收入《牟宗三先生全集》，第 24 冊，《時代與感受續編》，頁 13-28。

23　【編按】此文發表於《思想與革命》，第 1 期，1951 年 1 月 20 日；收入《牟宗三先生全集》，第 24 冊，《時代與感受續編》，頁 1-12。

附錄

牟宗三的共產主義批判：
以《全集》未收之
《共產國際與中共批判》為中心

牟宗三的共產主義批判：以《全集》未收之《共產國際與中共批判》為中心

彭國翔[*]

一、引言

　　對牟宗三思想稍有涉獵者，大概都能夠感受到其反共意識的強烈。他在 1949 年離開大陸後，幾乎終其一生沒有返回過[1]。之所以如此，一個重要原因就是他一直到暮年都不能接受大陸官方共產主義的意識形態。譬如，就在牟宗三去世的 1995 年 4 月，《聯合報》刊登了他的〈在中國文化危疑的時代裡〉[2]，這應當是他生前最後的講論。在這篇文字中，核心之一仍然是批判共產主義的意識形態，只不過批判的方式是指出大陸的民主人士對共產主義缺乏本質的認識，因而未能

---

[*]　浙江大學求是特聘教授、馬一浮國際人文研究中心主任。

[1]　據牟宗三的弟子回憶，唯一的例外大概是在 1993 年，為了接他的孫女到香港和他團聚，他以 85 歲的高齡兩次經過羅湖橋，探望在深圳的孫女。參見吳甿主編：《一代儒哲牟宗三》（香港：經要文化出版有限公司，2001 年），頁 144。

[2]　該文收入《時代與感受續編》，《牟宗三先生全集》（臺北：聯經出版事業公司，2003 年）（以下簡稱《全集》），第 24 冊。

從根源上反對共產主義。但是，牟宗三從何時開始反對共產主義？他為什麼要反對共產主義？他對共產主義的理解究竟是怎樣的？總之，他為何一生始終堅持其批判共產主義的立場不變[3]？在迄今為止有關牟宗三的研究中，這一方面一直是闕如的。不能充分瞭解他拒絕並批判共產主義這一貫徹其思想始終的線索，就不能充分瞭解他一生具有的強烈的政治社會關懷。那樣的話，我們頂多只能瞭解其「思想世界」中的「哲學」部分，無法瞭解其「思想世界」的整體，更不必論進入其「歷史世界」了。如此，對於牟宗三其人其學的瞭解，也自然只能是片面和有欠豐厚的。全面展示其思想世界和歷史世界，當然不是一篇文章的篇幅所能盡。本文的任務，僅在於以筆者最近新發現的一部佚失的牟宗三的著作為中心，結合牟宗三一生中其他的相關材料，初步探討牟宗三立足中國傳統文化，尤其儒家思想，對於共產主義的批判，並對其立足中國傳統文化批判共產主義的基調在其一生思想中的歷程，以及由此而發的同樣貫穿其一生的種種現實關懷，予以大略的提示。

筆者曾經聽到過這樣的傳言：牟宗三之所以反共意識強烈，是因為中共曾經在土改時處決過他的叔父。究竟是否有這樣的個人恩怨，牟宗三本人其實曾經做出過說明。二十世紀四十年代抗戰末期，知識界普遍「左傾」，而牟宗三在華西大學師生中卻特立獨行，常有反共言論，當時就有人懷疑他是否與共產黨有個人恩怨。對此，牟宗三自己講述了這樣

3　對牟宗三而言，「馬克思主義」和「共產主義」並無本質的區別，二者可以互換。因此，批判共產主義、批判馬克思主義和批判共產黨，在牟宗三那裡基本具有相同的所指。

一個故事：

> 我的議論漸漸震動了人的耳目，有一位左傾人士，秘詢某
> 人說：「某某何以如此反共？想是他家裡吃了共黨的什麼
> 虧。」某人如此告吾，吾即正色請他轉達：「吾反共，正
> 因為他那邪眼看天下。我家裡沒有吃共黨什麼虧，我個人
> 與共黨亦無恩怨。我反它，是因為它背叛了民族生命與文
> 化生命；民族生命與文化生命吃了他的虧。這是不容原諒
> 饒恕的，除非他自己振拔覺悟。他認為天下人都是經濟決
> 定的，私利決定的，沒有客觀的真理，沒有獨立的靈魂。
> 我就是反對他這邪眼邪論。我現在就給他作見證，有一個
> 不是因吃共黨的虧而反共。」[4]

這裡，牟宗三講得很清楚，他之所以反共，是因為共產黨「背
叛了民族生命與文化生命」。而牟宗三為什麼會認為共產黨
背叛了民族生命和文化生命，在於他自己對共產主義的學理
認識。換言之，牟宗三不能接受共產主義，首先和根本的並
不是一種情感性的反應，而是基於他自己對共產主義基本思
想觀念的理解和判斷。我們在其離開大陸之後公開發表的言
論中幾乎隨處可見的對於共產主義的頗具情感色彩的批判，
大概只能說是他自己理性認識的感性表達而已。

　　牟宗三批判共產主義的言論主要集中於《道德的理想主
義》、《時代與感受》、《時代與感受續編》，以及《牟宗
三先生早期文集》，目前均收入《牟宗三先生全集》。但是，
牟宗三 1952 年出版的一本專門批判共產主義的小冊子《共產

4　牟宗三：《五十自述》，《全集》，第 32 冊，頁 106。

國際與中共批判》，卻沒有被收入《牟宗三先生全集》[5]。在迄今為止所有關於牟宗三的研究成果中，也從未見有人提及該書。經筆者核查，此書迄今為止尚不為人所知，是一部佚失的文獻。因此，從學術研究的角度來看，對於這一散佚文獻，我們就有首先提出來加以探討的必要。據筆者的觀察，如果說牟宗三一生批判共產主義的立足點和依據在於中國傳統文化，尤其儒家思想，那麼，在這一篇幅不長的小冊子中，對於他所理解的共產主義和儒家思想在一些基本觀念或者說思想宗旨上的對立，牟宗三可以說進行了較為系統的歸納，足以顯示他為何會始終一如地堅持反共的思想立場。

本文首先集中介紹《共產國際與中共批判》一書中牟宗三對於共產主義基本觀念的批判。在此基礎上，進一步廣泛徵引牟宗三各個不同歷史時期批判共產主義的言論，說明這部系統批判共產主義的著作在牟宗三的生命歷程中絕非偶然，而是其一貫思想的集中體現。最後指出牟宗三批判共產主義的根源和基本立場。從早年發表的第一篇文章〈辯證法是真理嗎？〉（1931）到晚年最後發表的一篇講詞〈在中國文化危疑的時代裡〉（1995），牟宗三的共產主義批判貫徹終生。

筆者發現的這部《共產國際與中共批判》，現藏於哈佛燕京圖書館，是招商局訓練委員會 1952 年 3 月出版的一套系列教材之中的一本，屬於訓練教材甲種之一。全書共分為九個部分：一、把握共黨的本質之理路；二、為什麼在俄國出現？為什麼在中國出現？三、共黨如何否定家庭；四、共黨

5　李明輝教授是《牟宗三先生全集》搜集資料和編輯工作的主要參與者，更是《全集》中〈牟宗三先生著作目錄〉的直接撰寫者。經筆者與他查詢，得悉《全集》編委會確實並不知道該書的存在。

如何否定國家；五、共黨的大同是荒涼的大同；六、共黨發生魔力的地方在唯物論；七、反共只有從人文的立場上歸於大流；八、人文主義的理想主義；九、道德實踐的辯證發展。經筆者與《全集》對照，該書除第六至第九部分曾以〈領導時代之積極原理〉為名於 1951 年 6 月 20 日刊於《民主評論》第 2 卷第 24 期之外，第一至第五部分並未見諸其他已發表的文字。而該書對於共產主義否定家庭、國家及其大同觀念的批判，也主要集中於第一至第五部分。當然，《共產國際與中共批判》一書中的觀念並非在牟宗三的其他文字中完全沒有相似的表達。事實上，正如本文最後所要指出的，如果我們能夠深刻瞭解批判共產主義毋寧說是牟宗三貫徹一生的一條重要思想線索，那麼，《共產國際與中共批判》一書中的觀念在其各個人生階段都有不同形式和不同程度的流露，就是再自然不過的了。這一點，筆者在此先作提示，詳細討論見後文第四部分。雖然題為「共產國際與中共批判」，但其實書中有關共產國際的討論很少，主要是針對作為一種觀念的共產主義的批判。當然，對於牟宗三來說，就其核心觀念而言，共產國際和中共所奉行的共產主義並無本質上的不同。總而言之，《共產國際與中共批判》一書的重點在於首先以中國傳統文化，尤其儒家思想為依據，來批判共產主義在「家庭」、「國家」和「天下」（「大同」）三個基本觀念上的理念，進而歸結為以人文主義的理想主義來批判作為共產主義核心的唯物論。

　　需要首先說明的是，作為學術史和思想史的研究，本文側重客觀的描述性分析（descriptive analysis），即根據文獻材料來展示牟宗三本人對於共產主義的理解和批判，以及牟

宗三的共產主義批判在其一生思想中的發生歷程，而不在於就牟宗三對共產主義的理解和批判提出筆者自己的評論。

二、牟宗三對共產主義「家庭」、「國家」和 「大同」觀念的批判

在《共產國際與中共批判》一書中，牟宗三首先指出，共產主義的本質是一種抹殺個性的純否定性力量。這種抹殺個性的純否定性力量由於和歐美文化基本的事功精神格格不入，因而無法像經典共產主義所預期的那樣出現於高度工業化資本化的英、美。他說：

> 你須知共黨不是事功性的精神。所以有事功精神的歐、美文化根本不容易接受這一套，所以共黨也不容易在英、美出現，在西歐文化系統下出現。何謂事功精神？我在這裡須有一點解析。一、重視經驗（因而承認現象）；二、尊重對方，（在限制中相磨蕩、刮垢磨光）；三、內在的興趣（健康的生命）；四、重自由靈感與理性。總言之，一是自由，一是科學。這是西歐的文化生命、生活原理。共黨偏偏不出現於高度工業化資本化的英、美，而出現於俄國和中國。你從此可知共黨根本不是什麼經濟問題、政治問題。因為這些都是事功性的問題。[6]

6　牟宗三：《共產國際與中共批判》（臺北：招商局訓練委員會，1952 年 3 月），頁 3。而牟宗三對於事功精神的充分肯定，參見其《政道與治道·新版序》，《全集》，第 10 冊，頁 16-17。而在《政道與治道》一書的正文中，尤其是第九章〈社會世界實體性的律則與政治世界規約性的律則〉下篇「葉適、陳亮論有宋一代立國之格局」部分，他也對葉適、

至於共產主義和共產黨為何會在中國出現，牟宗三則將其歸
之於中國傳統思想內部異端思想的接引，以及當時情勢的配
合。他說：

> 現在的共產黨以階級觀念為標準，剷除一切、毀棄一切，
> 而嚮往那個未來的空無內容的無階級對立的社會，也是只
> 有普遍性，而無個體性，而除此基本一點相通外，尤接近
> 於法家。墨子尚講愛，老、莊尚講清靜無為，佛教尚講慈
> 悲，而共黨則發之以恨，而到處騷擾、戮辱人民。其提出
> 未來的空無內容的無階級對立的社會，則又近似於理想而
> 足以欺惑有浪漫性、理想性之智識分子。此猶之以往佛、
> 老之足以吸引聰明才智之士。是以亂世，人不正常，在以
> 往逃佛、老，在今日即傾向於共黨。[7]

然而，在牟宗三看來，儘管共產主義在當時吸引了中國大多
數的知識分子，但由於對「家庭」和「國家」的否定，共產
主義的理想最終只能將人們引向一種荒涼虛幻的「天下大
同」。而這，牟宗三認為是與中華民族的文化傳統，尤其儒
家思想截然異趣的。

對牟宗三而言，「家」指「家庭」，「國」指「民族國
家」，「天下」是指「大同」，「家」、「國」、「天下」
是人道、人性和人類精神表現中三個基本成果。所謂「這三
個層次概盡人道的一切，樹立人類精神表現、價值表現的綜

陳亮二人的事功精神予以了相當的肯定，見《全集》，第 10 冊，頁 224-
243。

7　牟宗三：《共產國際與中共批判》，頁 5。

和骨幹」[8]。以下，我們就具體考察牟宗三所理解的共產主義在「家」、「國」和「天下」這三個思想觀念上所持的立場，以及他基於儒家思想提出批判的理據。

牟宗三指出，「家庭的內容就是父子、兄弟、夫婦的關係。這種關係，在以前叫做天倫。這種天倫，在以前是無人懷疑的。所以在平常的時候，是不成問題的，也很少有人來反省它的意義的。」[9]但是，這種以往看來天經地義的「天倫」，卻在當時遭到了共產主義的否定。

共產主義如何否定作為「天倫」的家庭關係，牟宗三有清晰而詳細的說明。他說：

> 依照共產黨的邪僻的理論說，家庭是可以化除的。他們自然不承認有所謂天倫。他首先否定了「天倫」這個意義，才能講化除。他積極方面如何化除呢？第一、他首先認家庭的出現是由於父家長制的成立，而父家長制是封建社會裡的東西。封建社會是社會進展中的一個形態、一個階段，所以當封建社會過去了，家庭也必須跟著過去。這樣，家庭自然不是永恆存在的東西，它並沒有真實性。沒有真實性的東西，自然不能有被肯定的價值〔……〕。第二、他用生產的經濟關係來看家庭中的天倫關係。父親在家庭內為什麼有權威，這是因為他握有財產權，所以他來統治子女。都是一樣的人，你為什麼統治我？所以他利用人人當該向無產階級看齊的一個階級觀念，來拆掉父子、兄弟、夫婦的關係。子女當該革父母的命，弟當該革兄的命，婦當該革夫的命。父子、兄弟、夫婦互相殺，這是革

8　同前註。
9　同前註。

命，這是進步。然而這實是人類的奇變。大家都可在這裡
想一想。第三、他又從經濟的觀點進而從政治的觀點來看
天倫關係。既然家庭裡面都說得上統治，自然就是一個政
治關係。政治關係，一方是權力欲的角逐場，一方自然無
所謂情。父子、兄弟、夫婦都被編到某一政治小組裡，讓
他們互相監視，互相站在政治鬥爭的階級立場上來稱同志
或敵人。我們知道以政治關係來衝散家庭的，在以前，只
有帝王家是如此。這因為帝王就只是一個政治名詞，嚴格
講，他不能有家庭生活。嚴整一點講，他的生命必須客觀
化、普遍化，他只有理法，而無人情。低級一點講，他只
是一個權力欲的充其量。權力是一個絕對首出的觀念，任
何東西不能抵觸它，一觸便碎。所以任何東西在它眼前，
都只是工具的、隸屬的，所以到緊要關頭，任何關係都不
能顧。但是須知這一特殊的局面只限於帝王家。而帝王之
施政與教仍是教人父慈子孝、兄友弟恭、夫唱婦隨、相敬
如賓，從未敢拿他那個特殊局面中的原則來概括一切，來
普及到一切人身上。但是共黨卻公然如此。他還教人來學
習。這是值得學習的嗎？這是應當學習的嗎？這樣無限制
的氾濫，非毀滅墮落，使人歸於禽獸而何？第四、他又以
生物學的觀點來看家庭，如是，父子、兄弟、夫婦不過只
是性的關係的演變。如是，什麼叫做夫婦，不過只是男女
性的離合。人只有男女性，而無夫婦性，所以有「一杯水
主義」出現。[10]

巴金的小說《家》，頗能反映當時青年人因接受共產主
義而產生的對於家庭的完全負面的認識和相應的叛逆行為。

10　同前註，頁 6-7。

也正是由於其中的家庭觀念符合共產主義,《家》才被奉為革命文學的代表之一,巴金也長期擔任中國文聯的主席。至於否定家庭的這一套觀念為什麼能夠吸引當時許多的青年,牟宗三也有他的看法:

> 青年人本具有浪漫性、生命衝動中的理想性,顧前不顧後,只知其一,不知其二。他只一時覺得作父親的打罵了他,便接納了共黨的統治觀念。作兄長的可以管老弟,他覺得這是不平。妻室子女帶累了他,他覺得這是包袱。他在衝動中,感覺到這一切都是拘束我們的、限制我們的。所以他要衝破它,他接納了共黨的所謂革命,他要革這些東西的命而求得解放。[11]

在指出共產主義的家庭觀念及其何以能夠吸引青年人之後,牟宗三直接對於共產主義否定家庭提出了反駁的理由:

> 我們認為天倫關係是不能化除的。一說到「天倫」,便是於形而下的「物的關係」外,還有一個超越的形而上的道理或意義。因為有這個形而上的道理或意義,所以才說天倫。依此,我們才說父慈子孝、兄友弟恭、夫婦之間相敬如賓。這種「意義」是從物的觀點看人所看不出的,所以它是超越的,即超越乎物的關係以上的意義,所以它也是形而上的。它是在人的「物性」以外的一種「天理的人性」。從這種「天理的人性」所表現出的慈、孝、友、恭,以及敬愛,都是表示在物的關係以外必然有一種「道德的精神實體」。這個實體,你只須從慈孝友恭之發於「天理

---

11 同前註,頁7。

的人性」即可指點出。依是，天理的人性、道德的精神實
體，以及慈孝友恭等，都是最後的實在，不可化除的。你
必須直下肯定它、承認它。而且你不能用任何外在的理由
來解析它，也不是可以用任何外部的概念如階級、經濟等
來代替的，來消除的。這裡容不下任何詭辯、任何爭論。
你可以作其他驚天動地的任何大事業，但你不能在原則上
為你的事業而製造一套理論，把這最後的實在化除掉。你
也不能認為要做其他事業，必須把這最後實在從原則上
化除掉。這個最後的實在，表現於家庭關係中是一意義，
表現於其他事業方面又是一意義。這兩方面的層次雖然不
同，但並非不相容，而且做任何其他事業也必須以這個最
後實在為本，丟掉這個最後實在沒有任何事業是可以有價
值的。這個最後實在是一切理想、價值、意義的根源。你
可以為更高的價值之實現，而不結婚、而離開了家庭，但
你不能造作邪僻的理論從原則上教天下人必須殺父殺兄，
毀滅家庭中的天倫。古今中外，任何政治運動，領導時代
的思想運動，沒有人能這樣敢、這樣說教的，只有共產黨
能如此、敢如此。他這是教的什麼人？做的什麼解放？他
能為人類做出什麼有價值的事業來？我要求普天下人都當
在這裡切實認識。[12]

很明顯，牟宗三這裡對共產主義否定家庭的批判，其理據在
於儒家思想。在儒家看來，家庭關係中所表現的各種情感，
所謂「慈、孝、友、恭」等，都是人性原初和真實的自然流露，
具有最後的不可化約性。

有一個故事可以為牟宗三這裡所表達的儒家觀念作一注

12　同前註，頁 8-9。

腳。正德十五年（1520）王陽明在江西時，接到父親海日翁病危的消息，思念心切，甚至打算「棄職逃歸」。由於陽明平時提倡自然灑落、無所執著的精神，因而當時就有門人當面提出說「先生思歸一念，亦似著相」。陽明良久回答說：「此相安能不著？」[13] 陽明的回答和上引牟宗三的觀念顯然是彼此一致的。顯然，陽明的回答表示，思念父母家人這一類的親情是人性固有的流露，是無法化解消除的所謂「最後的實在」。

不過，需要指出的，牟宗三這裡所謂「最後的實在」、「道德的精神實體」，還不是指家庭本身，儘管家庭中的親情關係是其直接的表現，而是指人性固有的理性與情感，即孟子性善意義上的人性，以及王陽明的良知。

在牟宗三看來，不僅家庭具有不可化除消解的性質，國家同樣如此。雖然民族國家是歷史演進中近代的產物，但「它表示『精神表現』到了完整客觀化的地步」。「如果說：家庭是『道德的精神實體』之『情』的表現，則國家便是此精神實體之『義』的表現。」[14] 在具體說明牟宗三的國家觀之前，我們首先來看他所理解的共產主義對於國家的否定。牟宗三說：

> 共黨不但把家庭毀了，而且進而要毀國家。他們說：國家是階級壓迫的工具，此其一。國家在有階級對立的時候才出現，此其二。當階級對立取消了，到了無階級的社會，

13　〔明〕黃守仁撰、吳光等校：《王陽明年譜二・順生錄之九》，收入《王陽明全集》（上海：上海古籍出版社，1992 年），下冊，頁 1277。

14　牟宗三：《共產國際與中共批判》，頁 9-10。

國家便消滅，此其三。由此三點，我們可以說：國家是階
段中的東西，不是永恆的東西。凡不永恆的，便不真實。
凡不真實的，沒有存在的道理。我們又可以說：國家不
但不是真實的，而且是罪惡的，因為它是壓迫的工具。既
是罪惡的，當然要取消。他們這樣看國家，最後的根據是
在他們把整個的歷史看成是壓迫剝削史，毫無道理可言。
他們這樣看歷史，又是根據於他們把人類活動都看成是壞
的，毫無理想可言，毫無價值表現可言。他們不能把歷史
看成是精神表現史。[15]

至於國家為什麼不能予以否定，在於牟宗三對「國家」的理
解與共產主義的國家觀完全不同。他的看法是：

中國以前儒家講五倫，家庭中占有三倫，而君臣一倫
便是屬於國家政治方面的。君臣以義合，這就表示「國
家」是義道的表現，政治分位也是義道的表現。義道是客
觀的、組織上的，它有公性。因為有公性，所以它能組織
集團生活；因為有公性，所以它才有客觀性。義道的出
現，是人類在歷史演進中一大進步。但是義道的表現，在
以前，不必能到完整客觀化的地步。中國在以前是一個天
下觀念、文化單位。這就表示它的君臣一倫中之義道、政
治分位中之義道，並沒有達到完整客觀化的地步。一個近
代化的民族國家之建立，它必須在政治上有表示政權屬民
的制度常軌之建立，即政權不在打天下的皇帝世襲，而在
決之於民的制度常軌。復次，它須有通過人民的自覺而成
立的法律。這兩層意義就是國家之內在的內容。所以一個

近代化的民族國家就是「義道表現」到了充分客觀化的地步。所謂充分或完整的客觀化就是因「制度」與「法律」而客觀化。而制度與法律也就是精神的客觀表現。所以國家以及其內在的內容（即制度與法律）都是精神的產物、理性的成果。[16]

道德的精神實體不但在家庭中表現、在師友中表現、在個人的道德修養中表現，而且要在國家、政治、法律這些客觀事業方面表現。惟有認識了這一層，我們才能給國家以「超越的證實」，國家才有被肯定的理性上的根據。它表示義道的充分客觀化的表現，它是精神表現的更擴大化、更完整化。我們如果把國家否定了，把政治、法律抹掉了，我們的精神表現、價值的實現，都必落在枯窘貧乏卑微的地步。[17]

我們認為民族國家亦與家庭一樣，決不能化除。它固然是歷史演進到相當時候才出現，但這是由於人類的精神表現中自覺的程度，道德的精神實體經由自覺而實現到人間的程度，決不是由於階級的對立。因為顯然，即使在無階級的社會，我們仍然須有組織，須有客觀而公共的生活，須有制度的常軌，須有法律，這些就是國家的本質。因此，國家的出現，固有時間性，但它精神表現上的本質，一經實現出來，便是可寶貴的真實，有不磨滅的價值。因此，它有永恆的存在。它也不是罪惡。要說在歷史演進中它有流弊，什麼東西沒有流弊？[18]

16　同前註，頁 10。
17　同前註，頁 10-11。
18　同前註，頁 12。

　　一個民族，人所易見的，原是它的種族性、血統性，因此，它首先是一個生物學的觀念。但是，一個民族若只如此，它只是存在，而無真實。我們若只見到它這一點，便不足以了解民族的事業表現之真義。一個民族的事業表現顯然發自人性中的理想性與價值性。所以一個民族自始就不能單從生物學的觀點去看它，它自始就是一種精神表現的活動。而它的精神表現過程，到了民族國家成立的時候，它的義道表現才到充分客觀化的地步。所以國家是精神表現的產物，是理性建設的成果。它代表精神與理性。它不是霸道，也不是侵略。帝國主義自是帝國主義，決不能歸罪於國家。若是這樣株連起來，勢必一切都否定。我們惟有認識國家是精神表現的產物，是理性建設的成果，我們才能把握國家的真實性與永恆性。[19]

嚴格而論，牟宗三在國家問題上批判共產主義的立足點與在家庭問題上並不完全一樣。如果說牟宗三的家庭觀念更多地直接來自傳統儒家的觀念，其國家觀念則在傳統儒家思想的基礎上進一步吸收了近代以來西方民主政治的國家觀念的資源。對此，牟宗三本人有充分的自覺，他認為這是應有的進一步發展。他說：「中國儒家，以前只從天倫上、個人的道德修養上，講仁與義，這是不夠的。仁與義必須客觀化於家庭國家、自由民主、人性個性、理想價值、歷史文化，才有它的確定意義、確定範圍、確定價值，才能大開大合，作為領導時代的積極原理。」[20]

19　同前註，頁 12-13。
20　同前註，頁 15。

　　共產主義認為家庭、國家只是特定歷史階段的產物，最終都需要加以否定，而否定家庭、國家之後的目標，則是要使人類歸於大同。所謂「共產主義」，就是指人類發展最後歷史階段的「大同」社會。但是，對於共產主義的「大同」，牟宗三認為是「荒涼的大同」、「不可實踐的影子」。

　　在批判共產主義的「大同」之前，牟宗三首先說明了他自己對於「大同」的理解。他說：

> 　　「大同」就是各民族國家間諧和的大通。必須先承認各民族國家的個性與獨立性，然後才能說「大同」。「異中之同」總是一個超越的必然的原理。違背這個原理，那是清一色的同，是大私，而不是大同。大同是越乎「國家」以上的一個理想。這個高尚的理想也必在「天理的人性」中、在「道德的精神實體」之表現上，有它的「超越的根據」。國家是義道表現的充分客觀化，它是有限定的集體生活之內拱的形式，所以它是有封域性的。亦惟因為這個緣故，所以它才是客觀精神的成果。客觀精神，因為受集團生活的封域性之限定，它不能至大無外。即是說，在其外延上，它不能是一個無限的敞開。它就好像是「立於禮」一句所示之意義。「禮」就是客觀精神的表現。而禮之本質的意義就是限定別異。在限定別異中，個體的獨立性可以立得起，亦惟因此，才可以保持住個性的尊嚴。國家就是一個「個體」，集體性的個體。但是各個體間不能不有一種共通的諧和。因為「個體」不但有它內向的自性，而且有它外向的他性。就在這外向的他性所成的複雜關係中，不能不有一個諧和之道。這個諧和之道就是「大同」一理想的超越根據。這個根據也必發自「道德的精神

實體」之要求「諧和的綜和」上。就在此「諧和的綜和」上，「大同」一層的理想才有它的真實性。[21]

在這種一方保持個體性，一方要求世界的諧和性上，天下一家是可能的。道德的精神實體之要求諧和而成為理的相通之精神表現，可以函著文化的共同綱領、共同理路之實現。在這共同綱領之實現上，黑格爾所謂「上帝實現於人間大地之上」有其意義。這也可以說世界成為一個大國家，這個國家就是上帝的具形於人間。它是一個完整的統一體，表示上帝之實現。這個國家就是大同。可是在這種大同內，各個體性的單位仍然不能消滅。一因人的現實生活範圍有限，不能沒有區域性的組織。二因民族的氣質不能全同，而氣質又為實現理、表現價值之工具，所以雖有理路上的共同綱領，而氣質之限定不能消滅；而氣質亦不但是「限定」這一消極的意義，精神表現、價值實現的豐富性與多樣性，亦有賴於氣質的不同。因為這兩個緣故，表示客觀精神的各個體性的國家總不能化除。[22]

由此可見，牟宗三所理解的「大同」，關鍵在於「諧和的綜和」，是一種必須包涵「個性」之內的「共性」、一種包涵「差別性」在內的「普遍性」。換言之，「大同」世界只是各個民族國家之間的諧和相處，並不意味著取消各個民族國家之間的差別與各自的獨立性。

在表明自己的「大同」觀之後，牟宗三接著對共產主義的「大同」進行了如下的批判：

---

21 同前註，頁 13-14。
22 同前註，頁 14。

他的那個無階級的社會，也相當於我們所說的「大同」。
然在他黑暗的唯物論裡，那大同只是一個大私、毫無內容
的一個荒涼的大同、一個不可實踐的影子。他不能承認人
性個性，他不能肯定民族國家、歷史文化，他也不能肯定
自由民主、理想價值。凡人間所有的一切，他都不能從道
德的精神實體之表現上看出善與惡、價值與無價值。他
只從他的黑暗的唯物論的觀點把一切都否定，把一切都看
成是仇敵，都看成是他的冤家。他告訴青年說：這些都是
束縛我們的，我們必須衝破它以求解放。他在這種解放的
號召上，他引誘青年人好像是把握住一個「普遍性」。他
號召青年們獻身於這個普遍性，客觀化他們的生命於這個
普遍性，以為這是偉大的事業、神聖的事業；如是，青年
們的浪漫的衝動遂以此普遍性為真正理想的所在，向之而
奔馳。殊不知這不是理想，這只是一個影子。那否定一切
而顯示的那個「普遍性」是一個「虛無」，不是真正的普
遍性。獻身於這個虛無，不是真正的客觀化其生命，只是
陽焰迷鹿、燈蛾撲火。真正的普遍性必須帶著個體性的肯
定，才有它的意義。人必須透視到普遍性，必須客觀化他
的生命，才能說精神表現。但這必須跟著「道德的精神實
體」之表現來，必須跟著肯定人性個性、民族國家、歷史
文化、自由民主、理想價值來，這是我們的路向。在這艱
難困苦、人類遭浩劫的時代，任何人必須把握這個路向才
能說是這個時代的一個真正的人。[23]

由此來看，牟宗三之所以要批判共產主義的「大同」，恰恰
在於在他看來，共產主義的「大同」是抹煞「個性」的「共

23　同前註，頁 15-16。

性」、取消「差別性」的「普遍性」。且由於「個性」與「差別」在民族國家之間是不應否定也不能否定的，因此，共產主義的「大同」不能是真正的理想，只是一個「虛無」的普遍性。

1977 年 5 月《鵝湖月刊》第 2 卷第 11 期刊出了一篇牟宗三與臺大學生的問答，題為〈談宗教、道德與文化──答臺大中文系同學問〉。其中，當有學生問：「談到理想問題，共產黨所標示的沒有階級對立的『理想』世界，與柏拉圖的理想國是否有類似的地方？」，牟宗三的回答一如他在 25 年前《共產國際與中共批判》一書中對共產主義「荒涼大同」的批判。他說：

> 二者根本無關。把階級消滅之後，雖然沒有階級的對立，然而連帶地人的一切質的東西也沒有了。這樣只有量的標準而沒有質的標準，不能算是理想。天國應該是表示「質」的一種理想。共產黨所標榜的根本不是理想（ideal），而僅僅是理想的影子（shadow of ideal）。[24]

事實上，這種不同歷史時期之間前後的一致性，並不僅僅表現在對於共產主義「大同」觀念的批判這一點上。我們可以發現，自從 1931 年牟宗三第一次正式發表文章批判共產主義（同時也是他第一次正式發表文章）以來，對於共產主義各個方面的批判，在牟宗三的一生中是一以貫之的。對此，我們在本文第四部分觀察牟宗三批判共產主義一生的軌跡時，會更為清楚地看到。

24　牟宗三：《時代與感受》，《全集》，第 23 冊，頁 214。

三、牟宗三對於「唯物論」的批判 及其「人文主義的理想主義」

對牟宗三來說，共產主義之所以要否定家庭、國家，將人類引向無差別的共產主義的「大同」，其根本在於唯物論。所謂「共黨發生力量不在唯物辯證法，而在唯物史觀；甚至也不在唯物史觀，而在他那種黑暗的唯物論。」[25] 對於唯物史觀，牟宗三的看法是這樣的：

> 共黨的唯物史觀，你也不能從經濟學的立場或作學問的人的客觀態度去看它。你若是這樣去看它，經濟史觀亦無所謂。因為經濟究竟是人類社會的一個重要部門，從經濟方面看歷史，有何不可？而且這樣看法也不涵教你殺父殺兄，滅絕人性。所以馬克思之講經濟史觀，不是你這樣客觀的態度，也不是你那種學術的立場。經濟史觀之作尊根本是由於它背後的那種唯物論。[26]

對於作為共產主義思想基礎的唯物論，它究竟有何特徵，為何會導向否定家庭、國家，為什麼要批判，牟宗三認為：

> 而共黨的唯物論也不是哲學史上為一哲學系統的那種唯物論。馬克思於批評費爾巴哈時，明明指出：他的唯物論是由「理解」轉到「實踐」，由「自然」轉到「社會」。哲學史上的唯物論都是解析自然宇宙的。但是他們在人間過生活還是合乎人道。希臘的原子論者並沒有滅絕人性。現

25　牟宗三：《共產國際與中共批判》，頁 17。
26　同前註，頁 17-18。

在，從理解轉到實踐，從自然轉到社會的唯物論是甚麼？大家可以在這裡用點心。在社會實踐方面講唯物論，根本是一種墮落、放肆、縱情的物化，這種「物」是可以「唯」的嗎？在解析自然宇宙時，某人說原子，某人說物質，根本都無甚要緊，我們也不容易發出這種疑問。但是在實踐方面，我們就要發這種疑問，而且我們還應當斷然拒絕這種唯物論，我們斷然地說：這種「物」是不可「唯」的。共黨就因為「唯」這種「物」，所以他物化到家，毀滅一切：人性、個性、價值、理想、家庭國家、自由民主、歷史文化，他統統不能承認。總之，凡屬於「精神」的一切，他都要破壞，這就是共黨所代表的原理：純否定的原理。[27]

至於應當如何批判共產主義的唯物論，牟宗三認為不能寄希望於繞過唯心、唯物的區分。在他看來，如柏格森、老、莊及羅素之流試圖避免唯心、唯物問題的思想，都是人類思想的偏支，而非大流。對牟宗三而言，要反對唯物論，就必須要歸於唯心論這一人類思想的大流。他說：

你要反對共黨那一套黑暗的唯物論，你不能利用這些偏支的思想，你要歸於大流。你要領導時代，你也只有歸於大流。你不能利用柏格森的思想，你也不能利用老、莊的思想，你也不能利用羅素的邏輯分析。這些都於時代的文化大糾結的解決毫無能為力的，共黨固然不贊成這些思想，但他同樣也不看重這些思想。他為什麼力反唯心論？就是因為唯心論是大流，是中外古今的大傳統。它的力量太大。若把唯心論的思想拉掉了，人類的歷史文化也所剩

無幾了。所以共產黨不惜毀棄一切歷史文化。若把那些偉大的唯心論者、聖賢人物拉掉了，人性個性、理想價值，統統無人尊重、無人發明，人類的光明也完全沒有了。所以共產黨不惜毀滅人性個性、理想價值。若把那些尊人尊己、尊天地萬物、有熱情、有正義的理想主義者拉掉了，自由民主出不來，民族國家建不起。所以共產黨不惜毀棄自由民主、民族國家。

你要自救救人，你要領導時代，你為甚麼不堂堂正正地立於這個大流上呢？你為什麼不從共黨所否定的地方直接翻出來而立住你自己呢？真理與罪惡的對照這樣顯明，你不肯嚴肅地正面而視，你要往那裡躲閃迴避呢？[28]

進而言之，牟宗三認為，既然共產主義是從自然轉到社會、從理解轉到實踐來講唯物論，那麼，直接反對和批判共產主義，就要從人生實踐、社會實踐或精神表現上來講唯心論。而這種唯心論，牟宗三稱之為「人文主義的理想主義」（humanistic idealism）。這種「人文主義的理想主義」，是要從人文主義的立場來建立理想主義，從精神表現或道德實踐的立場來講辯證法。

對於牟宗三來說，「人文主義」包含一些不可化約的基本原理，包括「人性、個性、理想、價值、自由民主、民族國家、歷史文化」。這些原理既是直接反對共產主義的原理，也是建立其他一些正面價值的基礎。我們必須首先無條件地肯定它們。所謂「人性、個性、理想、價值、自由、民主、民族國家、歷史文化，這些都是人文主義的堅強根據。這每

28　同前註，頁 21-22。

一個根據都是精神上的一個原理。因此，你必須無條件地直接肯定它，方能說其他。」²⁹ 在指出這一點之後，牟宗三對這些基本原理的內涵及彼此之間的關係，逐一進行了解說。在他看來，從肯定人性開始到肯定個性，最後一直到肯定歷史文化，其中有其內在的必然性。

首先，我們來看他對「人性」的解說。他說：

> 「人性」不是邏輯定義中，「人的本質不涵人的存在」那個人性，而是儒家所說的「立人極」中的那個人性。前者是從「理解」來把握的，後者則是直接從道德的怵惕惻隱之心、仁義內在所見的性善，來把握的。這根本是精神表現的一個最基本的原理，這須要你直下認定，毫無躲閃迴避的餘地。你不能用任何詭辯來化除它。家庭中的天倫就是它的最直接而親切的表現處。因此，它就是天倫的超越根據，足以使父子、兄弟、夫婦成為天倫者。因此，天倫也不能用任何外在的標準、詭辯的理由來化除。³⁰

至於「個性」，牟宗三指出：

> 「個性」就是人性之在具體而現實的個人中之獨特的表現。你尊人性，就必須尊個性。尊個性，方能言文化創造、精神表現。你不能只有普遍性，而抹殺個體性。你不能用任何外在的普遍性的標準，如階級，或其他，來消除個體性。你不能說「個性」是小資產階級的意識。你這樣說，只是你的自毀而毀人。普遍性必須是「內在的普遍性」。這種普遍性與個體性有一綜和的統一。整齊劃一，不能離

29　同前註，頁 22-23。
30　同前註，頁 23。

開個性。任何外在的普遍性之整齊劃一都是毀滅之道,因此,都不是真正的普遍性,只是一個虛無、一個影子。[31]

只有肯定了個性,自由民主才有可能,其涵義才能夠得以明確。在牟宗三看來,前者是後者不可或缺的條件。他說:

尊個性,方能言自由民主。而「自由」的基本意義必須是通過自覺而來的「主體自由」。(必須肯定個性,方能允許人有主體自由。)而政治社會中的權利、義務,以及出版結社、思想言論等自由,則是它的客觀形態、文化形態。民主必須在這些自由中方能有其「客觀的形式」,就是說,必須在這些自由中,方能創制立憲,共同遵守,共同約定,互相爭取,互相限制,而成為真正的民主,有制度基礎、有客觀妥實性的民主。所以自由民主是精神表現的客觀形態,它也是一個最基本的精神原理。你不能用任何曲辯來化除它。[32]

而自由民主一旦成立,同時也就意味著民族國家的成立。這是牟宗三的觀點。他說:

精神表現到了自由民主的成立,就是達到近代意義的「民族國家」的成立。從血統的種族進到民族國家,方能表示精神的成果。所以民族國家是代表精神與理性,它也是精神表現的客觀形態。它既不是某一階段中不真實的東西、階級壓迫的工具,也不是代表霸道、由武力形成的。所以

---

31 同前註。

32 同前註,頁 23-24。

你不能用這些外在的理由或概念來化除它。同時，你也不能拿一個光禿禿的「大同」來作為廢除家庭、國家的理由。你須知取消了家庭、國家，你的那個「大同」只是一個虛無、荒涼的大同，而大同所代表的普遍性也只是一個虛無，它並不能代表更高一級的綜和或諧和。「大同」那個普遍性完全要靠人性、個性、自由民主、民族國家這些精神原理來充實它，它始有意義。所以「大同」也當該是一個內在的普遍性，而廢除家庭、國家的那個大同，或共黨所嚮往的「無階級的社會」的那個大同，「純量的享受」的動物生活的那個大同，就是一個外在普遍性、一個虛無、一個純否定的影子。[33]

這裡，牟宗三再次肯定民族國家的不可否定性，並重申否定了家庭和國家的大同是「虛無」和「影子」。因此，對牟宗三來說，共產主義所追求的那種「大同」並不是真正的「理想」。

對於什麼是作為精神原理的真正的理想，他有如下的說明：

「理想」必須根於道德的怵惕惻隱之心，必須植根於人性個性、自由民主、民族國家，始可為一精神的原理，始可以有其客觀的形式與現實上的工作性與指導性。它不能從「純否定」來顯示，因為這樣，它便只是一個所投射的虛無、影子，而不是一個理想。依此，理想也不能只是一個外在的虛擬，而亦當有其內在性，植根於人性個性的內在性。無內在性的影子終歸可以揭穿，可以撥掉。而植根於人性個性的「理想」則是鼓舞僵化的生命，通透現實的僵

33　同前註，頁24。

局，而為精神表現之原動力。所以「理想」也是一個精神
上的原理。我們必須正面而積極地認識它的意義。在共黨
的純否定原理裡，是不能保持理想的。[34]

對牟宗三而言，肯定理想，始能肯定人格的價值層級，而「價
值觀念」也是一個基本的精神原理。他說：

> 價值觀念也是精神表現上一個不可撥掉的原理。它首先由植
> 根於人性個性的理想而確定，這是人格的價值層級之所本。
> 這就是孟子所謂「貴於己」的天爵。其次，它再客觀化而為
> 國家政治上的分位等級，這也是一個價值觀念，這是由精神
> 表現的客觀形態而證成。這種價值原理決不能由外在的普遍
> 性來代替，來化除。共黨想拿物質的階級一觀念來代替它，
> 化除它，這只表示由他的純否定所顯的渾同，歸於純量的動
> 物生活的一刀平。他以為這是「平等」，其實只是漆黑的渾
> 同，不可說「平等」。[35]

在肯定包括人性、個性、自由民主、民族國家、理想和
價值的不可化約性之後，牟宗三指出，這些精神原理必須通
過歷史文化來表現自身，因而歷史文化也是一項根本性的精
神原理。他說：

> 以上那些精神原理，匯歸起來，都要通於歷史文化，因而
> 也必肯定歷史文化為一精神表現之原理。精神根本要在歷
> 史文化中表現，而歷史文化也就是精神表現的發展過程之

---

34 同前註，頁 24-25。
35 同前註，頁 25。

成果。你的生命必須通透於古今，你才有精神表現之可言。往聖前賢的精神必須通透於你的生命中，你的精神表現才能豐富，而為更高價值之實現。因此，你必須從精神表現的發展過程之立場看歷史，你才能真了解具體而真實的歷史（考據、排比事實，只是割裂、抽象）。你才能有理路地了解歷史。[36]

總之，在牟宗三看來，人性、個性、自由民主、民族國家、理想、價值和歷史文化是他所謂「人文主義的理想主義」的基本原則。並且，這些基本原則之間又存在著緊密的內在關聯。由於共產主義否定這些人類精神的基本原理，因而要批判、反對共產主義，就必須立足於這些基本原則，如此方能實現「人文主義的理想主義」。而在《共產國際與中共批判》最後的「附識」中，牟宗三聲稱：這種「人文主義的理想主義」，「歸到純哲學上，可以收攝一切正宗的理性主義、理想主義。純哲學上，從知識論到形上學所完成的理性主義、理想主義，若透出來，亦必會歸於這個人文主義的理想主義。」[37]

當然，牟宗三認為，在「人文主義的理想主義」的基本原則中，最基本的出發點是人性。肯定人性，自然肯定其他；否定人性，自然也就否定一切。也正因此，牟宗三一直強調共產主義最大的錯誤就是否定人性。正是基於這樣一種認識，牟宗三始終認為馬克思主義、共產主義在本質上和中國傳統文化，尤其儒家思想是根本對立的。在他看來，二者之間的

36　同前註。
37　同前註，頁33。

對立可以說是人類負面與正面、否定性與肯定性兩種基本價值的對立、人性陰暗面與光明面的對立。這一點，我們在本文第五部分再予以較為詳細的說明。

逐一說明了「人文主義的理想主義」所包含的各個基本精神原理之後，在《共產國際與中共批判》的最後部分，牟宗三指出：精神必須在那些基本原理上獲得其表現，而精神表現的過程就是一個道德實踐的辯證發展的過程。值得注意的是，在具體說明道德實踐的辯證發展時，牟宗三其實較為詳細地提出了他的「良知坎陷」的理論[38]，儘管他在論述作為「道德的精神實體」的良知轉而為「思想主體」並最後回歸自身而實現「再度諧和」這一辯證過程時，並未使用後來他所使用的「坎陷」一詞，而是將這一過程稱為一個「否定底否定」。對於牟宗三的「良知坎陷」說，雖然迄今為止仍不乏淺嘗輒止所致的誤解，但對於真正的研究者來說，該理論基本已經較為人所瞭解，故筆者於此處不贅。

38　有研究者指出，牟宗三最早表達「良知坎陷」的思想可追溯到 1951 年 6 月刊於《思想與革命》第 1 卷第 6 期的〈論黑格爾的辯證法〉一文；參見鄭家棟：《牟宗三》（臺北：東大圖書公司，2000 年），頁 82。筆者對比該文與《共產國際與中共批判》一書最後〈道德實踐的辯證發展〉部分，發現內容頗為相似，或許由於時隔不久的緣故。但若論表述的系統性，則以〈道德實踐的辯證發展〉更為明確。此或已有前文為基礎之故。不過，牟宗三「良知坎陷」思想的最早表述，其實還不是〈論黑格爾的辯證法〉一文，而應當在先後刊於《歷史與文化》第 3 期（1947 年 8 月）和《理想歷史文化》第 1 期（1948 年 3 月）的〈王陽明致良知教〉（上、下）。牟宗三「良知坎陷」表述的最早出處經李明輝教授提示，特此致謝。

四、牟宗三批判共產主義的一生軌跡

　　以上我們以《共產國際與中共批判》這部《牟宗三先生全集》未收的佚著為根據，介紹了牟宗三立足於儒家「人文主義的理想主義」對於共產主義基本觀念的批判。需要指出的是，在牟宗三的一生中，此書的出版並不是一個孤立的偶然事件，牟宗三對於共產主義的批判也決不限於此書。事實上，牟宗三的共產主義批判，可以說構成貫穿其一生生命歷程的一條基本而重要的線索，而這條線索又與整個二十世紀中國社會的巨大變遷緊密相關。

　　對牟宗三而言，與《共產國際與中共批判》一書在時間和內容上直接相關的還有其他一些文字。1949 年 11 月和 12 月，牟宗三在《民主評論》第 1 卷第 10 至 13 期連續發表了〈理性的理想主義〉（第 10 期）、〈道德的理想主義與人性論〉（第 11 期）和〈理想主義的實踐之涵義〉（第 12、13 期）[39]。比較這三篇文字和《共產國際與中共批判》，我們能夠發現，前者可以視為後者的準備，後者則是前者更為凝練和系統的表達。而在 1952 年 6 月 1 日《民主評論》第 3 卷第 12 期發表的〈闢毛澤東的《矛盾論》〉和 1952 年 9 月 1 日《民主評論》第 3 卷第 18 期發表的〈闢毛澤東的《實踐論》〉兩篇文字[40]，則可以說是緊隨《共產國際與中共批判》之後針對毛主義的具體批判。

39　三文俱見牟宗三：《道德的理想主義》，《全集》，第 9 冊。

40　二文在收入《全集》，第 9 冊，《道德的理想主義》時名稱有所變動，分別改為〈闢共產主義者的《矛盾論》〉和〈闢共產主義者的《實踐論》〉。另外，1952 年這兩篇文字還以單行本的方式由人文出版社在香港出版。

　　對於牟宗三來說，1949年中國大陸的政權轉移不啻為「鼎革之際」，因此，作為針對時局而發之論，1949到1952年有上述這些文字，應不難理解。不過，政權轉移只能說是促使牟宗三進一步反省的一個刺激，絕非他批判共產主義的始因和根本原因。事實上，牟宗三的共產主義批判既是其最初開始獨立思考的首要內容，也根本是立足於其文化理念而非政治立場。簡言之，牟宗三的共產主義批判是文化意義上而非政治意義上的。

　　牟宗三曾說：「馬克思這一套我在大學讀書的時候就非常厭惡它。」[41]他生平發表的第一篇文章，是1931年9月7、8日刊登在《北平晨報・北晨學園》的〈辯證法是真理嗎？〉（上、下），當時他年僅22歲，而這篇文章直接就是針對當時流行的馬克思主義辯證法提出批判。1933年3月20日，牟宗三在《再生》第1卷第11期發表〈社會根本原則之確立〉。緊接著，在1934年1月1日的《再生》第2卷第4期及2月1日《再生》第2卷第5期，他又連續發表〈從社會形態的發展方面改造現社會〉。同樣是1934年，在8月份北平民友書局出版的由張東蓀主編的《唯物辯證法論戰》一書中，收錄了三篇牟宗三的論文：〈辯證唯物論的限制〉、〈邏輯與辯證邏輯〉及〈唯物史觀與經濟結構〉。在這幾篇文章中，牟宗三完全從學理的角度提出了他對於作為共產主義理論核心的「唯物辯證法」和「唯物史觀」的分析和批判。對於自己早年在北大讀書時即通過研究馬克思主義而批判馬克思主義，牟宗三1983年1月31日在東海大學的一次演講中有這樣一段回憶：

41　牟宗三：〈平反與平正〉，《時代與感受》，《全集》，第23冊，頁89。

　　照我個人講，當我在學校讀書時，左傾的思想滿天下。那一套 ideology，我通通都讀。我不是資本家，也不是地主，只是一個鄉下人。到北平去讀書，人地生疏，一個人也不認得。那個時候思想絕對自由，沒有人管。〔……〕那時候我把共產主義那一套東西通通都拿來讀，它有一定的講法，我也很清楚。自由世界的標準是一套，共黨也有一套，而且是與自由世界那一套一一相對反的。講到歷史，它是唯物史觀，是經濟決定論，下層基礎決定上層建築，下層基礎一倒一變，上層建築通通垮。上層建築是國家、政治、法律、道德、宗教、藝術……。自由世界對於這些都有一定的定義，他們就一個個與你相反，而且講的〔得〕振振有辭，很吸引人、很動聽〔……〕。

　　這些我通通讀，可是我沒有受它的影響，讀哲學系的人多得很，比我聰明的人多得很，但是沒有人好好考慮馬克思這些話站得住站不住。我沒有偏見，我不是資本家，不是地主，也不是官僚，在社會上沒有地位，也沒有身份。我只是把他們一個個衡量，就發現沒有一個站得住的。你馬克思批評邏輯，我就把邏輯仔細地讀一讀，law of contradiction（矛盾律）、law of identity（同一律）、law of excluded middle（排中律）這三個思想律是什麼？你唯物辯證法怎樣來批駁這三個思想律？是不是相應？三個思想律能不能反駁？你的批駁對不對？若不對，就是牛頭不對馬嘴，無的放矢。這些都是運用思想，讀哲學就是要運用思想啊！從這裡開始，再把國家、政治、道德、法律、宗教、藝術……一個個拿來思考，一個個衡量，你就可以知道他們講的那一大套，沒有一個在概念上、在思想

上站立得住。既然沒有道理，我何必相信？⁴²

　　1981 年 7 月 16 日《聯合報》刊登過牟宗三的一篇講詞，題為〈文化建設的道路——歷史的回顧〉。其中，在對比共產主義和自由主義價值觀的根本對立時，牟宗三也說：「我老早就看出這個問題。所以三、四十年來我一直努力地把他們這些基本觀念，一個個加以批駁。」⁴³ 就此而言，我們完全可以說，牟宗三的學術生涯是從批判馬克思主義、共產主義開始的。他對於馬克思主義、共產主義的接觸和批判，尚早於他對西方哲學、中國哲學的涉足和研究。值得注意的是，較之 1949 年之後許多演講中溢於言表的對於共產主義的厭惡，在 1934 年發表的批判馬克思主義的幾篇文章中，牟宗三的批判幾乎絕無情感的色彩，而是每一篇都通過相當的篇幅以細緻的分析和論證來展開說理。從中，我們完全可以看到，無論有無偏頗，牟宗三對於馬克思主義的瞭解至少是經過了自己的探索而非道聽塗說，一知半解。如果我們認真研究牟宗三最早發表的這些批判馬克思主義的學術論文，對於他反共的思想原則為何終其一生不變，我們或許就不難瞭解了。

　　從 1931 年發表第一篇文章批判共產主義開始，在其一生之中，牟宗三的共產主義批判就從未間斷。1949 年大陸政權轉移之後，牟宗三也時時基於其批判共產主義的立場，關注大陸的政局，在一些重要的歷史時刻每每提出其獨到的觀察和評論。在以往的牟宗三研究中，這樣一條線索和脈絡是沒

42　牟宗三：〈哲學的用處〉，《時代與感受》，《全集》，第 23 冊，頁 158-160。按：演講辭最初刊於《中國文化月刊》第 42 期（1983 年 4 月）。
43　牟宗三：《時代與感受》，《全集》，第 23 冊，頁 370。

有引起關注的。

　　牟宗三曾經說自己五十歲之前寫的東西不算數，這大概只能就其關於純粹哲學問題的思考，以及中國哲學、文化的研究而言[44]。對於共產主義的理解和批判，我們可以說牟宗三自始至終是一貫的。從其生平第一篇文章批判唯物辯證法開始，牟宗三就在思想根源上不能接受共產主義。如果說 1931 年至抗日戰爭前夕，牟宗三的共產主義批判主要是從學理上剖析其問題的話，在抗日戰爭至 1949 年「左傾」成為知識界的主流時，牟宗三則不僅繼續逆勢而為，激昂慷慨，重點也轉向從民族文化的角度力陳共產主義將成為中華文化命脈的大害。

　　本文開頭引言中提到了牟宗三自述抗日戰爭後期在華西大學批判共產主義的故事。而在抗戰勝利後「左傾」思潮在全國知識分子中趨於高潮時，牟宗三的共產主義批判在情感上也幾乎達到了頂點。在 1947 年 1 月《歷史與文化》第 1 期發表的〈大難後的反省──一個骨幹，《歷史與文化》代發刊詞〉和〈《歷史與文化》旨趣答問〉兩篇文章中[45]，我們可以真切感受到牟宗三對於中國傳統文化前途與命運的憂患意識。在當時，他立足於中國傳統文化來批判共產主義的痛切之情，幾乎無人可匹。對於共產主義在當時的得勢，連熊

44　「我到香港時已經五十多歲了，理解程度也比較高。〔……〕所以《才性與玄理》、《心體與性體》、《佛性與般若》這些五十歲以後寫的書都比較可靠。〔……〕至於我五十歲以前所寫的那些書，你們不要看。」《中國哲學十九講》，《全集》，第 29 冊，頁 407。從這裡的語脈來看，牟宗三顯然是指他對於中國哲學的研究，並不包括他的政論文字。

45　兩篇文字俱收入《牟宗三先生早期文集》（下），《全集》，第 26 冊，頁 969-1009。

十力也感到無奈，因而勸牟宗三「大害之成而不可挽，挽則
必決」。但牟宗三卻堅決力抗時流，即使得罪當時的張東蓀、
梁漱溟等前輩，也在所不辭。這一點，牟宗三在作於 1978 年
2 月 12 日的〈哀悼唐君毅先生〉一文中有明確的說明：

> 抗戰末期，共黨囂張。我目睹當時之興情，知識分子之陋
> 習，青年之傾向，深感大局之危殆，將有天翻地覆之大變
> （國翔按：此所謂天翻地覆之大變即指馬克思主義、共產主義取代中
> 國儒家文化而成為主流）。我之情益悲，我之感益切，而一般
> 恬嬉者不知也。我當時厭惡共黨之情（不是政治的，乃是
> 文化的）幾達狂熱之境，燃燒到任何差謬我皆不能容忍，
> 故雖得罪張東蓀、梁漱溟諸先生而不辭。我當時日與青年
> 辯談，理直氣壯，出語若從天而降。一般教授自居清高，
> 緘口不言，且斥我從事政治活動。惟唐先生知我不如此。
> 唐先生性涵蓄，對於時局初亦不肯直言、切言。某次，我
> 問：我們是否要落於王船山、朱舜水之處境？唐先生答曰：
> 不至此。然而我之感覺則甚急甚危。故勝利後，在南京，
> 我以我之薪水獨立辦《歷史與文化》雜誌。校對、付郵皆
> 我自任。當時唐先生在原籍家居，每期皆寄稿相助。而世
> 人則視我之舉動渺如也。熊先生亦勸我曰：「大害之成而
> 不可挽，挽則必決。」熊先生在老年，我時在中年，故心
> 境不同也。不久，大陸遂全部淪陷。[46]

這一段敘述與我們開頭所引牟宗三自述在華西大學的經歷若
合符節。在這裡的敘述中，無論從牟宗三自注厭惡共產黨不
是出於政治而是出於文化的立場，還是從牟宗三問唐君毅「我

46　牟宗三：《時代與感受》，《全集》，第 23 冊，頁 296。

們是否要落於王船山、朱舜水之處境」的話來看，顯然，在牟宗三看來，共產主義如果變成中國社會的思想主流，無異於以夷變夏，他們這些認同中國文化，尤其儒家思想的人士，就不免要落至王船山、朱舜水的處境。

1947 年 12 月 3 日，牟宗三在無錫江南大學任教時，曾作〈自立銘〉並寄給其侄子牟北辰：

> 體念民生，常感骨肉流離之痛。
> 收斂精神，常發精誠惻怛之仁。
> 敬慎其事，宜思勿忝厥職。
> 勿悖祖訓，宜念完成孝思。
> 理以養心，培剛大正直之氣。
> 學以生慧，聚古今成敗之識。
> 閑邪存誠，勿落好行小慧言不及義之譏。
> 常有所思，庶免飽食終日無所用心之陋。
> 忠以律己，於穆不已憑實踐引生天趣。
> 恕以待人，團聚友朋以共業引發公心。
> 須自己立立人，心本歷史文化。
> 任憑邪說橫行，不背民族國家。[47]

我們可以看到，即使是在這樣一篇給自己家人的文字中，牟宗三也同樣將其立足中國傳統文化反對共產主義的宗旨表露無疑。在〈自立銘〉的最後兩句中，所謂「須自己立立人，心本歷史文化。任憑邪說橫行，不背民族國家。」尤其可以讓我們強烈地感受到這一點。

47　牟宗三：《牟宗三先生未刊遺稿》，《全集》，第 26 冊，頁 11。

　　1949 年離開大陸後，60 年代之前，大概是由於政權轉移給中國社會帶來的巨變發生不久，牟宗三批判共產主義的文字在此期間格外集中。《共產國際與中共批判》即為這一時期的成果。此外，這一時期其他相關的文字還有〈佛老與申韓〉（1951 年 1 月）、〈青年人如何表現他的理想〉（1951 年 5 月）、〈自由中國的遠景〉（1951 年 8 月）、〈要求一個嚴肅的文化運動之時代〉（1952 年 5 月）、〈反共救國中的文化意識〉（1953 年 1 月）、〈理想、團結與世界國家〉（1953 年 6 月）等[48]。在《共產國際與中共批判》一書最後的「附識二」，牟宗三也特別要求讀者參看〈理性的理想主義〉（1949 年 11 月）、〈平等與主體自由之三態〉（1951 年 4 月）、〈青年人當該如何表現他的思想〉和〈佛老申韓與共黨〉四篇文字。這裡提到的〈青年人當該如何表現他的思想〉和〈佛老申韓與共黨〉，即上述〈青年人如何表現他的理想〉和〈佛老與申韓〉。後者是收入《全集》中的題目，對原文題目小有修改。而〈理性的理想主義〉、〈平等與主體自由〉，則曾經於 1951 年在香港由人文出版社出版過單行本[49]。有一點需要指出，《全集》第 9 冊《道德的理想主義》中收有〈自由與理想〉一文，對於共產主義虛幻的普遍性的批判，以及對於儒家思想真實的普遍性的闡釋，該文有較為詳細的說明。在《全集》所收的各種文字中，這大概是唯一一篇文末沒有

48　除〈反共救國中的文化意識〉一文收入《道德的理想主義》外，其餘文字俱見《時代與感受續編》，《全集》，第 24 冊。

49　〈理性的理想主義〉見《道德的理想主義》，《全集》，第 9 冊，頁 17-30。〈平等與主體自由之三態〉後收入《歷史哲學》作為其中第三章，《全集》，第 9 冊，頁 61-94。

注明發表時間的文章，筆者估計當為此一時期的作品。

　　60 年代起，牟宗三明顯逐漸轉入中國哲學、思想之深入反省和學理疏導，因而有其一系列的里程碑式的學術著作。如《才性與玄理》（1963）[50]、《心體與性體》（1968－69）、《佛性與般若》（1977）、《從陸象山到劉蕺山》（1979）等，都是 60 年代之後的作品。但是，對於共產主義的批判，牟宗三卻並未停息。對於大陸政治局勢的變化，特別在一些重要的歷史時刻，牟宗三也常有他自己入木三分的獨到觀察。譬如，大陸打倒「四人幫」之後，開始給一大批在文革時期受迫害的人士「平反」。對此，牟宗三 1979 年 9 月在香港新亞研究所文化講座第一次演講會所做的〈「平反」與「平正」〉中有如下的評論：

> 大陸現在搞「平反」，這是好的。但是不是平反了，鄧小平的名譽恢復了，劉少奇的名譽恢復了，就完了，就交代了！你鄧小平本人在內，當年受毛澤東「四人幫」糟蹋，那種手段，不是一般人能夠受的，你自己應當有一個覺悟，從頭反省一下，何以會如此？不是一個平反就可以把問題交代了。想一想以前的罪惡何以會出現？歷次的鬥爭何以會出現？這個地方應當想一想，這些人都應當從頭想一想，想一想自己以前那一套主張、那一套意識形態、那一套思想，是不是一套「平正」的思想？只有把以前那一套拋掉，把思想歸於「平正」，你這個平反才有意義，才能平反得住。假若你不在這地方想一想，從頭到尾把思想

50　此書是 1962 年 4 月東海大學出版的《魏晉玄學》一書的增訂版。《才性與玄理》出版後，前書即逐漸少為人知。

> 條理一下、徹底條理一番以歸於「平正」，那末你這個平
> 反就沒有意義，你這個平反就平反不住。什麼叫平反不住
> 呢？這就是你這個平反只是一個作用、一種權術、一個對
> 付「四人幫」的手段，你照樣可以用以前的老辦法壓迫老
> 百姓，禁制人的基本自由。[51]

對照 1979 年到 1989 年大陸現實政治的發展，不能不讓人感到牟宗三這裡的觀察和評論是頗具前瞻性而發人深省的。

　　同樣，對於 1979 年魏京生等人的人權、民主運動，牟宗三十分關注。在 1979 年 6 月 2 日刊於《聯合報》的〈肯定自由、肯定民主——聲援大陸青年人權運動〉的講詞中，牟宗三就表示積極支持，所謂「魏京生能夠在馬克思主義的格套中，自發地要求自由、民主，認識到民主、自由為一普遍真理，是相當可貴的。」[52] 但是，另一方面，牟宗三也指出，以魏京生為代表的大陸青年「雖然反對共黨暴政，但對馬克思主義總還有或多或少的幻想，對真正的自由、民主涵義還有那麼『一間之隔』」[53]，並再次對他所理解的馬克思主義進行了批判。他指出：「我們必須肯定自由民主是一個普遍的真理，社會共同生活的最高原則，人類共同理想的具體呈現。它與那個以極權、專制、純否定、純奴役為本質、為當然的馬克思主義之間，沒有第三條路可走。」[54] 其論旨與《共產國際與中共批判》前後一致，彼此呼應。

51　牟宗三：《時代與感受》，《全集》，第 23 冊，頁 80。該講演詞講於 1979 年 9 月，正式發表於 1980 年 1 月《鵝湖月刊》第 5 卷第 7 期。

52　牟宗三：《時代與感受續編》，《全集》，第 24 冊，頁 285。

53　同前註，頁 275。

54　同前註，頁 290。

　　如果說 70 年代末是中國政治發生巨大變革的時代，80
年代末同樣是中國政治文化史上不容忽略的一頁。正如對待
1979 年的人權民主運動一樣，對於 1989 年大陸發生的學潮
和民運，牟宗三同樣表示了高度的關注。有兩篇文字集中反
映了這一點。一篇是 1990 年 5 月 23 日講於社會大學，刊於
7 月 9、10 日《聯合報》的〈九十年來中國人的思想活動〉；
另一篇是 1995 年 4 月 13 － 15 日同樣刊於《聯合報》的〈在
中國文化危疑的時代裡〉。

　　在〈九十年來中國人的思想活動〉中，牟宗三首先對學
潮和民運予以高度肯定，所謂「這次學運的自由、民主運動
雖然失敗，但對共產黨的殘暴反動而言，仍有其意義。因為
他們的左傾意識已普遍地消失了。」[55] 但另一方面，他再次
指出，民運人士對於共產主義和共產黨的本質缺乏足夠深入
的認識：

　　　大陸上的民運分子，我很恭維他們，他們有其貢獻。但
　這些道理（按：指對共產主義本質的認識），他們根本沒有正
　視過，他們始終仍肯定共產黨，並不認為共產式的社會主
　義不對，他們根本不理解共產黨的本質。[56]
　　　他們學運分子雖然反對貪污、黑暗、官倒，或者反對毛
　澤東、四人幫，其實這並非共產黨的本質〔……〕[57]

這一篇文字去 1989 年民運不久，牟宗三對民運人士的同情和

55　同前註，頁 423。
56　同前註，頁 421。
57　同前註。

支持大概使他對於民運人士的批評較為溫和。五年之後，在〈在中國文化危疑的時代裡〉一文中，牟宗三則主要從反省的角度著重指出了民運人士的限制。在牟宗三看來，這種限制就是不能認清共產主義的本質，不能從根本上反對共產主義。他說：

> 這次的民主運動，使社會主義的意識消失了，使左傾的意識消失了。大陸社會上呈現的是自由民主的意識，但這意識表現在民運人士，由大學的知識分子到大學教授，再往上數到民國三十八年這些老一代的知識分子如馮友蘭和費孝通，這些老、中、少三代大概都不相信左傾了，但究竟有多少覺悟卻很難說。從正面上說，他們對於從西方傳統開出近代化的自由民主能有多少了解，很有問題。民主運動的憑籍，當然在自由民主，而非馬、恩、列、史；正面是自由民主，反面當然是針對共產黨。但他們對共產黨的本質究竟能否透徹的了解，也很難說。因為他們反對的是共產黨的「官倒」、貪污這些腐敗現象，卻不一定反對共產黨的本質。
>
> 民運人士佔據天安門時，自始至終認為自己是理性的，決非叛亂分子，也根本不反共。就像劉賓雁也是社會主義的意識，他只是反對共產黨表現出官倒等現象，卻並不反對共產黨的本質；他被共產黨開除黨籍，都仍然如此，肯定共產黨是個標準，何況是佔據天安門的民運人士呢？
>
> 就從這些地方看，這些民運人士從正面上看，他們對於西方文化所開出的自由民主能有多少了解，頗成問題；從反面上看，他們對所反對的共產黨能有多少了解，也很成問題。對如此殘暴的政權，如果要反，當然是十分贊成。

以前贊成，現在可以不贊成，這代表覺悟，所謂覺今是
而昨非。這些民運人士的覺悟能到什麼程度，頗成問題；
我看他們並沒有多少覺悟。〔……〕當以共產黨為標準而
來反共產黨，這樣的反，究竟有多少覺悟？他們還是在共
產黨的圈圈轉，仍然肯定共產黨是標準，證明他們沒有覺
悟；那麼他們對所號召的自由民主，由西方文化傳統所開
出者，也就不能深刻了解，也不能領悟。[58]

〈在中國文化危疑的時代裡〉這一篇文字由趙衛民整理，刊
於牟宗三去世的第二天，應當是牟宗三晚年最後的一篇講詞。
從中，就批判共產主義而言，我們顯然可以看到與《共產國
際與中共批判》之間的連續性。如此看來，牟宗三的共產主
義批判貫徹終生，完全是歷史材料所顯示的客觀事實。

五、牟宗三共產主義批判的根源

以上我們大略提示了牟宗三一生批判共產主義的歷史軌
跡。由前文的考察可見，從 1931 年 9 月發表〈辯證法是真理
嗎？〉，到 1995 年 4 月 13 － 15 日發表於《聯合報》的最後
一次講稿〈在中國文化危疑的時代裡〉，牟宗三始終自覺站
在中國傳統文化立場上批判共產主義，從未發生認識上的動
搖，可以說以批判共產主義相始終。之所以如此，正如前文
對於《共產國際與中共批判》的集中考察和對牟宗三共產主
義批判一生線索的勾畫所顯示的，完全在於他對共產主義本
質的理解。他對於民運人士的批評，關鍵也在於認為民運人

58　同前註，頁 471-472。

士始終未能抓住共產主義的本質。我們在本文第三部分考察
《共產國際與中共批判》時已經看到，牟宗三認為，共產主
義最大的錯誤就是否定普遍人性，否定普遍人性就是共產主
義的本質。在此，我們不妨再引文獻予以比較充分的說明。

前面提到，在 1979 年 9 月香港新亞研究所發表的〈「平
反」與「平正」〉中，牟宗三曾經指出，如果不能從根本上
反省檢討共產主義，單純的「平反」並不能解決問題，並不
能最終帶來自由和民主。在此基礎上，牟宗三明確指出：

> 馬克思主義一個基本錯誤，就是不承認有普遍的人性，這
> 個是最壞的思想、最反動的思想。所以說共產黨這一套並
> 不是偶然。講道德宗教先得肯定有普遍的人性。馬克思不
> 承認有普遍的人性，馬克思說什麼是人性，人性就是階級
> 性。千般罪惡，萬般罪惡，都是從這句話出來。[59]

在 1983 年 12 月刊於《鵝湖月刊》第 9 卷第 6 期的〈中
國文化大動脈中的終極關心問題〉中，牟宗三仍然堅持這一
基本看法：

> 共產主義，以馬克思那一套意識形態為底子，有一個基本
> 惡，就是不承認普遍人性，只承認階級性。你給他講道德
> 心靈，他說你這是小資產階級的奇夢幻想；你給他講兄友
> 弟恭、父慈子孝甚至男女愛情，他說你這是小資產階級的
> 溫情主義。把人性中屬於真、善、美的東西全抹掉了。他
> 們只把人當作一種生物學的存在。[60]

59　牟宗三：《時代與感受》，《全集》，第 23 冊，頁 88。
60　同前註，頁 435。

　　而在 90 年代批評民運人士不能認識共產黨的本質時，牟宗三再次對共產主義進行了一如既往的批判，指出馬克思主義、共產主義之所以是個「魔道」，關鍵在於：「馬克思看歷史是個階級鬥爭史，唯物史觀是以階級作標準，所以他只承認人有階級性，沒有人性，沒有普遍的人性（human nature）。」[61] 他說：

> 共產黨的魔道，就從這平等性的觀念轉來，是最違反人性與自然的魔道。《中庸》上說：「愚而好自用，賤而好自專。」這正是他們的寫照。另外如「言偽而辯，行僻而堅，記醜而博，心達而險。」這是《孔子家語》記載少正卯所以被誅的緣故。有人考據孔子實無誅少正卯之事。但如這四句話所形容的人實在是可怕的人。以集團的方式來表現這幾句話，這更為可怕。這就是共產黨的魔道性格與痞子性格，不可以常情論的。他們絕不會放棄四個堅持，他們也不會放棄既得權力的利益。[62]

　　在牟宗三看來，康德所說的「絕對的善意」相當於儒家的所說的「怵惕惻隱之心」，說的就是人之所以為人的本善之性，而馬克思的共產主義認為人只有「物質驅動的意志」（materially motivated will，按：牟宗三譯為「物質地機動化的意志」），否定康德的「絕對的善意」和「無條件的命令」不過是一個抽象的概念，也就是否定根本的人的善性。至於為什麼不能否定人性，尤其是不能否定那根本的作為「絕對

的善意」和「無條件的命令」的人性？馬克思以「物質驅動的意志」來規定人性，從而否認有本善的人性，為什麼是錯誤的？在1949年11月16日發表於《民主評論》的〈道德的理想主義與人性論〉一文中，牟宗三有一長段極為細緻、充分和有力的論證。他說：

> 但我可以指出，我們的意志活動不都是「物質地機動化的意志」之活動。絕對的善意也不只是一個抽象的概念，而確是在現實生活中呈現的。「無條件的命令」也不是幻想，亦確實是有的。一般人不常有，但不常有，並不能就說它只是抽象的概念。很少有人能奉行，但不能奉行只是因為私欲間隔。不為私欲間隔的，就能奉行。假若有能奉行者，它就不只是一個幻想，而是實際上呈現的。如果是實際上呈現的，如何便把意志普遍地定為「物質地機動化的意志」呢？「善意之為絕對的善」之有無是墮落與否的問題，不是原則上沒有，單純憑抽象能力所製造的一個虛構的概念。我們已決定其原則上有，而且是隨時呈現的。然則如何能說它不是實際的意志？譬如，見孺子入井，人皆有怵惕惻隱之心，匍匐而往救之，不為要譽於鄉黨，不為討好於孺子之父母，這不是絕對的善意是什麼？你能說他為的階級的私利嗎？馬克思何不就此善反而見人性？假如你滿肚子是髒東西，見了偏不去救，那只是你個人此時失掉了人性，並不是人的性就是如此。又如曾子臨終易簀時的話，你能說這不是「絕對善意」的呈現嗎？他為的什麼私利呢？他為的什麼階級呢？只為的自己不是大夫，便不該用大夫的席，便不應躺在上面以作臨終時之飾典。這種不苟的精神，只為的理上不應如此，所以便決定不如此，並不因為自己在病困之時就可以馬虎過去，此不是無

條件的命令，其本質上就是善的，是什麼？假如你自己貪圖虛榮，裝聾作啞，混過去算了，那是你自己的私心自利，並不能因之就說無條件的命令只是一個抽象的概念。又如耶穌說：不應起誓，你們的話，是則是，非則非，過此以往，便不是純正的。這種「稱心而發」的善意豈不是人間常有的嗎？耶穌說：「你們不背起你自己的十字架，便不配作我的門徒。」他開始作宗教運動時，即決定上十字架捨命，這種意志的決定，你說他為的什麼私利，為的那一階級？難道這也是一個抽象的概念嗎？當撒旦試探他說：「假如你是上帝的兒子，你可以叫石頭變成麵包。」耶穌回答說：「人活著不但為麵包，亦要靠上帝口中所說的話（即真理）。」這種服從真理的意志，為真理而活著的意志決定，不是絕對的善意又是什麼？撒旦又說：「假如你是上帝的兒子，你從山上跳下來，上帝托著你，不使傷你的足。」耶穌說：「撒旦退去，不可試探主，你的上帝。」這種意志的斷然決定，一方截斷撒旦的糾纏，一方就是善意、無條件的命令的呈現：直接喝令它退去，連辯訴理由都不要，此時只是一個絕對的善的絕對意志之透體呈現，壁立千仞，停停當當擺在那裡，你看還有什麼邪魔能夠混進來？只有絕對善的絕對意志之透體呈現方能瓦解魔鬼的一切誘惑。一切次級的居間的辯論與理由俱不必要，因為這些徒惹葛藤。在葛藤中，魔鬼就可以乘隙進來。理由的層層前進而不搖動的最後根據還是這個絕對善的絕對意志，此就是最後的理由。我們要瓦解馬克思的一切試探，最後還是這個絕對善的絕對意志之透體呈現。這個絕對善的意志，我們相信馬克思也是有的。因為撒旦只是一個象徵，不是一個現實的人。馬克思是一個現實的人。只因為他的墮落的心所成的「意見」把他的善意淹沒了。譬

如他感到了無產階級的痛苦，發心動念想解決它。這最初
一念就是善意的呈現。你為什麼不就此肯定你的性與人的
性而見其與禽獸不同呢？我在此問馬克思，你試在此反省
一下，你此時的一念是私的，還是公的？是善的，還是惡
的？是有條件的，還是無條件的？假若你說：我那時的一
念也還是「物質地機動化了的」，也是私的，只為的保持
我那個經濟學專家的聲名，只為的好宣揚我的《資本論》，
增加它的銷路，我是為我的生存方式之保持與改進打算，
並不為別的，我沒有絕對的善意，那麼，我說：若真如此，
你這個人簡直就不是人，連禽獸都不如，因為禽獸雖無一
隙之明之良知之覺，然而它並不有意地作惡，它不過只是
順自然生命任運而轉，你現在既不承認你有善意，又不順
自然生命任運而轉，卻有意地使壞，所以你既不是人，又
不如禽獸，只合一棒打殺，給狗子吃。我不相信馬克思真
地敢那麼說，真地忍得那麼說。我的「假若」只是個「假
若」。我斷然敢肯定馬克思那最初的一念是個善意，是客
觀的，不是主觀的，是無條件的，不是有條件的。這個善
意以後漸漸埋沒了，是因為次起的念頭，紛馳下去，想到
社會上，愈想愈不合理，愈思愈氣，愈想愈恨，遂以為人
間沒有善意，只有私心，因而轉過來也把自己的那個善意
間隔了，堵住了，埋沒了，遂以為人性不過是階級的私利
性，意志不過是「物質地機動化了的意志」。造作系統，
否定一切，這就叫做惡惡喪德，成為一個「純否定」（pure
negation），結果連自己也否定了。這才是橫撐豎架的抽
象虛構，虛構人性，不是如實的真實人性。[63]

63　牟宗三：《道德的理想主義》，《全集》，第9冊，頁34-36。

因此，在牟宗三看來，他對於共產主義的批判，是從根源上、原則上來的，是從共產主義和中國傳統文化的精神價值，尤其儒家思想的核心價值分別作為兩套根本不同的信仰而言的。這一點，牟宗三自己有明確的自覺：

> 但我們反共，並不是看你現實上那一點好，那一點不好，而是你那個原則根本不對。反共，就是要把你那個原則拿掉。所謂消滅，也正是要消滅你那個原則。並不是要把所有的共產黨員殺掉。那個原則拿掉了，大家都是中國人，為什麼要統統殺掉呢？我只是要拿掉你那個原則，使你封閉的社會成為開放的社會，讓大家可以過一個自由的生活。[64]

> 有一次，一個學生對我講，說老師這一代反共，是宗教性的態度；年輕一代的反共，是實用主義的態度，是從現實的立場。他這話說得很老實。但反共不能只是站在現實、實用的立場上，這裡是一個價值標準的問題。[65]

客觀而論，對於中國共產黨 80 年代以來的轉變，牟宗三也有意識，並在一定程度上能夠肯定。譬如，在 1980 年 8 月講於《聯合報》、刊於《中國文化月刊》第 10 期的〈中國文化的斷續問題〉最後，牟宗三加了這樣一個「附識」：

> 最近報載共產黨宣布要把北平天安門掛的馬、恩、列、史的像拉掉，但馬上又聲明這並不意味放棄共產主義。即使

64　牟宗三：〈有關「美國與中共拉邦交」之談話〉，《時代與感受》，《全集》，第 23 冊，頁 63。
65　同前註。

是如此，也值得嘉許。我們要催促他們步步覺悟，叫他們
一下子變是很難的。「齊一變至於魯，魯一變至於道」，
聖人也不放棄督促誘勸。[66]

但是，在根本上，牟宗三認為，由於共產主義的本質在於否
定普遍的人性，因而共產主義與中國傳統文化根本對立，二
者難以相容。對此，在 1983 年 12 月刊於《鵝湖月刊》第 9
卷第 6 期的〈中國文化大動脈中的終極關心問題〉中，牟宗
三講得很清楚，並對共產主義和社會主義之間的區別進行了
分疏：

　　我常遇到人問，共黨以馬列主義統治中國三十多年，中
　國文化實受了史無前例的摧殘與歪曲。如果在短期內大陸
　與臺灣不能在理性的方式中得到統一，馬克思主義能不能
　像佛教一樣被中國文化消化成一個旁支？
　　我以為這要看從那個角度來看馬克思主義而定。
　　如果從馬克思、恩格斯、列寧、史達林這一系相傳下來
　的布爾什維克意識形態來說，馬克思主義一定不能成為中
　國文化的一個旁支，它不能像佛教一樣被中國文化消化，
　成為一個旁支，它與中國文化是一個絕對的對立。我們必
　須把它徹底消除掉，它徹底是個災禍。
　　如果是從單純的某種形態的社會主義來說，它當然可以
　像佛教一樣成為中國文化的一個旁支。中國文化中本有社
　會主義意識這一傾向。相當程度的社會主義是可允許的。
　三民主義中的民生主義就是一種相當程度的社會主義。世

界各國也都有類似英國工黨的那種社會主義者。但某形態的社會主義與共產主義是完全不同的。共黨一方面最厭社會主義，一方面又利用之說共產主義的社會主義。世人無知，便易受其欺哄。某形態的社會主義是一定要承認自由經濟與某種程度的私有財產的。所以，耕者有其田、節制資本、社會保險等是社會主義，因其能創造社會福利。共產主義不是社會主義，因其只能製造災害。[67]

因此，在牟宗三看來，共產主義在理論和實踐上都不僅是對中國文化、儒家思想的顛覆和毀滅，同時也根本是對人性、人道和整個人類精神表現的顛覆和毀滅。譬如，他在 1951 年 1 月 20 日刊於《思想與革命》第 1 卷第 1 期的〈佛老申韓與共黨〉一文中說：

我斷言它是一個大魔，並不是容易對治的。我又斷言它是一個普遍的異端、「純否定」的異端。所謂「普遍的」，乃是說：它是發自人類脾性中陰暗之一面。此一面並不限于那個民族，乃是普遍于人類之全體。故它的出現是人類中一個普遍的異端。所謂「純否定」者，意即：凡否定人性、個性、價值層級、人格世界、文化理想者，即為純否定。[68]

這一點，對照前文第二部分考察《共產國際與中共批判》中對共產主義基本觀念的批判，彼此是完全一致的。正是基於這種一生不變的認識，牟宗三才自始至終不渝地堅持其反共

67　同前註，頁 433-434。

68　牟宗三：《時代與感受續編》，《全集》，第 24 冊，頁 1-2。

的立場。對牟宗三來說,這種對立根本不是家仇的問題,甚至也不是國恨的問題。在他的心目中,這根本就是宇宙人生中正邪兩種力量的對立。正如牟宗三在《共產國際與中共批判》中所系統說明的那樣,中國傳統文化,尤其儒家思想的主流與共產主義之間根本是肯定人性與否定人性的勢不兩立[69]。

不過,儘管牟宗三說共產主義是一個「大魔」,「並不容易對治」,但是,他同時又堅信共產主義最終必將失敗,以儒家文化為主體的中國文化最後「將在十分艱苦與高度的道德自覺中勝利」[70]。他在1951年8月1日刊於《明天》第39期的〈自由中國的遠景〉中即指出:

> 共黨的觀念系統,在其未得到政權時,尚有迷惑有浪漫性理想的青年及知識分子。現在已握到政權,其行動足以澄清其觀念系統之全幅意義與全幅後果。大陸上的全體人民必然痛切感覺到他的觀念系統是不可實踐的。智者早已見到它必作大孽,愚者則必俟身受其禍而後悟。而歷史的進展足以證明劫難的大歪曲,一旦到全體暴露時,必很快地歸於大方大正,障百川而東之。[71]

在刊於1953年7月21日《中央日報》的〈文化途徑的抉擇〉

69 有西方研究者亦曾指出,對於基於肯定人性而發的一些基本價值如人權、自由、民主等,馬克思主義在根本上不能接受。參見 Steven Lukes, *Moral Conflict and Politics* (Oxford: Clarendon Press, 1991)。

70 牟宗三:〈自由中國的遠景〉,《時代與感受續編》,《全集》,第24冊,頁47。

71 同前註。

一文中，牟宗三更是既明確指出儒家思想與共產主義的對立
構成二十世紀中國社會的癥結，又再次表示了他認為共產主
義終將破滅的信念：

> 當希特勒不可一世時，有人寫了一本小冊子，名曰《尼
> 采？還是基督？》（著者之名已忘記，中文亦未見有譯
> 本）。我們現在亦可以說：究竟是馬克思還是孔子？希特
> 勒的納粹運動與共產主義運動實含有一種文化理想爭霸的
> 意義。即：尼采、馬克思與孔子、耶穌爭霸。這實是本世
> 紀問題的癥結所在。現在，希特勒已被打下去了，共黨集
> 團亦必走上同樣的命運。那就是說：人類究竟還是要走孔
> 子、耶穌的路。[72]

顯然，在牟宗三的心目中，孔子和耶穌分別代表中西文化中
正面價值的典範，二十世紀初以來征服中國的共產主義和一
度征服歐洲的希特勒則分別代表中西文化中負面價值的典範，
所謂「我們今日之說孔子、耶穌，乃是視之為一個象徵：這
是文化的象徵，人性人道的象徵，個性、價值、自由、民主
的象徵」[73]。而在《共產國際與中共批判》一書中，牟宗三甚
至認為儒家的「人文主義的理想主義」可以作為古今中外普
遍的理性主義、理想主義的代表。正如他在該書末尾「附識
一」所謂「本文所講的『人文主義的理想主義』，歸到純哲
學上，可以收攝一切正宗的理性主義、理想主義。純哲學上，
從知識論到形上學所完成的理性主義、理想主義，若透出來，

72　同前註，頁 93。
73　同前註，頁 96。

亦必會歸於這個人文主義的理想主義」[74]。

牟宗三從根源上、本質上一生批判共產主義，完全是站在中國傳統文化的立場，而超越了現實政治黨派之間的對立。開頭所引牟宗三自述其抗戰時期在華西大學的經歷，以及前文諸多徵引材料，均可作為這一點的支持。但是在最後，還是讓我們再引用一段更為直接的證據對此加以說明。在回憶抗戰勝利前夕自己的經驗時，牟宗三有這樣一段話：

> 我那時的道德感特別強，正氣特別高揚，純然是客觀的，不是個人的。意識完全注在家國天下、歷史文化上。那時抗戰將屆末期，英美正在苦鬥中。愈來愈艱難，亦愈近黎明，而共黨亦愈不成話。我衷心起反感。〔……〕我目睹社會人心、青年的傾向，完全為其所吸引，這完全是塌散違離的時代精神。國民黨的政治愈來愈不成話，它完全收攝不住人心，吸引不住輿論。但人們不是左倒，就是右倒。我深惡痛絕共黨的無道與不義，但我亦無法替國民黨辯護。我在一般社會人心的左右顛倒塌散中站住自己而明朗出來，是須要很大的苦鬥的。我的依據不是現實中的任何一面，而是自己的國家、華族的文化生命。一切都有不是，而這個不能有不是，一切都可以放棄、反對，而這個不能放棄、反對。我能撥開一切現實的牽連而直頂著這個文化生命之大流。一切現實的污穢、禁忌、誣衊、咒罵，都沾染不到我身上。我可以衝破共黨那一切威脅人的咒語。旁人說話皆有吞吐委曲，我可以理直氣壯地教訓他們、指摘他們。國家、華族生命、文化生命、夷夏、人禽、義利之

74　牟宗三：《共產國際與中共批判》，頁 33。

辨，是我那時的宗教。我那時也確有宗教的熱誠。凡違反
這些而歧出的，凡否定這些而乖離的，凡不能就此盡其責
以建國以盡民族自己之性的，我必斷然予以反對。〔……〕
青年人的衝動左傾，我只有悲痛。中年人、老年人的昏庸
趨時，我只有痛恨。環視一世，無人為華族作主。在抗戰
中不能提練新生命以建國，只落得塌散崩解而轉出共黨之
魔道，此為華族之大悲，人間之大憾。我不能不痛責此時
代之炎黃子孫之不肖與背叛。[75]

所謂「我的依據不是現實中的任何一面，而是自己的國家、
華族的文化生命。一切都有不是，而這個不能有不是，一切
都可以放棄、反對，而這個不能放棄、反對」，鮮明地點出
了牟宗三的立場是文化的而非政治的。這一點，除了牟宗
三的自述之外，由其在國民黨一方也遭受排斥而被「另眼相
看」，也可以相應得到說明。譬如，牟宗三 1949 年到臺灣後
先在臺灣師大六年，其間訓導處的人幾乎天天打報告告狀。
後來中興大學欲請其出任文學院院長，亦為青年救國團壓制
而未果[76]。需要指出的是，事實上，「國家、華族生命、文化
生命、夷夏、人禽、義利之辨」，不僅是牟宗三「那時」的
宗教，也委實可以視為其終生的信守。

---

75 牟宗三：《五十自述》，《全集》，第 32 冊，頁 105-106。
76 對這兩件事的回憶，參見牟宗三：〈徐復觀先生的學術思想〉，《時代
與感受續編》，《全集》，第 24 冊，頁 464-465。

六、結語

在迄今為止的牟宗三研究中，一個常見的觀察就是認為牟宗三只有「思想的世界」，而缺乏現實的政治社會關懷。當然，在根本上，這種似是而非的看法是由於對牟宗三缺乏全面深入的瞭解所致。但從另一方面來看，言及牟宗三的政治社會關懷或者說其「外王」一面時，不論批評方還是辯護方，往往只著眼於其通過良知坎陷以開出民主、科學的理論，或者說僅僅著眼於牟宗三關於如何建立「學統」和「政統」的純理論說明，不能不說導致了共同的視覺盲點。

「良知坎陷」說的確是牟宗三外王思想的理論基礎，對其哲學內涵的瞭解必須深入整個牟宗三思想，甚至整個中國哲學的脈絡，不是「對塔說相輪」的一些所謂批評便能夠搔到癢處的。但問題的關鍵在於，牟宗三「外王」的一面，或者說其政治社會關懷，是否是「良知坎陷」、「三統並建」說所能概括的了的？若其「外王」的一面或其政治社會關懷僅在於此，招致抽象之譏自然在所難免。然而，正如本文所述，牟宗三「外王」的一面其實並不限於其「良知坎陷」的理論和思辨。如果我們能夠充分注意到牟宗三立足中華傳統文化，尤其儒家思想批判共產主義這一自始至終貫穿其六十餘年思想歷程的基本線索，充分注意到他圍繞這一基本線索在不同時期、不同場合所發的各種針對現實的言論，從早年的批判「左傾」到晚年對大陸改革開放、民主運動的評價，我們就可以看到，牟宗三絕非一位只談「心性」、「內聖」的現代新儒家，絕非僅僅停留在脫離了歷史的思想之中。

筆者這裡要鄭重指出的是，我們現在回頭來看，如果說，

在中西文化的碰撞過程中，西方傳來的馬克思主義、共產主
義整個取代了中國延續兩千餘年「全面安排人間秩序」（余
英時先生語）的儒家傳統，從而改變了中國的政治社會結構，
這一「巨變」構成整個二十世紀中國最直接、最重大的歷史
事件，或者說，馬克思主義、共產主義征服中國構成二十世
紀中國的最基本現實，那麼，一向只是被作為哲學家來對待
的牟宗三不僅沒有置身事外，反而恰恰與這一歷史事件相始
終，對這一歷史事件及其文化意義念茲在茲，一生保持著高
度的自覺，一生不斷地予以反省。

　　在牟宗三看來，馬克思主義、共產主義首先征服了中國
的知識分子，進而從政治、社會現實上征服了中國，這是中
國歷史上「亙古未有的大災害」。對此，我們不妨略引材料
來加以說明。在 1981 年 7 月 20 日刊於《聯合報》的〈文化
建設的道路——現時代文化建設的意義〉一文中，牟宗三指
出：

> 我們在北平念書的時候，坊間的書店，滿坑滿谷都是左傾
> 的書。北平在當時是最左傾的。從那個時候，共產黨那一
> 套 ideology 就征服了中國；知識份子普遍的意識是肯定
> 社會主義為先天的真理，資本主義與自由經濟是先天的罪
> 惡；唯心論是先天的反革命，唯物論是先天的革命。共產
> 黨如此地征服了知識份子。[77]

在 1983 年 1 月 23、24 日刊於《聯合報》的〈漢宋知識分子

77　牟宗三：〈文化建設的道路——現時代文化建設的意義〉，《時代與感
　　受》，《全集》，第 23 冊，頁 376。

之規格與現時代知識分子立身處世之道〉一文中，牟宗三說：

> 這種中華民族的生命底子不一定能與西方來的觀念相協調，而我們現在的知識分子在某些方面又非得接受西方的觀念不可。結果，是把自己的生命橫撐豎架，和五馬分屍一樣。這種五馬分屍的結果就是一個大虛妄的結集——知識分子完全左傾化，共產主義征服中國。
>
> 這是眼前大家都可以看出來的事實，馬克思主義征服中國就是它先征服了中國的知識分子。自己的生命虛妄分裂，致使外來馬、恩、列、史那套「意底牢結」佔據了我們的生命，凝結成一個龐然大物，非理性的集團——共產黨，造成了這個亙古未有的大災害。[78]

而在 1992 年東海大學舉辦的「徐復觀學術思想國際會議」的主題演講中，牟宗三再次指出了二十世紀初以來大部分中國知識分子缺乏真知灼見、為共產主義所征服的現實：

> 這是一個大浪漫的時代，浪漫精神的表現有兩個類型：一是希特勒型的，它是承尼采思想而來；另一型是共產黨，它把現實世界的種種差別、種種界限所保持的價值，通通加以「量化」，顯示一個虛幻不落實的普遍大平等。對於原先那些在差別中所保住的「質」，便運用一套文字魔咒，判定你是小資產階級意識，是封建道德⋯⋯等等，而那些傳統的、古往的、本有的東西，便一律變成「反革命」了。這種浪漫的精神，最能吸引「具有原始朝氣、原始正義感的」青年人。青年的生命朝氣，加上共產黨的觀念意識，

78　同前註，頁 263-264。

於是自由揮灑，衝破一切；貧富、貴賤、功名、利祿，乃
至是非、善惡、禮義、廉恥⋯⋯全部解放，對一切都不在
乎，終於成為「肆無忌憚」。在神魔混雜之中，自由、平
等、博愛，也被吞噬到裡面去了。這種情形，知識分子、
學者名流，全都看不出來，看不清楚。[79]

綜觀牟宗三的一生，尤其他一生始終不斷批判共產主義的歷
史軌跡，可謂正是對這一他所認為的「亙古未有的大災害」
的關注和回應。

　　自 19 世紀中葉以來，中國文化的危機不斷加深。不同的
知識分子也各自以不同的方式予以回應，涉及了文化危機的
不同方面[80]。如果說共產主義征服中國構成中國文化危機最
為根本的內容，根據以上的考察，牟宗三正是對這一內容最
為關注的知識分子之一。對中國文化危機的這一根本內容保
持高度的自覺和不斷的反省，以這樣一條線索構成一生思想
歷程重要方面的思想家，在整個二十世紀中國思想史上並不
多見。委實，二十世紀中國歷史這一翻天覆地之變對於整個
中國文化、中華文明意味著什麼？這實在是一個巨大而深邃
的問題。二十世紀三十年代，不滿三十歲的牟宗三已經意識
到了這一問題的嚴重，其批判共產主義的一生，也可以說是
他一生對於該問題的思考。無論他的思考是否可以給我們提
供一個正確的解答或恰當的觀察視角，他的「孤明先發」和
一生關注至少足以提示該問題的重要性。而以新發現的《全

79　牟宗三：《時代與感受續編》，《全集》，第 24 冊，頁 456-457。
80　關於 19 世紀中葉以來中國知識分子與中國文化的危機，余英時先生有厚
　　重而精闢的分析，參見余英時：《歷史人物與文化危機》（臺北：三民書局，
　　2004 年）。

集》未收佚著《共產國際與中共批判》為契機，考察其貫徹
終生的共產主義批判，或許可以推動我們對該問題予以進一
步的反省與檢討。

牟宗三先生全集

牟宗三先生早期文集補編

2023年7月初版　　　　　　　　　　　　　　　　　定價：新臺幣800元
有著作權‧翻印必究
Printed in Taiwan.

著　　者	牟	宗	三
編　　者	李	明	輝
叢書編輯	陳	胤	慧
特約編輯	王	又	仕
內文排版	孫	慶	維
封面設計	蔡	婕	岑

出　版　者	聯經出版事業股份有限公司	副總編輯	陳逸華
地　　　址	新北市汐止區大同路一段369號1樓	總編輯	涂豐恩
叢書編輯電話	(02)86925588轉5322	總經理	陳芝宇
台北聯經書房	台北市新生南路三段94號	社　長	羅國俊
電　　　話	(02)23620308	發行人	林載爵
郵政劃撥帳戶	第0100559-3號		
郵撥電話	(02)23620308		
印　刷　者	世和印企業有限公司		
總　經　銷	聯合發行股份有限公司		
發　行　所	新北市新店區寶橋路235巷6弄6號2樓		
電　　　話	(02)29178022		

行政院新聞局出版事業登記證局版臺業字第0130號

本書如有缺頁，破損，倒裝請寄回台北聯經書房更換。　ISBN　978-957-08-6978-1 (精裝)
聯經網址：www.linkingbooks.com.tw
電子信箱：linking@udngroup.com

國家圖書館出版品預行編目資料

牟宗三先生早期文集補編/牟宗三著 . 李明輝編 . 初版 .
　新北市 . 聯經 . 2023年7月 . 488面 . 14.8×21公分（牟宗三先生全集）
　ISBN　978-957-08-6978-1（精裝）

　1.CST：牟宗三　2.CST：學術思想　3.CST：哲學　4.CST：文集

128.9　　　　　　　　　　　　　　　　　　112009336